绿色低碳行为研究丛书

绿碳行为经济学：交互度量与边际响应

田立新　龙如银　董高高
甄在利　肖　江　程　秀　著

科 学 出 版 社
北　京

内 容 简 介

本书是国家自然科学基金重大项目课题“企业和居民的绿色低碳行为研究”的阶段性成果，基于管理科学、经济学、行为学及系统科学的视角，多角度介绍绿色低碳行为经济学中的交互度量与边际响应理论和方法。本书分为两篇共十三章：第1章为绪论；第一篇为第2~7章，主要介绍绿碳行为的选择及传播理论；第二篇为第8~13章，主要介绍绿碳行为下的经济发展度量与阈值理论。

本书可作为能源经济、能源系统工程、行为经济、气候经济、空间经济、管理科学与工程、复杂系统分析与决策、节能减排和经济系统分析等方向的研究生教材，也可作为相关领域研究人员和相关政府决策部门的参考书。

图书在版编目（CIP）数据

绿碳行为经济学：交互度量与边际响应 / 田立新等著. —北京：科学出版社，2021.8

（绿色低碳行为研究丛书）

ISBN 978-7-03-066340-5

Ⅰ. ①绿… Ⅱ. ①田… Ⅲ. ①低碳经济–行为经济学 Ⅳ. ①F062.2

中国版本图书馆 CIP 数据核字（2020）第 197116 号

责任编辑：陶　璇 / 责任校对：贾娜娜

责任印制：张　伟 / 封面设计：蓝正设计

科 学 出 版 社 出版

北京东黄城根北街 16 号

邮政编码：100717

http://www.sciencep.com

北京捷迅佳彩印刷有限公司 印刷

科学出版社发行　各地新华书店经销

*

2021 年 8 月第　一　版　开本：720×1000　B5

2021 年11月第二次印刷　印张：18 1/2

字数：375 000

定价：188.00 元

（如有印装质量问题，我社负责调换）

总　序

当前世界范围的可持续发展正在同时推进两大进程，其一是推进联合国《2030年可持续发展议程》，旨在实现全球经济发展、社会进步和环境保护之间的协调和平衡；其二是落实和实施《巴黎协定》，旨在推进能源和经济低碳化变革，实现控制全球升温、保护地球生态安全的目标。实现这两个目标的政策措施相一致，具有广泛的协同效应，都需要强化能源革命，建立并形成清洁低碳、安全高效的能源体系；推动经济发展方式转变，形成绿色、低碳、循环可持续发展的经济体系，打造经济发展、能源安全、环境保护和减排二氧化碳协同治理与多方共赢的格局。

当前及“十四五”期间，中国要保持战略定力，坚持节能减碳的目标导向和政策措施不放松。要以习近平生态文明思想为指导，努力实现以生态优先、绿色低碳发展为导向的高质量发展。习近平生态文明思想倡导人与自然和谐共生，倡导绿色低碳循环可持续发展的生产方式和生活方式，是我国推动生态文明、建设美丽中国的指导方针，而且对全球应对气候变化、保护地球生态安全、实现人类社会可持续发展具有重要指导意义。习近平同志提出，“共谋全球生态文明建设，深度参与全球环境治理，形成世界环境保护和可持续发展的解决方案，引导应对气候变化国际合作”①，也是我国推进全球气候治理体系变革和建设的基本理念和指导思想。

2016 年国家自然科学基金委员会根据《国家自然科学基金“十三五”发展规划》优先发展领域，发布了“绿色低碳发展转型中的关键管理科学问题与政策研究”重大项目。经过申报和专家遴选，最终由清华大学、上海交通大学、南京师范大学、北京航空航天大学四家单位联合主持，开展为期五年的研究。田立新教授团队负责重大项目课题 2“企业和居民的绿色低碳行为研究”的工作，从微观视角阐明企业和居民绿色低碳行为的规律和模式，是整体项目关于绿色低碳转型行为方式研究的理论与实现。

经过三年的扎实工作，田立新教授团队撰写了专著《绿碳行为经济学》，是

---

① 习近平出席全国生态环境保护大会并发表重要讲话. http://www.gov.cn/xinwen/2018-05/19/content_5292116.htm，2018-05-19.

课题 2 重要的阶段性成果。专著由《绿碳行为经济学：汲取增长与濡化发展》和《绿碳行为经济学：交互度量与边际响应》两卷构成，从系统科学的观点出发，多角度介绍绿色低碳行为下新的行为经济学理论和方法。全书共分为四部分，第一部分主要介绍绿碳行为的汲取内生增长理论，第二部分主要介绍绿碳行为的濡化协同发展理论，第三部分主要介绍绿碳行为的选择及传播理论，第四部分主要介绍绿碳行为下的经济发展度量与阈值理论。专著内容相对于本领域已有成果，学术视角独特、研究方法新颖、数据资料充分详尽、理论与实证分析相结合且互相印证，对行为经济学在绿色低碳领域的发展具有独到的贡献。综合运用多元统计分析、复杂网络理论、行为分析理论、非线性动力学理论、多目标动态优化、大数据分析技术等多学科交叉方法，构建企业和居民绿色低碳行为的基础理论，探索多区域工业碳生产力及其绿色竞争优势，评价区域绿色竞争力，分析居民绿色低碳行为选择及扩散机制，揭示绿色低碳行为下经济发展的度量及市场的阈值规律，实现绿色低碳行为领域的理论创新，发展绿色低碳行为理论体系，理论价值明晰。研究绿碳行为经济学问题跨越了多学科，交叉特色明显。定性、定量分析相结合，前后思路连贯，逻辑严密，数学模型多样，多角度、多方法阐述绿碳行为的经济学问题，绝大多数章节已在国内外重要期刊上发表，其中部分内容刊登在国际顶尖期刊 *PNAS* 及国际权威期刊 *Applied Energy*、*Energy*、*Journal of Cleaner Production* 等上。

中国倡导合作共赢、公平正义、共同发展的全球气候治理新理念，把合作应对气候变化作为推动各国可持续发展的机遇，促进各国特别是发展中国家走上气候适宜型的低碳经济发展路径，以实现“发展”与“减碳”的双赢，促进各国加强互惠合作，共同发展，打造人类命运共同体。在国内遵循绿色、循环、低碳发展理念，统筹国内可持续发展与全球应对气候变化国内、国际两个大局，推动能源革命和经济发展方式转型，打造经济、民生、资源、环境与应对气候变化多方共赢的局面。中国在全球气候治理变革、能源与经济低碳转型、互惠共赢国际合作等领域，已经并将继续做出重要贡献，发挥引领作用。

在这样的背景下，田立新教授团队撰写的《绿碳行为经济学》专著，正合时宜，该书作为行为经济学在绿色低碳行为领域的新拓展，适合作为研究性参考书，从事经济学、管理学的研究人员会比较有兴趣，值得推荐。

国际欧亚科学院院士
中国国家气候变化专家委员会副主任
国务院参事室特约研究员
何建坤
2020 年 5 月 20 日

序　言

“绿色低碳发展转型中的关键管理科学问题与政策研究”重大项目是国家自然科学基金委员会“十三五”第一批 26 个重大项目之一。绿色低碳发展转型涉及经济转型和产业升级、个人和组织行为改变、能源系统变革和国际气候治理体系创新等问题，是一项复杂的系统工程，存在很多的挑战和不确定性。为了尽可能地降低转型的成本和有效应对转型过程中的风险，需要全球性的视野和前瞻性的布局，在国家宏观战略层面进行不同空间和时间尺度的统筹协调，提出近、中、远期不同阶段的转型目标和要求，优化转型路径，实施及时有效的政策干预，对转型过程进行科学管理。鉴于我国绿色低碳发展转型的复杂性，迫切需要对我国绿色低碳发展转型中的关键管理科学问题进行系统和深入的研究，实现对转型过程自身客观规律的深刻认识，形成国家决策和政策制定的科学支持平台，促进相关学科领域的发展，是兼具学术与实践价值、体现国家需求的重大研究任务。

该重大项目共分为 5 个课题，其中课题 2“企业和居民的绿色低碳行为研究”，从社会参与的角度阐明企业和居民绿色低碳行为的规律和模式，是整体项目关于绿色低碳转型行为方式研究的理论与实现。所构建的企业和居民的绿色低碳行为理论及方法，作为总体科学目标中“绿色低碳发展转型中的关键管理科学问题与政策研究”的理论及方法之一，是重大项目研究落实中央提出“创新、协调、绿色、开放、共享”发展理念的重要体现。《巴黎协定》制定后，自下而上的减排行动正在推动个人、团体、联盟的自发绿色低碳行为，成为实现《巴黎协定》的基础。绿色低碳行为正在成为时尚潮流、社会公德、生活习惯。绿色低碳行为的深入研究趋势增强，成为学科发展前沿。在全球应对气候变化进程出现新转折的时代背景下，统筹国内、国际两个大局，形成我国企业和居民的绿色低碳行为的特征、规律、路径、机制以及关键不确定性的科学描述，建立起我国绿色低碳发展转型的科学理论和方法，具有重要意义。

课题 2 研究企业生产和居民消费不同层面的绿色低碳行为机理，利用行为管理学、行为经济学、复杂网络、博弈论、大数据分析、社会心理分析等多学科综合交叉的理论方法，结合统计资料及问卷调查数据，探索企业和居民绿色低碳行为的基础理论，建立中国特色的企业和居民绿色低碳行为的管理新体系；分别从企业异质性、社会交互和经营管理对企业碳生产力提升的作用，以及居民异质性和社会交互对居民绿色低碳产品使用的作用这两个角度构建绿色低碳行为的模拟模型与核算方法；研究行为干预对企业和居民节能减排的作用机制，分析企业和居民的需求对节能和绿色低碳能源利用的影响，提出促进绿色低碳生产和消费行为方式改变的行为治理政策措施。

专著《绿碳行为经济学》是课题 2 的阶段性成果，是对前期重要成果的总结，本书着重构建绿色低碳行为经济学体系，分为两卷，分别是《绿碳行为经济学：汲取增长与濡化发展》《绿碳行为经济学：交互度量与边际响应》。专著重点研究了企业和居民的绿色低碳行为，揭示了绿碳行为的汲取内生增长机理、绿碳行为的濡化协同发展机理、绿碳行为的交互机理、绿碳行为下的经济发展度量与阈值机理，在一个增长体系、一个交互度量体系、一个边际响应度量体系下形成绿色低碳行为发展综合集成系统（G-Carbon 系统），在理论、方法上有所创新，并进行了实证分析。

《绿碳行为经济学：交互度量与边际响应》由田立新教授总体规划设计及协调。第 1 章由肖江老师、张广永博士撰写；第 2 章由张文彬副教授、田立新教授撰写；第 3~5 章由龙如银教授、程秀博士撰写；第 6 章由田立新教授、李薇宇博士撰写；第 7 章由田立新教授、高星雨博士撰写；第 8 章由肖江老师撰写；第 9 章由田立新、甄在利博士撰写；第 10 章由董高高副教授撰写；第 11~12 章由田立新教授、董高高副教授、王凡博士撰写；第 13 章由田立新教授、潘将来硕士撰写。全书由田立新教授、肖江老师统稿及润色。感谢积极参与写作的教师们，他们是范兴华教授、蒋书敏教授、杜瑞瑾副教授、李文超副教授、白洋副教授、王明刚副教授等。感谢参与本书的研究生合作者们，他们是胡鹏琪、刘雅萍、顾丽琴、潘将来等。

本书相关研究内容得到下列基金项目的资助：国家自然科学基金重大项目课题（71690242），国家自然科学基金项目（11731014、51976085、61973143、71974080、51976085、71774077、71874188、51876081、91546118），国家重点研发计划全球变化及应对重点专项课题（2020YFA0608601），江苏省社会科学基金（18EYB020），江苏省软科学基金（BR2019027），江苏高校优势学科建设工程（三期）资助项目（PAPD-2018-87）。感谢南京师范大学江苏省地理信息资源开发与利用协同创新中心、南京师范大学江苏省高校优势学科–数学为本书提供的资金支持。

衷心感谢张希良教授、范英教授、耿涌教授、陈文颖教授、何建坤教授、刘燕华研究员、周宏春研究员、石敏俊教授、魏一鸣教授、周德群教授、周鹏教授、孙梅教授、陈诗一教授、毕军教授等，他们在写作的过程中提出许多宝贵意见及建议，感谢来自海外的杨自力教授、沈波教授、苏斌教授、严晋跃教授、关大博教授等，他们在本书的撰写和出版过程中提供了许多有益建议和帮助。同时，感谢与著者们的团队长期以来合作交流的学者和管理人员的大力支持。再次感谢为本书撰写和出版提供帮助的所有人。

田立新

2020 年 5 月 20 日

目　　录

第 1 章　绪论 ……………………………………………………………… 1

1.1　绿色低碳行为概述 ……………………………………………………… 1
1.2　研究意义和研究内容 ……………………………………………………… 5
参考文献 ……………………………………………………………………… 7

第一篇　选择及传播理论

引言 ……………………………………………………………………… 11

第 2 章　绿色出行行为的偏好及有序性研究 ………………………………… 14

2.1　绿色出行的国内外动态分析 ……………………………………………… 14
2.2　公共自行车的有向加权网络 ……………………………………………… 15
2.3　实证分析 ……………………………………………………………… 24
2.4　本章小结 ……………………………………………………………… 30
参考文献 ……………………………………………………………………… 31

第 3 章　区域绿色竞争力系统协调度与空间动态演进 …………………………… 34

3.1　区域绿色竞争力相关研究 ………………………………………………… 34
3.2　数据来源与研究方法 ……………………………………………………… 36
3.3　结果 …………………………………………………………………… 43
3.4　讨论及政策建议 ………………………………………………………… 48
3.5　本章小结 ……………………………………………………………… 50
参考文献 ……………………………………………………………………… 50

第 4 章 中国省域绿色竞争力评价 ······ 54
4.1 基于提升障碍因子的诊断及系统分析 ······ 54
4.2 基于相关性-模糊粗糙集理论的评价指标及应用 ······ 68
4.3 政策建议 ······ 82
4.4 本章小结 ······ 83
参考文献 ······ 84
第 5 章 居民绿色生活方式决策的互动行为 ······ 93
5.1 国内外研究相关动态分析 ······ 95
5.2 居民决策行为模型 ······ 99
5.3 结果分析 ······ 105
5.4 讨论 ······ 110
5.5 本章小结 ······ 114
参考文献 ······ 115
第 6 章 信息扩散对绿色行为传播的影响 ······ 121
6.1 国内外研究进展 ······ 121
6.2 绿色行为传播模型 ······ 123
6.3 理论分析 ······ 125
6.4 数值模拟 ······ 129
6.5 本章小结 ······ 136
参考文献 ······ 136
第 7 章 政策对多元化绿色行为传播的影响 ······ 139
7.1 有政策调控的绿色意识-行为传播模型 ······ 139
7.2 MMCA 的理论推导 ······ 142
7.3 无标度网络下的数值模拟 ······ 146
7.4 本章小结 ······ 152
参考文献 ······ 152

第二篇 经济发展度量与阈值理论

引言 ······ 157

第 8 章 绿色低碳驱动下工业生产市场的发展度量 …… 160

8.1 关于 PPI 的国内外发展动态 …… 161
8.2 随机矩阵理论 …… 163
8.3 工业生产市场度量的指标选择 …… 164
8.4 工业生产市场度量的实证分析 …… 168
8.5 本章小结 …… 199
参考文献 …… 200

第 9 章 气候变化损害函数对碳社会成本的影响 …… 202

9.1 研究背景及意义 …… 202
9.2 模型描述 …… 205
9.3 模型分析 …… 213
9.4 本章小结 …… 215
参考文献 …… 216

第 10 章 受攻击时系统的阈值规律及恢复力 …… 219

10.1 模型构建 …… 220
10.2 生成函数理论分析 …… 221
10.3 数值模拟与实际数据分析 …… 222
10.4 本章小结 …… 227
参考文献 …… 228

第 11 章 市场受冲击时的市场普适性规律 …… 232

11.1 单个原油价格网络 …… 233
11.2 具有社团结构的原油价格网络 …… 236
11.3 本章小结 …… 239
参考文献 …… 240

第 12 章 绿色出行下的阈值规律 …… 243

12.1 公共自行车网络 …… 244
12.2 借出网络的临界阈值问题 …… 246
12.3 本章小结 …… 249
参考文献 …… 250

第 13 章 碳价格下市场联动的光伏发电项目投资决策及联动 NPV 的演化分析……253
13.1 投资决策分析……253
13.2 能源投资与碳排放的相关动态分析……255
13.3 光伏发电评估决策模型……256
13.4 案例分析——以某企业投资敦煌 10MW 光伏电站为例……264
13.5 本章小结……279
参考文献……279

第1章　绪　论

1.1　绿色低碳行为概述

全球气候变化是当今世界面临的最为重要和富有挑战性的问题，气候变化会直接或间接对社会经济系统和自然生态系统产生影响[1~3]。可见，全球气候变化影响人类的生存与发展，是各国共同面对的巨大挑战。在全球气候变化条件下，开展企业、政府和居民的绿色低碳行为，实现绿色低碳发展是新时代人民对美好生活的殷切期盼，是构建高质量现代化经济体系的必然要求和当代国际社会发展的共识和潮流，对于积极应对气候变化有着重要的理论意义和实践价值。

践行绿色低碳行为，实现全社会的绿色低碳减排行动需要进行全方位的变革，它涉及发展理念、体制机制、生产方式、生活方式、领导方式等一系列改变。全面实施绿色低碳行动计划，坚持绿色低碳发展、绿色低碳生活，坚持节约优先、保护优先，做到善待自然，与自然为友，更好扛起绿色低碳发展的责任。把绿色低碳减排行动进行到底，把绿色低碳减排和生态保护放在更突出、更重要的位置，让绿色低碳减排行动成为一种战略导向。结合经济高质量发展和供给侧结构性改革，促使经济社会向绿色靠拢、向绿色看齐。大力培育和发展节能环保产业、清洁生产产业、清洁能源产业，切实推进资源的全面节约和循环利用，实现生产系统和生活系统循环链接，在社会真正形成绿色低碳发展方式和生活方式，推动全社会的绿色低碳行动。

1.1.1　绿色行为的内涵[4]

绿色行为即符合绿色大世界绿色理念的社会组织或自然人的活动，它代表生命、健康和活力，是充满希望的颜色，而国际上对其理解通常包括生命、节能、环保三个方面。在当前全球范围内资源环境约束条件下，“绿色”已成为一种全新的发展理念和战略指南。与绿色行为相关的概念主要有绿色化、绿色技术、绿色消费、绿色创新、环境行为等。

绿色化是指“从改变自然观和发展观开始，驱动生产方式与生活方式的转变，释放改革和创新驱动能力，助推生态文明重大制度确立，培育生态文化，最终浸染社会的价值底色，融入社会主义核心价值体系，形成一个以观念转变助推制度建设、再由制度建设凝练价值共识的良性发展路径”[5]。实现从“浅绿”到“深绿”[6]的绿色化进程就是要提高我国“绿色化”程度，形成社会进步新的增长点，推动经济的可持续发展，这也成为当前绿色发展的首要目标。

绿色技术是指“遵循自然生态和经济规律，节约资源和能源，避免、减轻或消除环境污染和破坏，达到最小环境外部性的环境技术体系”[7]。

绿色消费是指消费者对绿色产品的需求、购买和消费活动，是一种具有生态意识的、高层次的理性消费行为，它是从满足生态需要出发，以有益健康和保护生态环境为基本内涵，符合人的健康和环境保护标准的各种消费行为和消费方式的统称。绿色消费包括的内容非常宽泛，不仅包括绿色产品，还包括物资的回收利用、能源的有效使用、对生存环境和物种的保护等，可以说涵盖生产行为、消费行为的方方面面[8]。

绿色创新是一种全新的技术经济范式，以可持续发展为根本目标，通过提高自然物质和经济物质的转化效率，从而提升生态环境系统适应现代经济发展的供给能力及其对现代经济社会发展的支撑能力，通过在技术、工艺、产品以及制度、观念方面的绿色变革，优化资源的利用和配置效率，突出生态效益，促进经济的可持续增长[9]。

环境行为的概念源自企业的社会责任，是企业在面对来自外界（如政府、公众、消费者等）出于对环境保护的压力时，基于自身条件及发展战略所采取的平衡环境和经济效益的较为积极的管理手段和措施的总称[10]。

总而言之，从某种意义上说，绿色是一种发展方向，代表着科技发展和产业变革方向，是最具市场前景和发展潜力的领域，而绿色行为是一种发展方式，是生态文明建设和可持续发展战略具体的实现形式。

1.1.2 低碳发展的内涵[5]

低碳发展是一种以低耗能、低污染、低排放为特征的可持续发展模式，对经济和社会的可持续发展具有重要意义。低碳发展是“低碳”与“发展”的有机结合，一方面要降低CO_2排放；另一方面要实现经济社会发展。低碳发展并非一味

地降低 CO_2 排放，而是要通过技术创新、制度创新、产业转型、新能源开发等多种新的经济发展模式，尽可能地减少煤炭石油等高碳能源消耗，减少温室气体排放，在减碳的同时提高效益或竞争力，达到经济社会发展与生态环境保护双赢的一种经济发展形态。

随着气候环境的恶化和全球控温目标的确立，低碳已然是全球最大的共同话题。发展低碳经济（实质是以低碳技术为核心、低碳产业为支撑、低碳政策制度为保障，通过创新低碳管理模式和发展低碳文化实现社会发展低碳化的经济发展方式）是全球经济继工业革命和信息革命之后的又一次系统变革，也被视为推动全球经济复苏的新动力源泉。

1.1.3 绿色低碳行为发展的背景

人类践行绿色低碳行为的根本目的是促进人与自然的和谐、保障经济社会的可持续发展。1962 年，美国海洋生物学家蕾切尔·卡逊发表了震惊世界的警示性著作《寂静的春天》，拉开了现代环境运动的序幕，人们开始关注生态与环境问题；1972 年罗马俱乐部发表的《增长的极限》告诫人类：如果按照传统的人口、工业、污染、粮食和资源消耗的发展趋势而不发生改变，则在 100 年内（从 1972 年算起）人类赖以生存的地球将达到增长的极限；1992 年 6 月 4 日世界各国政府首脑在联合国环境与发展会议期间签署《联合国气候变化框架公约》（以下简称《公约》），是世界上第一个全面控制 CO_2、CH_4 和 N_2O 等温室气体排放，以应对全球气候变暖给人类经济和社会带来不利影响的公约（尽管《公约》缺少法律上的约束力，但却规定了可以在后续相关的议定书中设定强制减排的限制，也为国际社会在共同应对气候变化问题上进行国际合作和磋商提供了基本框架）；1997 年，在《公约》框架下形成的《京都议定书》使得碳减排成为发达国家的法律义务；2003 年英国政府率先提出了“低碳经济”发展战略，英国成为以发展低碳能源应对气候变化的引领者和实践者；2007 年 12 月在印度尼西亚巴厘岛举行的联合国气候变化大会通过的《巴厘路线图》规定，2009 年在哥本哈根举行的《联合国气候变化框架公约》第 15 次缔约方会议暨《京都议定书》第 5 次缔约方会议上将诞生一份新的《哥本哈根议定书》，以取代 2012 年到期的《京都议定书》；2009 年的哥本哈根气候大会尽管没有形成具有约束力的议定书，但这次气候大会吹响了全球向“低碳社会”进发的号角；2011 年 12 月，德班世界气候大会在经历重重磨难后通过了“德班一揽子决议”，决定实施《京都议定书》第二承诺期并启动“绿色气候基金”；2015 年 12 月，《联合国气候变化框架公约》近 200 个缔约方在巴黎气候变化大会上达成《巴黎协定》，其主要目标是将21世纪全球平均气温上升幅度控制在2℃以内，并将全球气温上升控制在前工业化时期水平之上 1.5℃以内，是一份让所有缔约国达成共识且都能参与的协议，有助于国际（双边、多边机制）的合作和全球应对气候变化意识的培养；2018 年 12 月 15 日，联合国气候变化卡托维兹大会如期完成了《巴黎协定》实施细则谈判，通过了一揽子全面、平衡、有力度的成果，全面落实了《巴黎协定》各项条款要求，体现了公平、“共同但有区别的责任”、各自能力原则，考虑到不同国情，符合“国家自主决定”安排，体现了行动和支持相匹配，为协定实施奠定了制度和规则基础。

气候变化是我们时代的决定性问题，而现在我们正处于一个采取行动的决定性时刻。虽然我们仍有时间应对气候变化，但这需要各经济体、企业、城市和民间社会的空前努力，以应对气候挑战。因此，由环境和生态问题上升到可持续发展问题，由全球气候变化到绿色低碳发展，前后经历了将近 70 年的时间，这是人类对自然界认识不断深化和人类自身可持续发展不断探索的结果，也是人类为缓解气候变化而做出的最终选择。

1.1.4 绿色低碳行为的研究

人类活动产生的碳排放对气候变化具有重要的影响[11]，并且给子孙后代带来了巨大的减排成本（如果有增无减的话）[12]。同时挑战性的温室气体减排目标和将温度升高降至最低所需的战略[13]都是人类面临的难题。目前，脱碳有多种途径，它们分为三大类：可持续城市设计、技术变革和行为变革[14]，这些都需要从目前的实践中进行变革。

近些年，随着城市化进程的加快，家庭能源使用的碳排放量正在迅速增加，减少碳排放对于改善当地城市气候和城市可持续发展至关重要[15]，其中低碳社区是实现低碳发展战略的基本单元，Lv 等探讨了与社区绿色建筑相关的各种低碳技术、策略和生活方式，包括合理设计、绿色屋顶系统、可再生能源利用、低碳生活方式的转变和能源相关行为[16]。此外，技术变革为以可再生能源为核心的低碳未来提供了最清晰、最明确的道路[17]，中国推出了一系列低碳政策，促进绿色技术的推广，以推动目前全球最大的制造业领域朝着更可持续、更环保的方向发展[18]。除了技术上的进步，引导绿色公民行为也是减少碳排放的重要途径[19]。随着人们对环境问题的日益关注，倡导政府、企业和居民低碳行为对减少碳排放、改善环境生态健康具有重要作用[20]。居民绿色消费行为可减少雾霾污染，绿色消费意愿对绿色消费行为有显著的正向驱动作用，而宣传教育活动对绿色消费意愿与投资性绿色消费行为的关系具有反向调节作用[21]。

采用计划行为理论的扩展形式，采取支持低碳社会行为的意愿[22]。此外，科研人员的绿色创新行为是绿色发展的前提，但对科研人员绿色创新行为机理的研究一直被忽视[23]。

人类意识到生产和消费过程中出现的过量碳排放是形成气候问题的重要因素之一，而解决人类活动带来的资源环境问题，关键是实现生产方式和生活方式的转变以减少碳排放。与传统工业文明的线性非循环经济相区别，生产方式的组织原则和技术原则是非线性与循环的，是以生态绿色技术改造现代工业生产，以人与自然和谐发展为中心、以“自然—社会—经济”复杂巨系统的动态平衡为目标、以生态系统中物质循环能量转化与生物生长的规律为依据发展生态产业，形成“生态农业—生态工业—生态信息业—生态服务业”的新型经济结构，发展绿色经济和低碳经济。此外，转变生活方式，开展“低碳生活”就是指生活作息时所耗用的能量要尽力减少，减低含碳物质的燃烧，特别是减少CO_2的排放量，从而减少对大气的污染，减缓生态恶化，减缓温室效应。因此，倡导生活方式低碳化，广泛开展绿色低碳生活行动，推动全民在衣、食、住、行、游等方面加快向勤俭节约、绿色低碳、文明健康的方式转变，推进生活方式的低碳化，实现绿色化、低碳化的发展已成为全球产业发展的必然趋势。

当今时代，资源环境方面的国际合作与竞争深入发展，发展绿色低碳生态经济既是新的经济增长点，也是国际竞争的新焦点，还是提升国家绿色控制能力的重要手段。绿色、环保、低碳、减排正在成为新的国际话语权竞争的焦点。美国在后金融危机时期，把发展绿色经济作为化危为机和实现经济转型升级的重要政策手段；欧盟和日本在新一轮低碳经济竞争中谋求抢占制高点。因此，加速推进绿色低碳发展，是参与国际合作与竞争的必然要求，也是应对全球气候变化的必然选择。

1.2 研究意义和研究内容

1.2.1 研究意义

研究绿碳行为经济学问题需要跨越多学科，交叉特色明显。形成的绿碳行为经济学新理论、新方法，有别于传统的行为经济学的理论与方法，丰富和完善了行为经济学理论，开辟了学科交叉研究的新领域，形成了学术研究的新的生长点。研究成果为政府解决区域相关深层次的绿色低碳发展问题的政策制定提供了理论依据，对于加快完善中国新型企业和居民绿色低碳行为的方针、政策、规划的制定改进及体制、机制的改革创新等，对发展“绿水青山就是金山银山”的理念，应对气候变化和维护生态安全，实现真正的“亲山近水”，具有重要的参考价值。

多角度、多方法阐述绿碳行为的经济学问题，需要定性、定量分析相结合，前后思路连贯，逻辑严密，数学模型多样。相对于本领域已有成果，专著内容学术视角独特、研究方法新颖、数据资料充分详尽、理论与实证分析相结合且互相印证，对行为经济学在绿色低碳领域的发展具有独到的贡献。专著作者们综合运用多元统计分析、复杂网络理论、行为分析理论、非线性动力学理论、多目标动态优化、大数据分析技术等多学科交叉方法，构建企业和居民绿色低碳行为的基础理论，探索多区域工业碳生产力及其绿色竞争优势，评价区域绿色竞争力，分析居民绿色行为选择及扩散机制，揭示绿色低碳行为下经济发展的度量及市场的阈值规律，实现绿色低碳行为领域的理论创新，发展绿色低碳行为理论体系，理论价值明晰。

将企业和居民的绿色低碳行为研究成果应用于实践，有助于帮助企业改善经营管理模式，提升碳生产力，有效解决发展与减排的矛盾；有助于引导居民真正地使用绿色低碳产品，践行绿色消费价值观，检验居民绿色低碳行为机理的有效性；有助于检验政府区域绿色低碳行为的有效干预策略的适用性。

1.2.2 研究内容

本书从系统科学的观点出发，多角度介绍绿色低碳行为下新的经济学理论和方法。第 1 章为绪论，介绍了传统的行为经济学、绿色低碳行为及本书的研究意义和研究内容。

第一篇为第 2~7 章，主要介绍绿碳行为的选择及传播理论，分别从绿色出行行为的偏好及有序性研究、区域绿色竞争力系统协调度与空间动态演进、中国省域绿色竞争力评价、居民绿色生活方式决策的互动行为、信息扩散对绿色行为传播的影响、政策对多元化绿色行为传播的影响这 6 方面进行分析研究。

第二篇为第 8~13 章，主要介绍绿碳行为下的经济发展度量和阈值理论，分别从绿色低碳驱动下工业生产市场的发展度量、气候变化损害函数对碳社会成本的影响、受攻击时系统的阈值规律及恢复力、市场受冲击时的市场普适性规律、绿色出行下的阈值规律、碳价格下市场联动的光伏发电项目投资决策及联动净现值（net present value，NPV）的演化分析这 6 方面进行分析研究。

参考文献

[1] Parmesan C，Yohe G. A globally coherent fingerprint of climate change impacts across natural systems. Nature，2003，421：37-42.

[2] IPCC. Climate Change 2014：Impacts，Adaptation and Vulnerability. Cambridge，UK：Cambridge University Press，2014.

[3] Climate change 2014：mitigation of climate change. Contribution of working group III to the fifth assessment report of the intergovernmental panel on climate change.

[4] 杨苏. 绿色行为决策的演化机理及影响因素研究. 合肥工业大学博士学位论文，2016.

[5] 黎祖交. 准确把握“绿色化”的科学涵义. 绿色中国，2015，7：40-43.

[6] Freeman R E，Pierce J，Dodd R. Shades of Green：Business Ethics and the Environment. New York：Oxford University Press，1995.

[7] 张天悦. 环境规制的绿色创新激励研究. 中国社会科学院研究生院硕士学位论文，2014.

[8] 张孝德. 绿色消费是化解环境危机的治本之策. 人民论坛，2016，（7）：46，47.

[9] Organisation for Economic Co-operation and Development（OECD）. Sustainable manufacturing and eco-innovation：framework，practices and measurement—synthesis report，2009.

[10] 孟庆峰，李真，盛昭瀚，等. 企业环境行为影响因素研究现状及发展趋势. 中国人口·资源与环境，2010，20（9）：100-106.

[11] IPCC. Climate change 2013：the physical science basis. IPCC，2013.

[12] Schellnhuber H J，Hare W，Serdeczny O，et al. Turn down the heat：why a 4℃ warmer world must be avoided. A Report for the World Bank by the Potsdam Institute for Climate Impact Research and Climate Analytics，2012.

[13] Garnaut R. The Garnaut Climate Change Review. Cambridge：Cambridge University Press，2008.

[14] Newton P W. Exploring the role of individual，context and object in sustainable urban consumption//Crocker R，Lehmann S. Motivating Change：Sustainable Design and Behaviour in the Built Environment. New York：Routledge，2013：65-87.

[15] Ye H，Ren Q，Hu X，et al. Low-carbon behavior approaches for reducing direct carbon emissions：household energy use in a coastal city. Journal of Cleaner Production，2017，141：128-136.

[16] Lv Y X，Xiao Q，Yan G H，et al. Low carbon technologies，strategies and lifestyles for green buildings//Advanced Materials Research，Trans Tech Publications，2014，869：

1005-1009.

[17] Newton P W. Transitions: Pathways Towards Sustainable Urban Development in Australia. New York: Springer Science & Business Media, 2008.

[18] Zhang L, Xue L, Zhou Y. How do low-carbon policies promote green diffusion among alliance-based firms in China? An evolutionary-game model of complex networks. Journal of Cleaner Production, 2019, 210: 518-529.

[19] Li W, Tian L, Batool H. Impact of negative information diffusion on green behavior adoption. Resources, Conservation and Recycling, 2018, 136: 337-344.

[20] Chen W, Li J. Who are the low-carbon activists? Analysis of the influence mechanism and group characteristics of low-carbon behavior in Tianjin, China. Science of the Total Environment, 2019, 683: 729-736.

[21] Zhang M, Guo S, Bai C, et al. Study on the impact of haze pollution on residents' green consumption behavior: the case of Shandong province. Journal of Cleaner Production, 2019, 219: 11-19.

[22] Kaffashi S, Shamsudin M N. Transforming to a low carbon society; an extended theory of planned behaviour of Malaysian citizens. Journal of Cleaner Production, 2019, 235: 1255-1264.

[23] Li G, Wang X, Wu J. How scientific researchers form green innovation behavior: an empirical analysis of China's enterprises. Technology in Society, 2019, 56: 134-146.

第一篇
选择及传播理论

引　言

20 世纪 90 年代以来，全球经济发展和环境形势发生了深刻变化，气候变暖、环境污染严重、战略性资源和能源供需矛盾不断加剧，区域发展面临严峻挑战。实际上，无论是气候变化，还是能源资源消耗，本质上是与人类的生产、生活方式密切相关的。此外，与基于生产端的城市的排放相比，居民已经成为能源消费的主要群体和碳排放的主要来源。为了减缓全球气候变化，不仅需要生产领域的低碳转型，更需要在消费领域引导居民的绿色行为，构建绿色生活新格局。

由于居民是绿色生活方式的主要践行者，其行为选择决定了生活方式转变的成败，故针对居民行为主体的研究至关重要。随着信息通信技术的发展，人与人之间的社会联系逐渐增强，接收信息的方式也不再仅仅是线下单一渠道，个体在决策时，往往会受到其线上和线下参考群体成员的行为或特征影响，同时其自身的决策又可能反作用于参考群体成员的决策。现有研究忽略了在线社交网络信息传播对线下居民行为选择的影响，忽略了社会成员间环境信息传播、互动学习等因素对个人生活方式的影响，尚未考虑居民个体间的互动关系及在互动中涌现出的集体效应，也没有考虑个体偏好对决策的影响，并且过分强调个体在决策时追求经济利益最大化，忽略了个体在决策过程中，心理和行为会随着时间与情境产生非线性变化的事实。公共自行车作为一种绿色、环保、方便、高效、经济和灵活的交通方式，已成为缓解最后一英里问题的一种越来越有效的方式。尽管关于绿色出行行为的文献很多，但是基于出行数据的时空特征研究的数量有限，已有研究在涉及绿色行为的空间特征时多采用统计形式，缺乏矢量化的整体空间特征的动态分析，并且绿色出行行为的时间特征多采用人为设定的等时间间隔的时间窗口，缺乏基于动态空间特征的高频时效窗口来刻画具有潮汐现象的绿色出行行为的时效性。现有的关于绿色竞争力的实证研究主要考察创新、环境、资源等因素对其的影响，是对传统区域竞争力影响因素的扩展与补充。然而，研究对象多侧重于微观企业，着重考察单一要素对绿色竞争力的影响，尚未涉及要素间或系统间耦合协调的实证分析。此外，研究时段多聚焦于截面数据或者短期发展时段，忽略了不同区域间的空间特征，缺乏大尺度的空间动态研究。

近年来，多 Agent 仿真在个体行为研究领域得到了广泛应用，该方法将个体决策和宏观扩散相联系，能够捕捉个体行为的非线性关系，洞察个体交互对最终决策的影响。它采用一种自下而上的方法，不但可以准确描述个体的异质性，而且可以从微观视角探究个体偏好、社交网络等因素对行为选择的影响，进而观察研究对象在群体中动态演化的行为规律。在描述居民绿色生活方式选择时，利用了多 Agent 仿真技术对居民个体决策进行实验模拟，实现了绿色生活方式个体和群体决策的动态追踪和定量化研究，拓展了绿色生活方式研究的方法论，为个体行为领域、决策领域提供了新思路。网络科学的跨学科特色使其得到了广泛的应用，许多实际网络，如朋友关系网、路网等都可描述为特定的网络，其中，近几年涌现的多层网络，成为研究现实生活中复杂系统的理想框架。多层网络将一个系统作为多层网络构成的网络来研究，而不是将其不同的层聚合在一起，这使得原本隐藏的细节被揭露，从而产生了大量更精确的信息。在探讨居民绿色出行行为时用到了有向加权网络，并从矢量出发，建立了一整套新的分析和计算绿色出行行为的时空特征的方法和步骤。在描述绿色行为传播过程时用到了多层网络，分别是用配置模型生成的仿真多层网络和用真实数据构造得到的真实多层网络，这两个网络均有两层，一层是绿色行为动态演化层（实际接触层），另一层是绿色行为信息扩散层（信息层）。为了检验强制性政策的作用，又构造了三层网络，第三层运用单个节点来代表政策调控。非参数密度估计技术是现代统计学发展的一个重要方向，其克服了参数估计需要事先假定数据样本服从特定分布的不足，是一种从数据样本本身出发研究数据分布特征的方法，在多个领域得到了广泛的应用，尤其是探索数据的空间动态规律。最先由 Shannon 引入信息论的信息熵，现已在工程技术、社会经济等领域得到十分广泛的应用，熵权法是一种客观赋权方法，在具体使用过程中，熵权法根据各指标的变异程度，利用信息熵计算出各指标的熵值，再通过熵值对各指标的权重进行修正，从而得出较为客观的指标权重。在探索区域绿色竞争力系统的协调度在空间分布的动态规律时，选用了非参数核密度估计和熵权法。障碍诊断模型是在综合评价模型的基础上演变而来的，是对影响事物发展的障碍因素进行全面挖掘的数学模型，通过障碍诊断模型挖掘影响事物发展的主要障碍因素。现有的障碍诊断模型大致可以分为以下 4 类：基于案例研究法、基于层次分析法、基于主成分分析和基于回归分析。虽然现有的障碍诊断模型能较好地挖掘障碍因素，在实践中得到较为深入的应用，但普遍存在研究结果具有局限性、受主观因素影响、计算复杂和缺乏动态性等不足。考虑到突变级数法能够很好地避免主观赋权的弊端，计算简单，且具有优良的动态特性，在进行区域绿色竞争力提升障碍诊断时，采用了基于突变级数法的障碍诊断模型，以期能够较好地克服上述方法所存在的局限性。

本篇主要研究绿色低碳行为下的选择与传播理论，共分为六章。第 2 章为绿色出行行为的偏好及有序性研究：引入公共自行车的有向加权网络描述了公众租借和归还公共自行车的行为，构造了一种新的矢量粗粒化方法，并建立了一个方向性指标作为绿色出行行为的空间特征，在依据时效网络建立的矢量场中分析绿色出行行为的动态时空特征，为绿色出行行为的研究、公共自行车系统的动态再平衡方案的路线优化及高频任务窗口识别开拓了新视野，也发展了现有的粗粒化方法和复杂网络理论。第 3 章为区域绿色竞争力系统协调度与空间动态演进：在阐述区域绿色竞争力系统概念的基础上，构建涵盖经济、社会和环境的绿色竞争力协调度评价模型，以中国的 30 个省（区、市）（西藏、香港、澳门、台湾除外）为例，在统一框架下研究区域间绿色竞争力系统的协调关系，并利用空间计量分析方法和非参数核密度模型讨论系统协调度的地理空间布局与动态演进机制，弥补了以往研究忽略系统间耦合协调的不足，填补了现有的区域绿色竞争力文献在空间动态研究的空白。第 4 章为中国省域绿色竞争力评价：从经济、社会、资源环境三个系统出发，考虑经济规模、经济效率、城镇化、科教环保投入、基础设施、就业、自然资源、绿色环境、污染治理等因素，用突变级数法对各省绿色竞争力展开多层次障碍分解，系统、全面地梳理各省绿色竞争力障碍因子演变规律和空间特征。第 5 章为居民绿色生活方式决策的互动行为：将后悔理论引入多 Agent 模型，从演化博弈视角构建了居民绿色生活方式选择的仿真模型。在考虑个体偏好和偏好匹配度的基础上，通过模拟居民个体在选择生活方式时的交互行为，探究效用参数和群体沟通等因素对宏观选择结果的影响。第 6 章为信息扩散对绿色行为传播的影响：从传播动力学角度出发，基于多层网络理论，在构建的仿真多层网络和根据实际社交数据得到的真实多层网络上，利用一个新的 UAR-SGS 模型对绿色行为传播过程进行了仿真模拟，探讨了在线社交网络关于绿色行为信息的扩散对线下实际绿色行为传播的影响。微观马尔可夫链方法（microscopic Markov chain approach，MMCA）和蒙特卡罗方法（Monte-Carlo approach，MCA）得到的分析与模拟结果都揭示了信息层的轻微影响可以改变绿色行为阈值，使得行为更容易爆发，同时也验证了这些影响完全来自信息层，而不是实际接触层的二次影响。为了厘清城市居民的绿色行为是如何从开始传播到稳定状态的，以及它是否与绿色意识或政策有关，第 7 章为政策对多元化绿色行为传播的影响，建立了一个具有政策调控的绿色意识–行为模型，在第 6 章两层网络的基础上，增加了政策调控层，提出了一个三层的网络来说明绿色意识、绿色行为和政策调控之间的动态过程。结果表明，政策调控力度对扩散阈值和最终绿色行为规模都有重要影响。

第 2 章 绿色出行行为的偏好及有序性研究①

公共自行车作为一种绿色环保、方便、高效、经济和灵活的交通方式，已成为缓解最后一英里问题的一种越来越有效的方式。公共自行车系统已在世界各地的约 1 500 个城市运行[1, 2]。绿色出行行为得到了学者的广泛关注，现有的已出版文献有 209 篇[3]。

公共自行车系统的使用数据同时从时间和空间上记录了出行者的行为，蕴含着大量潜在的、有价值的信息。公共自行车系统使用数据的获取能力和分析能力的提高，使绿色出行行为研究得到了进一步发展。为了获取绿色出行行为的特征，学者们对绿色出行者的速度[4]和时间[5]，不同性别的出行行为[6]、出行类型[7]、出行链[8]及出行的空间结构[9]进行了量化分析。同时，依据数据的时空特征，学者们分析了站点优化选择[10]、城市的可持续性和高效运行[11]、动态重新定位[12]、建筑环境[13]及工作无障碍性[14]与绿色出行行为的关系。

2.1 绿色出行的国内外动态分析

时空动态是客观世界永恒不变的研究主题。尽管关于绿色出行行为的文献很多，但是基于出行数据的时空特征研究的数量有限，且存在着如下一些不足：①绿色行为的空间特征多采用统计形式[6, 8~10]，缺乏矢量化的整体空间特征的动态分析；②绿色出行行为的时间特征多采用人为设定的等时间间隔的时间窗口[7, 10, 14]，缺乏基于动态空间特征的高频时效窗口来刻画具有潮汐

① 第 2 章主要内容出处：Zhang W B，Tian Z H，Zhang G Y，et al. Spatial-temporal characteristics of green travel behavior based on vector perspective. Journal of Cleaner Production，2019，234：549-558.

现象[15]的绿色出行行为的时效性。为了弥补这个不足，我们将构造一种新的矢量粗粒化方法，并建立一个方向性指标作为绿色出行行为的空间特征，在依据时效网络建立的矢量场中分析绿色出行行为的动态时空特征，为绿色出行行为的研究、公共自行车系统的动态再平衡方案的路线优化及高频任务窗口识别开拓新视野，也发展了现有的粗粒化方法[16, 17]和复杂网络理论[18~20]。

本章绿色出行行为的时空特征的流程图见图 2-1。

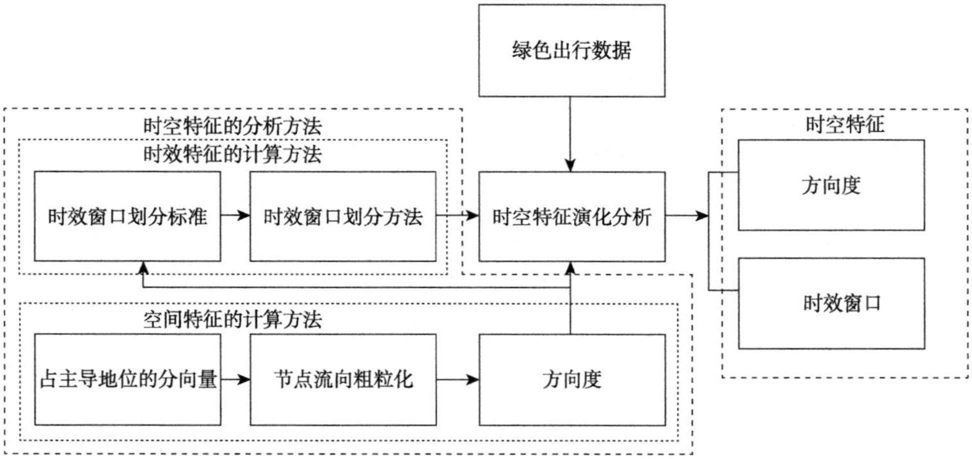

图 2-1　绿色出行行为的时空特征的流程图

现有的绿色出行行为的文献很丰富。按照研究内容，主要分为两个大类。第一类围绕影响和驱动公众绿色出行发展的因素展开，并达成一致共识：天气[21, 22]、自行车的基础设施[23, 24]、站点的便利性[3, 25]、地形[26]及注册过程[27]与公众的绿色出行行为的关系紧密，影响显著。第二类围绕绿色出行过程中的再平衡问题展开。基于静态再平衡和动态再平衡模型，研究最小化未满足的总需求[28~31]和最小化车辆行驶时间或成本[12, 32~37]问题。另外，一些研究佐证了公众的绿色出行行为确能改善交通的拥堵[24, 38, 39]，提高人们的健康水平[38, 40]。同时指出，佩戴头盔对于骑自行车来讲是非常必要的[41]。

2.2　公共自行车的有向加权网络

为了更方便地描述公众租借和归还公共自行车的行为，我们引入两个绿色出行行为的复杂网络：

定义 2.1：（1）以某一时间区间 $[t, t+\Delta t]$ 内的借出公共自行车的站点为节点

$\{V\}_{i=1}^{N}$，以从节点 V_i 借出去往节点 V_j 的公共自行车的数量为权重 w_{ij} 建立有向连边 E_{ij}，这样得到的复杂网络称为借出公共自行车行为网络（B-PBN），记作 $G_B(V,E)$。

（2）以某一时间区间 $[t,t+\Delta t]$ 内的归还公共自行车的站点为节点 $\{V\}_{i=1}^{N}$，以在节点 V_i 归还的来自节点 V_j 的公共自行车的数量为权重 w_{ji} 建立有向连边 E_{ji}，这样得到的复杂网络称为归还公共自行车行为网络（R-PBN），记作 $G_R(V,E)$。

2.2.1 绿色出行行为的空间特征

鉴于向量能同时从数量和方向两个角度刻画绿色出行行为的空间分布，本节我们将建立一种向量粗粒化的方法来构建绿色出行行为的空间特征。

1. 节点流向的向量表示

在公共自行车的复杂网络中，节点上借出公共自行车和归归还公共自行车的数量与方向很好地刻画了对应公共自行车站点上的公众出行需求的数量及其空间上的分布。我们把节点上的借出公共自行车和归还公共自行车的数量与方向，称为节点的出流向和入流向，合称为节点的流向。同时，我们引入如下定义。

定义 2.2：（1）设 $\{V\}_{i=1}^{N}$ 为借出公共自行车网络 $G_B(V,E)$ 上的节点，w_{ij} 为有向连边 E_{ij} 上的权重，则向量 $[w_{i1},w_{i2},\cdots,w_{iN}]$ 代表了节点 V_i 上的所有借出公共自行车的流出方向，简称出流向，记作 V_i^{out}。同时，我们记 V_i^{out} 在第 j 条有向连边 E_{ij} 上的分向量为 $\vec{E}_{ij}$，其中，$\vec{E}_{ij}=w_{ij}\bullet\vec{E}_{ij}^0$，$\vec{E}_{ij}^0$ 表示有向连边 E_{ij} 上的单位方向，$1\leqslant i,j\leqslant N$。

（2）在归还公共自行车网络 $G_R(V,E)$ 中，向量 $[w_{1i},w_{2i},\cdots,w_{Ni}]$ 代表了节点 V_i 上的所有归还公共自行车的流入方向，简称入流向，记作 V_i^{in}。同时，我们记 V_i^{in} 在第 j 条有向连边 E_{ji} 上的分向量为 $\vec{E}_{ji}$，其中，$\vec{E}_{ji}=w_{ji}\bullet\vec{E}_{ji}^0$，$\vec{E}_{ji}^0$ 表示有向连边 E_{ji} 上的单位方向，$1\leqslant i,j\leqslant N$。

注 1. 虽然 $\sum_j\vec{E}_{ij}=[w_{i1},w_{i2},\cdots,w_{iN}]\bullet\left[\vec{E}_{i1}^0,\vec{E}_{i2}^0,\cdots,\vec{E}_{iN}^0\right]$ 是出流向 V_i^{out} 的一个线性表示，$\sum_j\vec{E}_{ji}=[w_{1i},w_{2i},\cdots,w_{Ni}]\bullet\left[\vec{E}_{1i}^0,\vec{E}_{2i}^0,\cdots,\vec{E}_{Ni}^0\right]$ 是入流向 V_i^{in} 的一个线性表示，但是在公共自行车网络中没有实际意义。

例如，在某个借出公共自行车网络 $G(V,E)$ 中，从节点 V_1 上借出的公共自行车共有 3 辆，其中 2 辆去往节点 V_2，剩下 1 辆去往节点 V_3。利用向量 $\vec{E}_{12}$，$\vec{E}_{13}$ 求和，得到节点 V_1 上的出流向量 $V_1^{\text{out}}=\vec{E}_{12}+\vec{E}_{13}$ 的可能结果有两种，如图 2-2 所示。

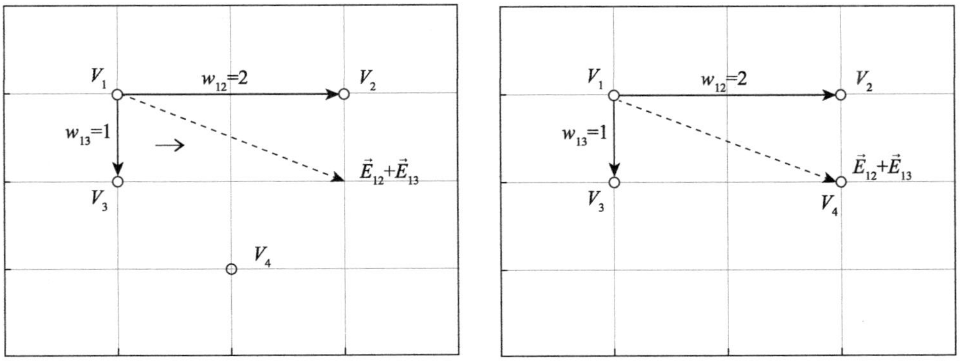

（a）第一种情形　　（b）第二种情形

图 2-2　向量加法下的借出公共自行车网络的流出方向向量

在图 2-2（a）中，$\vec{E}_{12}+\vec{E}_{13}$ 没有指向有向加权复杂网络 $G(V,E)$ 中的任何一个节点 V_i，$i=1,2,3,4$。所以，向量 $\vec{E}_{12}+\vec{E}_{13}$ 表示从节点 V_1 上借出的公共自行车不会去往 $G(V,E)$ 中的任何一个节点 V_i，$i=1,2,3,4$。因此，向量 $V_1^{\text{out}}=\vec{E}_{12}+\vec{E}_{13}$ 没有实际意义。在图 2-2（b）中，$\vec{E}_{12}+\vec{E}_{13}$ 指向了有向加权复杂网络 $G(V,E)$ 中的节点 V_4。事实上，在 $G(V,E)$ 中，从节点 V_1 上借出的自行车没有 1 辆会去往节点 V_4。所以，向量 $V_1^{\text{out}}=\vec{E}_{12}+\vec{E}_{13}$ 仍然没有实际意义。

2. 向量的粗粒化

向量中占主导地位的分向量（dominant directional component，DDC）[42]能有效刻画节点上出流向和入流向的整体趋势，揭示公众出行的主方向。基于占主动地位的分向量的不同情形，我们构造了一种新的向量的粗颗粒处理方法。

定义 2.3：设向量 $V=[a_1,a_2,\cdots,a_n]\neq 0$，且 $\vec{E}_i^0$ 为在向量 V 第 i 个分向量上的单位向量，$i=1,2,\cdots,n$。若存在某个 a_i，使得

$$|a_i|>\frac{1}{2}|V| \tag{2-1}$$

则称向量 V 存在唯一的占主导地位的分向量 $a_i\bullet\vec{E}_i^0$。

例如，在借出公共自行车网络 $G_B(V,E)$（图 2-3）中，节点 V_1 上的出流向 V_1^{out} 为 $[0,2,1]$，即该节点上的借出公共自行车总数为 $|V_1^{\text{out}}|=|\vec{E}_{11}|+|\vec{E}_{12}|+|\vec{E}_{13}|=$

$w_{11}+w_{12}+w_{13}=3$。其中，分向量 $\vec{E}_{12}$ 上的流出流量为 $\left|\vec{E}_{12}\right|=w_{12}=2$。所以，分向量 $\vec{E}_{12}$ 代表了节点 V_1 上 66.67%的借出公共自行车的流出方向，较好地刻画了出流向 V_1^{out} 的整体趋势，是出流向 V_1^{out} 中占主导地位的分向量。

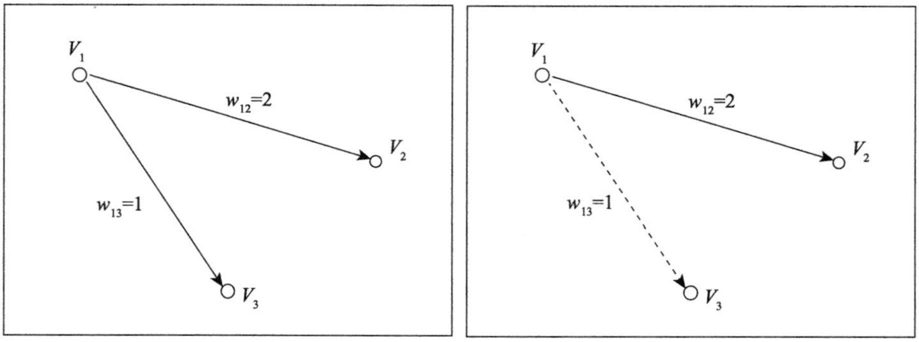

（a）节点的出流向图　　（b）粗粒化后节点的出流向图

图 2-3　节点的出流向图

一般的，依据向量中占主导地位的分向量个数，得到向量的粗粒化分类方法如下。

定义 2.4：设向量 $V=[a_1,a_2,\cdots,a_n]\neq 0$，$\{|\tilde{a}_i|\}_{i=1}^{n}$ 为分向量权重 $\{|a_i|\}_{i=1}^{n}$ 按从小到大的顺序重新排序后的新序列，其中 $|\tilde{a}_1|\geqslant|\tilde{a}_2|\geqslant\cdots\geqslant|\tilde{a}_n|$。$A_1,A_2,\cdots,A_k$ 为将 $\{|\tilde{a}_i|\}_{i=1}^{n}$ 中的元素按数值相等的法则归类后得到的 k 个集合（即若 $\tilde{a}_i\in A_i$，$\tilde{a}_j\in A_j$ $(i>j)$，则 $|\tilde{a}_i|\equiv c_i$，$|\tilde{a}_j|\equiv c_j$，$|\tilde{a}_i|\geqslant|\tilde{a}_j|$）。若存在 $h(\geqslant 1)$ 使得

$$\sum_{\tilde{a}_i\in\bigcup_{i=1}^{h}A_i}|\tilde{a}_i|>\frac{1}{2}|V|,\quad \sum_{\tilde{a}_i\in\bigcup_{i=1}^{h-1}A_i}|\tilde{a}_i|<\frac{1}{2}|V|,\quad h\leqslant k \tag{2-2}$$

则向量 V 中占主导地位的分向量数为 m，同时称该向量 V 为 m 型粗粒化向量，记为 ${}^{m}V$。其中，m 为集合 $\bigcup\limits_{i=1}^{h}A_h$ 中元素的数量。

例如，在图 2-1 中，$\vec{E}_{12}$，$\vec{E}_{13}$ 为出流向 V_1^{out} 的分向量。由于 $\left|\vec{E}_{12}\right|>\frac{1}{2}|V|$，所以，$V_1^{\text{out}}$ 中占主导地位的分向量数量为 1，即 V_1^{out} 为 1 型粗粒化向量 ${}^{1}V_1^{\text{out}}$。

3. 节点流向的粗粒化

将以上结论应用到有向加权复杂网络中，则得到节点流向的粗粒化分类方法如下：

定理 2.1: 设 V_i 为有向加权网络 $G(V,E)$ 内的任意一个节点，w_{ij} 为有向连边 E_{ij} 上的权重，$1 \leqslant i,j \leqslant N$。

（1）若出流向 V_i^{out} 的占主导地位的流出分向量为 m 个，则出流向 V_i^{out} 为 m 型粗粒化向量，记作 ${}^m V_i^{\text{out}}$。

（2）若入流向 V_i^{in} 的占主导地位的流出分向量为 m 个，则入流向 V_i^{in} 为 m 型粗粒化向量，记作 ${}^m V_i^{\text{in}}$。

方便起见，引入有向加权复杂网络 $G(V,E)$ 中任意节点 V_i 上出流向、入流向的粗粒化的特征函数如下：

$$ {}^m y_i^{\text{out}} = \begin{cases} 1, & \text{if } V_i^{\text{out}} \in {}^m V_i^{\text{out}} \\ 0, & \text{其他} \end{cases} \tag{2-3} $$

和

$$ {}^m y_i^{\text{in}} = \begin{cases} 1, & \text{if } V_i^{\text{in}} \in {}^m V_i^{\text{in}} \\ 0, & \text{其他} \end{cases} \tag{2-4} $$

4. 有向加权网络的方向度

节点流向的粗粒化处理，简化了有向加权网络中的连边，有利于刻画复杂网络下公众出行行为的整体空间有序性，挖掘整个有向加权网络上节点间流量的运动规律。为了进一步刻画复杂网络下的公众出行行为的整体空间有序性，我们引入有向加权网络的方向度指标如下。

定义 2.5: 设 V_i 为有向加权网络 $G(V,E)$ 中的节点 $i=1,2,\cdots,N$。

（1）对节点流出向量 V_i^{out} 进行粗粒化处理，称有向加权网络中 ${}^m V_i^{\text{out}}$ 的比例为有向加权网络 $G(V,E)$ 的 m 型流出方向度，记为 ${}^m Y^{\text{out}}$：

$$ {}^m Y^{\text{out}} = \frac{\sum_i y_i^{\text{out}}}{\sum_i \operatorname{sgn}\left(s_i^{\text{out}}\right)} \tag{2-5} $$

其中，s_i^{out} 为节点 V_i 上的出强度；$\operatorname{sgn}(x)$ 为符号函数。

（2）对节点流入向量 V_i^{in} 进行粗粒化处理，称有向加权网络中 ${}^m V_i^{\text{in}}$ 的比例为有向加权网络 $G(V,E)$ 的 m 型流入方向度，记为 ${}^m Y^{\text{in}}$：

$$ {}^m Y^{\text{in}} = \frac{\sum_i y_i^{\text{in}}}{\sum_i \operatorname{sgn}\left(s_i^{\text{in}}\right)} \tag{2-6} $$

其中，s_i^{in} 为节点 V_i 上的入强度；$\operatorname{sgn}(x)$ 为符号函数。

例如，有向加权网络 $G(V,E)$ 如图 2-4 所示：

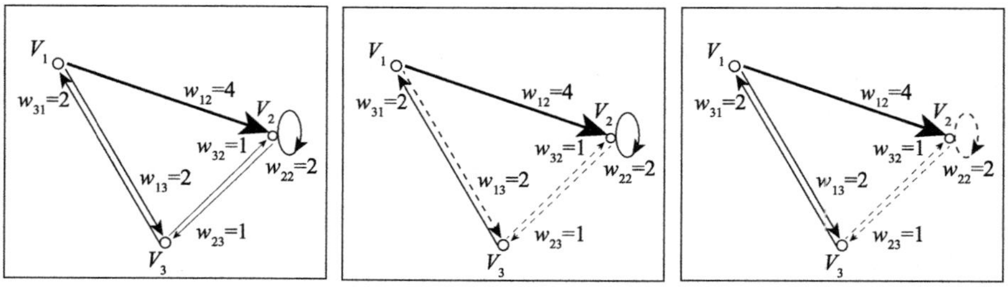

（a）原始的图　（b）粗粒化后的流出矢量图　（c）粗粒化后的流入矢量图

图 2-4　颗粒化处理下的有向加权复杂网络

由图 2-4（a）可以发现，节点 V_1，V_2，V_3 上出流向中占主导地位的流出分向量分别为 $\vec{E}_{12}$，$\vec{E}_{22}$，$\vec{E}_{32}$，即 $G(V,E)$ 中的 1 型流出方向度 ${}^1Y^{\text{out}}=1$。事实上，$\vec{E}_{12}$，$\vec{E}_{22}$，$\vec{E}_{32}$ 构成了一个新的向量场[图 2-4（b）]，且该向量场代表了整个有向加权网络的一半以上流量的运动方向，刻画了复杂网络中的出流向的整体空间有序性。类似的可以发现，节点 V_1，V_2，V_3 上入流向中占主导地位的流入方向分量分别为 $\vec{E}_{31}$，$\vec{E}_{12}$，$\vec{E}_{13}$，即 $G(V,E)$ 中的 1 型流入方向度 ${}^1Y^{\text{in}}=1$。$\vec{E}_{31}$，$\vec{E}_{12}$，$\vec{E}_{13}$ 构成了另一个新的向量场[图 2-4（c）]，该向量场代表了整个有向加权网络的一半以上流量的另一个运动方向，刻画了复杂网络中的入流向的整体空间有序性。所以，方向度能有效刻画整个复杂网络的空间有序性。

2.2.2　绿色出行行为的时间特征

注意到，绿色出行行为有较强的时效性，在不同的时间窗口内，方向度的数值也不同。时效网络的时效窗口是刻画行为时效性的有效工具。我们将采用时效窗口来刻画绿色出行行为的时间特征。

1. 划分高频时效窗口的量化指标

基于方向度的分析，我们建立一个时效窗口的划分标准如下。

定义 2.6：（1）设 $\left\{\left[t^{\alpha},t^{\alpha}+\Delta t^{\alpha}\right]\right\}_{\alpha=1}^{N}$ 为借出公共自行车时效网络 $\left\{G_B^{\alpha}(V,E)\right\}_{\alpha=1}^{N}$ 上的任意一个不重叠的时效窗口划分，如果时效窗口网络 $G_B^{\alpha}(V,E)$ 中的 k 型流出方向度 ${}^kY^{\alpha,\text{out}}$ 满足：

$$\min_{\alpha}\sum_{k=1}^{m}{}^kY^{\alpha,\text{out}}\geqslant c_1,\quad 1\leqslant k\leqslant m \tag{2-7}$$

则称$\left\{\left[t^{\alpha},t^{\alpha}+\Delta t^{\alpha}\right]\right\}_{\alpha=1}^{N}$是借出公共自行车时效网络$\left\{G_B^{\alpha}\left(V,E\right)\right\}_{\alpha=1}^{N}$在参数$c_1$下的一个 m 型有效划分，其中c_1为 B-PBN 中的空间特征因子。

（2）设$\left\{\left[t^{\alpha},t^{\alpha}+\Delta t^{\alpha}\right]\right\}_{\alpha=1}^{N}$为归还公共自行车时效网络$\left\{G_R^{\alpha}\left(V,E\right)\right\}_{\alpha=1}^{N}$上的任意一个不重叠的时效窗口划分，如果网络$G_R^{\alpha}\left(V,E\right)$中的 k 型流出方向度${}^{k}Y^{\alpha,\text{in}}$满足：

$$\min_{\alpha}\sum\nolimits_{k=1}^{m}{}^{k}Y^{\alpha,\text{out}}\geqslant c_2\text{，}\quad 1\leqslant k\leqslant m \tag{2-8}$$

则称$\left\{\left[t^{\alpha},t^{\alpha}+\Delta t^{\alpha}\right]\right\}_{\alpha=1}^{N}$是借出公共自行车时效网络$\left\{G_R^{\alpha}\left(V,E\right)\right\}_{\alpha=1}^{N}$在参数$c_2$下的一个 m 型有效划分，其中c_2为 R-PBN 中的空间特征因子。

注 2. 一致性因子 c 刻画了时效网络$\left\{G_B^{\alpha}\left(V,E\right)\right\}_{\alpha=1}^{N}$的时效窗口网络$G_B^{\alpha}\left(V,E\right)$中 1 型流出方向${}^{1}Y^{\alpha,\text{out}}$的整体最小值，反映了不同时间窗口$\left\{\left[t^{\alpha},t^{\alpha}+\Delta t^{\alpha}\right]\right\}_{\alpha=1}^{N}$内空间特征的整体最差水平。

注 3. 由定义 2.3 可知，具有 1 型粗粒化向量的节点的空间特征更明显。1 型方向度越高，粗粒化处理下的网络中的连边越少。因此，本章将采用 1 型有效划分来计算时效窗口。

2. 高频时效窗口的划分方法

为了得到高频时效窗口，我们给出了计算高频时效窗口的方法。

定义 2.7：（1）给定 B-PBN 的空间特征的参数c_1。取$\Delta t^{\alpha}=t^{\alpha}-t^{\alpha-1}\equiv C>0$对时间区间$\left[t_B,t_E\right]$进行等时间间隔的划分：$T_B=t^0<t^1<t^2<\cdots<t^{\alpha}<\cdots<t^{N-1}<t^N=T_E$。若$\left\{\left[t^{\alpha},t^{\alpha}+\Delta t^{\alpha}\right]\right\}_{\alpha=1}^{N}$为 B-PBN 在参数$c_1$下的一个 m 型有效划分。则称$\min\limits_{\Delta t^{\alpha}}\left\{\left[t^{\alpha},t^{\alpha}+\Delta t^{\alpha}\right]\right\}_{\alpha=1}^{N}$为 B-PBN 在参数$c_1$下的一个 m 型时效窗口。

（2）给定 R-PBN 的空间特征的参数c_2。取$\Delta t^{\alpha}=t^{\alpha}-t^{\alpha-1}\equiv C>0$对时间区间$\left[t_B,t_E\right]$进行等时间间隔的划分：$T_B=t^0<t^1<t^2<\cdots<t^{\alpha}<\cdots<t^{N-1}<t^N=T_E$。若$\left\{\left[t^{\alpha},t^{\alpha}+\Delta t^{\alpha}\right]\right\}_{\alpha=1}^{N}$为 R-PBN 在参数$c_2$下的一个 m 型有效划分。则称$\min\limits_{\Delta t^{\alpha}}\left\{\left[t^{\alpha},t^{\alpha}+\Delta t^{\alpha}\right]\right\}_{\alpha=1}^{N}$为 R-PBN 在参数$c_2$下的一个 m 型时效窗口。

例如，依据表 2-1 中的公共自行车系统中的借车记录，我们建立借出公共自行车行为的网络$G_B\left(V,E\right)$，并依据等时间间隔划分的方法建立时效网络$\left\{G_B^{\alpha}\left(V^{\alpha},E^{\alpha}\right)\right\}_{\alpha=1}^{2}$。依据定理 2.1 中节点流向的粗粒化方法，对各时间窗口内的复杂网络进行粗粒化处理（图 2-5）。

表 2-1　公共自行车时效网络的窗口划分过程

	借车站点	还车站点	边权	借车时刻	
$G^1\left(V^1,E^1\right)$	1	2	1	t1	$G(V,E)$
	3	1	1	t2	
	2	3	1	t3	
	1	1	2	t4	
$G^2\left(V^2,E^2\right)$	2	1	1	t5	
	1	3	2	t6	
	1	1	1	t7	
	2	1	1	t8	

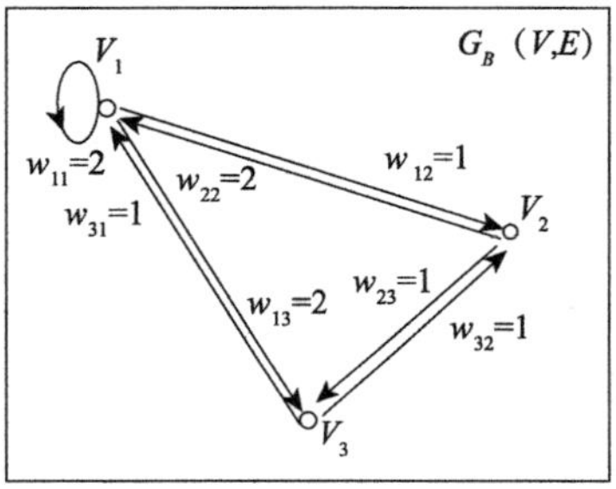

（a）时间窗口 $[t_1,t_8]$ 内的借车网络

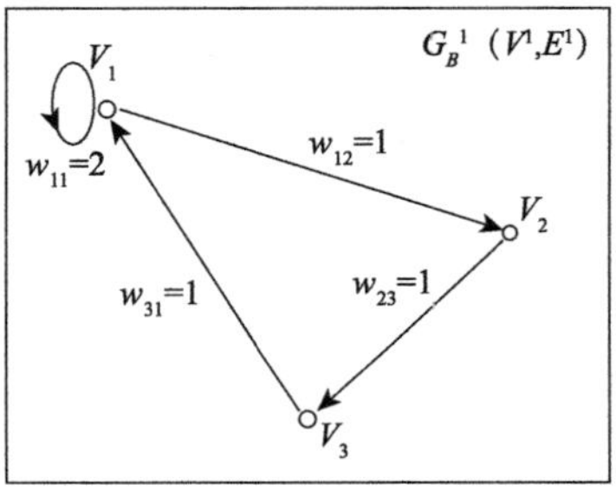

（b）时间窗口 $[t_1,t_4]$ 内的借车网络

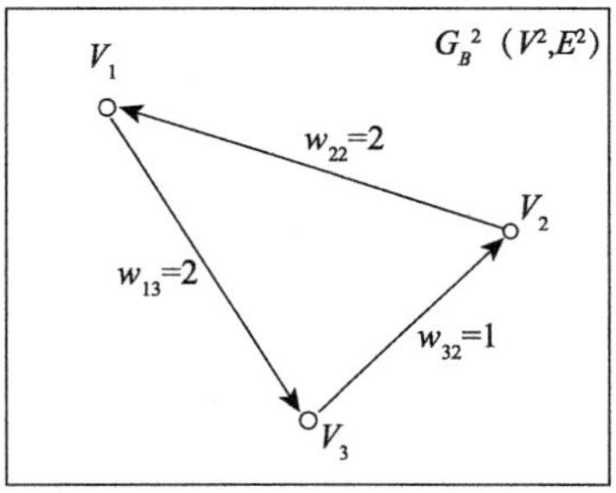

（c）时间窗口 $[t_5,t_8]$ 内的借车网络

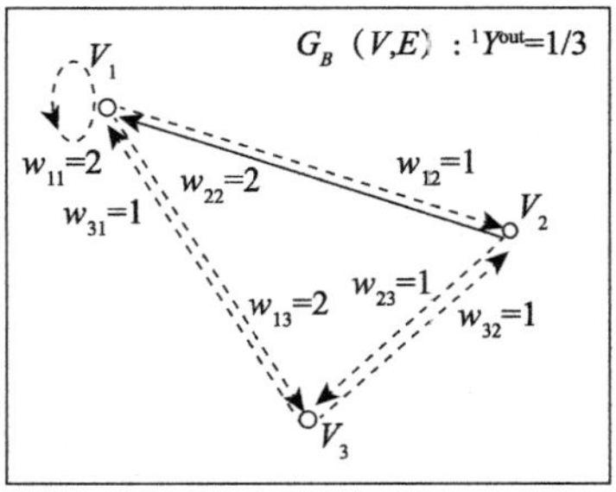

（d）时间窗口 $[t_1,t_8]$ 内借车网络中 1 型流出方向度

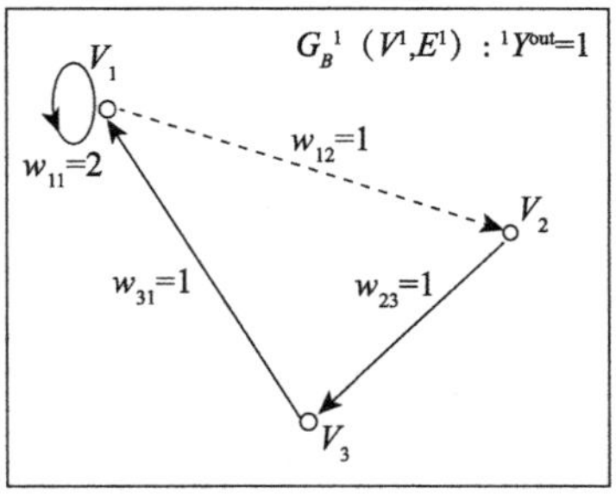

（e）时间窗口 $[t_1,t_4]$ 内借车网络中 1 型流出方向度

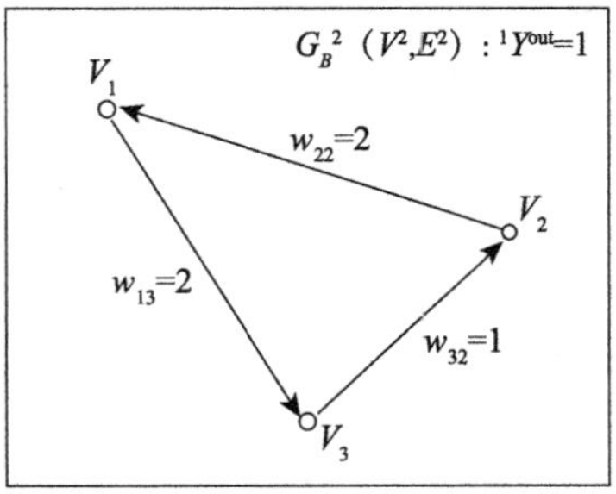

（f）时间窗口 $[t_5,t_8]$ 内借车网络中 1 型流出方向度

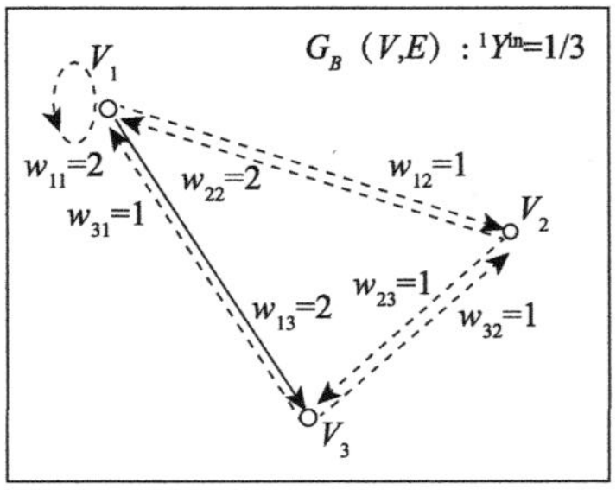

（g）时间窗口 $[t_1,t_8]$ 内借车网络中 1 型流入方向度

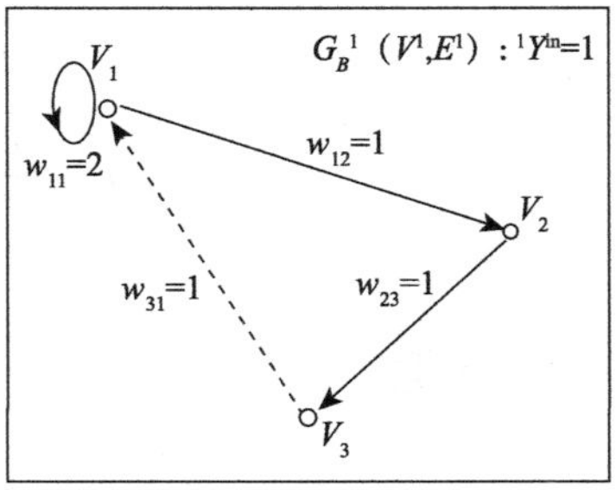

（h）时间窗口 $[t_1,t_4]$ 内借车网络中 1 型流入方向度

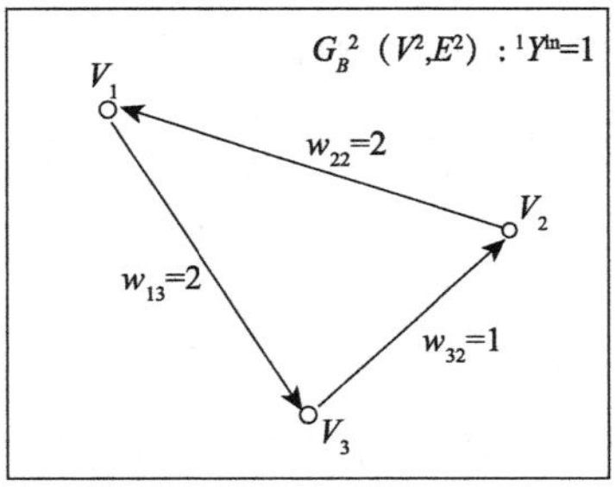

（i）时间窗口 $[t_5,t_8]$ 内借车网络中 1 型流入方向度

图 2-5　不同时间窗口内借车网络中 1-方向度

由式（2-5）~式（2-6）可得，在静态时间窗口 $[t_1,t_8]$ 内，借出公共自行车网络 $G_B(V,E)$ 上的 1 型流出方向度 $^1Y^{out}=\frac{1}{3}$［图 2-5（d）］，1 型流入方向度 $^1Y^{in}=\frac{1}{3}$［图 2-5（g）］；在时效窗口 $[t_1,t_4]$ 内，借出公共自行车网络 $G_B^1(V^1,E^1)$ 上的 1 型流出方向度 $^1Y^{out}$=1［图 2-5（e）］；1 型流入方向度 $^1Y^{in}$=1［图 2-5（h）］；在时效窗口 $[t_5,t_8]$ 内，借出公共自行车网络 $G_B^2(V^2,E^2)$ 上的 1 型流出方向度 $^1Y^{out}$=1［图 2-5（f）］，1 型流入方向度 $^1Y^{in}$=1［图 2-5（i）］。鉴于参数 c_1，c_2 不超过 1，所以 $\{[t_1,t_4],[t_5,t_8]\}$ 为 $[t_1,t_8]$ 上的一个有效划分。

上述分析表明，公众出行行为的空间有序性可以通过方向度指标较好地描述，但是公众出行行为的空间有序性具有较强的时效性，且这种时效性可以通过时效网络的时效窗口刻画。

2.3 实证分析

2.3.1 数据

本章选取的数据均来自中国南京市主城区（6 个行政区）2017/3/20~2017/3/26 的公共自行车系统的实时骑行记录。我们分别以 20、10、5、2 和 1 分钟为时间间隔，统计各组时间间隔内的借车记录和还车记录频数，得到了公共自行车系统中公众出行行为的时间分布图像（图 2-6）。

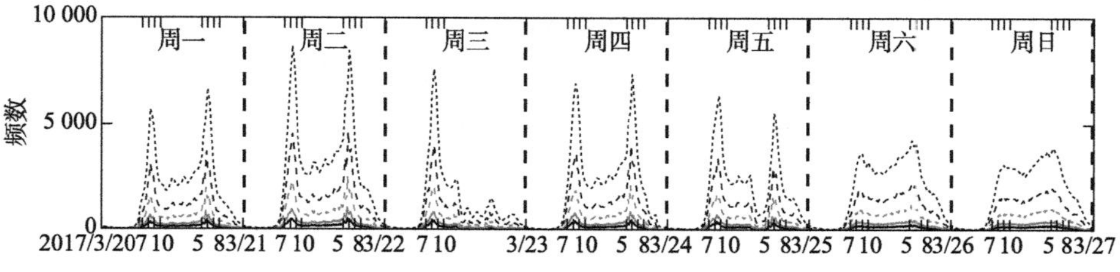

（a）借出公共自行车的频数

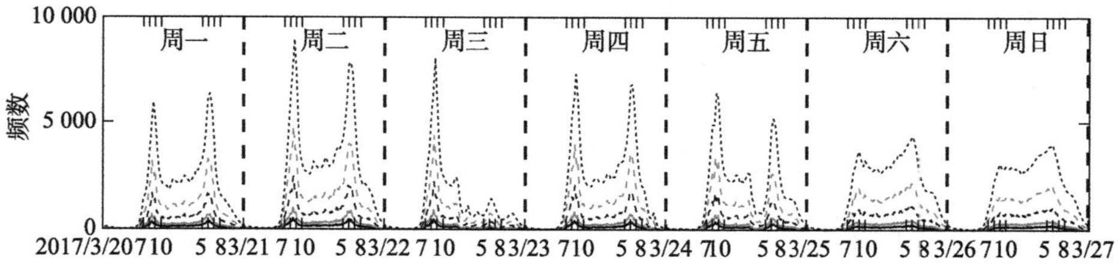

（b）归还公共自行车的频数

图 2-6 不同间隔下的公共自行车系统的借车频数和还车频数

公共自行车系统中的借车频数[图 2-6（a）]和还车频数[图 2-6（b）]的每日分布很不均匀，均呈现出明显的“潮汐”现象（图 2-6）：在黎明前的 0：00-6：00，频数值一直很小；在 7：00-10：00 间的早高峰及 17：00-20：00 间的晚高峰，频数值激增，呈现出明显的潮汐现象（受到降雨影响，周三的晚高峰没有出现），且工作日的潮汐现象较双休日明显；在其他时刻的频数值相对稳定，整体变化较小。同时，上述“潮汐”现象不随时间间隔的数值改变，即公众的出行行为具有很强的时效性，不同时间窗口内的绿色出行行为的时空特征需要区别对待。

2.3.2　绿色出行行为的时空特征

鉴于 m 型方向度及 m 型时效窗口的计算方法是确定的，本节仅以 1 型方向度及 1 型时效窗口分析绿色出行行为的时空特征。

1. 演化分析

本节我们将依次取 5 个不同的时间间隔，建立 5 组公共自行车的时效网络，并通过 1 型出方向度的数值分析绿色出行行为的时空特征。

1）租借公共自行车的行为

取 20 分钟作为时间间隔 Δt^{α}，我们得到 504 个租借自行车行为的时效窗口。依据每个时间窗口中的借出记录，建立租借自行车行为的时效网络，并依据式（2-3）和式（2-5）计算出各时间窗口下的 1 型出方向度 $^{1}Y^{\alpha,\mathrm{out}}$ [图 2-7（a）]。

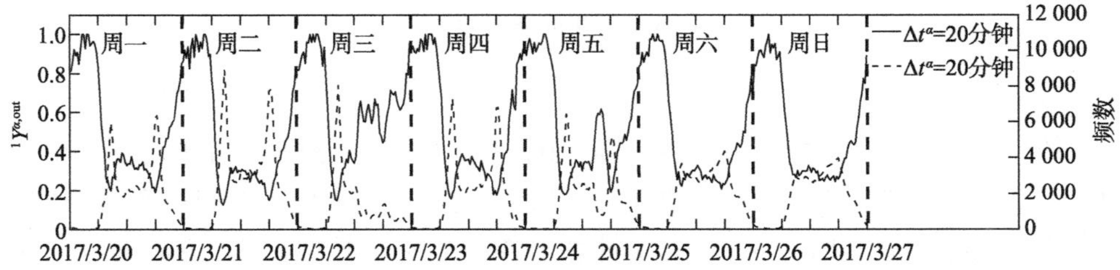

（a）时间间隔为 20 分钟

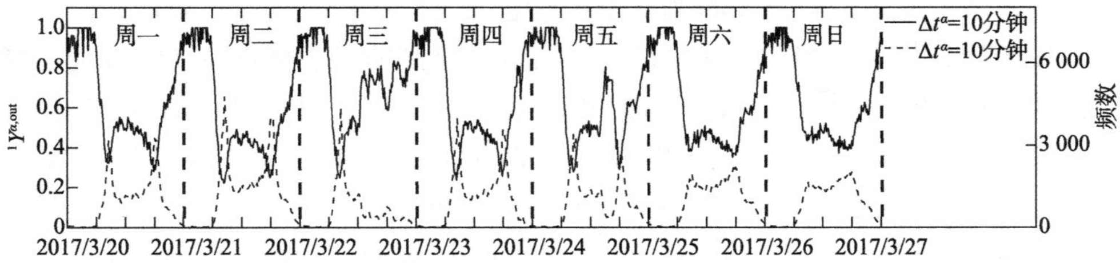

（b）时间间隔为 10 分钟

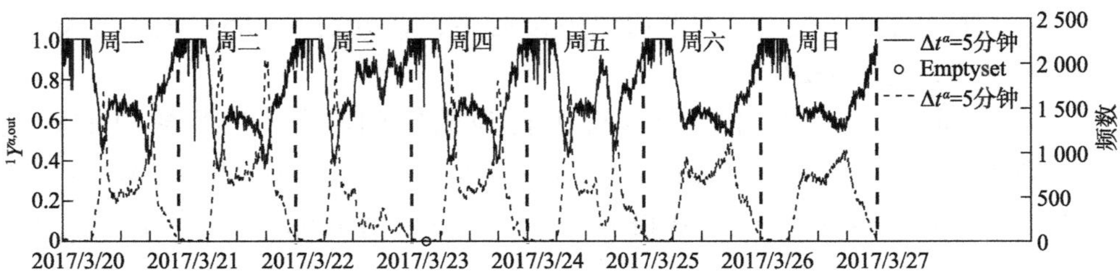

（c）时间间隔为 5 分钟

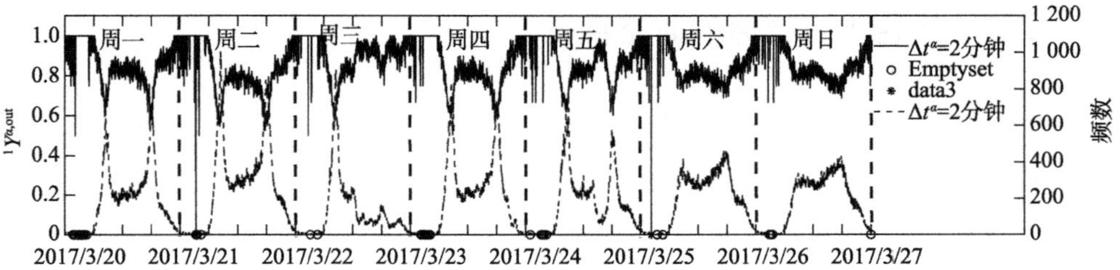

（d）时间间隔为 2 分钟

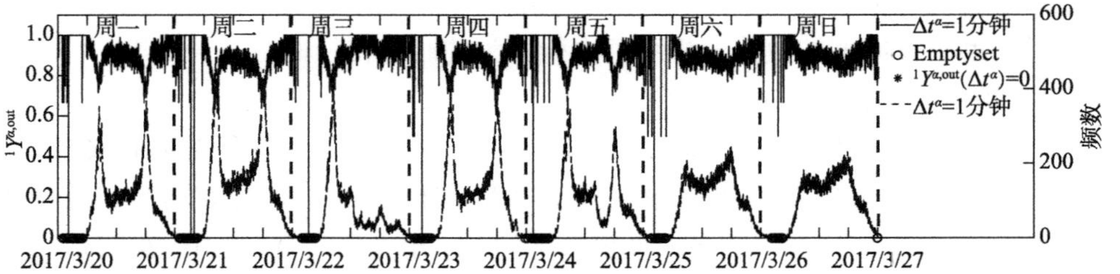

（e）时间间隔为 1 分钟

图 2-7　不同时间间隔下绿色出行行为的空间有序性与借车频数的关系图

依次取时间间隔 Δt^{α}（分钟）为 10，5，2，1，分别将借车记录分割为 1 008，2 016，5 040 及 10 080 个时间窗口，并建立 5 组租借公共自行车行为的时效网络。依据式（2-3）和式（2-5）计算出各时间窗口下的 1 型入方向度 $^{1}Y^{\alpha,\text{in}}$ 的数值，如图 2-7（b）~图 2-7（e）所示。

整体来看，租借自行车行为的空间特征 $^{1}Y^{\alpha,\text{out}}$ 具有明显的时效性，其数值与其频次息息相关（图 2-7）：在公众出行的早高峰 7：00-10：00 及晚高峰 17：00-20：00，租借自行车行为的频次最高，不同时间间隔下的 $^{1}Y^{\alpha,\text{out}}$ 的平均值最小，分别为 0.343 0、0.479 2、0.621 1、0.779 4、0.862 8；在黎明前的 0：00-6：00，租借自行车行为的频次最少，不同时间间隔下的 $^{1}Y^{\alpha,\text{out}}$ 平均值最大，分别为 0.928 4、0.956 1、0.970 6、0.946 2、0.860 5；在其他的三个时间段 6：00-7：00，10：00-17：00 及 20：00-24：00 内，租借自行车行为的频次适中，不同时间间隔下的 $^{1}Y^{\alpha,\text{out}}$ 平均数值位居第二，分别为 0.537 8、0.666 2、0.780 0、0.885 6、0.932 9。

对比不同时间间隔对租借自行车行为的空间特征 $^{1}Y^{\alpha,\text{out}}$ 数值的影响（图 2-7），我们发现：在天亮以后的 6：00-24：00，随着时间间隔 Δt^{α} 取值的不断减小：20→10→5→2→1，B-PBN 中 $^{1}Y^{\alpha,\text{out}}$ 的取值不断增加，其最小值分别为 0.196 8→0.286 6→0.406 9→0.556 1→0.651 9。所以，$^{1}Y^{\alpha,\text{out}} \propto \dfrac{1}{\Delta t^{\alpha}}$，即在 6：00-24：00 的借出公共自行车行为的时效网络中，时间窗口间隔 Δt^{α} 的取值越小，租

借公共自行车行为的空间特征的整体特征越明显。

在黎明前的 0：00-6：00，随着时间间隔 Δt^{α} 取值的不断减小，B-PBN 中 $^{1}Y^{\alpha,\mathrm{out}}$ 的取值经历了先上升再下降的过程，其最小值分别为 0.768 8→0.833 3→0.500→0→0。同时，出行频次为 0 的时间窗口逐渐出现：0→0→1→49→331，且 1 型出方向度 $^{1}Y^{\alpha,\mathrm{out}}=0$ 的时间窗口数也在增加：0→0→0→2→7（图 2-7），打破了上述 $^{1}Y^{\alpha,\mathrm{out}}\propto\dfrac{1}{\Delta t^{\alpha}}$ 的规律。可见，在黎明前的 0：00-6：00 的借出公共自行车的时效网络中，租借公共自行车行为的空间特征 $^{1}Y^{\alpha,\mathrm{out}}$ 与时间窗口间隔 Δt^{α} 的关系复杂，不是单纯的线性关系。

2）归还公共自行车的行为

分别取时间间隔 Δt^{α}（分钟）为 20，10，5，2，1，将 940 421 条还车记录划分成 504，1 008，2 016，5 040 及 10 080 个时效网络窗口，并建立 5 组归还公共自行车行为的时效网络。依据式（2-4）和式（2-6），计算出各时间窗口下的 1 型入方向度 $^{1}Y^{\alpha,\mathrm{in}}$，如图 2-8 所示。

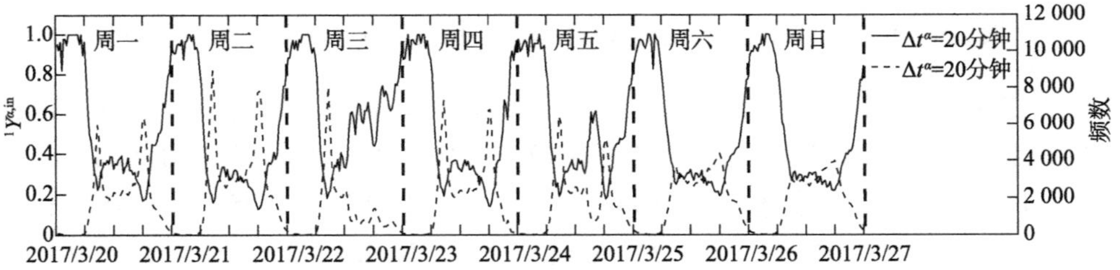

（a）时间间隔为 20 分钟

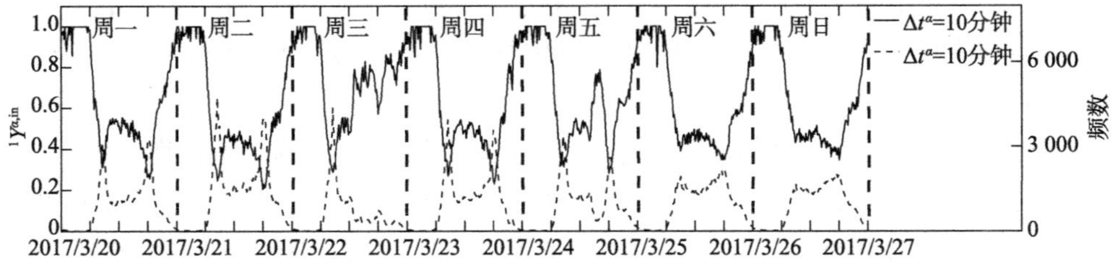

（b）时间间隔为 10 分钟

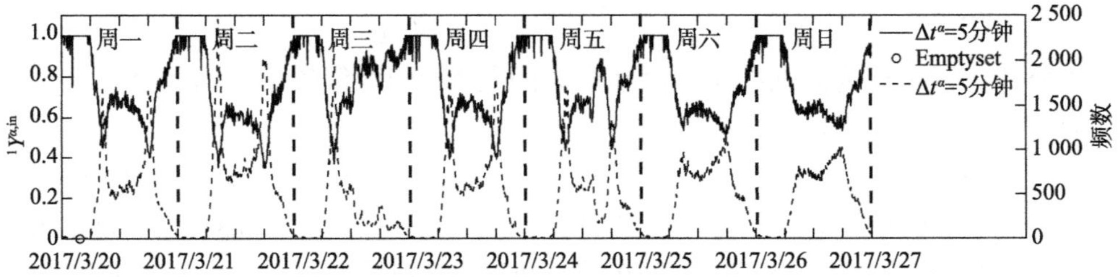

（c）时间间隔为 5 分钟

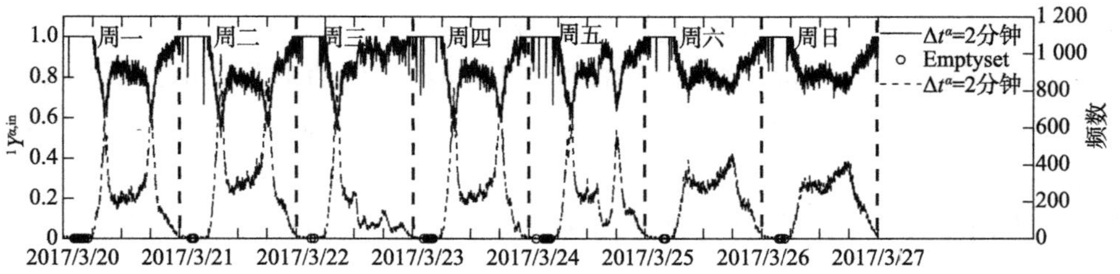

（d）时间间隔为 2 分钟

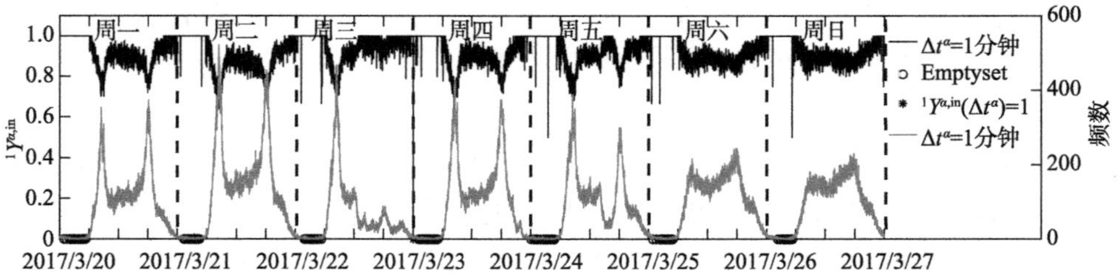

（e）时间间隔为 1 分钟

图 2-8　不同时间间隔下归还公共自行车的空间有序性与还车频数的关系图

整体来看，租借自行车行为的空间特征 $^1Y^{\alpha,\text{in}}$ 具有明显的时效性，其数值与其频次息息相关（图 2-8）：在还车频次最少的 0：00-6：00，不同时间间隔下的 $^1Y^{\alpha,\text{in}}$ 平均值最大，分别达到了 0.946 5、0.970 0、0.985 2、0.952 6、0.857 1；在还车频次最大的 7：00-10：00 及 17：00-20：00，不同时间间隔下的 $^1Y^{\alpha,\text{in}}$ 平均值最小，分别为 0.294 3、0.437 5、0.591 3、0.763 3、0.854 1；在其他的三个时间段 6：00-7：00，10：00-17：00 及 20：00-24：00 内，归还自行车行为的频次适中，不同时间间隔下的 $^1Y^{\alpha,\text{in}}$ 平均数值位居第二，分别为 0.523 8、0.659 0、0.778 8、0.888 2、0.936 7。

对比不同时间间隔对归还自行车行为的空间特征 $^1Y^{\alpha,\text{in}}$ 的影响（图 2-8），我们发现：在天亮以后的 6：00-24：00，随着时间间隔 Δt^α 取值的不断减小：20→10→5→2→1，R-PBN 中 $^1Y^{\alpha,\text{in}}$ 的取值不断增加，其最小值分别为 0.128 1→0.205 2→0.348 5→0.503 4→0.637 2，所以，$^1Y^{\alpha,\text{in}} \& \dfrac{1}{\Delta t^\alpha}$，即在 6：00-24：00 的归还公共自行车行为的网络中，时间窗口间隔 Δt^α 的取值越小，归还公共自行车行为的整体空间特征越明显。

在黎明前的 0：00-6：00，随着时间间隔 Δt^α 取值的不断减小，R-PBN 中 $^1Y^{\alpha,\text{in}}$ 的取值经历了先上升再下降的过程，其最小值分别为 0.814 3→0.800 0→0.750 0→0→0。同时，归还频次为 0 的时间窗口逐渐出现：0→0→1→51→352，且 1 型出方向度 $^1Y^{\alpha,\text{in}}$=0 的时间窗口数也在增加：0→0→0→0→1（图 2-8），打破

了上述 ${}^{1}Y^{\alpha,\mathrm{in}} \propto \dfrac{1}{\Delta t^{\alpha}}$ 的规律。可见，在黎明前的 0：00-6：00 的归还公共自行车行为的时效网络中，归还公共自行车行为的空间特征与时间窗口间隔 Δt^{α} 的关系复杂。

综上所述，绿色出行行为的具有很强的时效性，其空间特征与时间间隔的关系复杂，需按照 6 个不同的时间区间（0：00-6：00，6：00-7：00，7：00-10：00，10：00-17：00，17：00-20：00，20：00-24：00）区别对待。

2. 时空特征

本节我们将上述 6 个不同的时间区间内，计算绿色出行行为的时空特征。同时，为了空间特征能代表大多数绿色出行者的行为，我们设定绿色出行行为的空间特征参数 $c_1, c_2 \geqslant 0.6$ 。

依据定义 2.6 和定义 2.7，经多次演化分析，我们得到了绿色出行行为的时空特征（图 2-9），并整理出了各时间段内的时空特征参数，如表 2-2 所示。

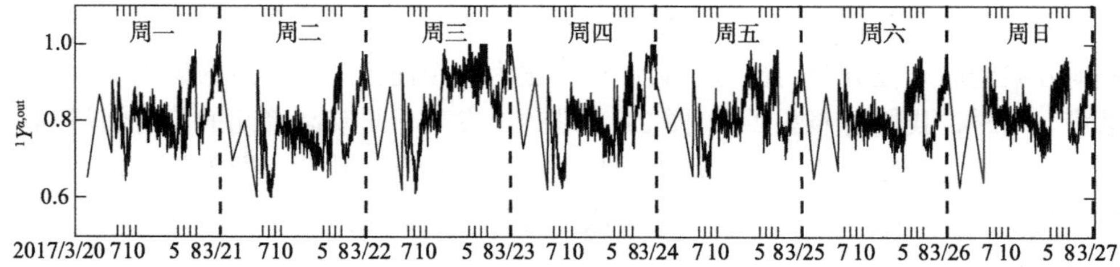

（a）租借公共自行车行为的时空特征

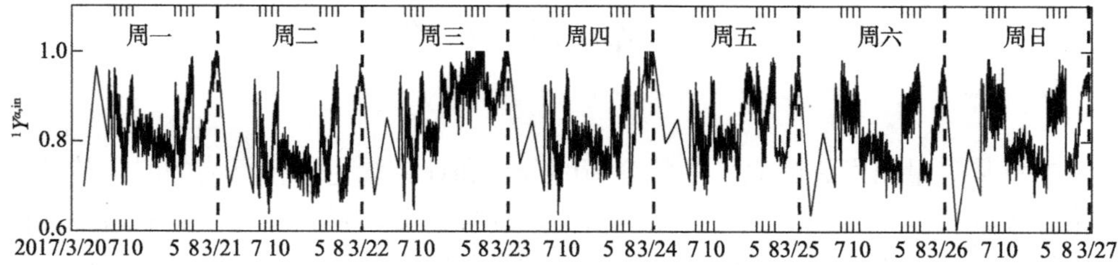

（b）归还公共自行车行为的时空特征

图 2-9　绿色出行行为的时空特征

表 2-2　绿色出行行为的时空特征参数

参数		0：00-6：00	6：00-7：00	7：00-10：00	10：00-17：00	17：00-20：00	20：00-24：00
B-PBN	Δt^{α}	120min	5min	2min	2.5min	1min	5min
	c_1	0.60	0.63	0.60	0.66	0.65	0.68
R-PBN	Δt^{α}	120min	5min	1min	2.5min	1min	5min
	c_2	0.61	0.67	0.63	0.66	0.71	0.66

从空间特征来看，尽管每日租借自行车和归还自行车的行为不同，但${}^{1}Y^{\alpha,\mathrm{out}}$和${}^{1}Y^{\alpha,\mathrm{in}}$的振幅都较小，一直在0.8附近上下波动。并且都没有出现不包含任何记录的空窗口，即绿色出行行为具有内在的空间特征，并且这种空间特征可以通过时效窗口和方向度指标刻画。

从时间特征来看，租借自行车和归还自行车的绿色出行行为具有较好的一致性。在 0：00-6：00、6：00-7：00、10：00-17：00、17：00-20：00、20：00-24：00的5个时间区间中，绿色出行行为的时效窗口是相同的。在7：00-10：00的3个小时中，B-PBN中的Δt^{α}略大于R-PBN，分别为2和1。由定义2.7可知，2 分钟也是 R-PBN 在 7：00-10：00 的一个的有效窗口划分间隔，即 6 个时间区间：0：00-6：00、6：00-7：00、7：00-10：00、10：00-17：00、17：00-20：00、20：00-24：00 中，绿色出行行为的Δt^{α}可以统一为 120、5、2、2.5、1、5。

我们可以在相同的高频时效窗口下，一起分析和研究绿色出行者的租借自行车行为和归还公共自行车行为，即绿色出行行为的高频时效窗口可以作为动态再平衡方案的高频任务时间窗口，其计算方法为高频任务时间窗口的识别提供了新思路。同时，我们对照图2-7、图2-8和图2-9发现，早晚高峰期的等时间间隔下的潮汐现象与矢量视角下骑行行为的频次的叠加具有一致性，即矢量视角下高频时效窗口内整体骑行频次的累加是形成等时间间隔下潮汐现象的内在原因。

2.4 本章小结

本章从矢量出发，建立了一整套新的分析和计算绿色出行行为的时空特征的方法和步骤。首先，我们利用向量的占主动地位的分向量，建立了刻画节点流向的粗粒化方法，构造了公众绿色出行行为的空间特征指标。其次，利用时效网络理论，建立了计算绿色出行行为的时效性的指标和方法。最后，依据南京市2017/3/20-2017/3/26 的实时骑行数据进行实证分析，结果表明绿色出行者的租借公共自行车行为和归还公共自行车行为均具有很强的时效性，需分6个不同的时间区间分别加以研究。同时发现，尽管两种绿色出行行为在空间特征上存在差异，但是二者的时间特征是相同的，即两种绿色出行行为可以在相同的时效窗口内分析。因此，本章提出的绿色出行行为的分析方法为动态再平衡方案的研究开拓了新视野。

参考文献

[1] Faghih-Imani A，Hampshire R，Marla L，et al. An empirical analysis of bike sharing usage and rebalancing：evidence from Barcelona and Seville. Transportation Research Part A：Policy and Practice，2017，97：177-191.

[2] Haider Z，Nikolaev A，Kang J E，et al. Inventory rebalancing through pricing in public bike sharing systems. European Journal of Operational Research，2018，270（1）：103-117.

[3] Si H Y，Shi J G，Wu G D，et al. Mapping the public bike sharing research published from 2010 to 2018：a scientometric review. Journal of Cleaner Production，2019，213：415-427.

[4] Jensen P，Rouquier J B，Ovtracht N，et al. Characterizing the speed and paths of shared public bike use in Lyon. Transportation Research Part D，2010，15（8）：522-524.

[5] Jäppinen S，Toivonen T，Salonen M. Modelling the potential effect of shared public bikes on public transport travel times in Greater Helsinki：an open data approach. Applied Geography，2013，43：13-24.

[6] Zhao J，Wang J，Deng W. Exploring public bike-sharing travel time and trip chain by gender and day of the week. Transportation Research Part C，2015，58：251-264.

[7] Bordagaray M，Dell'Olio L，Fonzone A，et al. Capturing the conditions that introduce systematic variation in public bike-sharing travel behavior using data mining techniques. Transportation Research Part C，2016，71：231-248.

[8] Zhang Y，Brussel M J G，Thomas T，et al. Mining public bike-sharing travel behavior data：an investigation into trip chains and transition activities. Computers Environment and Urban Systems，2018，69：39-50.

[9] Boss D，Nelson T，Winters M，et al. Using crowdsourced data to monitor change in spatial patterns of public bike ridership. Journal Transport and Health，2018，9：226-233.

[10] Wang J H，Tsai C H，Lin P C. Applying spatial-temporal analysis and retail location theory to public bikes site selection in Taipei. Transportation Research Part A，2016，94：45-61.

[11] Bullock C，Brereton F，Bailey S. The economic contribution of public bike-share to the sustainability and efficient functioning of cities. Sustainable Cities and Society，2017，28：76-87.

[12] Zhang D，Yu C H，Desai J，et al. A time-space network flow approach to dynamic repositioning in public bike sharing systems. Transportation Research Part B，2017，103：188-207.

[13] Liu H C，Lin J J. Associations of built environments with spatiotemporal patterns of public bicycle use. Journal of Transport Geography，2019，74：299-312.

[14] Pritcharda J P，Tomasiellob D B，Giannottib M，et al. Potential impacts of bike-and-ride on job accessibility and spatial equity in São Paulo，Brazil. Transportation Research Part A，2019，121：386-400.

[15] Chardon C M D，Caruso G，Thomas I. Public bike-share rebalancing strategies，patterns，and purpose. Journal of Transport Geography，2016，55：22-39.

[16] Wang M G，Tian L X，Du R J. Research on the interaction patterns among the global crude oil import dependency countries：a complex network approach. Applied Energy，2016，180：779-791.

[17] Wang M G，Tian L X，Zhou P. A novel approach for oil price forecasting based on data fluctuation network. Energy Economics，2018，71：201-212.

[18] Dong G，Gao J，Tian L，et al. Percolation of partially interdependent networks under targeted attack. Physical Review E，2012，85（1）：016112-1-016112-5.

[19] Wang M G，Chen Y，Tian L X，et al. Fluctuation behavior analysis of international crude oil and gasoline price based on complex network perspective. Applied Energy，2016，175：109-127.

[20] Dong G G，Fan J，Shekhtman L M，et al. Resilience of networks with community structure behaves as if under an external field. PNAS，2018，115（27）：6911-6915.

[21] Mattson J，Godavarthy R. Public bike share in Fargo，North Dakota：keys to success and factors affecting ridership. Sustainable Cities and Society，2017，34：174-182.

[22] Godavarthy R P，Taleqani A R. Winter public bikesharing in US：user willingness，and operator's challenges and best practices. Sustainable Cities and Society，2017，30：254-262.

[23] Chardon C M D，Caruso G，Thomas I. Public bike sharing system 'success' determinants. Transportation Research Part A，2017，100：202-214.

[24] Hamilton T L，Wichman C J. Public bike infrastructure and traffic congestion：evidence from DC's capital public bikeshare. Journal of Environmental Economics and Management，2018，87：72-93.

[25] Fishman E，Washington S，Haworth N. Factors influencing public bike share membership：an analysis of Melbourne and Brisbane. Transportation Research Part A，2014，71：17-30.

[26] Iderlina M B，Bean R，Corcoran J，et al. How does our natural and built environment affect the use of public bike sharing? Transportation Research Part A，2016，94：295-307.

[27] Fishman E，Washington S，Haworth N. Barriers and facilitators to public public bike scheme use：a qualitative approach. Transportation Research Part F，2012，15：686-698.

[28] Chemla D，Meunier F，Wolfler Calvo R. Public bike sharing systems：solving the static rebalancing problem. Discrete Optimization，2013，10（2）：120-146.

[29] Szeto W Y，Liu Y，Ho S C. Chemical reaction optimization for solving a static public bike repositioning problem. Transportation Research Part D，2016，47：104-135.

[30] Contardo C，Morency C，Rousseau L M. Balancing a dynamic public bike sharing system. Technical Report CIRRELT-2012-09，Montreal，Canada，2012.

[31] Shui C S，Szeto W Y. Dynamic green public bike repositioning problem – a hybrid rolling horizon artificial bee colony algorithm approach. Transportation Research Part D，2018，60：119-136.

[32] Benchimol M，Benchimol P，Chappert B，et al. Balancing the stations of a self service "public bike hire" system. Rairo-Operations Research，2011，45（1）：37-61.

[33] Dell'Amico M，Hadjicostantinou E，Iori M，et al. The public bike sharing rebalancing problem：mathematical formulations and benchmark instances. Omega，2014，45：7-19.

[34] Rainer-Harbach M，Papazek P. Raidl G R，et al. PILOT，GRASP，and VNS approaches for the static balancing of public bike sharing systems. Journal of Global Optimization，2015，63：597-629.

[35] Schuijbroek J，Hampshire R，van Hoeve W J. Inventory rebalancing and vehicle routing in public bike sharing systems. European Journal of Operational Research，2017，257（3）：992-1004.

[36] Kloimllner C，Papazek P，Hu B，et al. Balancing public bike sharing systems：an approach for the dynamic case//Proceedings of European Conference on Evolutionary Computation in Combinatorial Optimization，2014：73-84.

[37] Pfrommer J，Warrington J，Schildbach G，et al. Dynamic vehicle redistribution and online price incentives in shared mobility systems. IEEE Transactions on Intelligent Transportation Systems，2014，15（4）：1567-1578.

[38] Ricci M. Public bike sharing：a review of evidence on impacts and processes of implementation and operation. Research in Transportation Business and Management，2015，15：28-38.

[39] Wang M，Zhou X. Public bike-sharing systems and congestion：evidence from US cities. Journal of Transport Geography，2017，65：147-154.

[40] Fuller D，Gauvin L，Kestens Y，et al. The potential modal shift and health benefits of implementing a public public bike share program in Montreal，Canada. International Journal of Behavioral Nutrition and Physical Activity，2013，10：2-7.

[41] Graves J M，Pless B，Moore L，et al. Public public bike share programs and head injuries. American Journal of Public Health，2014，104：106-111.

[42] Almaas E，Kovács B，Vicsek T. Global organization of metabolic fluxes in the bacterium Escherichia coli. Nature，2004，427（6977）：839-843.

第 3 章　区域绿色竞争力系统协调度与空间动态演进①

20 世纪 90 年代以来，全球经济发展和环境形势发生了深刻变化，气候变暖、区域环境污染严重、战略性资源和能源供需矛盾不断加剧，区域发展面临严峻挑战。在此背景下，绿色竞争力无疑成为区域破解资源环境危机、谋求区域健康、可持续发展的新引擎。“绿色竞争力”是指基于环保、健康和可持续发展目标的绿色经济模式而取得市场竞争优势的能力[1]。可以看出，上述战略和政策大多关注生产领域，试图通过产业革新提高区域绿色竞争力。

尽管上述战略和政策在一定程度上提高了区域绿色竞争力，但经济、社会发展和环境间的矛盾并未显著地、实质性地改善。因此，本章在阐述区域绿色竞争力系统概念的基础上，构建涵盖经济、社会和环境的绿色竞争力协调度评价模型，以中国 30 个省（区、市）②为例，在统一框架下研究区域间绿色竞争力系统的协调关系，并利用空间计量分析方法和非参数核密度模型讨论系统协调度的地理空间布局与动态演进机制，弥补了以往研究忽略系统间耦合协调的不足，填补了现有的区域绿色竞争力文献在空间动态研究的空白。

3.1　区域绿色竞争力相关研究

3.1.1　绿色竞争力的构成要素

目前关于绿色竞争力构成要素的讨论较少，但可以从区域竞争力的评价模型

---

① 第 3 章主要内容出处：Cheng X，Long R Y，Chen H，et al. Coupling coordination degree and spatial dynamic evolution of a regional green competitiveness system–a case study from China. Ecological Indicators，2019，104：489-500.

② 本章中所有中国数据均不包括西藏、香港、澳门、台湾的数据。

中得到启示。其中最具有代表性的区域竞争力评价模型是波特的“钻石模型”、世界经济论坛（World Economic Forum，WEF）国际竞争力模型与瑞士洛桑国际管理发展学院（International Institute for Management Development，IMD）的国家竞争力模型。波特在其经典著作《国家竞争优势》中首次提出了区域竞争力的钻石评价模型，认为国家优势的取得，是该国资源与生产要素、需求条件、关联和辅助性行业的战略、竞争企业四大要素综合作用的结果[2]。Schwab 和 WEF[3]更注重国际竞争力的比较，认为能否提供更低成本的产品、更优质的服务才是影响一国企业在国际竞争具备竞争优势的关键要素。IMD[4]认为国家或者地区竞争力的提升更多地在于所在制度环境和经济基础，包括吸引力与扩张力、全球化与本土化、社会凝聚力与个人冒险主义、资产与过程四种要素。在其提出的区域竞争力理论模型中，将国际竞争力分解为经济运行、政府效率、商务效率与基础设施四大因素。此外，OECD[5]在构建区域竞争力评价模型中，重点关注经济活动中的外在环境、资源生产率、自然资源基础、居民生活质量、经济机遇与政策应对等五个方面。总的来看，上述区域竞争力评价模型关注的要素有经济表现、自然资源、基础设施等，其大多聚焦于生产领域，尚未涉及居民消费端，但仍为区域绿色竞争力评价模型的构建提供了理论基础。

3.1.2　绿色竞争力的实证研究

Carraro 和 Galeotti[6]对欧盟及其成员使用 WARM 模型模拟产业和环境间的相互作用关系，发现能够刺激 R&D 和创新的环境政策可以为企业提供正向激励并同时保持企业在市场上竞争力。Chen 和 Chang[7]利用结构方程模型对台湾制造企业进行实证研究，发现环境承诺和绿色无形资产可以提高企业绿色竞争优势，且大型企业的效果远远大于中小企业。Yu 等[8]以英国 121 个制造企业为例，探究了环境压力（包括环境规制和利益相关者压力）和企业绩效之间的关系，研究表明绿色创新作为调节变量，可以平衡环境压力和经济效益之间的关系，可以提高企业环境绩效和竞争力，因此需要鼓励企业绿色创新以提升企业在全球的竞争优势。由上述讨论可以发现，现有的实证研究主要考察创新、环境、资源等因素对绿色竞争力的影响，是对传统区域竞争力影响因素的扩展与补充。然而，研究对象多侧重于微观企业，着重考察单一要素对绿色竞争力的影响，尚未涉及要素间或系统间耦合协调的实证分析。此外，研究时段多聚焦于截面数据或者短期发展时段，忽略了不同区域间的空间特征，缺乏大尺度的空间动态研究。

3.1.3 非参数核密度估计的应用

非参数密度估计技术是现代统计学发展的一个重要方向，其不需要模型的先验界定，在不知道潜在的概率密度遵循何种标准参数形式时，该方法具有极大的优势，已经成为对未知分布数据模型构建和不完全数据处理的重要手段[9]，而非参数核密度估计方法则是其中一种估计精度高且可以构建连续概率模型的方法[10, 11]，已经在金融[12]、气象[11, 13, 14]、工程[15]、水文[16]等领域得到广泛的应用。结合条件概率分布，Ren 等[17]提出了基于非参数核密度估计的光伏发电时序概率预测模型，利用不同天气条件下三个光伏发电机的功率数据和 34 个节点分布网络，证明了非参数核估计模型的正确性和有效性。通过以上分析，我们可以发现非参数核密度估计在多个领域得到了广泛的应用，尤其是在探索数据的空间动态规律方面。其克服了参数估计需要事先假定数据样本服从特定分布的不足，是一种从数据样本本身出发研究数据分布特征的方法。因此，本章选用非参数核密度估计探索区域绿色竞争力系统的协调度在空间分布的动态规律。

3.2 数据来源与研究方法

3.2.1 协调度评价模型

区域绿色竞争力系统是一个内容广泛、结构复杂并具有耦合特征的开放性巨系统，由经济、社会和资源环境三个相互作用、相互影响的子系统组成。基于区域绿色竞争力系统的概念和子系统间的关系，本章尝试构建区域绿色竞争力系统协调度的评价模型。通过上述文献分析可发现，经济系统涉及的要素主要包括经济产出、经济效率；资源环境系统主要包括自然资源、生态环境与环境污染治理；社会系统包括区域基础设施、科研创新、居民生活质量等。此外，考虑居民生活方式对区域绿色竞争力的影响已不可忽视，本章将绿色生活方式纳入区域绿色竞争力协调发展模型中。基于数据的可得性、实用性等原则，本节从经济、社会、资源环境3个子系统筛选出28个表征性指标，构造绿色竞争力协调度评价指标体系，以期全面准确地评估不同地区的绿色竞争力协调发展状况，并从中挖掘空间动态演化规律。具体评价模型见图 3-1 和表 3-1。

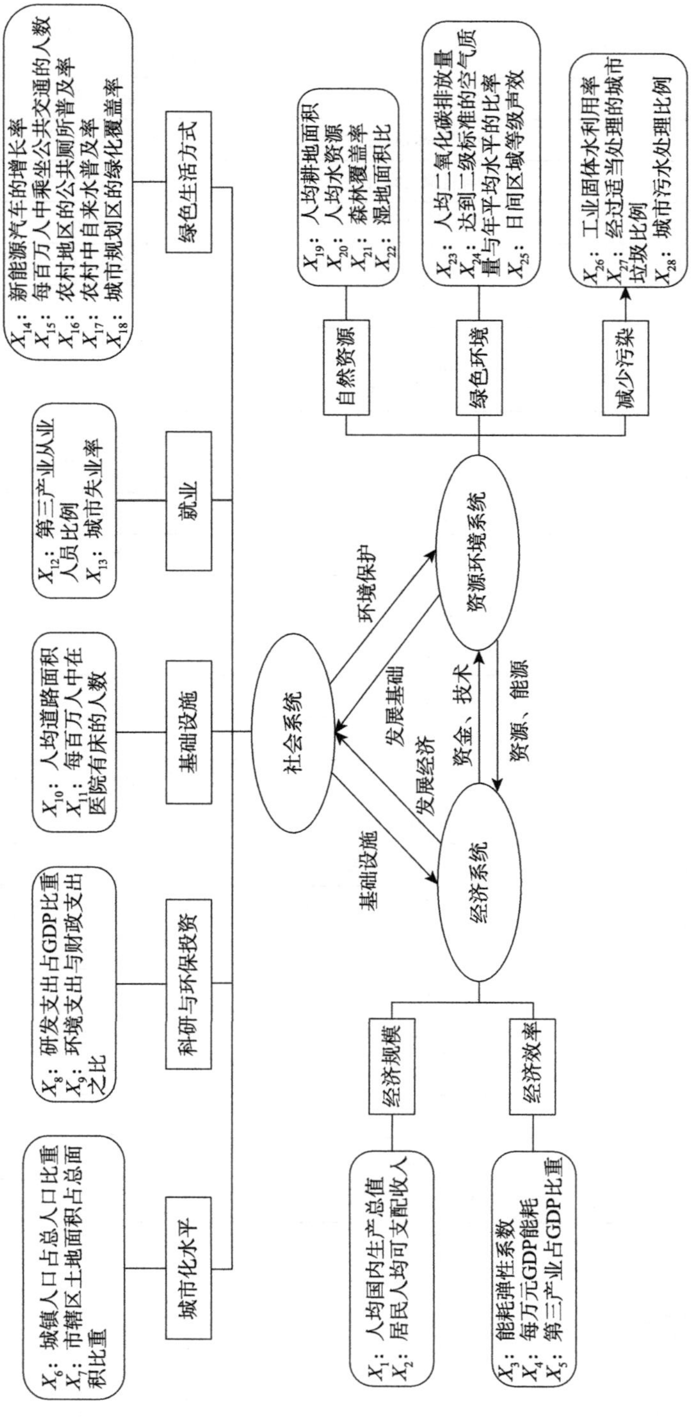

图 3-1　区域绿色竞争力系统协调度评价概念模型

表 3-1　评价指标

序列号	单位	属性	数据来源	参考文献
X_1	¥	+	中国统计年鉴	Castro-Gonzáles 等[18]；Wang 等[19]
X_2	¥	+	中国统计年鉴	Herciu 和 Ogrean[20]
X_3	–	–	中国能源统计年鉴	Wang 等[19]
X_4	Tonne/¥	–	中国能源统计年鉴	Duan 等[21]；Wang 等[19]
X_5	%	+	中国统计年鉴	Wang 等[19]
X_6	%	+	中国城乡建设统计年鉴	Zhao 和 Chai[22]
X_7	%	+	中国城乡建设统计年鉴	Zhao 和 Chai[22]
X_8	%	+	中国统计年鉴	Garcés-Ayerbe 和 Cañón-de-Francia[23]
X_9	%	+	中国统计年鉴	Herciu 和 Ogrean[20]
X_{10}	m^2	+	中国城乡建设统计年鉴	Mahdinia 等[24]
X_{11}	no.	+	中国统计年鉴	Singhal 等[25]；Wei 等[26]
X_{12}	%	+	中国统计年鉴	Castro-Gonzáles 等[18]
X_{13}	%	–	中国统计年鉴	Mahdinia 等[24]
X_{14}	%	+	中国汽车工业年鉴/节能与新能源汽车年鉴	
X_{15}	no.	+	中国统计年鉴	
X_{16}	%	+	中国环境统计年鉴	
X_{17}	%	+	中国环境统计年鉴	
X_{18}	%	+	中国环境统计年鉴	Liu 和 Borthwick[27]；Vienneau 等[28]
X_{19}	ha	+	中国环境统计年鉴	Sun 等[29]；Wang 等[19]
X_{20}	m^3	+	中国环境统计年鉴	Button[30]；Sun 等[29]
X_{21}	%	+	中国环境统计年鉴	Thore 和 Tarverdyan[31]
X_{22}	%	+	中国环境统计年鉴	OECD[5]
X_{23}	kg	–	中国环境统计年鉴	Dong 等[32]；Yu 等[33]
X_{24}	%	+	中国环境统计年鉴	Meijering 等[34]
X_{25}	dB	–	中国环境统计年鉴	
X_{26}	%	+	中国环境统计年鉴	
X_{27}	%	+	中国环境统计年鉴	
X_{28}	%	+	中国环境统计年鉴	Goyal 和 Rao[35]；Wang 等[19]

注：“+”表示正指示符，“–”表示负指示符

3.2.2　数据来源

本章以中国 30 个省（区、市）为例，探究 2005~2015 年区域绿色竞争力的

协调度和空间演化规律，为保证数据的完整性和统计口径的一致性，各指标对应的数据主要来源于 2006~2016 年的统计年鉴，具体来源见表 3-1。

3.2.3　研究方法

1. 熵权法

1）熵权法的原理

熵原本是热力学概念，最先由 Shannon 引入信息论，称为信息熵。现已在工程技术、社会经济等领域得到十分广泛的应用。熵权法是一种客观赋权方法。在具体使用过程中，熵权法根据各指标的变异程度，利用信息熵计算出各指标的熵值，再通过熵值对各指标的权重进行修正，从而得出较为客观的指标权重。熵权法的思想是，如果某个指标的熵值越小，说明指标值的变异程度越大，提供的信息量越多，在评价中起的作用应该越大；反之熵值越大，说明指标的变异程度越小，提供的信息量越少，在评价中起的作用越小。

2）熵权法的步骤

设有 m 个项目，n 个评价指标，形成原始评价矩阵 $R=\left(r_{ij}\right)_{m\times n}$，其中 r_{ij} 为第 j 个指标下第 i 个项目的评价值。

熵权法的一般步骤如下：

（1）计算第 j 个指标下第 i 个项目的指标比重 p_{ij}，

$$p_{ij}=r_{ij}/\sum_{i=1}^{m}r_{ij} \tag{3-1}$$

（2）计算第 j 个指标的熵值 e_j，

$$e_j=-k\sum_{i=1}^{m}p_{ij}\mathrm{In}p_{ij} \tag{3-2}$$

其中，$k=1/\mathrm{In}\,m$。

（3）计算第 j 个指标的熵权 ω_j，

$$\omega_j=\left(1-e_j\right)/\sum_{j=1}^{n}\left(1-e_j\right) \tag{3-3}$$

2. 子系统得分的测算

在利用熵权法计算每个指标权重的基础上，对各个子系统的综合得分进行测算，具体测算方法如下：

1）指标数据的标准化

指标数据选择较多，为避免原始数据间量纲不同所导致的数据间差别过大，首先需要对原始数据进行标准化处理。标准化处理的方法很多，包括 Z-score 标准化、极差标准化、模糊隶属函数标准化方法。本章所选指标带有方向性，因此选择极差法对原始数据进行标准化处理，处理方法如下：

正向指标：
$$X_{ij}=\frac{V_{ij}-\min\limits_{1\leqslant i\leqslant m}\left(V_{ij}\right)}{\max\limits_{1\leqslant i\leqslant m}\left(V_{ij}\right)-\min\left(V_{ij}\right)} \tag{3-4}$$

负向指标：
$$X_{ij}=\frac{\max\limits_{1\leqslant i\leqslant m}\left(V_{ij}\right)-V_{ij}}{\max\limits_{1\leqslant i\leqslant m}\left(V_{ij}\right)-\min\left(V_{ij}\right)} \tag{3-5}$$

其中，X_{ij} 为第 i 个研究对象第 j 个指标标准化后的值；V_{ij} 为第 i 个研究对象第 j 个指标的值；m 为被研究的对象数。若无特殊说明，本章中用到的指标数据均是标准化值。

2）各子系统得分测算公式

在指标数据标准化的基础上，计算各子系统的综合得分，第 i 个子系统的得分计算公式为

$$f_i=\sum_{j=1}^{k_i}\omega_j X_{ij},\ i=1,2,3 \tag{3-6}$$

其中，k_i（i=1,2,3）为第 i 个子系统所包含指标的个数，i=1,2,3 分别为经济子系统、社会子系统和资源环境子系统。

3. 耦合协调度模型

1）子系统间的协调度

为了探讨区域绿色竞争力经济、社会和资源环境三个子系统间的耦合协调度，借鉴物理学上的耦合模型，构建了耦合协调评价模型[11]如下：

$$C_{ij}=\left\{\frac{f_i * f_j}{\left[\left(f_i+f_j\right)/2\right]^2}\right\}^2,\ i,j=1,2,3 \tag{3-7}$$

$$T_{ij}=q_i f_i+q_j f_j,\ i,j=1,2,3 \tag{3-8}$$

$$D_{ij}=\sqrt{C_{ij} * T_{ij}},\ i,j=1,2,3 \tag{3-9}$$

其中，C_{ij} 为第 i 个子系统和第 j 个子系统间的耦合度，第 1 个子系统即经济子系统，第 2 个子系统为社会子系统，第 3 个子系统即资源环境子系统；T_{ij} 为两系统的协调指数，由于视两个子系统同样重要，故取权重 $q_i=q_j=0.5$；D_{ij} 为两个子

系统的耦合协调度。

2）绿色竞争力协调度

借鉴 Sun 等[29]的方法，利用如下公式来度量绿色竞争力 3 个子系统间的协调度。

$$C=\left\{\frac{f_1*f_2*f_3}{\left[\left(f_1+f_2+f_3\right)/3\right]^3}\right\}^3 \tag{3-10}$$

$$T=l_1f_1+l_2f_2+l_3f_3 \tag{3-11}$$

$$D=\sqrt{C*T} \tag{3-12}$$

其中，C 为绿色竞争力 3 个子系统的耦合度；T 为绿色竞争力 3 个子系统的协调指数，l_1、l_2、l_3 分别为 3 个子系统的权重，由于评价过程中视三系统同等重要，本章取 $l_1=l_2=l_3=1/3$；D 为区域绿色竞争力的耦合协调度。

4. 探索性空间数据分析

探索性空间数据分析是一种具有识别功能的空间数据分析方法，主要用于探索空间分布的空间自相关性。探索性数据分析主要使用两类工具：第一类用来分析空间数据整体上的分布特征，通常称为全局空间自相关性；第二类用来分析局部系统表现出来的分布特征，通常称为局部空间自相关。全局空间相关性通常用 Moran's I 表示，Moran's I 的计算公式为

$$\text{Moran's } I=\frac{\sum_{i=1}^{n}\sum_{j=1}^{n}w_{ij}\left(z_i-\bar{z}\right)\left(z_i-\bar{z}\right)}{S^2\sum_{i=1}^{n}\sum_{j=1}^{n}w_{ij}} \tag{3-13}$$

其中，$S^2=\frac{1}{n}\sum_{i=1}^{n}\left(z_i-\bar{z}\right)$，$\bar{z}=\frac{1}{n}\sum_{i=1}^{n}z_i$，$z_i$ 为第 i 个地区的协调度值，n 为地区总数，w_{ij} 为空间权重。

局域空间自相关系数用局部 Moran's I（或称 LISA）表示，局部 Moran's I 的定义为

$$I_i=\frac{\left(z_i-\bar{z}\right)\sum_{i\neq j}^{n}w_{ij}\left(z_j-\bar{z}\right)}{S^2} \tag{3-14}$$

正的 I_i 表示一个高值被高值包围，“高-高”聚集的空间关系，或者一个低值被低值包围，“低-低”聚集的空间关系；负的 I_i 表示一个高值被低值包围，“高-低”聚集的空间关系，或者一个低值被高值包围，“低-高”聚集的空间关系。

5. 核密度估计

1）核密度估计原理

核密度估计作为一种非参数估计方法，具有参数估计难以比拟的优点：函数的形式可以任意设定；解释变量和被解释变量的分布不需要先验知识，是一种从数据样本本身出发研究数据分布特征的方法，在统计学理论和应用领域得到广泛应用。核密度估计方法基本原理如下：

假设$D_1,D_2,\cdots,D_n$为绿色竞争力协调度的n个样本，区域绿色竞争力的概率密度函数为$f(D)$，则$f(D)$的核估计$\hat{f}(D)$为

$$\hat{f}(D)=\frac{1}{nh}\sum_{i=1}^{n}K\left|\frac{D_i-D}{h}\right| \tag{3-15}$$

其中，n为样本数；h为带宽；D为均值；$K(\cdot)$为核函数。

2）核函数的选择

核函数通常选取以 0 为中心的对称单峰概率密度函数，且具有式（3-16）所示的特征。考虑在分组较少的情况下，采用高斯核拟合的准确度要优于其他核函数。因此，本章选取高斯核对区域绿色竞争力的协调度的动态演进趋势进行估计，高斯核函数如式（3-17）所示。

$$\begin{cases}\int K(\mu)d\mu=1\\ \int \mu K(\mu)d\mu=0\\ \int \mu^2K(\mu)d\mu=\mu^2(k)>0\end{cases} \tag{3-16}$$

$$K(\mu)=\frac{1}{\sqrt{2\pi}}\mathrm{e}^{-\frac{\mu^2}{2}} \tag{3-17}$$

3）带宽的选择

为了避免因没有剔除观察点而将有用的数据除在外的情况，本章选用交错鉴定法选择带宽，这是一种数据驱动型方法，基本思想是对$\hat{f}(D)$和$f(D)$差的平方的积分关于h最小化求解，即$\min_h\int\left[\hat{f}(D)-f(D)\right]^2dD$。

又因为
$$\begin{aligned}\int\left[\hat{f}(D)-f(D)\right]^2dD&=\int\hat{f}^2(D)dD-2\int\hat{f}(D)f(D)dD+\int f^2(D)dD\\&=\int\hat{f}^2(D)dD-2E_D\left[\hat{f}(D)\right]+\int f^2(D)dD\end{aligned} \tag{3-18}$$

因此最小化问题等价于$\min_h\left\{\int\hat{f}^2(D)dD-2E_D\left[\hat{f}(D)\right]\right\}$。

将 $E_D\left[\hat{f}(D)\right]$ 用其样本均值 $\frac{1}{n}\sum_{i=1}^{n}\hat{f}(D_i)$ 估计，但因为 $\hat{f}(D_i)$ 的估计也用到样本点 D_i，故使用去一估计量（leave-one-out estimator）计算，即

$$f_{-i}(D_i)=\frac{1}{(n-1)h}\sum_{j=1,j\neq i}^{n}k\left(\frac{D_j-D_i}{h}\right) \tag{3-19}$$

所以交错鉴定法选择带宽的方法转化为关于 h 最小化求解如下目标函数：

$$\begin{aligned}CV_f(h)&\equiv\frac{1}{n^2h^2}\sum_{i=1}^{n}\sum_{j=1}^{n}\int k\left(\frac{D_i-D}{h}\right)k\left(\frac{D_j-D}{h}\right)dD-\frac{2}{n}\sum_{i=1}^{n}\hat{f}_{-i}(D_i)\\&=\frac{1}{n^2h}\sum_{i=1}^{n}\sum_{j\neq i}^{n}\bar{k}\left(\frac{D_i-D}{h}\right)-\frac{2}{n(n-1)h}\sum_{i=1}^{n}\sum_{j\neq i}^{n}k\left(\frac{D_j-D}{h}\right)\end{aligned} \tag{3-20}$$

其中，$\bar{k}(v)=\int k(\mu)k(v-\mu)du$ 是从核函数 $K(\bullet)$ 推导得到的卷积。由于本章选取高斯核，所以：

$$\bar{k}(v)=\frac{1}{\sqrt{4\pi}}\mathrm{e}^{-\frac{v^2}{4}} \tag{3-21}$$

由式（3-20）和式（3-21）可以得到最小二乘交叉鉴定法计算得到的最有带宽 $\hat{h}$ 为

$$\hat{h}=\arg\min_h CV_f(h) \tag{3-22}$$

3.3 结　果

3.3.1 绿色竞争力系统协调度

1. 子系统间协调度测算

根据式（3-1）~式（3-2）确定绿色竞争力 3 个子系统共 28 个指标的权重，根据式（3-4）和式（3-5）将样本数据标准化处理，在标准化处理的基础上，利用式（3-6）对中国 30 个省（区、市）2005~2015 年的区域绿色竞争力的经济、社会和资源环境 3 个子系统的得分进行测算。在各子系统得分测算的基础上利用式（3-9）测算出经济–社会间的协调度 D_{12}、社会–资源环境间的协调度 D_{23} 和经济–资源环境间的协调度 D_{13}。中国 30 个省（区、市）2005 年、2010 年和 2015 年绿色竞争力子系统协调度，如表 3-2 所示。

表 3-2 中国 30 个省（区、市）2005 年、2010 年和 2015 年绿色竞争力子系统协调度

省（区、市）	D_{12}			D_{23}			D_{13}		
	2005 年	2010 年	2015 年	2005 年	2010 年	2015 年	2005 年	2010 年	2015 年
北京	0.378	0.383	0.433	0.373	0.268	0.230	0.326	0.287	0.275
天津	0.375	0.343	0.383	0.382	0.320	0.288	0.288	0.249	0.263
河北	0.239	0.219	0.264	0.295	0.229	0.164	0.261	0.207	0.197
山西	0.240	0.255	0.273	0.271	0.215	0.145	0.234	0.230	0.200
内蒙古	0.268	0.289	0.293	0.279	0.293	0.273	0.237	0.252	0.231
辽宁	0.265	0.252	0.283	0.334	0.273	0.278	0.273	0.285	0.253
吉林	0.256	0.286	0.306	0.333	0.283	0.266	0.259	0.242	0.213
黑龙江	0.249	0.284	0.291	0.299	0.277	0.251	0.247	0.236	0.249
上海	0.429	0.468	0.503	0.415	0.334	0.310	0.385	0.357	0.324
浙江	0.336	0.352	0.402	0.357	0.344	0.326	0.330	0.354	0.344
江苏	0.338	0.377	0.407	0.371	0.332	0.309	0.310	0.323	0.309
安徽	0.236	0.261	0.291	0.301	0.293	0.300	0.263	0.277	0.265
福建	0.260	0.317	0.360	0.421	0.359	0.327	0.358	0.328	0.305
江西	0.224	0.246	0.285	0.293	0.289	0.246	0.284	0.264	0.234
山东	0.224	0.258	0.280	0.310	0.265	0.211	0.283	0.279	0.280
河南	0.221	0.236	0.283	0.309	0.256	0.232	0.263	0.252	0.254
湖北	0.274	0.279	0.329	0.384	0.352	0.334	0.283	0.290	0.312
湖南	0.280	0.260	0.298	0.352	0.347	0.293	0.326	0.193	0.268
广东	0.429	0.455	0.506	0.423	0.375	0.341	0.388	0.345	0.324
广西	0.188	0.200	0.280	0.326	0.332	0.354	0.243	0.283	0.298
海南	0.203	0.223	0.302	0.308	0.327	0.291	0.256	0.272	0.258
重庆	0.242	0.277	0.315	0.395	0.342	0.314	0.330	0.344	0.326
四川	0.238	0.268	0.298	0.405	0.357	0.358	0.301	0.328	0.358
贵州	0.194	0.185	0.240	0.299	0.331	0.327	0.196	0.237	0.249
云南	0.189	0.200	0.227	0.298	0.309	0.318	0.204	0.261	0.273
陕西	0.207	0.256	0.273	0.298	0.277	0.254	0.316	0.330	0.265
甘肃	0.158	0.204	0.238	0.286	0.276	0.203	0.180	0.160	0.164
青海	0.171	0.201	0.240	0.279	0.227	0.224	0.194	0.207	0.219

续表

省（区、市）	D_{12}			D_{23}			D_{13}		
	2005 年	2010 年	2015 年	2005 年	2010 年	2015 年	2005 年	2010 年	2015 年
宁夏	0.166	0.214	0.257	0.308	0.234	0.252	0.226	0.234	0.285
新疆	0.184	0.206	0.272	0.274	0.208	0.230	0.229	0.259	0.270

2. 绿色竞争力系统协调度测算

根据式（3-12）测算区域绿色竞争力协调的经济-社会-资源环境间的协调度 D。图 3-2 展示了中国 30 个省（区、市）2005 年、2010 年和 2015 年区域绿色竞争力系统协调度。

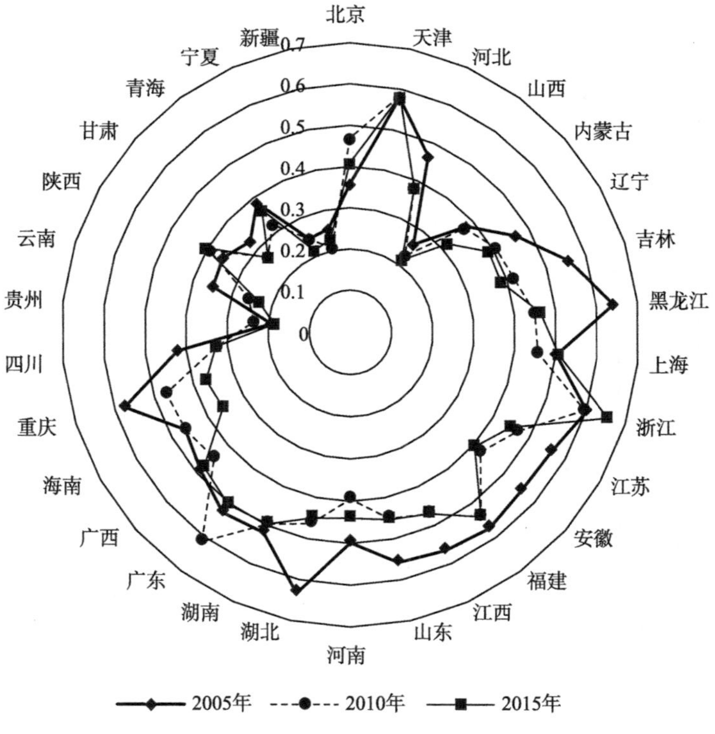

图 3-2　中国 30 个省（区、市）2005 年、2010 年和 2015 年区域绿色竞争力系统协调度

3.3.2　绿色竞争力系统协调度的空间分布

按照 Rook 相邻规则（两个地区拥有共同边界则视为相邻）构造空间权重矩阵，根据式（3-13）计算区域绿色竞争力协调度 D 的 Moran's I 值，计算结果见表 3-3。

表 3-3　2005~2015 年区域绿色竞争力系统协调度的 Moran's *I* 值

检验指标	2005 年	2006 年	2007 年	2008 年	2009 年	2010 年	2011 年	2012 年	2013 年	2014 年	2015 年
Moran's *I*	0.264 837	0.314 095	0.284 1	0.519 23	0.353 031	0.331 258	0.297 970	0.340 489	0.422 318	0.637 594	0.623 155
Z(*d*)	3.943 535	4.702 327	4.159 256	7.338 777	5.219 839	4.851 644	4.427 408	4.960 979	6.070 299	8.913 541	8.742 164
P 值	0.000 08**	0.000 003**	0.000 032**	0**	0**	0.000 001**	0.000 01**	0.000 001**	0**	0**	0**

**表示在 1%水平下显著相关

3.3.3　绿色竞争力动态演进

根据 3.3.2 对各地区绿色竞争力协调度的测算以及地区差异和空间集聚分析结果，本节将所考察的30个省（区、市）划分为3组，第一组包括天津、上海、浙江、江苏、安徽、福建、江西、山东、湖北、湖南、广西、广东和海南 13 个省份，即区域绿色竞争力协调水平高值集聚区及周边邻近相对高值省域；第二组为山西、贵州、云南、甘肃、青海、宁夏和新疆 7 个省（区），即区域绿色竞争力协调水平低值集聚区及周边邻近相对低值省域；第 3 组包括北京、河北、内蒙古、辽宁、吉林、黑龙江、河南、重庆、四川和陕西 10 个省（区、市），即区域绿色竞争力协调水平中值连片区（图 3-3）。选取 2005 年、2010 年和 2015 年 3 年的截面数据作为考察对象，根据其高斯核密度分布曲线来分析各地区绿色竞争力协调度的动态演进趋势及其对整体态势的影响。

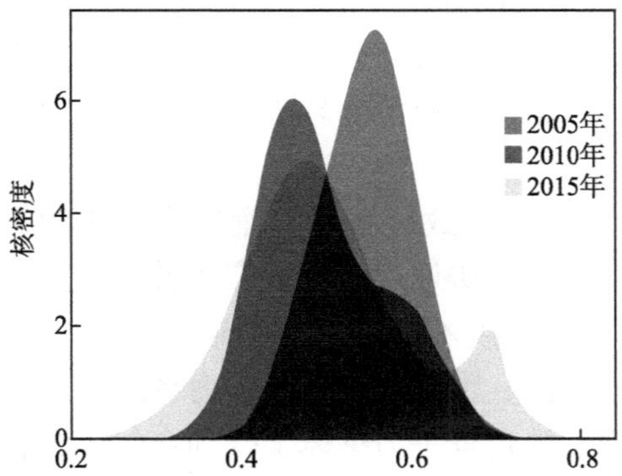

（a）高值地区

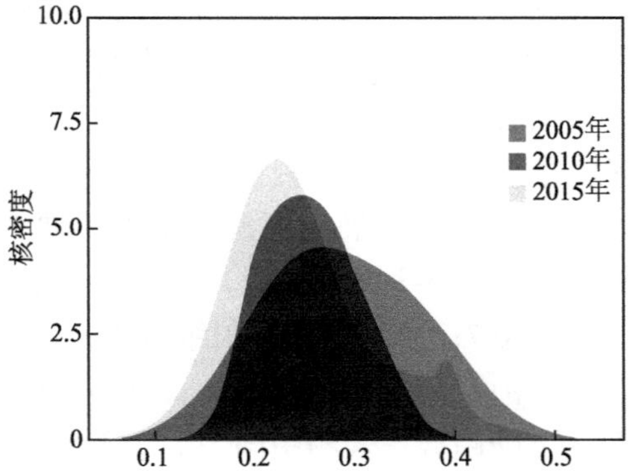

（b）低值地区

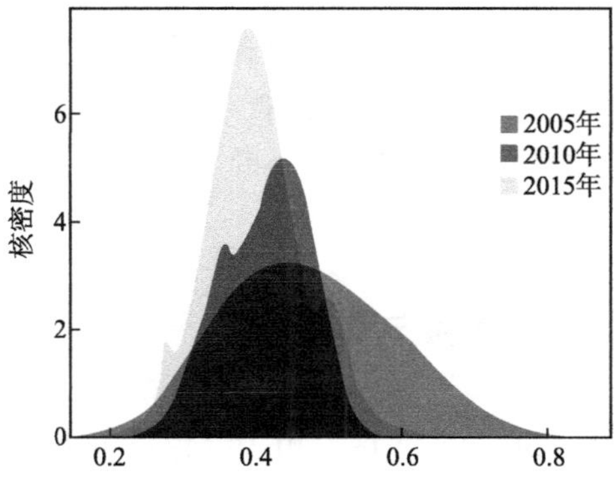

（c）中值地区

图 3-3　高值地区、低值地区、中值地区绿色竞争力协调度动态演进图

3.4　讨论及政策建议

3.4.1　绿色竞争力系统的资源环境失调

从子系统间的协调度来看，通过表 3-2 可以发现，经济–社会系统协调度呈上升趋势，经济–资源环境系统协调度、社会–资源环境系统协调度呈下降趋势。根据协调度模型可以看出，协调度取决于两个子系统得分之间的关系，其得分越接近，则系统的协调度越高。反之，两个子系统得分差距越大，其协调度越低。因此，通过上述分析可以得出，中国 30 个省（区、市）的经济和社会发展具有同步性，但经济、社会发展与资源环境状态存在脱节，这主要是因为经济和社会的快速发展与低资源消耗、低环境污染之间存在矛盾[17]。社会–资源环境协调度和经济–资源环境系统协调度的下降，说明大部分省（区、市）社会经济的发展在很大程度上是以资源环境的退化为代价的，资源与环境已经成为区域绿色竞争力系统中的短板。

经济社会发展与资源环境的不协调最终将会导致区域绿色竞争力系统的失调。通过图 3-3 可以发现，2015 年绿色竞争力系统协调度最高的广东省，其协调度不足 0.7；而最低的新疆维吾尔自治区，其协调度不足 0.2。2005~2015 年，除上海、浙江、广东和陕西外，其他 26 个省（区、市）的绿色竞争力系统协调度都呈下降趋势。表明中国 30 个省（区、市）绿色竞争力整体上受到自然资源和环境的制约，区域绿色竞争力系统处于严重失调阶段。该结论与很多现有研究一致。Streets 等[36]、Cao[37]认为中国劳动密集型的经济发展模式造成的资源消耗和环境污染不断加剧，Song 等[38]指出中国高速进程的城镇化给生态环境带来空前的压力，对区域可持续发展带来更大的困扰与挑战。Liu[39]更是指出中国在过去 60 年里，生态环境持续恶化，资源危机不断加剧，中国绿色发展之路将会面临前所未有的挑战。

3.4.2　协调度的空间集聚与集聚中心

由表 3-3 可知，中国 30 个省（区、市）绿色竞争力系统协调度的 Moran's I 值在样本考察年份内均在 1%的显著性水平下正向显著。表明中国省级区域间绿色竞争力系统协调度分布并非相互独立，而是存在着较为明显的空间正向集聚效应，即协调度高的地区趋于与其他协调度高的地区邻近，协调度低的地区趋于与其他协调度低的地区邻近。各地区在绿色竞争力提升过程中，经济建设、社会发展和资源环境保护的不均衡性和地区间的空间交互效应，导致区域绿色竞争力协调水平在空间上集聚。

3.4.3　高、低集聚中心与中值连片区空间动态演进规律

图 3-3 中（a）显示了 2005~2015 年区域绿色竞争力协调度高值地区分布的动态演进。从图 3-3（a）中可以看出，分布曲线在 2005 年以后变化明显，协调度对应的波峰峰值呈下降趋势，曲线形式由“单峰”转变为明显的“双峰”，右翼向右边大幅延展，并始终保持了较长的拖尾。上述特征表明高值地区之间绿色竞争力协调度的差距有进一步增加的趋势，并且地区内部出现了比较明显的“极化”现象，地区内部协调度相对高的地区不但数量有所增加，而且系统改善速度显著提高，在区域内部集聚的趋势也越来越明显。区域绿色竞争力系统协调度低值地区分布的动态演进与高值地区差别明显，如图 3-3（b）所示。区域绿色竞争力系统协调度中值片区分布分动态演进如图 3-3（c）所示。表明 2005~2015 年中值片区绿色竞争力系统的协调度差距尽管相对 2005 年有所减少，但地区内部的差距依然很大。片区内部协调度相对较高地区的改善速度有所提升，而协调水平相对较低地区的改善速度有所放缓，由此不但共同推动了中值片区内部绿色竞争力系统协调度差距进一步扩大，而且造成片区内部绿色竞争力系统协调水平呈现两极分化态势。此外，曲线整体位置逐年小幅度左移，表明地区内部绿色而竞争力系统协调平均水平有所下降。

3.4.4　政策建议

（1）研究发现经济子系统与资源环境子系统、社会子系统与资源环境子系统存在脱节，因此，在提升区域绿色竞争力时要进一步加强经济、社会发展与资源环境的协同作用，强调经济、社会与资源环境的匹配性，尽量避免单级扩张。在经济规模扩张同时，加大与之匹配的环境保护工作；在社会发展过程中，鼓励和引导居民积极践行绿色生活方式。将环境保护和资源节约固化为经济和社会发展的红线，实现区域绿色竞争力系统的均衡、协调发展。

（2）本章研究发现中国区域绿色竞争力系统协调度呈现显著的空间依赖性，并形成高值和低值两大空间集聚区，区域聚集发展较为明显。由于区域集聚化发展将不断深化区域专业化特征，故借助区域专业化特征，强化区域专业化功能，有助于区域创新与区域共同发展。

（3）由于空间效应的存在，区域发展通常由中心区域或者中心城市向其周边扩散，故积极培育中心区域和区域性中心城市，不仅能提升中心区域和中心城市的绿色竞争力水平和协调度，还能较好地容纳和吸收区域扩散带来的影响，在整体上提高绿色竞争力。

3.5 本章小结

目前对区域绿色竞争力的研究大多聚焦于生产领域中单一要素层面，几乎普遍忽略了居民生活方式对区域绿色竞争力的影响以及绿色竞争力系统的整体协调性，鲜有对系统协调度的空间分布特征和动态演进机制进行深入分析。因此，本章基于系统视角，将绿色生活方式纳入区域绿色竞争力系统协调度评价模型，在此基础上将空间特征和动态演进引入区域绿色竞争力的研究中，并以中国 30 个省（区、市）为例，探究 2005~2015 年区域绿色竞争力系统协调度、空间分布特征及其动态演进规律，主要结论如下。

（1）经济子系统与社会子系统具有同步性且协调度呈上升趋势，经济子系统与资源环境子系统、社会子系统与资源环境子系统存在脱节，协调度呈下降趋势。

（2）区域绿色竞争力系统协调度的地区分布具有显著的空间依赖性并形成高值和低值两大空间集聚区，且两大集聚区保持高度的空间稳定性。一个是以上海为中心，与周边的江苏、安徽、浙江、福建、江西、广东等沿海省共同组成的区域绿色竞争力协调度高值集聚区，且呈向南扩展趋势；另一个是以青海省为中心，与周边的甘肃、新疆、宁夏西北内陆省（区）组成的绿色竞争力系统协调度低值集聚区，呈向东扩展趋势。

（3）高值和低值空间集聚区以及中值片区的绿色竞争力系统协调度呈现不同的动态演进趋势。高值区域平均协调度有所下降，内部差距进一步扩大，“极化”现象愈加显著；低值区域平均协调度基本保持稳定，但内部差距趋于缩小，集聚中心呈向更高值地区移动的态势；中值片区平均协调度呈下降趋势，地区间协调度差距进一步扩大，且内部呈现向更低值和更高值集聚的“三峰”鼎立态势。

参考文献

[1] Porter M E，van der Linde C. Green competitiveness. Scientific American，1991，264（4）：

168.

[2] Porter M E. The Competitive Advantage of Nations. New York：Free Press，1990.

[3] Schwab K，WEF. World Economic Forum 2016 the global competitiveness report 2016-2017. http://www3.weforum.org/docs/GCR2016-2017/05FullReport/TheGlobalCompetitivenessReport 2016-2017_FINAL.pdf，2016.

[4] IMD. IMD World Competitiveness Yearbook 2015. IMD World Competitiveness Center，Institute for Management Development，2015.

[5] OECD. Indicators to Measure Decoupling of Environmental Pressure and Economic Growth. Paris，2002.

[6] Carraro C，Galeotti M. Economic growth，international competitiveness and environmental protection：R&D and innovation strategies with the WARM model. Energy Economics，1997，19（1）：2-28.

[7] Chen Y S，Chang C H. Enhance environmental commitments and green intangible assets toward green competitive advantages：an analysis of structural equation modeling（SEM）. Quality and Quantity，2013，47（1）：529-543.

[8] Yu W，Ramanathan R，Nath P. Environmental pressures and performance：an analysis of the roles of environmental innovation strategy and marketing capability. Technological Forecasting and Social Change，2017，117：160-169.

[9] Azzalini A，Menardi G. Clustering via nonparametric density estimation：the R package pdf cluster. Journal of Statistical Software，2014，57（11）：1-10.

[10] Park S，Park D. Correcting moments for goodness of fit tests based on two entropy estimates. Journal of Statistical Computation and Simulation，2003，73（9）：685-694.

[11] Wang H，Mirota D，Hager G D. A generalized kernel consensus-based robust estimator. IEEE Transactions on Pattern Analysis and Machine Intelligence，2009，32（1）：178-184.

[12] Han C，Cho J S，Phillips P C B. Infinite density at the median and the typical shape of stock return distributions. Journal of Business and Economic Statistics，2011，29（2）：282-294.

[13] Lee J，Park M. An adaptive background subtraction method based on kernel density estimation. Sensors，2012，12（9）：12279-12300.

[14] Elgammal A，Duraiswami R，Harwood D，et al. Background and foreground modeling using nonparametric kernel density estimation for visual surveillance. Proceedings of the IEEE，2002，90（7）：1151-1163.

[15] Ren Z，Wang K，Li W，et al. Probabilistic power flow analysis of power systems incorporating tidal current generation. IEEE Transactions on Sustainable Energy，2017，8（3）：1195-1203.

[16] Li W，Zhou J，Sun H，et al. Impact of distribution type in Bayes probability flood

forecasting. Water Resources Management，2017，31（3）：961-977.

[17] Ren Z，Yan W，Zhao X，et al. Chronological probability model of photovoltaic generation. IEEE Transactions on Power Systems，2013，29（3）：1077-1088.

[18] Castro-Gonzáles S，Peña-Vinces J C，Guillen J. The competitiveness of Latin-American economies：consolidation of the double diamond theory. Economic Systems，2016，40（3）：373-386.

[19] Wang J，Wei X，Guo Q. A three-dimensional evaluation model for regional carrying capacity of ecological environment to social economic development：model development and a case study in China. Ecological Indicators，2018，89：348-355.

[20] Herciu M，Ogrean C. An overview on European Union sustainable competitiveness. Procedia Economics and Finance，2014，16：651-656.

[21] Duan Y，Mu H，Li N，et al. Research on comprehensive evaluation of low carbon economy development level based on AHP-entropy method：a case study of Dalian. Energy Procedia，2016，104：468-474.

[22] Zhao J，Chai L. A novel approach for urbanization level evaluation based on information entropy principle：a case of Beijing. Physica A：Statistical Mechanics and its Applications，2015，430：114-125.

[23] Garcés-Ayerbe C，Cañón-de-Francia J. The relevance of complementarities in the study of the economic consequences of environmental proactivity：analysis of the moderating effect of innovation efforts. Ecological Economics，2017，142：21-30.

[24] Mahdinia I，Habibian M，Hatamzadeh Y，et al. An indicator-based algorithm to measure transportation sustainability：a case study of the US states. Ecological Indicators，2018，89：738-754.

[25] Singhal S，McGreal S，Berry J. Application of a hierarchical model for city competitiveness in cities of India. Cities，2013，31：114-122.

[26] Wei Y，Huang C，Lam P T I，et al. Sustainable urban development：a review on urban carrying capacity assessment. Habitat International，2015，46：64-71.

[27] Liu R Z，Borthwick A G L. Measurement and assessment of carrying capacity of the environment in Ningbo，China. Journal of Environmental Management，2011，92（8）：2047-2053.

[28] Vienneau D，de Hoogh K，Faeh D，et al. More than clean air and tranquillity：residential green is independently associated with decreasing mortality. Environment International，2017，108：176-184.

[29] Sun C，Chen L，Tian Y. Study on the urban state carrying capacity for unbalanced sustainable development regions：evidence from the Yangtze River economic belt. Ecological Indicators，

2018，89：150-158.

[30] Button K. City management and urban environmental indicators. Ecological Economics，2002，40（2）：217-233.

[31] Thore S，Tarverdyan R. The sustainable competitiveness of nations. Technological Forecasting and Social Change，2016，106：108-114.

[32] Dong L，Gu F，Fujita T，et al. Uncovering opportunity of low-carbon city promotion with industrial system innovation：case study on industrial symbiosis projects in China. Energy Policy，2014，65：388-397.

[33] Yu S，Zheng S，Li X，et al. China can peak its energy-related carbon emissions before 2025：evidence from industry restructuring. Energy Economics，2018，73：91-107.

[34] Meijering J V，Tobi H，Kern K. Defining and measuring urban sustainability in Europe：a Delphi study on identifying its most relevant components. Ecological Indicators，2018，90：38-46.

[35] Goyal S K，Rao C V C. Air assimilative capacity-based environment friendly siting of new industries—a case study of Kochi region，India. Journal of Environmental Management，2007，84（4）：473-483.

[36] Streets D G，Yu C，Bergin M H，et al. Modeling study of air pollution due to the manufacture of export goods in China's Pearl River Delta，2006.

[37] Cao S. Impact of China's large-scale ecological restoration program on the environment and society in arid and semiarid areas of China：achievements，problems，synthesis，and applications. Critical Reviews in Environmental Science and Technology，2011，41（4）：317-335.

[38] Song M，Zheng W，Wang S. Measuring green technology progress in large-scale thermoelectric enterprises based on Malmquist–Luenberger life cycle assessment. Resources，Conservation and Recycling，2017，122：261-269.

[39] Liu J. China's road to sustainability. Science，2010，328：50.

第 4 章　中国省域绿色竞争力评价①

"绿色""可持续"已经成为区域经济发展的新主题，区域竞争力的内涵也在发生改变。因此，传统的区域竞争力评价体系，已经不能全面评价区域竞争力发展水平。为此，本章摒弃直接探究促进区域绿色竞争力因素的常规研究思路，基于障碍诊断的视角，对我国的绿色竞争力提升障碍因子进行分解式系统分析。在解析绿色竞争力内涵的基础上，从自然资源竞争力、生态环境竞争力、能源消费与节能竞争力、经济社会可持续竞争力和健康竞争力五个方面出发，构建了区域绿色竞争力评价框架体系。本章用绿色竞争力刻画绿色质量水平。

4.1　基于提升障碍因子的诊断及系统分析

改革开放以来，在工业化和信息化的带动下，我国各省步入快速发展阶段，城市化进程大大加速，经济增长实现重大突破。然而，我国目前还处于总体水平较低、进程不断加快的发展阶段，这也是区域发展进程中最复杂、最令人担忧的阶段，各种矛盾不断集聚，发展问题持续涌现，尤其是经济发展过程中面临的资源环境保护和可持续发展等亟待解决的发展难题。调查显示，2016 年全国有 254 个地级城市环境空气质量超标，占全部地级城市的 75.1%。七大流域中，仅长江和珠江流域水质良好，黄河、松花江、淮河和辽河流域为轻度污染，海河流域为重度污染。2 104 个测站地下水质量综合评价结果显示，我国地下水质评价结果总体较差[1]。同时，资源危机日益加剧。2016 年我国年内净减少耕地面积 5.95 万

① 第 4 章主要内容出处：Cheng X，Long R Y，Chen H，et al. Green competitiveness evaluation of provinces in China based on correlation analysis and fuzzy rough set. Ecological Indicators，2018，85：841-852；Cheng X，Long R Y，Chen H. Obstacle diagnosis of green competition promotion：a case study of provinces in China based on catastrophe progression and fuzzy rough set methods. Environmental Science and Pollution Research，2018，25：4344-4360.

公顷[1]，海河的开发利用率超过 100%，黄河、西辽河等流域的开发利用率超过 70%，远远超过国际公认的 40%安全线[2]。严峻的环境、资源形势已经严重阻碍我国各地区的可持续发展。此外，在全球化背景下，从国家和地区到产业和企业，从要素配置、资本红利到政策扶持，各个层面的竞争日益加剧。化解资源、环境危机，走可持续发展道路，实现竞争力的最大化成为区域发展迫切要解决的议题。

在此背景下，绿色竞争力无疑成为区域破解环境、资源等世界性难题，实现可持续发展的新引擎。"绿色竞争力"是指基于环保、健康和可持续发展目标的绿色经济模式而取得市场竞争优势的能力[3]，其包括两方面内涵：一是竞争力的绿色化，即将竞争优势的实现建立在保护环境、高效利用资源的基础上[4, 5]；二是可持续的竞争力，随着环境管制的日趋严格和发展模式的逐步转变，绿色竞争力水平高的区域必定是符合可持续发展潮流的，其经济、社会的发展具有先进性和优越性，因而可以取得进一步的竞争优势。当前一方面是资源浪费、资源利用效率低；另一方面是资源短缺、生态问题、产业结构不合理，区域绿色竞争力的表现总是那么不令人满意，这些都可以从区域在经济、社会、资源环境系统不同的障碍因子中得到解释。同时，由于区域发展非均衡性的存在，不同区域的绿色竞争力障碍因子也具有不同的特征，那么这些障碍因子的障碍度如何表现，某一特定区域的绿色竞争力障碍因子是如何演变的，其又具有什么样的空间特征，这些问题对于区域及时调整发展战略、针对性地解决发展难题具有重要意义，亟待进一步的研究与探讨。

本章摒弃直接探究促进区域绿色竞争力要素的常规研究思路，基于障碍诊断的视角，对中国 30 个省（区、市）①自 2005~2014 年的绿色竞争力障碍因子进行系统分析。在已有研究的基础上，从经济、社会、资源环境 3 个系统出发，从经济规模、经济效率、城镇化、科教环保投入、基础设施、就业、自然资源、绿色环境、污染治理，用突变级数法对各省绿色竞争力展开多层次障碍分解，系统、全面地梳理各省绿色竞争力障碍因子演变规律和空间特征。突变级数法具有良好的动态特性，可以动态揭示不同层次的障碍因子导致绿色竞争力质变的过程，展示绿色竞争力障碍因子逐层突变规律。该方法不需要考虑各指标的权重，只需考虑各评价指标的相对重要性，把定性和定量结合，从而减少主观性又不失科学性、合理性。此外，为避免人为因素的影响，本章研究用模糊粗糙集的方法确定各指标的相对重要性，该方法无任何先验信息的要求，可以科学、客观地处理模糊、不确定性问题[6, 7]，弥补了以往文献常用的德尔菲法、层次分析法、模糊评价法等较为主观的研究方法，保证了研究结果的客观性和科学性。本章的创新点在于从障碍诊断的视角，对绿色竞争力障碍因子进行系统分析，为区域绿色竞争

① 本章中所有中国数据均不包括西藏、香港、澳门、台湾的数据。

力的实证研究做了有效的基础工作；综合运用突变级数法、模糊粗糙集，不但动态地分析了各层障碍因子的障碍度和演化过程，而且避免了冗余信息和人为因素对指标重要性的影响。此外，本章的研究方法具有通用性，为多层次目标障碍诊断等相关研究提供了新思路。

4.1.1 区域绿色竞争力和障碍诊断模型

目前针对区域绿色竞争力的论述不多，学界一般将区域绿色竞争力的讨论建立在区域竞争力的研究范畴内。IMD[8]认为生产率是竞争力的表现之一，认为国家或地区竞争力的提升更多地在于所在制度环境与经济基础，包括吸引力与扩张力、全球化与本土化、社会凝聚力与个人冒险主义、资产过程四种要素，并从经济表现、商务效率、政府效率和基础设施四个方面评价国家竞争力。WEF[9]十分重视国际竞争力的比较，提出更低成本的产品、更优质的服务是影响一国企业在国际竞争中具备竞争优势的关键因素。Porter[4]提出了包含生产要素、需求条件、支持性产业以及企业战略结构和同行竞争四大要素的钻石模型，从价值链和产业链的视角评价国家竞争力。OECD[10]重点关注经济活动中环境及资源生产率、自然资源基础、生活质量、经济机遇与政策应对、社会经济背景等五个方面。此外，也有学者针对区域竞争力展开实证研究。Fernandez 等[11]将确定区域竞争力评价模型看作是多重决策过程，从决策的视角，基于结构方程模型开发决策系统并利用最终评价指标对墨西哥地区的竞争力进行评价；Guo 等[12]从环境条件、对外开放程度、经济发展和人民生活四个维度评价城市竞争力；Charles 和 Zegarra[13]从经济、企业、政府、基础设施和居民生活五个维度构建葡萄牙地区竞争力评价体系。总的来看，现有文献涉及的影响区域竞争力的要素突出表现在经济产出、效率、环境、自然资源、基础设施、居民生活等方面，围绕这些要素展开区域竞争力研究。

值得注意的是，也有部分学者的研究涉及企业层面的绿色竞争力，其中，Hart[4]指出，当环保成为企业总体战略的一个组成部分时，便可开启绿色竞争力的大门；Kiuchi 和 Shireman[5]把生态学原理用于企业经营的研究，认为企业可以像生态系统一样，通过建立突破性的创新、复制、持续改进和在创新的周期性运行机制，持续性地在超越环境限制的前提下增强企业的绿色竞争力。部分学者也开展了关于企业绿色竞争力的实证研究。Carraro 和 Galeotti[14]对欧盟及其成员使用 WARM 模型模拟出了一些产业和环境之间相互作用关系，发现能够刺激 R&D 和创新与扩散的环境政策可以为企业提供避免被破坏的正确激励并同时保持企业在市场上的竞争力。Fankhauser 等[15]对 8 个国家（中国、德国、法国、意大利、日本、韩国、英国和美国）2005~2007 年的制造业数据进行了实证研究，最终确定了影响企业绿色竞争力的三个要素：生产绿色产品的速率、产品市场份额和准确的产品定位。Chiou 等[16]采用结构方程模型分析了台湾八大产业中 124 家企业的调查问卷，证明绿色创新有利于企业环境绩效和竞争力，因此需要鼓励企业实施绿色供应链和绿色创新以提高环保性能，从而提升企业在全球的竞争优势。总的来看，关于区域绿色竞争力的研究尚处于发展阶段，研究对象主要聚焦于微观企业层面，在研究内容上主要探讨生态环境保护与经济发展问题之间的关系，呈现出“如何、怎样提高绿色竞争力”的研究思路，突出环境保护、科研创新对提升绿色竞争力的作用。

由以上分析可知，现有文献集中于区域竞争力、企业绿色竞争力影响因素和促进因素的探究，尚未有对区域绿色竞争力提升障碍诊断的相关研究。障碍诊断模型是在综合评价模型的基础上演变而来的，是对影响事物发展的障碍因素进行全面挖掘的数学模型，通过障碍诊断模型挖掘影响事物发展的主要障碍因素[17]。现有的障碍诊断模型大致可以分为以下 4 类。

（1）基于案例研究法的障碍诊断模型。该模型以典型案例为素材，通过问卷、半结构访谈、网络、文献、报纸等多种信息渠道，通过对障碍信息具体分析、解剖、归纳，得到主要障碍因素。Wolf 等[18]运用此模型对林业颗粒生产进行障碍因素诊断。Wong[19]结合半结构访谈，用案例研究法探究南亚太阳能利用的障碍因素。Mosannenzadeh 等[20]用此模型对欧洲智能能源项目进行了诊断。基于案例研究法的障碍诊断模型主要进行的是定性研究，且得到的研究结果不能推广到其他的情境，具有很大的局限性。

（2）基于层次分析法的障碍诊断模型。该模型通过经验分析获得障碍因素，再运用层次分析法计算障碍权重，从而得到主要障碍因素。Govindan 等[21]运用此模型确定了影响绿色供应链管理的主要障碍因素。Hsu 等[22]在用模糊德尔菲法获得初始障碍因素的基础上，运用 AHP 研究了影响润滑油回收利用的主要障碍因素。同样的思路和方法，Bouzon 等[23]运用此模型探讨了逆向物流的主要障碍因素。运用基于层次分析法的障碍诊断模型的优点是简便易算，但障碍因素和障碍权重的获得均过于主观，容易产生主观偏误。

（3）基于主成分分析的障碍诊断模型。该模型通过经验或者实验分析获取障碍相关指标，经主成分分析提取主成分，然后运用主成分表达式中的系数大小判定障碍诊断指标，并利用诊断指标建立判别模型，从而进行障碍诊断。Zhang 等[24]在通过问卷调查获得障碍相关指标的基础上，运用主成分分析法研究烹调废油回收利用的障碍因素并对这些因素进行聚类分析。该模型虽然克服了基于层次分析法的障碍诊断模型障碍权重赋值主观的缺陷，但其不足是必须事先获得障碍指标，且计算复杂、计算量大。

（4）基于回归分析的障碍诊断模型。该模型通过经验分析或者文献回顾获取障碍相关指标，建立回归模型，认为各个障碍因素的回归系数是相应的障碍度，以此得到主要障碍因素。Xie 等[25]运用此模型探讨了中国实施清洁项目的障碍因素。D'Souza 等[26]用此模型比较了私有化企业和新创企业经济增长的障碍因素。Souto 和 Rodriguez[27]用该模型探究了环保企业创新的障碍因素。Amara 等[28]用此模型研究了影响知识密集型企业专利创新的障碍因素。该模型的优点是借用软件可以简化计算，但是该方法仅局限于某一时点、特定障碍层的静态分析，无法实现对评价目标的多层次矛盾分解，障碍诊断不具有动态特性，无法揭示一系列的量变所引起的跳跃式质变过程的规律。

综上所述，虽然现有的障碍诊断模型能较好地挖掘障碍因素，在实践中得到较为深入的应用，但普遍存在研究结果具有局限性、受主观因素影响、计算复杂和缺乏动态性等不足。考虑到突变级数法能够很好地避免主观赋权的弊端，计算简单，且具有优良的动态特性，本章采用基于突变级数法的障碍诊断模型，以期能够较好地克服上述方法所存在的局限性。突变级数法建立在突变理论的基础上，该理论用形象的数学模型来描述连续性行动突然中断导致质变的过程[29~31]，广泛应用于经济学[32, 33]、资源环境评价[34, 35]、心理学[36, 37]等多个领域。结合突变理论和模糊数学理论，Jin 等[38]用突变级数方法构建岩爆预测模型，实验结果表明该模型具有预测准确性高、可实用性的特点。基于景观格局指数，Cao 等[39]用突变级数法对土地利用区域化进行了研究。Zhang 等[40]用突变级数法对中国四大区域的农村信息化水平进行了评价。可见，突变级数法在综合评价等多个领域得到广泛的应用，其实现了对多层次评价主体的分解，具有良好的动态特性，可以很好地实现对区域绿色竞争力障碍因子的诊断。

4.1.2 数据来源与研究方法

1. 数据来源

本章对中国30个省（区、市）2005~2014年绿色竞争力提升障碍因子进行诊断，为保证数据的完整性和统计口径的一致性，各指标对应的数据主要来源于2005~2015 年的《中国统计年鉴》、《中国科技统计年鉴》、《中国环境统计年鉴》、《中国能源统计年鉴》和地方统计年鉴，个别缺失数据，采用“附近点的中间值”进行补齐。在进行绿色竞争力障碍诊断之前，为消除数据量纲问题和指标数值大小的影响，需根据正向指标和负向指标分别对指标数据进行无量纲和非负化的标准化和归一化后再进行分析。标准化后的数据处于同一数呈级别，具有可比性和无量纲性，本节采用极差法进行处理，处理方法如下：

正向指标：
$$X_{ij}=\frac{V_{ij}-\min\limits_{1\leqslant i\leqslant m}\left(V_{ij}\right)}{\max\limits_{1\leqslant i\leqslant m}\left(V_{ij}\right)-\min\left(V_{ij}\right)} \tag{4-1}$$

负向指标：
$$X_{ij}=\frac{\max\limits_{1\leqslant i\leqslant m}\left(V_{ij}\right)-V_{ij}}{\max\limits_{1\leqslant i\leqslant m}\left(V_{ij}\right)-\min\left(V_{ij}\right)} \tag{4-2}$$

其中，X_{ij} 为第 i 个研究对象第 j 个指标标准化后的值；V_{ij} 为第 i 个研究对象第 j 个指标的值；m 为被研究的对象数。若无特殊说明，本章中用到的指标数据均是标准化值。

2. 突变级数法

突变理论由法国数学家 Renethom 于 1972 年创立，是利用动态系统的拓扑理论来构造自然界现象与社会活动中不连续变化现象的数学模型，依据势函数描述和预测事物连续性中断的质变过程，是目前唯一研究由渐变引起突变的系统理论。在突变系统中，系统势函数的变量分为两类：状态变量和控制变量。其中，状态变量反映系统的行为状态，控制变量作为影响行为状态的因素。状态变量和控制变量是相互矛盾的两个方面，在构建突变模型时必须要确定各控制变量的重要程度，将重要的控制变量写在前面，次重要的控制变量写在后面。初等突变系统有 7 种，常用突变模型如表 4-1 所示。

表 4-1　常用突变模型

突变模型	控制变量数目	状态变量数目	势函数	归一公式
折叠突变	1	1	$V(x)=x^3+ux$	$x_u=\sqrt{u}$
尖点突变	2	1	$V(x)=x^4+ux^2+vx$	$x_u=\sqrt{u}$ ，$x_v=\sqrt[3]{v}$
燕尾突变	3	1	$V(x)=x^5+ux^3+vx^2+wx$	$x_u=\sqrt{u}$ ，$x_v=\sqrt[3]{v}$ ，$x_w=\sqrt[4]{w}$
蝴蝶突变	4	1	$V(x)=x^6+ux^4+vx^3+wx^2+tx$	$x_u=\sqrt{u}$ ，$x_v=\sqrt[3]{v}$ ，$x_w=\sqrt[4]{w}$ ，$x_t=\sqrt[5]{t}$

u，v，w，t 为控制变量；x_u，x_v，x_w，x_t 为状态变量

基于突变理论的突变级数法，首先对评价目标进行多层次矛盾分解，其次利用突变理论与模糊数学相结合产生突变模糊隶属度函数，再由归一公式进行综合量化运算，得到总的隶属度函数，从而对研究对象进行综合评价分析。因此，突变级数法的具体运算步骤如下：

（1）建立突变评价指标体系。

（2）确定指标体系各层次的突变类型。

（3）通过突变系统的分歧方程导出归一公式。

（4）利用归一公式对评价主体进行综合评价。在进行综合评价时，状态变

量所对应的各控制变量计算出的值可以按照两种不同的评价准则：①非互补准则：若系统的诸多控制变量之间不具有明显的相关关系，按“大中取小”原则取值；②互补准则：若系统的诸多控制变量之间具有明显的相关关系时，按其均值取用。借助软件 SPSS19.0（IBM Corp.，Armonk，NY，USA），在 0.05 显著性水平下判断各控制变量之间是否明显相关，据此判断采用何种准则。

由前面的文献梳理可得出，区域绿色竞争力主要与经济产出、经济效率、环境保护、自然资源、基础设施、居民生活、科研创新等有关。结合现有文献，在遵循指标选取的可获得性、可比性、实用性等原则的基础上，本章从经济、社会、资源环境3个系统筛选出24个表征性指标，构造绿色竞争力障碍因子诊断的突变评价指标体系，以期能够全面准确地评估各地区绿色竞争力状况。具体指标体系的构成见表 4-2。

表 4-2　绿色竞争力评价指标

总目标层	目标层	中间层	指标层	单位	参考文献	
绿色竞争力（A）	经济系统（B_1）	经济规模（C_1）	人均 GDP（D_1）	元	[12] /[41]	+
			城镇居民人均可支配收入（D_2）	元	[42]/ [43]	+
		经济效率（C_2）	能源消费弹性系数（D_3）		[44]	−
			万元生产总值能耗（D_4）	*t* 标准煤/万元	[44]/[45]	−
			第三产业占 GDP 比重（D_5）	%	[12]	+
	社会系统（B_2）	城镇化水平（C_3）	城镇化率（D_6）	%	[45]	+
		科教环保投入（C_4）	R&D 支出占地区生产总值比重（D_7）	%	[11]/[41]/ [42]/[46]/[47]/[48]/[49]	+
			环保支出占财政支出比重（D_8）	%	[42]/[46]/[49]	+
		基础设施（C_5）	人均拥有道路面积（D_9）	m^2/人	[12]	+
			每万人拥有公共交通车辆（D_{10}）	标台	[12]/[13]/[45]/ [50]	+
			每万人拥有医院、卫生院床位数（D_{11}）	张/人	[12]/[43]	+
		就业（C_6）	第三产业从业人员比重（D_{12}）	%	[41]	+
			城镇失业率（D_{13}）	%	[12]/[41]	−
	资源环境系统（B_3）	自然资源（C_7）	人均耕地面积（D_{14}）	公顷/人	[10]/[41]/[51]	+
			人均水资源量（D_{15}）	m^3/人	[10]/[51]	+
			森林覆盖率（D_{16}）	%	[10]/[43]/[51]	+
			湿地面积占总土地面积比（D_{17}）	%	[10]/[51]	+

续表

总目标层	目标层	中间层	指标层	单位	参考文献	
绿色竞争力（A）	资源环境系统（B_3）	绿色环境（C_8）	人均 CO_2 排放量（D_{18}）	kg/人	[43]/[47]/[52]	−
			空气质量达到二级以上天数占全年比重（D_{19}）	%	[12]	+
			区域环境昼间噪声等效声级（D_{20}）	dB	[45]	−
			城市人均公园绿地面积（D_{21}）	m^2/人	[12]	+
		污染治理力度（C_9）	工业固体废物综合利用率（D_{22}）	%	[12]/[45]	+
			生活垃圾无害化处理率（D_{23}）	%	[45]	+
			城市污水处理率（D_{24}）	%	[12]	+

注："+"表示该指标为正向指标，其值越大，绿色竞争力水平越高；"−"表示该指标为负向指标，其值越小，绿色竞争力水平越高

3. 障碍度模型

本章重点关注各省发展过程中阻碍区域绿色竞争力的因素，对各省绿色竞争力展开病理性诊断，探寻区域绿色竞争力的发展阻力。本节将障碍因子诊断模型与突变级数模型中的归一公式相结合。

首先，计算指标的偏离度：

$$I_{ij} = 1 - X_{ij} \tag{4-3}$$

其中，I_{ij} 为第 j 个省第 i 项指标的偏离度；X_{ij} 为第 j 个省的第 i 个指标标准化得分。

其次，利用突变级数模型中的归一公式进行障碍因子诊断，由于突变级数模型中的归一公式本质上就是一种多目标模糊决策方法，故利用归一公式计算各被诊断指标控制变量偏离度的突变级数，并将该级数标准化后作为指标体系上一层的障碍度。同时反复利用归一公式，计算被诊断对象各层的障碍水平，进而实现各子系统对区域绿色竞争力的障碍度测算，并根据障碍水平判定具体的障碍因素。

4. 模糊粗糙集

在构建突变级数模型时，为避免主观因素对控制变量重要性的影响，本章研究采用模糊粗糙集来确定指标体系中控制变量的主次关系。模糊粗糙集方法对处理的数据集合无任何先验信息的要求，可以比较客观的处理不确定问题，根据近似分类质量可以判断控制变量的主次关系。

设有一个信息系统 $\{U, C, V\}$，其中 $U = \{x_1, x_2, x_3, \cdots, x_m\}$ 是一个非空有限集，表示评价对象集合；C 是条件属性集合，$C = \{c_1, c_2, c_3, \cdots, c_n\}$；$V$ 是条件属性的值

域，该信息系统为模糊信息系统。若将年份视为对象，每个控制变量视为属性，每个年份对应的控制变量取值视为值域，则建立了一个绿色竞争力实值信息系统。

定义 4.1：U 为评价的对象集合，$\forall O_s$，$O_t \in U$，X_{ij} 为第 i 个评价对象第 j 控制变量标准化后的值，$i \in [1,m]$，则 O_s 和 O_t 的模糊关系 RS 为

$$\mathrm{RS}(O_s,O_t)=\left\{\left(O_s,O_t \in U \times U \left| \frac{1}{n}\sum_{i=1}^{m}\left|X_{sj}-X_{tj}\right| \leqslant \alpha\right.\right)\right\} \tag{4-4}$$

其中，评价对象 O_s 和 O_t 的相似度为 $1-\alpha$，其值越大，O_s 和 O_t 的相似度越大，在属性约减的过程中，越容易划分成一类。

定义 4.2：设 $\mathrm{FRS}(O_s)$ 为评价对象 O_s 的模糊相似类，其含义为与 O_s 相似度大于或者等于 $1-\alpha$ 的所有评价对象的集合，即

$$\mathrm{FRS}(O_s)=\left\{\left(O_s \in U \left| \frac{1}{n}\sum_{i=1}^{m}\left|X_{sj}-X_{tj}\right| \leqslant \alpha\right.\right)\right\} \tag{4-5}$$

模糊粗糙集定义下的属性约减取决于集合的包含关系，这使得约减结果易受噪声数据的影响。为此，Ziarko[53]提出了变精度粗糙集并引进分类误差 β，指出 $\beta \in (0,0.5]$。An 等[54]对该算法进行了修正，指出分类误差的正确区间为 $\beta \in (0.5,1]$。本章采据此建立变精度粗糙集算法。

定义 4.3：假定 $R(x)$ 是所有评价对象的初始分类，$R(x_j)$ 是去掉第 j 个控制变量后新的分类，在保证新分类与初始分类相同的前提下，定义 $R_\beta(x_j)$ 为可以反映新分类的误差临界值 β 以上信息的集合。

$$R_\beta(x_j)=\bigcup\left\{x \in U \left\| R(x)\cap R(x_j)\right| \div \left|R(x_j)\right| \geqslant \beta\right\} \tag{4-6}$$

其中，“‖”表示集合包含的元素个数，误差临界值 $\beta \in (0,1]$。当 β=1 时，表示两次分类结果完全相同；当 β=0 时，表示两次分类结果完全不相同。

定义 4.4：$\left|R_\beta(x_j)\right|$ 表示式 4-7 中对象的个数，$|U|$ 表示对象的总个数，则定义近似分类质量 $\gamma_{R_\beta(x_j)}$ 为

$$\gamma_{R_\beta(x_j)}=\left|R_\beta(x_j)\right| \div |U| \tag{4-7}$$

定义 4.5：$\mathrm{Sig}(x_j)$ 为第 j 个控制变量的重要性为

$$\mathrm{Sig}(x_j)=1-\gamma_{R_\beta(x_j)} \tag{4-8}$$

其中，$\mathrm{Sig}(x_j)\in[0,1]$，据此判断各控制变量的主次关系。根据式（4-4）~式（4-8），本章利用 MATLAB R2012a（MathWorks Inc.，Natick，MA，USA）

编程实现对各控制变量重要性的计算。

4.1.3　结果

1. 中间层障碍因子诊断

根据表 4-1 中的突变类型，利用式（4-1）和表 4-1 中相应的归一公式，本节计算了 30 个省（区、市）2005~2014 年各中间层障碍因子的障碍度。为了明确、清晰地展示各省中间层障碍因子以及障碍度的演化规律，为各省针对性、目的性地消除绿色竞争力障碍因子，快速、精准、稳定的提升绿色竞争力提供依据，在计算各省历年中间层障碍因子障碍度的基础上，本节梳理了各省 2005 年、2009 年和 2014 年障碍度大于或者等于 0.7 的中间层障碍因子，如图 4-1 所示，其中条形框的长度是相应障碍因子的障碍度。表 4-3 为 2005 年、2009 年和 2014 年东、中、西部障碍度大于 0.7 障碍因子频数统计。

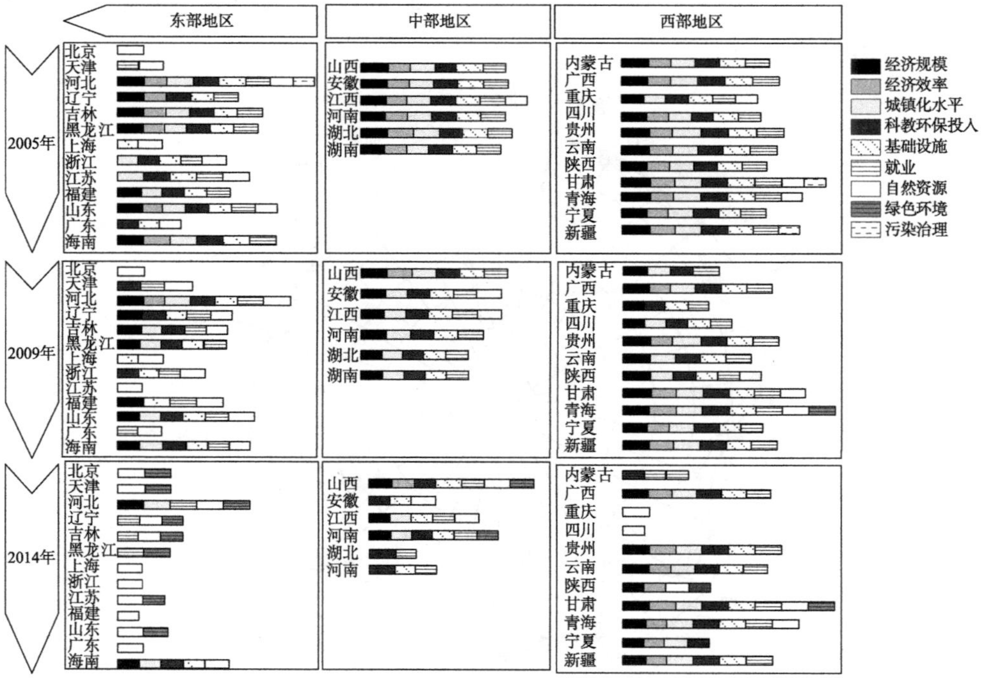

图 4-1　各省（区、市）2005 年、2009 年和 2014 年障碍因子及其障碍度

表 4-3 2005 年、2009 年和 2014 年东、中、西部障碍度大于 0.7 障碍因子频数统计

指标	东部			中部			西部		
	2005 年	2009 年	2014 年	2005 年	2009 年	2014 年	2005 年	2009 年	2014 年
经济规模	7	7	2	6	6	3	11	11	8
经济效率	6	1	0	6	1	1	10	6	8
城镇化水平	8	5	2	6	6	2	11	10	7
科教环保投入	10	8	1	6	6	5	11	11	8
基础设施	11	8	0	6	6	5	11	10	6
就业	9	10	4	6	6	5	11	11	7
自然资源	8	12	12	1	2	3	3	3	6
绿色环境	0	0	8	0	0	2	0	1	2
污染治理	1	0	0	0	0	0	2	0	0

2. 目标层障碍因子诊断

为了直观地比较各省（区、市）在经济、社会、资源环境系统中的障碍度，利用各省（区、市）2005 年、2010 年和 2014 年的障碍度数据制作雷达图，如图 4-2 所示。

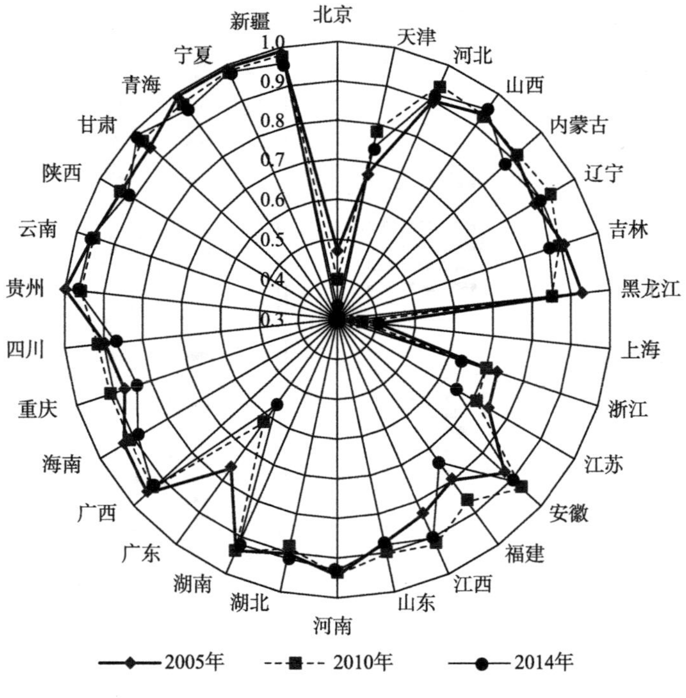

（a）经济系统

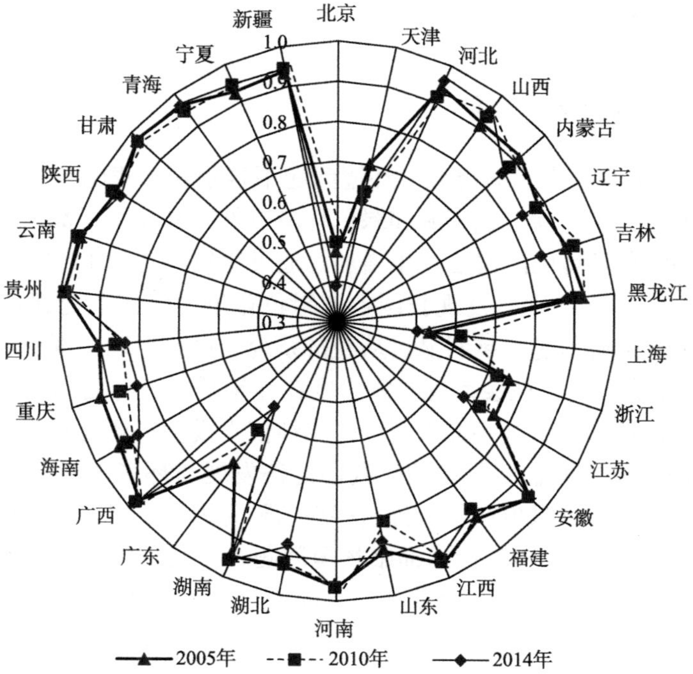

（b）社会系统

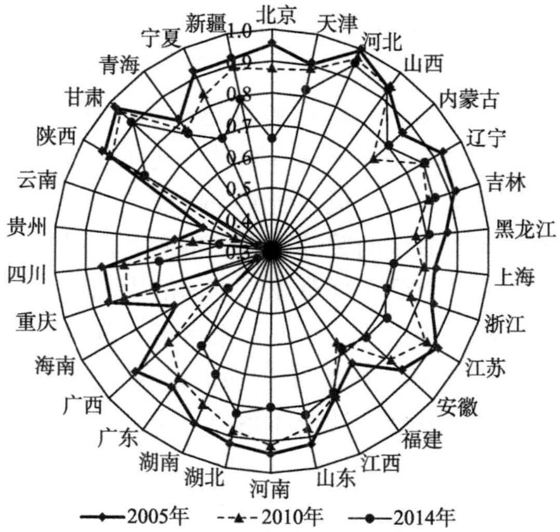

（c）资源环境系统

图 4-2　各省（区、市）2005 年、2010 年和 2014 年经济系统、社会系统、资源环境系统障碍度雷达图

4.1.4 讨论

1. 资源环境问题日益突出

（1）整体来看，中国的资源、环境问题不容乐观。我国各省（区、市）的绿色竞争力障碍因子，除自然资源和绿色环境以外，其障碍度都在逐渐降低，只有自然资源和绿色环境的障碍度逐年增加。通过比较各省 2014 年和 2005 年各个中间层障碍因子的障碍度，发现我国各省绿色竞争力整体上受到自然资源[55]和环境的制约，且阻碍力越来越明显。从经济系统、社会系统、资源环境系统来看（图 4-2），经济系统、社会系统的障碍度在逐年减少，与之相反，资源环境系统的障碍度却逐年增加，这些都表明以往单纯依靠投资、要素驱动的数量型、粗放型的经济增长模式面临瓶颈制约，我国经济发展与环境失调[56]，资源与环境问题已经成为我国各省绿色竞争力普遍存在的障碍因素。该结论与很多现有研究一致。Liu[57]指出越来越多的国家面临环境问题，尤其是中国，内外部因素造成的负面影响远大于正面影响，导致环境不断恶化。Abramson[58]、Cao 等[59]认为中国经济的增长和城镇化的推进给中国的环境造成巨大的压力。此外，Streets[60]、Cao[61]认为中国劳动密集型的经济发展模式（资源利用率低）造成的资源消耗和环境污染不断加剧。Geng 和 Zhang[62]、Wang[63]、Zhang 等[49]、Wang 等[64]认为中国环境问题不容乐观，需要国家和全体居民的共同努力寻求经济发展与环境保护的双赢。

（2）分地区来看，资源、环境形势也越来越严峻。随着经济、社会的发展，三大区域的绿色竞争力障碍因子具有明显的同向性，资源、环境成为绿色竞争力最明显、最普遍的障碍因素。很多研究支持该结论，其中 Song 等[55]认为资源浪费是制约中国各省环境效率的关键因素。事实上，根据 Zhang 等[65]的研究，从东部沿海地区到内陆，甚至到西部草原，中国的生态环境都在发生着明显的改变，生态环境改变已经成为中国不同区域的新常态。其中，东部地区最为明显。东部地区地处沿海，经济发达，综合实力强，是我国经济增长最具有活力的地区。随着经济、科技的迅猛发展，社会体系的日益完善，东部地区的经济、科教环保、基础设施等障碍因子的障碍度明显下降。与此伴随的人口增加、城市化进程加速，也给东部地区的资源环境带来巨大的压力[66, 67]，由此产生的空气污染（air pollution）[68, 69]、水污染（water pollution）[70, 71]、土地减少（land reduction）[72]等一系列的资源、环境问题已成为影响东部地区绿色竞争力的主要障碍因素。中部地区拥有丰富的农业资源和能源、矿产资源，借助于自然资源的优势大力发展的资源型产业[73]，在促进中部地区经济快速发展的同时也带来严重的环境污染问题，如地表水污染、固体垃圾、机动车尾气污染[74]。此外，

Fang 和 Liu[75]指出中部地区的人口、GDP 的规模均超出资源环境的承载力，可持续发展的状态并不乐观。过度依赖资源、对资源开采和利用没有建立起应有的、合理的补偿机制，使中部的资源开采得不到足够的补偿，缺乏发展的后劲。资源、环境问题日渐成为制约中部地区可持续发展、绿色发展的重要因素。西部地区地域辽阔，资源丰富，但利用率低。生态环境脆弱、恶劣，且经济发展相对落后，工业化、城市化水平低。依赖于大规模资源消耗的经济建设，建立在以化石燃料为主的工业化使得西部地区也将面临严峻的资源、环境考验。事实上，根据 Cao 等[73]、Hu 等[76]的研究，西部存在很多环境问题，如土地破坏、水资源污染、垃圾污染，土地污染和土地沙漠化是西部最重要的环境问题，已经成为西部可持续发展必须要解决的难题。

2. 障碍因子的空间异质性[77, 78]

由于历史、地理、政策等多种因素的影响，我国区域发展严重不平衡，各地区资源禀赋也有所不同，故我国各区域的绿色竞争力障碍因子呈现明显的空间异质性。

（1）东部地区绿色竞争力最主要的障碍因子是资源和环境。随着经济、社会的发展，东部省份在经济规模、经济效率、基础设施、就业的障碍度逐年减少，资源和环境已经成为东部省份绿色竞争力最大的障碍因素。近年来，在工业化和信息化的推动下，东部地区充分发挥地域、科技创新、人才等优势，经济迅猛增长，成为我国经济、社会发展的中心地带。然而，经济快速发展的背后，是人口增长、资源掠夺式消耗、环境污染等一系列违反自然规律的破坏性活动。研究表明，工业化、城镇化以及快速增加的人口，加速了东部地区的环境污染和资源危机[66~69, 72]。工业企业的崛起、壮大，推动了东部地区工业化步伐的同时，也带了污染蔓延、耕地加速递减的负面效应；城市化进程加快的同时，引发了环境污染、废弃可用资源的新矛盾；人口聚集，在增加人力资本的同时，也增加了对能源、资源的过度需求。诸如此，资源和环境俨然成为东部省份绿色竞争力的最主要的障碍因子。

（2）中部地区绿色竞争力最主要的障碍因子是科教环保投入和基础设施建设。中部省份经济规模、经济效率的障碍度逐渐减小，科教环保投入和基础设施建设成为制约其绿色竞争力最主要的障碍因素，该结论与 Wang 等[79]、Wu 等[74]的研究一致。一般来说，科教环保投入包括科技创新和环保投入两个方面。科技支撑能力不足，不但延缓了中部地区经济增长方式的转变，而且制约了资源的充分利用和环境的有效治理，使得中部省份的发展缺少创新活力和发展后力；社会对环境与资源的投入较低，会造成企业和政府无法集中等多的财力解决发展中出现的资源环境问题，由此造成绿色竞争力水平总体不高。此外，基础设施建设总体水平不高，相应的运营和管理效率较低也制约了中部省份的绿色竞争力。

（3）西部地区绿色竞争力最主要的障碍因子是经济发展、科教环保投入、基础设施建设。西部地区绿色竞争力的障碍因子具有多样性，其中最主要的是经济规模、经济效率、科教环保投入和基础设施建设。该结果与 Long 等[78]、Wang 等[79]、Mei 等[80]研究一致，他们的研究表明西部地区的经济效率、技术效率、环境效率远远低于东部、中部。西部地区现仍处于工业化、城镇化推进阶段，经济尚有很大的发展空间，资源利用效率不高，产业结构比较低级。此外，科技创新投入不足、基础设施建设不充分，这些都是制约西部绿色竞争力的主要障碍因素。

4.2 基于相关性–模糊粗糙集理论的评价指标及应用

随着环境污染和资源短缺等世界性问题日益突出，绿色发展的呼声日益高涨，区域绿色竞争力已经成为一个国家或者地区综合竞争力的重要体现，如何定义区域绿色竞争力，如何评价区域绿色竞争力，如何实现区域绿色竞争力最大化势必成为学者、政府不得不关注的问题。在准确界定区域绿色竞争力概念的基础上，建立一套科学、客观、可操作的评价体系对各区域调整绿色发展战略，实现区域可持续发展具有重要意义。

20 世纪 90 年代，迈克尔·波特在其著作《国家竞争优势》中指出，企业可以通过采取环境策略带来差异化优势提高市场竞争力[3]。随后，他首次提出“绿色竞争力”的概念，将绿色竞争力定义为“基于环保、健康和可持续发展目标的绿色经济模式而取得市场竞争优势的能力”[3]，在世界范围内引发广泛关注。学者们针对绿色竞争力问题从多种研究视角展开研究，总的来看，关于绿色竞争力的界定大致分为两种观点，一种认为绿色竞争力是一个系统的综合概念，如蒋小瑛[81]认为绿色竞争力是由绿色资源、绿色技术、绿色管理、绿色生产、绿色文化、绿色消费等要素组成的有机系统。Chiang 等[82]认为绿色竞争力包括多个方面，具体到企业绿色竞争力，其贯穿于原材料获取、生产制造、产品使用和处理多个环节。另外一种观点认为绿色竞争力是一种相对竞争优势。Bowen 和 Fankhauser[83]认为，绿色竞争力是在保护环境的前提下，提供比竞争对手更具有吸引力的产品和服务，从而在市场占有率等方面获得竞争优势的能力。在此基础上，本节认为区域绿色竞争力的概念包括三层含义：一是区域竞争力的绿色化，即将区域竞争优势的实现建立在高效利用自然资源、保护生态环境和节约能源的基础上。从这个角度来看，“绿色”是区域竞争力的限制性前提，对区域绿色竞争力的评价，必须充分考虑到自然资源、生态环境和能源节约；二是可持续的竞争力。作为区域发展的内生力量，绿色竞争力水平高的区域必定是符合可持续发展潮流的，其经济、社会的发展具有先进性和优越性。从这个方面来看，经济社会的可持续性也是评价区域绿色竞争力的要点；三是以人为本的竞争力。以人为本中的“本”既可以解释为“根本”，也可以解释为“资本”（人力资本）。区域发展的主体是人，客体也是人；区域发展的目的是提高本地区人民的健康水平，同时，区域的发展又依靠人力资本，因此，居民健康是评价区域绿色竞争力的要素之一。基于以上论述，本章把区域绿色竞争力定义如下：区域相对于其他竞争对手，在合理利用自然资源和保护生态环境的前提下，通过创新改变资源利用模式，提供更多资源节约型、环境友好型、科技创新型的产品和服务，使得经济社会可持续发展、人民健康生活的综合能力。

目前针对区域绿色竞争力评价的研究较少，但是可以从区域竞争力的评价中得到启示。其中最具代表性的区域竞争力评价模型是 IMD 的国家竞争力模型、WEF 国际竞争力模型和波特的“钻石模型”。IMD[84]认为生产率是竞争力的表现之一，认为国家或地区竞争力的提升更多地在于所在制度环境与经济基础，包括吸引力与扩张力、全球化与本土化、社会凝聚力与个人冒险主义、资产过程四种要素，并从经济表现、商务效率、政府效率和基础设施四个方面评价国家竞争力，该指标体系含有 20 个子要素，300 多项指标。World Economic Forum[9]十分注重竞争力在国际的比较，即提供更低成本的产品、更优质的服务才是影响一国企业在国际竞争具备竞争优势的关键因素。Porter[3，85]提出了包含生产要素、需求条件、支持性产业以及企业战略结构和同行竞争四大要素的钻石模型，用价值链和产业链相关指标对国家竞争力进行评价，并指出国内竞争对国家竞争力的正向激励作用。值得注意的是，IMD、WEF、波特的评价体系更多的是针对国家或者产业竞争力，指标体系相对复杂，可操作性不强；且部分指标的权重是由专家根据经验确定，难以规避人为因素的影响[86，87]。此外，从决策的视角，Fernandez 等[11]将确定区域竞争力评价指标看作是多重决策过程，基于结构方程模型开发决策系统并利用最终评价指标对墨西哥地区的竞争力进行评价；也有学者考虑到社会因素对竞争力的影响，如 Guo 等[12]从环境条件、对外开放程度、经济发展和人民生活四个维度评价竞争力；Charles 等[13]从经济、企业、政府、基础设施和居民生活五个维度构建葡萄牙地区竞争力评价体系，突出居民生活水平对区域竞争力的影响作用。

值得注意的是，也有部分学者的研究涉及企业层面的绿色竞争力，其中，Hart[4] 指出，当环保成为企业总体战略的一个组成部分时，便可开启绿色竞争力的大门；Bill 和 Tachi[88]把生态学原理用于企业经营的研究，认为企业可以像生态系统一样，通过建立突破性的创新、复制、持续改进和周期性运行机制，持续性地在超越环境限制的前提下增强企业的绿色竞争力。Fankhauser 等[15]对 8 个国家（中国、德国、法国、意大利、日本、韩国、英国和美国）2005~2007 年的制造业数据进行了实证研究，最终确定了影响企业绿色竞争力的三个要素：生产绿色产品的速率、产品市场份额和准确的产品定位。Chiou 等[16]采用结构方程模型分析了台湾八大产业中 124 家企业的调查问卷，证明绿色创新有利于企业环境绩效和竞争力，因此需要鼓励企业实施绿色供应链和绿色创新以提高环保性能，从而提升企业在全球的竞争优势。针对企业绿色竞争力评价的相关研究中，构建评价体系的方法多集中于模糊评价法、层次分析法、因子分析法、主成分分析法的组合运用。其中，王建明等[89]通过构建熵权模糊评价模型，以长三角地区和环渤海地区的 144 家上市公司为例，对其绿色竞争力水平进行了测评和比较分析。Azadeh 等[90]用主成分分析法评价财务、客户满意度、流程创新、生产流程和组织学习与成长四个方面在制造企业各个部门的重要度。目前从宏观的层面开展绿色竞争力的研究较少，陈运平等[91]利用德尔菲法和层次分析法，从环保、生态、低碳、循环、健康和持续六个方面测算中国 31 个省 2010 年的绿色竞争力，但评价方法难以规避主观性，评价指标的选择缺少足够的客观性。

以上研究虽然有启发意义，但不难看出存在两个方面的缺陷：①虽然对微观层面的企业绿色竞争力研究较多，但对宏观省域层面的绿色竞争力的研究很少。②虽然存在一些与省域绿色竞争力相关的评价指标体系，但是多采用德尔菲法、层次分析法等方法构建评价体系，难以避免人为因素的影响，指标体系的科学性与客观性难以保证。因此建立一套科学、客观的省域绿色竞争力评价体系尤为重要。

由本章对区域绿色竞争力的界定可知，若要对区域的绿色竞争力进行评价，就必须要以自然资源为切入点，以生态环境、能源消费与节能为侧重点，以经济社会可持续发展、人民健康生活为落脚点，突出自然资源、生态环境、能源消费、人民生活每个环节的绿色化水平，并且要保证指标构建的客观性与科学性。在构建绿色竞争力评价体系时可以发现，评价指标对应数据的附加信息或者先验知识并不容易获得，即使某些先验信息可以获得，也会伴随着不精确性和不确定性。恰恰粗糙集可以有效地分析不精确、不一致、不完整等各种不完备信息，从大量不确定性因素中发现大数据背后隐含的知识[92, 93]，其有效性已经在许多科学与工程领域的成功应用中得到证实[94]，如知识发现[95]、机器学习[96]、决策支持[97]、模式识别[39, 98]等领域。由于经典粗糙集理论以分明等效关系为基础，要求不同对象的属性值之间具有精确的等价关系（只考虑“包含”与“不包含”关系，没有某种程度的“包含”与“属于”），容易造成信息损失[99]。为此，本章用模糊粗糙集来解决属性信息表中的信息约减问题，用模糊相似类关系代替经典粗糙集中的等价关系进行分类[100]，最后为克服由人为错误或噪声数据导致的分类问题，采用变精度粗糙集基于近似分类质量进行约减[101]。

本节在通过文献法获得相应评价指标的基础上，构建了涵盖自然资源、生态环境、能源消费与节能、经济社会可持续性、居民健康五个方面的评价框架，并借助相关性-模糊粗糙集理论对指标进行约减，建立了一套科学、客观、操作性强的区域绿色竞争力评价指标体系。本节的创新点在于从宏观视角（省域出发），重新界定了绿色竞争力的概念，为区域绿色竞争力指标的选取及实证研究做了有效的基础工作；综合运用相关性分析方法、模糊粗糙集方法和熵权法构建指标体系，不但克服了不精确、不一致、不完整等各种不完备信息的影响，而且避免了冗余信息和人为因素对评价体系的影响，保证了指标体系的客观性和科学性。除此之外，本节的研究方法具有通用性，为评价体系的构建、模糊粗糙集的跨学科运用等相关研究提供了新思路。

4.2.1　绿色竞争力评价框架构建及指标初选

1. 绿色竞争力评价框架

1）自然资源竞争力

一个区域自然资源储存量的多少，是其经济增长的重要条件之一。研究表明，我国省际层面资源富集区的资源禀赋有利于地区经济增长，自然资源通过增加物质资本、降低人力资本、提高科技创新来促进经济增长，对于区域绿色竞争力具有“资源红利”效应[102]。由此可见，丰富的自然资源是经济社会持续发展的基础力量，奠定了绿色竞争力的基石[10]，一般认为，自然资源不仅作为人类物质财富的来源具有经济价值，同时作为生态系统的有机组成部分对区域生态系统具有支持和服务的价值功能。区域的发展必须以自然资源为基础。因此，本节用耕地资源、森林资源、水资源、其他的矿产资源[51]、生物资源的储存量来表征某一地区的自然资源竞争力。

2）生态环境竞争力

随着经济发展生态化日益凸显，区域发展已从传统注重经济总量发展的模式向注重生态保护的绿色发展转变。环境质量的高低是影响其区域绿色竞争力直接因素[103]。人类的开发活动加剧了资源外部性和环境污染，为了未来的可持续发展，我国必须加大环保投资，积极进行环境治理[49]，提高绿色度。结合现有的对环境污染治理评价的文献，本章从环保投资[104]、废水治理、固体废弃物治理、废气治理[105]、生活垃圾治理和绿化建设[106]方面对环保竞争力进行评价。

3）能源消费与节能竞争力

能源消费与节能竞争力主要关注区域能源消费和居民节能情况，其核心思想是通过提高能源效率、推广使用绿色节能产品等方法减少能源消耗，降低碳排放，提高区域绿色竞争力。中国能源消费问题不容乐观。研究表明，中国大部分区域面临能源消耗过大问题，严重阻碍区域的可持续发展。研究指出，能源消耗可以反映生产和消费过程中的资源利用效率与环境友好度[107]。一般认为，某一区域的能源消耗越少，节能产品使用量越多，产生的温室气体就越少，则绿色度越高，绿色竞争力越高。有研究表明，节能约束下，居民可以减少38%的碳排放，尤其以交通通信最为显著[108]；而居民家庭降低碳排放的主要方式是节能投资，如购买能源效率更高的节能产品、进行住房的节能改造等[109]。因此本章从能源消耗、居民绿色出行和节能产品使用三个方面对区域绿色生产消费竞争力进行评价。

4）经济社会可持续竞争力

经济社会可持续竞争力是从长远角度出发，在既满足当代人的需求，又不损害后代人满足其需求的可持续发展理念下[110]，不但是对当前发展状态的评估，而且是对潜在绿色竞争力的度量。经济效益表征某一地区创造财富的能力，是区域绿色竞争力的内生力量[111]；人民生活水平的提高（包括收入的提高、出行和住宅条件的改善）是绿色竞争力水平最直接的表征[112]；产业结构高级化对经济社会可持续竞争力有直接影响，IMD[84]和波特钻石模型[3]均纳入了产业结构相关指标；有学者指出人力资本，尤其是劳动力结构和就业率，是区域绿色竞争力的生长点[113]；通常认为对外开放水平代表了区域在资源、政策机会等方面的优势，是绿色竞争力的表现[12]；而科技创新是绿色竞争力的技术后盾，是区域强大的软实力[47, 114]，科技创新依赖科研和教育的投入，发明和专利是科技创新水平的表征；城镇化是社会由传统乡村型社会向现代城市型社会逐渐转变的历史过程，是社会可持续性的表征，代表了区域竞争力的绿色度。综上，本节从经济效益、人民生活、对外开放、人力资本、科技创新、城镇化六个方面对持续竞争力进行评价。

5）健康竞争力

当前以高投资、高能耗、高排放为特征的粗放型增长方式带来了沉重的资源和环境代价，这种不协调的关系导致居民的生存环境问题[115]，致使区域社会健康成本激增，成为区域绿色竞争力的绊脚石[116]。一般来看，居民的健康，既是区域发展的载体和动力，也是区域绿色发展的目标与追求，更是地区竞争力的人力资本后盾。从现有研究成果来看，预期寿命[117]、疾病[13]代表着居民健康水平，而完善的医疗保障体系也是区域健康竞争力的表现[42]。基于此，本节从预期寿命、疾病和医疗保障三个方面评价健康竞争力。

2. 指标初选

在具体指标初选上，按照系统性、可观测性、可比性等原则，充分考虑到参考文献[3, 15, 41~43, 47, 118, 119]所选的人均 GDP、森林面积、第三产业生产总值占 GDP 比、受胁哺乳动物种类、CO_2 排放量等高频指标，在充分阅读相关文献的基础上，以能源消费弹性系数[120]、城镇居民和农村家庭人均可支配收入与恩格尔系数[48]、每万人拥有公共交通车辆[50]、人均预期寿命[115, 121]等作为补充指标，共择取 77 个初选指标，如表 4-4 所示。

表 4-4　绿色竞争力评价指标初选集

目标层	因素层	指标层			
自然资源竞争力	耕地资源	耕地面积占总土地面积比	+	人均耕地面积	+
	森林资源	森林面积	+	森林覆盖率	+
		森林退化面积	−		
	水资源	人均水资源量	+	水资源总量	+
		缺水指数	−		
	其他资源	人均矿产占有量	+	矿产资源含量	+
	生物多样性	受胁鱼类	−	受胁植物种类	−
		受胁哺乳动物种类	−		
	生态系统	自然保护区面积占辖区面积比	+	湿地面积占总土地面积比	+
		矿区生态环境恢复治理面积	+		
生态环境竞争力	投资资金	环保治理投资总额	+	环保支出占财政支出比重	+
		农村人均改水、改厕的政府投资	+		
	绿化建设	人均绿地面积	+	建成区绿化覆盖率	+
	空气质量	空气质量达到二级以上天数占全年比重	+		
	废水治理	工业废水排放量	−	城市污水处理率	+
		化学需氧量排放量	−	工业废水重复利用率	+
	废气治理	SO_2 排放量	−	SO_2 去除率	+
		CO_2 排放量	−	氮氧化物排放量	−
		工业粉尘排放量	−		
	固体废物治理	一般工业固体废物产生量	−	综合利用往年贮存量	+
		一般工业固体废物综合利用率	+		
	生活垃圾治理	生活垃圾清运量	+	生活垃圾无害化处理率	+
	噪声治理	交通噪声等效声级	−	区域环境昼间噪声等效声级	
能源消费与节能竞争力	能源消耗	能源消费总量	+	可再生能源消费比重	+
		能源消费弹性系数	−	万元生产总值能耗	−
		能源加工转换率	+		
	绿色出行	每万人拥有公共交通车辆	+		
	节能产品使用	节能建筑占现有民用建筑比例	+	二级以上能效产品市场占有	+

续表

目标层	因素层	指标层			
经济社会可持续竞争力	GDP	GDP 总量	+	人均 GDP	+
	对外贸易	FDI[①]	+	FDI 占 GDP 百分比	+
	产业结构	第一产业生产总值占 GDP 比	−	第二产业生产总值占 GDP 比	+
		第三产业生产总值占 GDP 比	+		
	劳动力结构	第一产业从业人员比重	−	第二产业从业人员比重	+
		第三产业从业人员比重	+		
	就业	年末城镇登记失业率			
	收入	城镇居民人均可支配收入	+	农村居民人均可支配收入	+
		城镇居民家庭恩格尔系数	−	农村居民家庭恩格尔系数	−
	住宅	城镇居民平均每人建筑面积	+	农村居民人均住房面积	+
	出行	城镇居民每百人家用汽车拥有量	+	人均拥有道路面积	+
	科研	R&D 支出占地区生产总值比重	+	R&D 研究人员	+
		高新技术产业总产值	+		
	专利申请与授权	专利申请受理总量	+	申请授权总量	+
	教育	每十万人高等学校平均在校学生数	+	教育经费	+
	城镇化水平	城镇化率	+		
健康竞争力	寿命	人均预期寿命	+		
	疾病	婴儿死亡率	−		
	医疗资源	每万人拥有医院、卫生院床位数	+	每万人拥有医师人数	+

注：“+”表示该指标为正向指标，其值越大，绿色竞争力水平越高；“−”表示该指标为负向指标，其值越小，绿色竞争力水平越高

考虑数据的可观测性，删除了森林退化面积、缺水指数、人均矿产占有量、矿产资源含量、受胁鱼类、受胁植物种类、受胁哺乳动物种类、矿区生态环境恢复治理面积、可再生能源消费比重、工业粉尘排放量、节能建筑占现有民用建筑比例、二级以上能效产品市场占有率等 12 个指标。在此基础上，并运用相关性-模糊粗糙集理论针对剩余 65 个指标进行双重筛选。

4.2.2 绿色竞争力指标体系构建方法与数据

1. 数据及预处理

本节选取中国 2000~2014 年为研究对象，为保证数据的完整性和统计口径的一致性，各指标对应的数据主要来源于 2005~2015 的《中国统计年鉴》、《中国科技统计年鉴》、《中国环境统计年鉴》、《中国能源统计年鉴》和地方统计年鉴。在构建绿色竞争力评价指标体系时，“每万人拥有公共交通车辆”和

① FDI：foreign direct investment，外商直接投资。

“生活垃圾无害化处理率”2005 年的数据缺失，采用 “附近点的中间值”进行补齐。

绿色竞争力评价体系中各指标数据正负取向不同，数量级和量纲也存在很大差距，为消除数据量纲问题和指标数值大小的影响，需根据正向指标和负向指标分别对指标数据进行无量纲和非负化的标准化和归一化后再进行分析。标准化后的数据处于同一数呈级别，具有可比性和无量纲性，本节采用极差法进行处理，处理方法如下：

正向指标：
$$X_{ij}=\frac{V_{ij}-\min\limits_{1\leqslant i\leqslant m}\left(V_{ij}\right)}{\max\limits_{1\leqslant i\leqslant m}\left(V_{ij}\right)-\min\left(V_{ij}\right)} \tag{4-9}$$

负向指标：
$$X_{ij}=\frac{\max\limits_{1\leqslant i\leqslant m}\left(V_{ij}\right)-V_{ij}}{\max\limits_{1\leqslant i\leqslant m}\left(V_{ij}\right)-\min\left(V_{ij}\right)} \tag{4-10}$$

其中，X_{ij} 为第 i 个研究对象第 j 个指标标准化后的值；V_{ij} 为第 i 个研究对象第 j 个指标的值；m 为被研究的对象数。若无特殊说明，本节中用到的指标数据均是标准化值。

2. 指标体系构建的方法

1）相关分析

相关分析主要用来研究随机变量间的相关关系。本节在选定阈值的基础上，计算出各个因素层所涵盖指标的相关关系，并将相关系数大于阈值的指标删除可以避免冗余指标对评价结果的影响，保证所得指标体系的准确性。

2）熵权法

熵的概念源于热力学，在信息论中，熵表达了对不确定信息的度量。熵权法广泛应用于多对象、多指标的评价，其评价结果主要依赖于客观资料，几乎不受主观因素的影响，评价结果更具有客观性和科学性。其计算过程如下：

（1）计算指标熵值。设 e_j 为第 j 项指标的熵值，则：

$$f_{ij}=X_{ij}\div\sum_{i=1}^{m}X_{ij}\left(i=1,2,\cdots,m;\ j=1,2,\cdots,n\right) \tag{4-11}$$

$$e_{ij}=-\frac{1}{\operatorname{In}(m)}\sum_{i=1}^{m}f_{ij}\times\operatorname{In}\left(f_{ij}\right) \tag{4-12}$$

（2）确定指标熵权，其中，w_j 表示第 j 项指标的熵权。

$$w_j=\left(1-e_j\right)\div\sum_{j=1}^{n}\left(1-e_j\right) \tag{4-13}$$

4.2.3 实证研究

1. 定量约减结果分析

1）相关分析筛选

根据式（4-9）和式（4-10）对指标数据标准化处理以后，本章研究用SPSS19.0 软件，采用两两指标的相关分析方法，根据指标相关分析结果，逐步删除重复性指标。根据已有文献，本节选取相关系数临界值为 0.9[122]，经过详细的分析与筛选，共有 28 个指标被删除，剩余 37 个指标用模糊粗糙集进行二次优化筛选。被删除的指标见表 4-5。

表 4-5 相关性分析指标约减结果

因素层	保留指标	删除指标	相关系数
耕地资源	人均耕地面积	耕地面积占总土地面积比	0.933
森林资源	森林覆盖率	森林面积	1
水资源	人均水资源量	水资源总量	0.952
投资	环保支出占财政支出比重	环保治理投资总额	0.905
		农村人均改水和改厕的政府投资	0.934
绿化建设	建成区绿化覆盖率	人均绿地面积	0.986
废水治理	城市污水处理率	工业废水排放量	−0.951
		化学需氧量排放	−0.911
废气治理	SO_2 排放量	SO_2 去除率	0.910 3
固体废弃物治理	一般工业固体废物综合利用率	一般工业固体废物产生量	0.922
		综合利用往年贮存量	0.985
生活垃圾治理	生活垃圾无害化处理率	生活垃圾清运量	0.925
能源消耗	万元生产总值能耗	能源消费总量	−0.953
GDP	人均 GDP	GDP 总量	1
对外贸易	FDI 占 GDP 百分比	FDI	0.95
产业结构	第三产业生产总值占 GDP 比重	第一产业生产总值占 GDP 比重	−0.93
		第二产业生产总值占 GDP 比重	0.906
劳动力结构	第三产业从业人员比重	第一产业从业人员比重	−0.984
		第二产业从业人员比重	−0.925
收入	城镇居民人均可支配收入	城镇居民家庭恩格尔系数	0.951
	农村居民人均可支配收入	农村居民家庭恩格尔系数	1
住宅	城镇居民平均每人建筑面积	农村居民人均住房面积	0.99
出行	城镇居民每百人家用汽车拥有数量	年末实有道路长度	0.955
		人均拥有道路面积	0.951

续表

因素层	保留指标	删除指标	相关系数
科研	R&D 支出占地区生产总值比重	R&D 研究人员	0.923
专利申请与授权	申请授权总量	专利申请受理总量	0.994
教育	教育经费	每十万人高等学校平均在校学生数	0.944
医疗资源	每万人拥有医师人数	每万人拥有医院、卫生院床位数	0.921

2）模糊粗糙集筛选

在相关分析筛选结果的基础上，用模糊粗糙集对剩余指标进行筛选。根据已有文献，本节选取相似度 α=0.3 [122]，精度 $\beta = 0.9$ [123]作为临界值进行筛选。根据式（4-4）~式（4-7），利用 MATLAB 编程进行模糊粗糙集约减，得到最终指标。

2. 指标权重

根据式（4-9）~式（4-11），运用熵权法确定指标权重，如表 4-6 所示。

表 4-6　区域绿色竞争力评价指标体系

目标层	指标	权重 W_j
自然资源竞争力（0.174 3）	人均耕地面积（X_1）	0.043 2
	森林覆盖率（X_2）	0.043 9
	人均水资源量（X_3）	0.043 5
	湿地面积占总土地面积比（X_4）	0.043 7
生态环境竞争力（0.295 9）	空气质量达到二级以上天数占全年比重（X_5）	0.049 5
	环保支出占财政支出比重（X_6）	0.055 8
	一般工业固体废物综合利用率（X_7）	0.048 8
	CO_2 排放量（X_8）	0.049 1
	生活垃圾无害化处理率（X_9）	0.049 5
	区域环境昼间噪声等效声级（X_{10}）	0.043 2
能源消费与节能竞争力（0.152 1）	能源消费弹性系数（X_{11}）	0.048 3
	万元生产总值能耗（X_{12}）	0.054 9
	每万人拥有公共交通车辆（X_{13}）	0.048 9
经济社会可持续竞争力（0.290 7）	R&D 支出占地区生产总值比重（X_{14}）	0.056 1
	第三产业从业人员比重（X_{15}）	0.052 4
	城镇居民人均可支配收入（X_{16}）	0.045 0
	人均 GDP（X_{17}）	0.049 6
	城镇化率（X_{18}）	0.044 1
	年末城镇登记失业率（X_{19}）	0.043 5
健康竞争力（0.087 0）	人均预期寿命（X_{20}）	0.043 2
	每万人拥有医师人数（X_{21}）	0.043 8

3. 中国30个省（区、市）绿色竞争力评价

基于表4-6的指标和权重，本节根据式（4-14）计算中国30个省（区、市）2004~2014年的绿色竞争力指数（green competitiveness index，GCI）。

$$\mathrm{GCI}_i=\sum_{j=1}^{n} w_j \times X_{ij}\left(i=1,2,\cdots,m\right) \tag{4-14}$$

其中，m 为评价对象数；n 为指标数量；X_{ij} 为评价对象 i 第 j 个指标标准化后的值；$\mathrm{GCI}\in[0,1]$。

根据计算所得的30个省（区、市）2004~2014年GCI，按照东部、中部、西部和东北四个地区，分别绘制各省GCI曲线图，如图4-3所示。

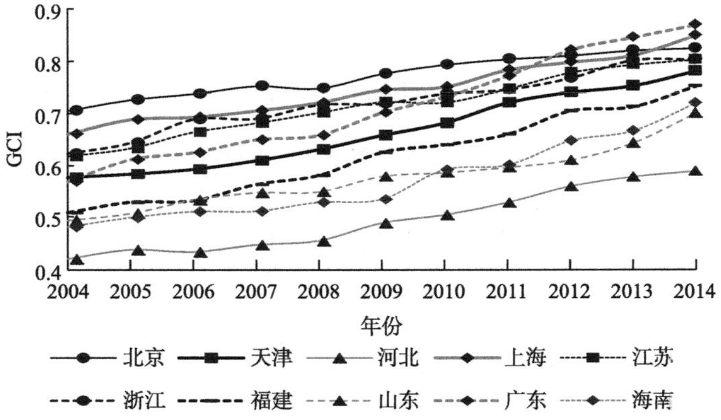

（a）东部地区

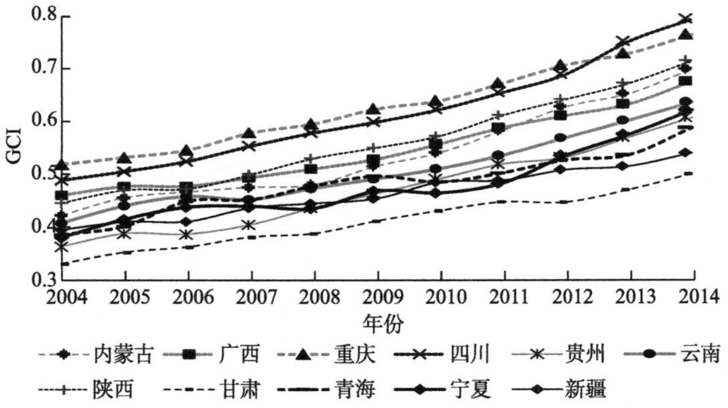

（b）西部地区

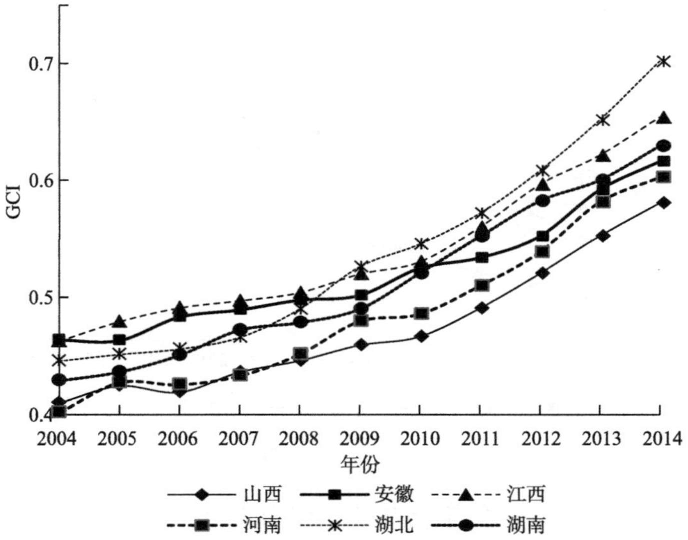

（c）中部地区

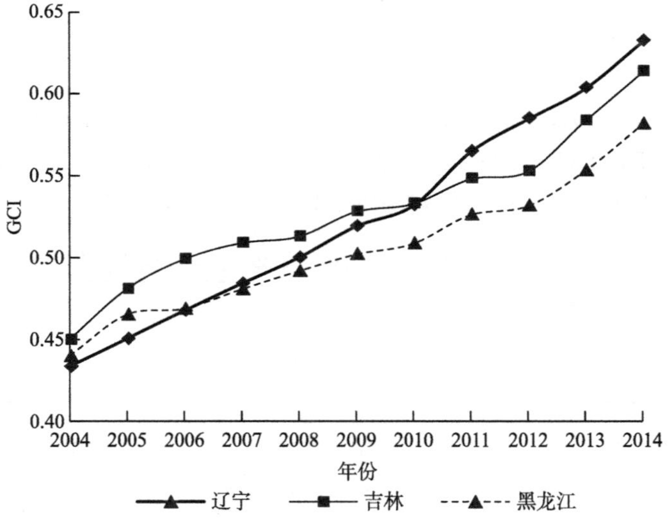

（d）东北地区

图 4-3　中国 30 个省（区、市）2004~2014 年 GCI

由图 4-3 可知，东部、中部、西部、东北四个区域的绿色竞争力呈现明显的空间差异，为了较清晰地展示这种差异性，本节分别计算这四个区域 2004~2014 年的平均 GCA，绘制相应的曲线图，如图 4-4 所示。

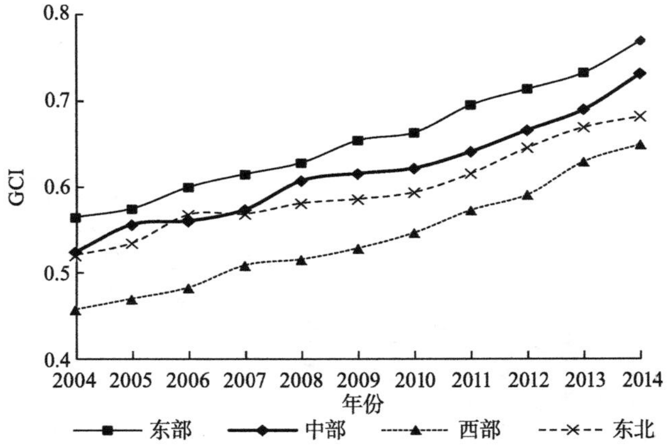

图 4-4 中国四个区域 2004~2014 年平均 GCA

为了进一步探究各省绿色竞争力水平随时间变化的过程，本节依据计算所得的 GCA，将各省绿色竞争力水平分为深绿 DG（dark green/ GCI>0.7）、中绿 MG（medium green/0.4<GCI≤0.7）和浅绿 LG（light green/ 0<GCI≤0.4）三个级别，绿色由浅入深，表明绿色竞争力水平由低到高的差异。根据各省在这三个时间节点上绿色竞争力水平可以分为五类，即浅绿−中绿−中绿（LG-MG-MG）、中绿−中绿−中绿（MG-MG-MG）、中绿−中绿−深绿（MG-MG-DG）、中绿−深绿−深绿（MG-DG-DG）、深绿−深绿−深绿（DG-DG-DG），其中有 17 个省绿色竞争力水平发生了跃迁，占评价对象的 50%以上，见表 4-7。

表 4-7 中国 30 个省（区、市）2004 年、2009 年和 2014 年绿色竞争力水平变化示意表

跃迁类型	省份	数量
DG-DG-DG	北京	1
MG-DG-DG	上海、江苏、浙江、广东	4
MG-MG-DG	天津、福建、山东、湖北、海南、重庆、四川、陕西	8
MG-MG-MG	河北、山西、安徽、江西、河南、湖南、内蒙古、广西、云南、辽宁、吉林、黑龙江	12
LG-MG-MG	贵州、甘肃、青海、宁夏、新疆	5

4.2.4 讨论

通过以上实证研究可以发现一些有意义的结论。因为本节的主要目的是建立区域绿色竞争力评价体系并基于此对中国 30 个省（区、市）的绿色竞争力进行评价，因此，本节主要针对最终的指标体系和实证结果进行讨论。

1. 区域绿色竞争力评价指标体系

根据表 4-6 我们可以看到，在绿色竞争力评价指标体系中，自然资源竞争力、生态环境竞争力、能源消费与节能竞争力、经济社会可持续竞争力、健康竞争力的权重依次为 0.174 3、0.295 9、0.152 1、0.290 7、0.087 0，权重最大的目标层是生态环境竞争力，其次是经济社会可持续竞争力，两者权重之和高达 0.586 6，这说明良好的生态环境、可持续的经济社会发展是影响绿色竞争力的重要因素。就具体指标而言，从表 4-6 中我们可以看到权重大于 0.05 的指标为 R&D 支出占地区生产总值比重、环保支出占财政支出比重、万元生产总值能耗和第三产业从业人员比重，权重依次为 0.056 1、0.055 8、0.054 9、0.052 4。该研究结论与很多现有研究一致。Apak 和 Atay[124]指出创新绩效、环境绩效和经济绩效对欧盟未来的竞争力至关重要。有研究表明中国尚未跨过环境库茨曲线的拐点，中国还需要加大 R&D 的投入弥补由于经济增长导致的环境破坏[65]，发挥技术的作用赢得经济与环境的双赢[64]。此外，Kim 等[107]用单位国内生产总值的温室气体排放量、单位国内生产总值的能源使用量、政府环境支出占国内生产总值的百分比等指标评价 OECD 和韩国的绿色增长。可以看到，本节的研究结果和现有研究基本一致，这也反映了本节构建的区域绿色竞争力评价体系的科学性，以及构建评价体系方法的有效性与适用性。

2. 中国区域绿色竞争力

1）整体趋势

从图 4-3 我们可以看到，近十年来中国各省绿色竞争力呈现“局部震荡、总体上升”的趋势，在 2004~2008 年绿色竞争力水平发展缓慢，2008~2009 年出现局部下降趋势，2010 年以后增长迅猛。其中，2008~2009 年部分省份的 GCI 呈现下降，可能的原因是受 2008 年全球经济危机的影响，一些正向的经济指标，如城镇居民人均可支配收入、人均 GDP 出现不同程度的下降；同时负向指标，如失业率呈现升高态势。2010 年后，中国更加关注环境、资源问题，促进增长方式由“粗放型”向“集约型”转变。制定更多的针对性政策促进以钢铁、水泥、电解铝、煤炭为代表的重工业转型，如分区制定电价和能效标准，限制低效率发电厂的生产时间和调度优先级[125]。仅从单位 GDP 能耗来看，由 2010 年的 0.809（吨标准煤/万元）降到 2014 年的 0.76，下降 6.06%（中国统计年鉴，2015）。增长方式的转变带来的是资源消耗型、环境破坏型向资源节约型和环境友好型的转变。在这种可持续的发展模式中，各省绿色竞争力快速提升。

2）区域绿色竞争力异质性

根据图 4-4 我们可以看出中国四个区域绿色竞争力存在显著差异，四大区域平均绿色竞争力由高到低依次为东部地区、中部地区、东北地区、西部地区。表 4-7 再次证明了绿色竞争力空间差异性的存在。2004 年东部地区深绿省份占比为 10%（北京），其他三大区域为 0；2009 年东部地区深绿省份占比为 50%（北京、上海、江苏、浙江、广东），其他三大区域为 0；2014 年东部地区深绿省份占比高达 90%（北京、天津、山东、江苏、上海、浙江、广东、福建、海南），而中部、东北、西部的比例依次为 16.67%（湖北）、0、24.23%（四川、重庆、陕西）。很多研究都表明中国在环境、经济、能源效率、技术等方面存在区域差异性。有学者指出东部地区的环境效率最高，东部地区和中部地区比西部地区的经济效率与环境效率高[56]。此外，东部地区的能源效率[126]、技术效率[78]远远超过中部地区、东北地区和西部地区。造成区域差异性的原因是多样的，包括自然环境、经济发展、技术和政策等。与中部地区、东北地区、西部区域相比，东部地区自然生态环境优越，产业结构较合理，环境效率最高，科研创新能力强，各种环保政策推行落实得更为细致、全面，由此绿色竞争力水平整体较强。

3）区域绿色竞争力的跃迁

根据表 4-7 我们可以看出，在 2004 年、2009 年和 2014 年三个时间节点上，超过一半省份的绿色竞争力水平变化发生了跃迁，同时，也有部分省份在这三个时间节点上均未发生跃迁，可能是不同省份不同的绿色竞争模式造成的。换句话来说，评价体系中权重较大的正向指标和权重较小的负向指标可能恰恰是这些发生跃迁省份的优势指标，相应的，这些指标是未发生跃迁省份的劣势指标。由于本章研究的主要目的是基于相关性-模糊粗糙集方法构建区域绿色竞争力的评价体系，并基于此评价指标体系对中国 30 个省（区、市）的绿色竞争力做整体性评价，并未对导致区域绿色竞争力差异的深层次原因进行细致性探讨，这些问题将会在作者后面的工作中展开进一步研究。

4.3 政策建议

基于以上研究结论，本章拟提出构建“以技术为核心，理念引导，政策扶持，精准发展，跨区域协作”的区域绿色竞争力建设和提升策略。

（1）通过持续性科研创新，提高科技研究成果向生产力转化的效率和水平。依托国家和地方重点工程项目，加强绿色生产技术及环保工艺的开发工作，提高产品、服务的科技含量和附加值，促进产业结构合理化和高级化，形成生态和环境优先原则约束下的注重效率、效益和增长质量的发展路径。

（2）打造深层次的绿色理念，将资源与环境固化为经济增长刚性的“红线”约束，增强环境保护、资源合理利用的历史责任感。大力发展以“循环”“清洁”为导向的环境友好型产品。建立绿色产品生产、销售、消费偏好的市场信息网络，合理分配社会资源，从产品每个供应链环节降低能源消耗，提高绿色度。

（3）政府出台鼓励和扶持政策，通过财政补贴、绿色通道、减免税费、信用担保等方式给予积极进行环境保护的企业和个人相应的政策红利，刺激企业在环境保护投入的积极性，促进环境治理投资多元化，提高环境保护的参与度。

（4）各区域、各省根据主要障碍因子针对性建设绿色竞争力。东部地区提高资源要素的配置效率和利用率，妥善处理水污染、垃圾围城、雾霾等多种环境污染问题；中部地区加快科研创新提高发展活力和产品科技含量，加大基础设施建设为区域绿色发展提供良好的硬件支持；西部地区充分发挥资源优势，通过技术溢出、政策扶持和人才战略计划实现区域又好又快的良性发展。

（5）搭建区域绿色竞争力建设信息共享平台，建立跨区域协作的人才培育孵化机制和柔性人才引进体制，形成“以东部地区为中枢，向中部地区、西部地区辐射”的“1+2”区域绿色发展战略布局。

4.4　本章小结

一方面，本章在回顾区域竞争力、绿色竞争力相关文献的基础上，构建了区域绿色竞争力评价体系，基于障碍诊断的视角，运用突变级数法和模糊粗糙集对我国 30 个省（区、市）2005~2014 年提升绿色竞争力的障碍因子进行了系统、全面、分解式诊断，主要结论如下：

（1）资源和环境问题成为制约我国各省绿色竞争力最普遍的障碍因素。

（2）我国各省绿色竞争力的障碍因子呈现明显的空间异质性。东部地区最主要的障碍因子是资源和环境；中部地区最主要的障碍因子是科教环保投入和基础设施建设；西部地区最主要的障碍因子是经济发展、科教环保投入和基础设施建设。

（3）诊断结果与中国省域绿色竞争力发展客观事实相一致。因此，本章提出的区域绿色竞争力评价体系和障碍诊断模型具有科学性和适用性，可以用于诊断提升我国区域绿色竞争力的障碍因子及障碍度。

另一方面，本章在解析区域绿色竞争力内涵的基础上，构建了区域绿色竞争力评价体系，运用相关性-模糊粗糙集等方法对初始指标进行双重定量筛选，筛选出代表区域绿色竞争力的 21 项指标，最终运用熵权法对指标进行归一化处理并确定各项指标权重；以中国 30 个省（区、市）为研究对象，评价其在 2004~2014 年的绿色竞争力情况。主要结论如下：

（1）生态环境竞争力和经济社会可持续竞争力是影响中国省（区、市）绿色竞争力水平的重要因素，其影响权重分别为 0.295 9 和 0.290 7，就具体指标而言，R&D 支出占地区生产总值比重、环保支出占财政支出比重、万元生产总值能耗和第三产业从业人员比重权重最大。

（2）中国 30 个省（区、市）绿色竞争力水平整体呈稳步上升趋势，并呈现明显的空间分布差异，绿色竞争力水平由高到低依次为东部地区、中部地区、东北地区、西部地区。

（3）有 17 个省（区、市）（超过研究对象总数的 50%）的绿色竞争力在 2004 年、2009 年、2014 年三个时间节点上发生了跃迁。

（4）评价结果与中国省域绿色竞争力发展客观事实相一致。因此，本章提出的区域绿色竞争力评价体系和模型具有科学性和适用性，可以用于检测并评价我国区域绿色竞争力。

参 考 文 献

[1] 中国环境统计局. 中国环境状况公报，2016.

[2] 于文静. 中国部分河流开发率超 100% 远超国际公认安全线. 中国新闻网. http://www.chinanews.com/gn/2014/03-02/5899395.shtml，2014-03-02.

[3] Porter M E. The Competitive Advantage of Nations. New York：Macmillan，1990.

[4] Hart S L. Beyond greening：strategies for a sustainable World .Harvard Business Review，1997，75（1）：-66-76.

[5] Kiuchi T，Shireman W K. What We Learned in the Rainforest：Business Lessons from Nature. Sam Francisco：Berrett-Koehler Publishers，2002.

[6] Pawlak Z. Rough sets. International Journal of Information and Computer Sciences，1982，11（8）：341-356.

[7] Ahn B S，Cho S S，Kim C Y. The integrated methodology of rough set theory and artificial neural network for business failure prediction. Expert Systems with Applications，2000，18（2）：65-74.

[8] IMD. The World Competitiveness Yearbook. Lausanne，Switzerland，2014.

[9] World Economic Forum. The Global Competitiveness Report 2016–2017. https://www.weforum.org/reports/the-global-competitiveness-report-2016-2017-1，2016.

[10] OECD. Indicators to measure decoupling of environmental pressure and economic growth. Paris，2002.

[11] Fernandez E，Navarro J，Duarte A，et al. Core：a decision support system for regional competitiveness analysis based on multi-criteria sorting. Decision Support Systems，2013，54（3）：1417-1426.

[12] Guo H，Liu X，Li Y，et al. Comparison analysis and evaluation of urban competitiveness in Chinese urban clusters. Sustainability，2015，7（4）：4425-4447.

[13] Charles V，Zegarra L F. Measuring regional competitiveness through data envelopment analysis：a peruvian case. Expert Systems with Applications，2014，41（11）：5371-5381.

[14] Carraro C，Galeotti M. Economic growth，international competitiveness and environmental protection：R&D and innovation strategies with the WARM model .Energy Economics，1997，19（1）：2-28.

[15] Fankhauser S，Bowen A，Calel R，et al. Who will win the green race? In search of environmental competitiveness and innovation. Global Environmental Change，2013，（23）：902-913.

[16] Chiou T Y，Chan H K，Lettice F，et al. The influence of greening the suppliers and green innovation on environmental performance and competitive advantage in Taiwan. Transportation Research Part E：Logistics and Transportation Review，2011，47（6）：822-836.

[17] van Lamsweerde A，Letier E. Handling obstacles in goal-oriented requirements engineering. IEEE Transactions on Software Engineering，2000，26（10）：978-1005.

[18] Wolf A，Vidlund A，Andersson E. Energy-efficient pellet production in the forest industry-a study of obstacles and success factors. Biomass and Bioenergy，2006，30（1）：38-45.

[19] Wong S. Overcoming obstacles against effective solar lighting interventions in South Asia. Energy Policy，2012，40（4）：110-120.

[20] Mosannenzadeh F，Nucci M R D，Vettorato D. Identifying and prioritizing barriers to implementation of smart energy city projects in Europe：an empirical approach. Energy Policy，2017，105：191-201.

[21] Govindan K，Kaliyan M，Kannan D，et al. Barriers analysis for green supply chain management implementation in Indian industries using analytic hierarchy process. International Journal of Production Economics，2014，147（4）：555-568.

[22] Hsu Y L，Lee C H，Kreng V B. The application of fuzzy Delphi method and fuzzy AHP in lubricant regenerative technology selection. Expert Systems with Applications，2010，37（1）：419-425.

[23] Bouzon M，Govindan K，Rodriguez C M T，et al. Identification and analysis of reverse logistics barriers using fuzzy Delphi method and AHP. Resources Conservation and Recycling，

2016，108：182-197.

[24] Zhang Y，Bao X，Ren G，et al. Analysing the status，obstacles and recommendations for WCOs of restaurants as biodiesel feedstocks in China from supply chain' perspectives. Resources Conservation and Recycling，2012，60（6）：20-37.

[25] Xie H，Shen M，Wang R. Determinants of clean development mechanism activity：evidence from China. Energy Policy，2014，67（2）：797-806.

[26] D'Souza J，Megginson W L，Ullah B，et al. Growth and growth obstacles in transition economies：privatized versus de novo，private firms. Journal of Corporate Finance，2014，553（1/2）：209-212.

[27] Souto J E，Rodriguez A.The problems of environmentally involved firms：innovation obstacles and essential issues in the achievement of environmental innovation. Journal of Cleaner Production，2015，101（1）：49-58.

[28] Amara N，D'Este P，Landry R，et al. Impacts of obstacles on innovation patterns in KIBS firms. Journal of Business Research，2016，69（10）：4065-4073.

[29] Cheng B S. Catastrophe Theory and its Application. London：Pitman，1978.

[30] Chreiber F A，Baiguera M，Bortolotto G，et al. A study of the dynamic behaviour of some workload allocation algorithms by means of catastrophe theory. Journal of Systems Architecture the Euromicro Journal，1997，43（9）：605-624.

[31] Raftoyiannis I G，Constantakopoulos T G，Michaltsos G T，et al. Dynamic buckling of a simple geometrically imperfect frame using catastrophe theory. International Journal of Mechanical Sciences，2006，48（10）：1021-1030.

[32] Guastello S J. Chaos，Catastrophe，Human Affairs. Application of Nonlinear Dynamics to Work，Organizations，and Social Evolution. Lawrence Erlbaum Associates，1995.

[33] Rosser J B，Jr. The rise and fall of catastrophe theory applications in economics：was the baby thrown out with the bathwater? Journal of Economic Dynamics and Control，2007，31（10）：3255-3280.

[34] Wei C，Yu S，Qin Y，et al. An application of a new method in permafrost environment assessment of Muli mining area in Qinghai-Tibet Plateau，China. Environmental Earth Sciences，2011，63（3）：609-616.

[35] Wang J，Huang G，Li J，et al. Effect of soil moisture-based furrow irrigation scheduling on melon（Cucumis melo L.）yield and quality in an arid region of northwest China. Agricultural Water Management，2017，179：167-176.

[36] Stewart I N，Peregoy P L. Catastrophe theory modeling in psychology. Psychological Bulletin，1983，94（2）：336-362.

[37] van der Mass H L，Molenaar P C. Stagewise cognitive development：an application of

catastrophe theory. Psychological Review，1992，99（3）：395-417.

[38] Jin P J，Wang E Y，Huang N，et al. Catastrophe progression method on forecast of rock burst. Disaster Advances，2013，6（7）：34-38.

[39] Cao W，Zhou S，Wu S. Land-use regionalization based on landscape pattern indices using rough set theory and catastrophe progression method. Environmental Earth Sciences，2015，73（4）：1611-1620.

[40] Zhang L，Liu X，Li D，et al. Evaluation of the rural informatization level in four Chinese regions：a methodology based on catastrophe theory. Mathematical and Computer Modelling，2013，58（3/4）：868-876.

[41] Castro-Gonzáles S，Peña-Vinces J C，Guillen J. The competitiveness of Latin-American economies：consolidation of the double diamond theory. Economic Systems，2016，40（3）：373-386.

[42] Herciu M，Ogrean C. An overview on European Union sustainable competitiveness. Procedia Economics and Finance，2014，16：651-656.

[43] Thore S，Tarverdyan R. The sustainable competitiveness of nations.Technological Forecasting and Social Change，2016，106：108-114.

[44] Dou X. Low carbon-economy development：China's pattern and policy selection. Energy Policy，2013，63：1013-1020.

[45] Duan Y，Mu H，Li N，et al. Research on comprehensive evaluation of low carbon economy development level based on AHP-Entropy method：a case study of Dalian. Energy Procedia，2016，104：468-474.

[46] Jänicke M. "Green growth"：from a growing eco-industry to economic sustainability. Energy Policy，2012，48：13-21.

[47] Lau A K W，Baark E，Lo W L W，et al. The effects of innovation sources and capabilities on product competitiveness in Hong Kong and the Pearl River delta. Asian Journal of Technology Innovation，2013，21（2）：220-236.

[48] Meiliene E，Neverauskaite S，Aidis R. Methodological aspects of compiling country's competitiveness through the aspect of technology-intensive innovative enterprises index. Procedia - Social and Behavioral Sciences，2015，213：173-178.

[49] Zhang X，Hu H，Han J，et al. Several novel indicators being applied to analyze the relationships between Chinese economic growth，energy consumption and its impact of emissions. Ecological Indicators，2012，15（1）：52-62.

[50] Singhal S，Mcgreal S，Berry J. Application of a hierarchical model for city competitiveness in cities of India. Cities，2013，31（2）：114-122.

[51] Zhou Y，Maumb E K，Deng J，et al. Resource-based destination competitiveness evaluation

using a hybrid analytic hierarchy process（AHP）：the case study of West Virginia. Tourism Management Perspectives，2015，15：72-80.

[52] Yu S，Wei Y M，Guo H，et al. Carbon emission coefficient measurement of the coal-to-power energy chain in China. Applied Energy，2014，114（2）：290-300.

[53] Ziarko W. Variable precision rough set model. Journal of Computer and System Science，1993，46（1）：39-59.

[54] An A，Shan N，Chan C，et al. Discovering rules for water demand prediction：an enhanced rough-set approach. Engineering Applications of Artificial Intelligence，1996，9（6）：645-653.

[55] Song M，Song Y，Yu H，et al. Calculation of china's environmental efficiency and relevant hierarchical cluster analysis from the perspective of regional differences. Mathematical and Computer Modelling，2013，58（5/6）：1084-1094.

[56] Wang Q，Zhou P，Zhou D. Efficiency measurement with carbon dioxide emissions：the case of China. Applied Energy，2012，90（1）：161-166.

[57] Liu J. China's road to sustainability. Science，2010，328：50.

[58] Abramson D. Urban planning in China：continuity and change. Journal of American Planning Association，2006，72（2）：197-215.

[59] Cao S，Wang X，Wang G. Lessons learned from China's fall into the poverty trap. Journal of Policy Modeling，2009，31（2）：298-307.

[60] Streets D，Yu C，Bergin M，et al. Modeling study of air pollution due to the manufacture of export goods in china's Pearl River Delta. Environmental Science and Technology，2006，40（7）：2099-2107.

[61] Cao S. Impact of China's large-scale ecological restoration program on the environment and society in arid and semiarid areas of china：achievements，problems，synthesis，and applications. Critical Reviews in Environmental Science and Technology，2011，41（4）：317-335.

[62] Geng Y，Zhang P. Measuring China's circular economy. Science，2013，339：1526-1527.

[63] Wang Q. China's citizens must act to save their environment. Nature，2013，497（7448）：159.

[64] Wang Q，Zhao Z，Shen N，et al. Have Chinese cities achieved the win–win between environmental protection and economic development? From the perspective of environmental efficiency. Ecological Indicators，2015，51：151-158.

[65] Zhang K，Dearing J A，Tong S L，et al. China's degraded environment enters a new normal. Trends in Ecology and Evolution，2016，31（3）：175.

[66] Chen J. Rapid urbanization in China：a real challenge to soil protection and food security.

Catena，2007，69（1）：1-15.

[67] Wang J，Da L，Song K，et al. Temporal variations of surface water quality in urban，suburban and rural areas during rapid urbanization in Shanghai，China. Environmental Pollution，2008，152（2）：387.

[68] Barbera E，Currò C，Valenti G. A hyperbolic model for the effects of urbanization on air pollution. Applied Mathematical Modelling，2010，34（8）：2192-2202.

[69] Huang H，Ooka R，Kato S. Urban thermal environment measurements and numerical simulation for an actual complex urban area covering a large district heating and cooling system in summer. Atmospheric Environment，2005，39（34）：6362-6375.

[70] Bao C，Fang C. Water resources constraint force on urbanization in water deficient regions：a case study of the Hexi Corridor，arid area of NW China. Ecological Economics，2007，62（3/4）：508-517.

[71] Xian G，Crane M，Su J. An analysis of urban development and its environmental impact on the Tampa Bay watershed. Journal of Environmental Management，2007，85（4）：965-976.

[72] Li Y，Zhou Y，Shi Y，et al. Investigation of a coupling model of coordination between urbanization and the environment. Journal of Environmental Management，2012，98（1）：127-133.

[73] Cao S，Li S，Ma H，et al. Escaping the resource curse in China. AMBIO，2015，44（1）：1-6.

[74] Wu F，Li Z，Deng N，et al. Economic development and eco-environment protection in central China - the case of Wuhan city. Fresenius Environmental Bulletin，2005，14（11）：1077-1080.

[75] Fang C，Liu X. Comprehensive measurement for carrying capacity of resources and environment of city clusters in central China. Chinese Geographical Science，2010，20（3）：281-288.

[76] Hu Z，Zhao Y，Gao Y. Impact of coal resource development on eco-environment and its restoration in west of china. Transactions of Nonferrous Metals Society of China，2005，15（S1）：176-179.

[77] Wang K，Yu S，Zhang W. China's regional energy and environmental efficiency：a DEA window analysis based dynamic evaluation. Mathematical and Computer Modelling，2013，58（5/6）：1117-1127.

[78] Long R，Wang H，Chen H. Regional differences and pattern classifications in the efficiency of coal consumption in China. Journal of Cleaner Production，2015，112：3684-3691.

[79] Wang Z，Yang Z，Zhang Y，et al. Energy technology patents–CO_2，emissions nexus：an

empirical analysis from China. Energy Policy，2012，42（2）：248-260.

[80] Mei G，Gan J，Zhang N. Metafrontier environmental efficiency for China's regions：a slack-based efficiency measure. Sustainability，2015，7（4）：4004-4021.

[81] 洪小瑛. 关于绿色竞争力的几点理论思考. 广西社会科学，2002，（3）：92-95.

[82] Chiang T A，Che Z H，Wang T T. A design for environment methodology for evaluation and improvement of derivative consumer electronic product development. Journal of Systems Science and Systems Engineering，2011，20（3）：260-274.

[83] Bowen A，Fankhauser S. The green growth narrative，paradigm shift or just spin? Global Environmental Change，2011，（21）：1157-1159.

[84] IMD. IMD World Competitiveness Yearbook 2015. IMD World Competitiveness Center，Institute for Management Development，2015.

[85] Porter M E. The five competitive forces that shape strategy. Harvard Business Review，2010，76（6）：77-90.

[86] Kaplan D E. Measuring our competitiveness-a critical examination of the IMD and WEF competitiveness indicators for South Africa. Development Southern Africa，2003，20（1）：75-88.

[87] Cho D S，Moon H C. From Adam Smith to Michael Porter，Evolution of Competitiveness Theory. London：World Scientific Publishing Co.，Washington，D.C.，2000.

[88] Bill S，Tachi K. What We Learned in the Rainforest：Business Lessons from Nature. San Francisco：Berrett-Koehler Publishers，2002.

[89] 王建明，袁瑜，陈红喜. 长三角与环渤海地区的企业绿色竞争力测评比较. 中国人口·资源与环境，2008，18（5）：101-107.

[90] Azadeh A，Ghaderi S F，Miran Y P，et al. An integrated framework for continuous assessment and improvement of manufacturing systems. Applied Mathematics and Computation，2007，186（2）：1216-1233.

[91] 陈运平，宋向华，黄小勇，等. 我国省域绿色竞争力评价指标体系的研究. 江西师范大学学报（哲学社会科学版），2016，49（3）：57-65.

[92] Feng F，Li C，Davvaz B，et al. Soft sets combined with fuzzy sets and rough sets：a tentative approach. Soft Computing，2010，14（9）：899-911.

[93] Abu-Donia H M. Multi knowledge based rough approximations and applications. Knowledge-Based Systems，2012，26（26）：20-29.

[94] Pawlak Z，Skowron A. Rudiments of rough sets. Information Sciences，2007，177（1）：3-27.

[95] Peters J，Skowron A. A rough set approach to knowledge discovery. International Journal of Intelligent Systems，2010，17（2）：109-112.

[96] Vluymans S，D'Eer L，Saeys Y，et al. Applications of fuzzy rough set theory in machine learning：a survey. Fundamenta Informaticae，2015，142（1/4）：53-86.
[97] Yao J，Azam N. Web-based medical decision support systems for three-way medical decision making with game-theoretic rough sets. IEEE Transactions on Fuzzy Systems，2015，23（1）：3-15.
[98] Hu Q，Yu D，Pedrycz W，et al. Kernelized fuzzy rough sets and their applications. IEEE Transactions on Knowledge and Data Engineering，2010，23（11）：1649-1667.
[99] Bhatt R，Gopal M. On fuzzy-rough sets approach to feature selection. Paiiern Recognition Letters，2005，26（7）：965-975.
[100] Tsang E，Chen D，Yeung D，et al. Attributes reduction using fuzzy rough sets. IEEE Transactions on Fuzzy Systems，2008，16（5）：1130-1141.
[101] Zhao S，Tsang E，Chen D. The model of fuzzy variable precision rough sets. IEEE International Conference on Machine Learning and Cybernetics，2009，17：3057-3062.
[102] 姚毓春，范欣，张舒婷. 资源富集地区：资源禀赋与区域经济增长. 管理世界，2014，（7）：172，173.
[103] 郭锐利，郑钦玉，刘娟，等. 基于熵值法和 GM（1，1）模型的重庆城市生态系统健康评价. 中国环境科学，2012，32（6）：1148-1152.
[104] Zhang X，Wu L，Zhang R，et al. Evaluating the relationships among economic growth，energy consumption，air emissions and air environmental protection investment in China. Renewable and Sustainable Energy Reviews，2013，18：259-270.
[105] 朱相宇，乔小勇. 北京环境污染治理分析及政策选择. 中国软科学，2014，（2）：111-120.
[106] Bassioni G. A study towards 'greener' construction. Applied Energy，2012，93：132-137.
[107] Kim S E，Kim H，Chae Y. A new approach to measuring green growth：application to the OECD and Korea. Futures，2014，63：37-48.
[108] 田旭，戴瀚程，耿涌. 居民家庭消费支出变化对上海市 2020 年低碳发展的影响. 中国人口·资源与环境，2016，26（5）：55-63.
[109] Nair G，Gustavsson L，Mahapatra K. Factors influencing energy efficiency investments in existing Swedish residential buildings. Energy Policy，2010，38（6）：2956-2963.
[110] The World Commission on Environment and Development. Our Common Future. Oxford：Oxford University Press，1987.
[111] 王小鲁，樊纲，刘鹏. 中国经济增长方式转换和增长可持续性. 经济研究，2009，44（1）：4-16.
[112] Rao N D，Baer P. 'Decent living' emissions：a conceptual framework. Sustainability，2012，4（12）：656-681.

[113]杨莉莉，邵帅. 人力资本流动与资源诅咒效应：如何实现资源型区域的可持续增长. 财经研究，2014，40（11）：44-60.

[114]Guan J C，Yam R C M，Mok C K，et al. A study of the relationship between competitiveness and technological innovation capability based on DEA models. European Journal of Operational Research，2006，170（3）：971-986.

[115]Stephenson J，Newman K，Mayhew S. Population dynamics and climate change：what are the links? Journal of Public Health，2010，32（2）：150-156.

[116]杨继生，徐娟，吴相俊. 经济增长与环境和社会健康成本. 经济研究，2013，48（12）：17-29.

[117]Wood R，Sutton M，Clark D，et al. Measuring inequalities in health：the case for healthy life expectancy. Journal of Epidemiology and Community Health，2015，60（12）：1089-1092.

[118]李健，朴胜任，王铮. 基于 DPSIR-ENTROPY- TOPSIS 模型的省际低碳竞争力评价及空间差异分析. 干旱区资源与环境，2016，30（12）：40-46.

[119]Nicholson J，Tsagdisd D，Brennan R. The structuration of relational space：implications for firm and regional competitiveness. Industrial Marketing Management，2013，42（3）：372-381.

[120]李彩惠，霍海鹰，李雅洁，等. 基于突变级数模型的城市低碳竞争力评价及障碍因子诊断分析. 资源科学，2015，37（7）：1474-1481.

[121]李晓西，刘一萌，宋涛. 人类绿色发展指数的测算. 中国社会科学，2014，（6）：69-95.

[122]迟国泰，曹婷婷，张昆. 基于相关——主成分分析的人的全面发展评价指标体系构建. 系统工程理论与实践，2012，32（1）：111-119.

[123]Beynon M. Reducts within the variable precision rough sets model：a further investigation. European Journal of Operational Research，2001，134（3）：592-605.

[124]Apak S，Atay E. Global competitiveness in the EU through green innovation technologies and knowledge production. Procedia - Social and Behavioral Sciences，2015，181：207-217.

[125]Lin B，Li J. The rebound effect for heavy industry：empirical evidence from China. Energy Policy，2014，74：589-599.

[126]Yang W，Li L. Energy efficiency，ownership structure，and sustainable development：evidence from China. Sustainability，2017，9（6）：912.

第5章　居民绿色生活方式决策的互动行为①

CO_2是最主要的温室气体[1]，2018年10月8日，政府间气候变化专门委员会在韩国仁川通过了《IPCC 全球升温 1.5℃特别报告》，称如果气候变化以目前的速度持续下去，预计全球气温在 2030~2052 年将比工业化前升高 1.5℃。报告认为，要实现把全球气温控制在 1.5℃之内的目标，全球各国在土地、能源、工业、建筑、运输和城市建设等各个层面都应做出“迅速而广泛”地改变[2]。气候变化的本质与人类的生产、生活方式密切相关。解决气候变化问题，从根本上要转变生产和生活方式。一直以来，学者们对能源消耗、温室气体排放的关注点集中在工业生产领域，但是随着居民消费需求的不断增加，由其引发的能源消费和温室气体排放也日益增长[3]。联合国人居署在《全球人类居住报告 2011》中指出，基于生产端的城市直接温室气体排放占全球总排放比例在 40%~70%，而消费端的城市温室气体排放比例为 30%~60%[4]。研究表明大约有 26%的能源消耗和 30%的碳排放来自居民的日常消费活动[5]；更有学者认为家庭能源消费是工业能源消费量的 1.35 倍[6]，居民间接碳排放占全部碳排放的比例为 77%[7]。可见，居民已经成为能源消费的主要群体和碳排放的主要来源。因此，1.5℃目标的实现，不仅需要生产领域的低碳转型，更需要消费领域的绿色生活，居民消费端的碳减排将成为 1.5℃目标实现的关键突破口[8]。推动生活方式变革，控制居民消费端碳排放，构建绿色生活新格局已经成为相当长时期内人类社会面临的重大议题，也是减缓全球气候变化的必然选择。

绿色生活方式指树立人类与自然和谐相处、共同发展的生态理念，使绿色消费、绿色出行、绿色居住成为人们的自觉行动，让人们在充分享受社会发展所带

① 第 5 章主要内容出处：Cheng X，Long R，Chen H，et al. Does social interaction have an impact on residents' sustainable lifestyle decisions? A multi-agent stimulation based on regret and game theory. Applied Energy，2019，251：113366.

来的便利和舒适的同时，履行应尽的环境责任，按照自然、环保、节俭、健康的方式生活[9]。生活方式最终是通过个体的具体活动形式、状态和行为特点加以表现的，能否实现绿色生活方式的普及化和全民化，取决于每个居民的决策与行动。随着信息通信技术的发展，人与人之间的社会联系逐渐增强，个体决策变得相互依赖，居民生活方式选择会受到其参考群体成员的行为或特征影响，同时其自身的决策又可能反作用于参考群体成员的决策。研究表明，由于个人受到信息不完全的限制，社会互动会对自身决策和行为选择产生重要影响[10]，故从居民互动的视角研究绿色生活方式的行为选择问题已经成为契合时代发展的新趋势。

近年来，多 Agent 仿真在个体行为研究领域得到了广泛应用，该方法将个体决策和宏观扩散相联系，能够捕捉个体行为的非线性关系，洞察个体交互对最终决策的影响。它采用一种自下而上的方法，不但可以准确描述个体的异质性，而且可以从微观视角探究个体偏好、社交网络等因素对行为选择的影响，进而观察研究对象在群体中动态演化的行为规律。多 Agent 间合作与协调研究，存在两类思想，一种思想是将其他领域研究多实体行为的方法和技术应用于 Agent 间的交互，如博弈论方法[11]、合同网协议[12]等；另一种思想是从 Agent 个体的目标、意图、信念等思维状态属性出发进行研究，如联合意图[13]、共享规划[14]等。其中博弈论方法以其简洁、分析力强等特点成为社会理性实体行为决策的主要分析框架，在经济学中得到了广泛的应用。

1955 年，Simon 提出“有限理性”的概念，认为在现实的决策过程中，决策者获取的有效信息和对信息的处理能力都是“有限”的，因此决策者遵循的并不是效用最大化原则，而是“满意”原则[15]。Bell[16]、Loomes[17]在大量实验的基础上，对不确定情况下人的决策行为进行了深入分析，提出后悔理论，有力支持了“有限理性”假设。该理论考虑了决策者在方案选择过程中存在后悔规避的心理行为，认为决策者有限理性且追求预期后悔最小化。在个体行为研究中，后悔理论关注个体决策时的心理体验，可以根据决策者的行为特点和心理偏好更加有效地描述决策行为，逐渐发展成为一种新兴的个体行为分析决策理论，并在个体行为研究领域得到了广泛应用。

随着个体行为研究的不断深入，心理特征尤其是偏好对个体行为影响的重要性逐渐受到关注。现实中的决策不仅是行为人对经济刺激的机械式反应，更重要的是行为人决策时的欲望、需求、利益和意志的充分体现。实践和研究已表明个体的异质性偏好在一定的程度上会影响个体决策，甚至对个人决策乃至未来的多次选择行为产生长久的影响。此外，由于社会网络的存在和现代通信技术的普及，人们在决策时亦会受到参照群体成员（如邻居、朋友或同事等）的影响。根据人际关系理论，偏好较为相近的个体感受到的社会距离越近，共同的社会空间越广阔，偏好的匹配度越大，互动性更强，彼此间的决策模仿也更有可能[18]。因此，个体偏好和不同个体间的偏好匹配度将为个体行为和决策领域提供崭新思路。

综上所述，本章将后悔理论引入多 Agent 模型，从演化博弈视角构建了居民绿色生活方式选择的仿真模型。在考虑个体偏好和偏好匹配度的基础上，通过模拟居民个体在选择生活方式时的交互行为，探究效用参数和群体沟通等因素对宏观选择结果的影响。主要创新点如下：

（1）基于决策互动的微观视角，本章考察了互动关系、群体沟通对个体决策的影响，探究个体互动中涌现出的群体效应，洞悉了微观个体生活方式选择的微观细节和推行绿色生活方式的宏观动向，填补了绿色生活方式相关文献在个体交互方向的空白，是环保行为研究领域的崭新视角。

（2）本章将后悔理论引入演化博弈理论中，考虑了个体决策时后悔规避的心理特征，克服了传统期望效用理论忽视“有限理性”的不足。此外，本章研究对微观个体信息加工的心理过程和行为决策过程进行了动态分析，探索了居民个体行为随心理特征和情境实时变化的规律，弥补了现有研究局限于静态分析的不足。

（3）本章考虑了偏好对个体决策的影响，在个体互动决策时提出了偏好匹配度的概念，用概率分布描述了个体决策的改变阈值；利用多 Agent 仿真技术对居民个体决策进行实验模拟，实现了绿色生活方式个体和群体决策的动态追踪和定量化研究，拓展了绿色生活方式研究的方法论，为个体行为领域、决策领域提供了新思路。

5.1　国内外研究相关动态分析

5.1.1　绿色生活方式

生活方式原属于日常用语，19 世纪以来，生活方式开始作为科学概念出现在学术著作中。Lazer[19]最先把生活方式引入营销领域，认为生活方式是“整个社会或社会群体的独特生活模式”。Englis 和 Solomon[20]为生活方式提供了更为具体的定义：“一个人花费时间和金钱的方式。”在关于生活方式的含义及相关概念方面，学者们比较一致的看法是，生活方式是回答人们“怎样生活”的概念，是指人们依据一定的文化模式为满足自身生活需要而运用社会环境提供的各种物质和精神文化资源的活动方式、配置方式。

国际社会在 21 世纪初就提出了绿色生活方式应遵循“5R”原则，即 reduce（节约资源，减少污染）、revaluate（绿色消费，环保选择）、reuse（重复使用，多次利用）、recycle（分类回收，循环再生）、rescue（保护自然，万物共生）。总的来说，绿色生活方式内涵包括三个方面：一是环境友好，包括理念上尊重自然、顺应自然、保护自然，行为上遵照环境保护法律规定、行使环境监督和享有健康环境的权利；二是资源节约，减少不必要的消费，遵循社会长远利益，谋求可持续发展；三是精神丰富，追求精神的提升和真实自我价值的实现。绿色生活方式本身是一个动态、多维度的概念，在不同领域、主体等情境下具有不同的内涵解释。不同的学者对其界定也有差异，但总体上都认同绿色生活方式覆盖衣食住行等领域（如绿色建筑、绿色消费、绿色出行等），都强调将生活方式和消费模式向勤俭节约、绿色低碳、文明健康的方向转变，力戒奢侈浪费和不合理消费[21]。

学者们就绿色生活方式进行了丰富的实证研究，总体来看，主要包括以下三个层面。第一个层面是绿色产品、绿色建筑、绿色供应链等前置变量的研究，涉及绿色建筑的环保性能[22]、价格[23]、绿色建筑的成本[24]、绿色产品的设计[25]、节能产品（节能家电、节能灯具）的供应链管理[26]等。第二个层面是绿色生活方式行为主体的研究，包括居民行为的差异性分析[27]、居民绿色生活方式影响因素研究（包括性别、年龄、家庭结构、教育程度等人口统计因素，以及环保态度、环境意识、环境责任感、主观规范、感知行为控制等心理因素）[28]、支付意愿[29]、态度和行为不一致的原因探析[30]等。第三个层面是政策、规章制度等后置变量的研究，包括政策执行和监管模式[31]、引导政策的公众响应[32]等。

5.1.2 在个体决策领域的后悔理论

近年来，后悔理论作为新兴的心理学理论，引起了学者尤其是个体决策领域的广泛关注。该理论由 Bell 等 [16, 17]提出，认为决策者有限理性且追求预期后悔最小化。其核心思想如下：决策者会对自己所处的现实状况与本可能处于的状况（决策者在过去选择其他备择对象）进行比较，如果决策者自省时发现自己选择其他备择对象可以得到更好的结果，那么内心可能会感到后悔；反之，就会感到欣喜。鉴于此，当面临新的选择时，决策者会回忆自己之前的经历，且形成可能面临的后悔或欣喜的预期。因此，决策者的决策受两个因素影响：①选择备择对象所能获得的结果；②后悔和欣喜的预期。

与期望效用理论相比，后悔理论以有限理性假设为前提，考虑了人们行为、态度、偏好等的非完全理性，将后悔和欣喜等心理变量纳入决策范畴，融合了经济学和心理学理论，是不确定条件下个人决策理论的重大突破[33]，广泛应用于个人消费决策[34]、医学[35]、资产定价[36]、交通路线选择[37]、多目标决策[38]等方面。

具体的，在多目标决策领域，Zhou 等[38]基于后悔理论和技术秩序的偏好性提出了灰色随机多目标决策模型，研究结果证明了模型的可靠性和有效性。Lin 等[39]将后悔理论应用于模糊属性的权重计算，结合犹豫模糊分析方法解决属性权重不确定情境下的多目标决策问题。Xia 等[40]在定义相对后悔值的基础上，基于阿贝尔线性序群分别从单一准则和整体准则的两个角度计算替代方案的相对后悔值。

在交通出行路径选择领域，Bekhor 等[41]基于 RUM 模型和 RRM 模型构建了 Logit 形式的随机用户均衡模型，分别从效用最大和后悔最小的角度描述出行者的路径选择行为。Chorus 等[42]构建随机后悔最小化模型并通过模拟仿真验证模型的有效性，认为在出行路径的选择上，避免负面情绪是出行者选择方案的重要考虑因素。Li 和 Huang[43]在定义后悔函数的基础上，构建了基于一般后悔理论 Logit 形式的随机用户均衡模型，该模型能够描述出行者后悔水平对路径选择行为的影响，更符合实际决策行为。Chorus[33]将风险厌恶和后悔厌恶两个心理变量纳入路线选择和交通均衡研究中，发现后悔厌恶是影响决策的重要动机。

在个人消费领域，Jiang 等[44]认为消费者的预期后悔会影响人们对方案的评估，进而显著影响人们的选择行为。Braun 和 Muermann[45]将后悔理论应用到保险营销领域，发现具有后悔偏好的个体会避免完全保险和无保险的极端情况，解释了个人保险市场上经常观察到免赔额低偏好的现象。Cooke 等[46]利用实验方法探究购买前和购买后的比较如何影响消费者的后悔值与满意度，认为消费者在决策时是后悔规避，追求的是预期后悔最小的方案，即使该种方案与预期效用最大化相冲突。

5.1.3　多 Agent 系统合作与协调的方法

Agent 的合作与协调是多 Agent 系统应用需要解决的首要问题，是体现多 Agent 社会性、灵活性，发挥多 Agent 系统优势的关键。现有关于 Agent 合作与协调的模型主要包括以下几类：

（1）基于合同网协议的 Agent 合作与协调模型。合同网协议由 David 和 Smith[47]提出，将任务分配通过系统内节点之间的招标过程来实现。产生任务的 Agent 在协议中被称作管理者，它向其他 Agent 广播任务通知。接收到任务通知的节点根据任务要求自己的能力和知识、预期收益等决定是否投标。当 Agent 发现一个合适的任务时，向管理者提交一个投标。管理者会收到许多这样的投标，基于投标的信息，对一个任务通知做出反应，选择最合适的 Agent 来完成任务。

Zarandi 和 Ahmadpour[48]基于合同网络协议和自适应神经模糊推理系统构建了用于电弧炉炼钢过程的模糊多智能体系统。Li 等[49]基于合同网协议构建了分布式制造资源的共享调度系统，实验结果证实了系统的有效性。合同网协调允许 Agent 无限制地接受和处理任何招标活动，造成 Agent 的资源被大量占用，导致了大量毫无价值的计算，造成了大量计算资源的浪费，也加重了节点的负担。

（2）基于联合意图的 Agent 合作与协调模型。联合意图理论由 Cohen 和 Levesque[50]提出。它使用共同信念、联合目标、联合承诺来描述 Agent 社会合作思维的重要心智特征。Fan 等[51]基于联合意图构建了团队中主动分享信息的框架，探究多 Agent 系统中团队成员信息共享机制。Liau[52]利用模态逻辑分析了信任对 Agent 间信息分享的影响。联合意图关注团队的整体心智状态，包括团队的心智状态具有哪些表现形式，如何在 Agent 间产生明确的心智状态。其解决问题的思路是先对问题进行规划，然后由 Agent 按照规划步骤采取协作性的行动，偏重问题的规划与求解。

（3）基于共享规划的 Agent 合作与协调模型。共享规划由 Grosz 和 Kraus[53]提出，原理是在 Agent 自主行动的过程中进行全局规划来调整各 Agent 的行为已达到协作的目标。共享计划理论强调整体状态最优，侧重于在协同过程中进行动态规划。Agent 间的协作不确定性较大，且缺乏必要的意外处理机制及手段。

（4）基于博弈论的 Agent 合作与协调模型。多 Agent 系统的核心问题为每个智能体设计合适的局部控制规律以实现系统目标，涉及大量具有自利特征的交互个体做决策的过程。这恰恰符合博弈论的研究框架[54]。近年来，博弈论在多主体领域得到广泛的应用。基于博弈论和多 Agent，Trappey 等[55]提出了一个将数据实时收集、数据诊断和预后专业知识相结合的协同维护平台。Z. Lin 和 H. T. Liu[56]提出了基于学习演化算法的系统分布式优化方法，算法的收敛性得到了较好的证明。Khan 等[57]设计了基于多智能体系统的分散控制体系，利用非合作博弈论对系统中的多智能体进行协调，仿真结果表明控制体系具有较强的鲁棒性和高性能特征。博弈论应用于多 Agent 系统的最大优势在于，它提供了博弈模型设计与分布式学习算法设计之间的层次分解[58]。将多智能系统的局部控制规律设计问题转变成各个智能体的博弈模型设计问题[59]。同时，相较于联合意图和共享规划（强调整体的规划与最优），博弈论从更加微观的视角，聚焦每个 Agent 的决策行为及其与其他 Agent 的交互行为，研究问题更加精细化。此外，相比于合同网协议，博弈论方法更加简洁，计算过程更加简单。

居民是绿色生活方式的主要践行者，其行为选择决定了生活方式转变的成败，所以针对居民行为主体的研究至关重要。通过以上文献分析可以发现，现有研究存在以下问题：①忽略了社会成员间环境信息传播、互动学习等因素对个人生活方式的影响，尚未考虑居民个体间的互动关系及在互动中涌现出的集体效应；②没有考虑个体偏好对决策的影响，也未涉及不同偏好的个体在决策互动时的匹配度；③建立在传统期望效用理论的基础上，过分强调个体在决策时追求经济利益最大化，忽略了个体在决策过程中，心理和行为会随着时间和情境实时改变，并呈现出大量非线性结果的事实。

5.2　居民决策行为模型

本章共包含三个步骤：①理论模型设计。包括基于后悔理论的效用函数的构建、个体偏好和偏好匹配度的定义，以及居民互动过程流程设计。②仿真模型设计。利用 Anylogic 8.0.5 完成。③仿真模型验证与仿真实验。以 3 组极端和 1 组混合情况下居民偏好特征分布验证模仿的有效性和科学性；随后设计并运行多组仿真实验，对可能会影响居民生活方式选择的收益参数和社会互动两方面因素进行调整和分析，通过仿真实验探索居民生活方式的产生机制和演化规律。

5.2.1　理论模型设计

根据后悔理论和社会互动理论，个体在与其他社会成员互动学习后，考虑成本、收益、后悔-欣喜值等要素，结合自身偏好进行决策，据此构建居民绿色生活方式决策的概念模型，如图 5-1 所示。其中，将居民接受与拒绝绿色生活方式看作是决策结果，决策依据包括效用函数（由成本、收益、后悔-欣喜值组成）、个体偏好（舒适偏好或经济偏好或环保偏好）和个体间互动学习（社会网络和偏好匹配）。在综合考虑三个决策依据的基础上，居民做出是否实施绿色生活方式的决策。

图 5-1　居民绿色生活方式决策的概念模型

结合 Simon 的"有限理性"假设及行为决策理论，本节中居民绿色生活方式的决策行为有如下假设：

（1）居民是有限理性的，在决策过程中表现为其信息来源有限（只能从周围的邻居中获取选择信息，不能知晓某一时刻所有居民的选择）、信息处理能力有限（只能通过上一期的结果推测下一时刻行为决策，不考虑长时间记忆和对未来的长期预测），居民是后悔规避型的。

（2）居民自身的偏好和互动对象的偏好匹配度会影响其决策。

1. 效用函数

1）基于后悔理论的效用函数构成

后悔理论将后悔和欣喜两种心理感觉纳入决策过程，认为决策者在实际决策过程中会对决策结果可能产生的后悔或者欣喜有所考虑，并试图尽量避免选择可能会使自己感到后悔的方案，即决策者的心理行为特点是后悔规避的。根据后悔理论，决策者对所选择方案能带来的结果的感知价值由两部分组成，即关于当前结果的效用值和后悔–欣喜值。令 x 和 y 分别表示选择方案 A 和选择方案 B 所能带来的结果，则决策者对方案 A 的感知价值为

$$U(x,y)=V(x)+R\left[\Delta V(x,y)\right] \tag{5-1}$$

$$\Delta V(x,y)=V(x)-V(y) \tag{5-2}$$

其中，$V(x)$和$V(y)$分别表示决策者能够从方案 A 和方案 B 中获得的效用值；$R\left[\Delta V(x,y)\right]$表示后悔–欣喜值。

将后悔理论应用于居民决策行为，若居民选择方案 A，拒绝方案 B，那么当式（5-1）中 $R\left[\Delta V(x,y)\right]>0$ 时，表示居民对选择方案 A 而放弃方案 B 感到欣喜，$R\left[\Delta V(x,y)\right]$为欣喜值；当$R\left[\Delta V(x,y)\right]<0$时，则表示居民对选择方案 A 而放弃方案 B 感到后悔，$R\left[\Delta V(x,y)\right]$为后悔值；当$R\left[\Delta V(x,y)\right]=0$时，即当居民认为选择和拒绝两种决策的感知价值相同时，选择任何一种决策方案，均不会感到后悔或者欣喜。

2）居民绿色生活方式决策的效用函数推导

在互动学习情境下，居民决策不仅取决于自身偏好特征，还受到邻居的影响。个体根据邻居决策表现出学习行为，即综合自身偏好和邻居决策信息进行决策。本节假设居民 1 和居民 2 互为邻居，每一方在决策时均在考虑对方决策信息的基础上做出决策，居民 1 和居民 2 共同构成了演化博弈主体。

本节假设居民 1 和居民 2 的行为策略集分为 $S_1=\{G_1$ 接受，G_2 拒绝$\}$，$S_2=\{I_1$ 接受，I_2 拒绝$\}$。其中，"接受"表示居民采纳实施绿色生活方式，"拒绝"表示

居民拒绝实施绿色生活方式。模型中涉及的参数包括居民数量，居民实施绿色生活方式的成本、收益、收益惩罚和居民实施绿色生活方式的比例。具体如下：

b 表示居民实施绿色生活方式获得的收益，包括节省的金钱、政府的补贴和奖励。

c 表示居民实施绿色生活方式的成本，包括绿色产品或服务的溢价、消耗的时间、牺牲的便利度等。

n 表示居民总数。

k 表示居民实施绿色生活方式的比例。

f 表示收益惩罚。由于绿色生活方式的外部性，部分居民存在投机心理和搭便车行为，即自身不践行绿色生活方式，却能够从他人的绿色行为中获益。考虑到公平性原则，本节引入收益惩罚 f，并假设 $b>f$。

根据居民 1 和居民 2 的行为策略集，可以得出演化博弈的行为策略组合共有四种，分别为（G_1 接受，I_1 接受）、（G_1 接受，I_2 拒绝）、（G_2 拒绝，I_1 接受）、（G_2 拒绝，I_2 拒绝）。结合模型参数的设定，可以得到居民 1 和居民 2 在上述四种行为策略组合下的收益，如表 5-1 所示。

表 5-1　居民 1 和居民 2 的收益矩阵

行为策略集	居民 1 收益	居民 2 收益
（G_1，I_1）	$b-c/(nk)$	$b-c/(nk)$
（G_1，I_2）	$b-c/(nk)$	$b-f/\left[n(1-k)\right]$
（G_2，I_1）	$b-f/\left[n(1-k)\right]$	$b-c/(nk)$
（G_2，I_2）	0	0

根据期望理论，居民采纳绿色生活方式的期望收益 E_1 为

$$E_1 = k * \left(b - \frac{c}{nk}\right) + (1-k) * \left(b - \frac{c}{nk}\right) = b - \frac{c}{nk} \tag{5-3}$$

居民拒绝实施绿色生活方式的期望收益 E_2 为

$$E_2 = k * \left(b - \frac{f}{n(1-k)}\right) \tag{5-4}$$

居民实施绿色生活方式的平均期望收益 E 为

$$E = k * E_1 + (1-k) * E_2 \tag{5-5}$$

当群体中有人实施绿色生活方式时，即 $k>0$，采用实施策略的收益为 $b-\dfrac{c}{nk}$，而拒绝策略的收益为 $b-\dfrac{f}{n(1-k)}$；当所有居民都不实施绿色生活方式时，收益为 0。

根据后悔理论，决策者会对比已选方案与其他方案的结果，如果自身决策相比于其他决策获益更多，心理上就会感到欣喜，反之，则会感到后悔。假设方案A为居民个体实施绿色生活方式，方案B为居民个体拒绝实施绿色生活方式。根据上述博弈情境，方案A和方案B获得的结果分别为

$$V(\mathrm{A})=b-\frac{c}{nk} \tag{5-6}$$

$$V(\mathrm{B})=b-\frac{f}{n(1-k)} \tag{5-7}$$

因此，居民的“后悔–欣喜值”程度函数为

$$R=\frac{\varpi}{t^2}\left\{L\left[V(\mathrm{A})-V(\mathrm{B})\right]\right\} \tag{5-8}$$

其中，ϖ 表示其他因素对后悔–欣喜值的影响系数[60]，本节中 $\varpi=3$[61]；$\frac{1}{t^2}$ 表示后悔–欣喜值随时间动态变化，即后悔–欣喜值随时间急剧削弱。

本节用 $L\left[V(\mathrm{A})-V(\mathrm{B})\right]=\left[V(\mathrm{A})-V(\mathrm{B})\right]^{\frac{1}{3}}$ [62]表示已选方案效用的后悔–欣喜值。因此，后悔–欣喜值受时间、外界因素、方案效用三方面共同作用，表达为

$$R=\frac{\varpi}{t^2}\left[V(\mathrm{A})-V(\mathrm{B})\right]^{\frac{1}{3}} \tag{5-9}$$

根据式（5-1），整理后得到居民选择绿色生活方式的效用函数 $U(\mathrm{A})$ 为

$$U(\mathrm{A})=b-\frac{c}{nk}+\frac{\varpi}{t^2}\left[\frac{f}{n(1-k)}-\frac{c}{nk}\right]^{\frac{1}{3}} \tag{5-10}$$

同理，可得居民拒绝实施绿色生活方式的效用函数为

$$U(\mathrm{B})=b-\frac{f}{n(1-k)}+\frac{\varpi}{t^2}\left[\frac{c}{nk}-\frac{f}{n(1-k)}\right]^{\frac{1}{3}} \tag{5-11}$$

2. 个体偏好

本节将居民偏好分为舒适型偏好、利益型偏好和环保型偏好三类，并用概率分布描述三类居民策略改变阈值。具体的，居民策略改变分为由接受到拒绝，由拒绝到接受两种状态，分别用 S_1 和 S_2 表示；舒适型偏好、利益型偏好和环保型偏好分别用 p_1、p_2 和 p_3 表示。因此，本节做如下假设：

假设 5.1 假设各类型居民决策改变阈值服从均匀概率分布，即 $p_i\sim U(m,n)$，i=1,2,3。其中，在 S_1 情景下，$p_1\sim U(0,0.3)$，$p_2\sim U(0.3,0.8)$，$p_3\sim U(0.8,1)$；在 S_2 情景下，$p_1\sim U(0.8,1)$，$p_2\sim U(0.3,0.8)$，$p_3\sim U(0,0.3)$。

社会学研究发现，现实中人们对特征上与自己相似的人表现出偏爱[63]，这种偏爱提高了相似个体间的信任，增加了社会互动，为决策模仿提供了机会。因此，个体间的偏好越相似，模仿的概率越大；相反，个体间的偏好差异越大，模仿的概率就越小。本节引入偏好匹配度来表示个体间模仿决策的程度，将其界定为不同偏好个体之间的匹配程度。用概率分布描述偏好匹配度，并做如下定义：

假设 5.2　假设 P_i 型与 P_j 间的偏好匹配度为 $\text{Mapping}\left(p_i, p_j\right)$，且 $\text{Mapping}\left(p_i, p_j\right) \in [0,1], i, j = 1,2,3$。

令：

$$\text{Mapping}\left(p_1, p_1\right) = U\left(0.8,1\right)，\text{Mapping}\left(p_1, p_2\right) = U\left(0.3,0.8\right)；$$
$$\text{Mapping}\left(p_1, p_3\right) = U\left(0,0.3\right)，\text{Mapping}\left(p_2, p_2\right) = U\left(0.8,1\right)；$$
$$\text{Mapping}\left(p_2, p_3\right) = U\left(0.3,0.8\right)，\text{Mapping}\left(p_3, p_3\right) = U\left(0.8,1\right)。$$

3. *居民互动决策行为设计*

居民互动决策过程设计如图 5-2 所示。

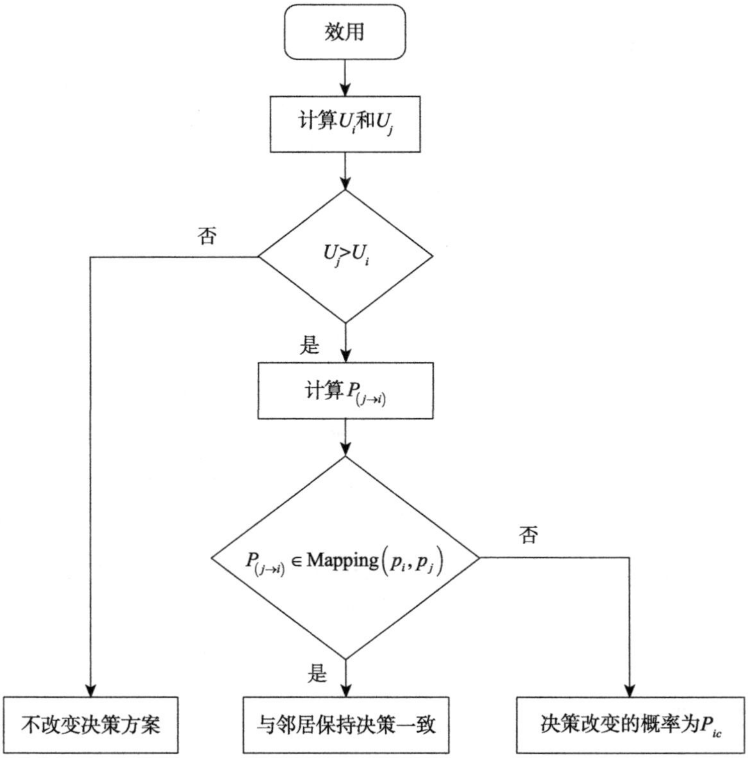

图 5-2　居民互动决策过程设计

（1）根据后悔理论，居民按照式（5-10）或式（5-11）分别计算自己和邻居选择或拒绝绿色生活方式的效用。

（2）居民将自身决策效用与邻居效用对比，若邻居决策中不存在更高的效用，则不进行学习，下一时刻的决策和当前决策一致；若存在，则选择效用最高者为学习对象，并依据式（5-12）计算模仿概率：

$$P_{(j\to i)}=\frac{1}{1+\mathrm{e}^{-\left(U_j-U_i\right)/r}} \tag{5-12}$$

其中，U_j 为邻居中效用最大值；U_i 为自我效用值；r 为信息噪声，其值越大，模仿概率越小。本节中，r=0.2[64]。

（3）比较模仿概率 $P_{(j\to i)}$ 和 $\mathrm{Mapping}\left(p_i,p_j\right)$ 大小。若 $P_{(j\to i)}$ 在偏好匹配度 $\mathrm{Mapping}\left(p_i,p_j\right)$ 范围内，则模仿成功，居民下一时刻的决策将与被模仿邻居当前时刻的决策一致；若 $P_{(j\to i)}$ 不在 $\mathrm{Mapping}\left(p_i,p_j\right)$ 范围内，则模仿失败，居民下一时刻决策改变的概率 P_{ic} 为超出偏好阈值的概率，即

$$P_{ic}=\left\{X>P_i\right\},i=1,2,3 \tag{5-13}$$

5.2.2　仿真模型构建

利用 Anylogic8.0.5 软件开发多 Agent 仿真系统，并通过调整参数和观察仿真过程，研究居民生活方式决策的演化规律。

1. 模型初始化

在初始化阶段，仿真流程主要完成三个任务：

（1）创建规定数量的居民个体，使其在指定环境里随机分布。

（2）建立居民间社会网络的连线规则。设定网络类型为随机，以“每个智能体连接”创建每个居民的社会网络。根据六度分割理论，本节假设初始状态下，每个居民都随机与其他 6 个居民存在联系，即邻居数为 6。

（3）建立居民间社会网络的断开规则。若个体与邻居在相当时间内未发生学习模仿，将逐渐形成该邻居不适合模仿的认知。根据认知理论，人的行为决定于对社会情境的知觉与加工。因此，在该种情境下，断开两个 Agent 间的网络连线，使其不再成为邻居。

2. 主模型设计

利用 Anylogic8.0.5 完成仿真模型设计。涉及的参数和变量如下：

（1）n 表示居民总数；

（2）Td 表示节点连线断开的临界时间，即当超过 Td 天未发生决策模仿时，则断开连线。

（3）An 和 Rn 分别表示接受绿色生活方式的居民与拒绝绿色生活方式居民的数量。

（4）Preferencer 表示居民的偏好特征，决定了个体决策态度。Preference={1,2,3}，Preference=1 表示舒适偏好，Preference=2 表示利益偏好，Preference=3 表示环保偏好，三种类型居民对应的数量分别为 n_1，n_2，n_3。

（5）Decsionrefuse 表示居民在第 t 天是否拒绝选择绿色生活方式，即决策状态是否为拒绝。Decsionrefuse 是 boolean 型，当取值为 true 时，表示居民当天的决策状态是 refuse；若为 false，则表示决策状态为 accept。

（6）Modifyrate1 和 Modifyrate2 分别表示状态从 refuse 转变为 accept 的概率和状态从 accept 转变为 refuse 的概率。

（7）U_i 表示居民当期决策效用；U_j 表示邻居中当期决策效用的最大值。

5.2.3　仿真实验

1. 模型的设定

模型初始设定居民总数 n=100，设定 Net type=random，Connections per agent=6。在 t=0 时刻，居民接受与拒绝绿色生活方式的比例分别设定为 30%和 70%。个体决策时效用相关参数设定为 b=100，c=70，f=80。最大无模仿时间 Td 设置为 30 天。每次实验时间为 100 天。

2. Step 3.2 模拟实验

设计并运行多组仿真实验，对可能会影响居民生活方式选择的收益参数和社会互动两方面因素进行调整和分析，以找出居民生活方式的产生机制和演化规律。

5.3　结 果 分 析

5.3.1　偏好对居民决策的影响

我们选取了 3 组极端和 1 组混合情况下居民偏好特征分布考察偏好对居民绿

色生活方式决策的影响，如图 5-3 所示。数据显示，39%的人减少汽油消耗以减缓气候变化[65]，48.2%的居民通过上门服务处理废弃电器电子产品[66]。基于此，我们在混合情况下将环保偏好的居民比例设置为40%，舒适偏好和利益偏好的居民比例均设置为 30%。

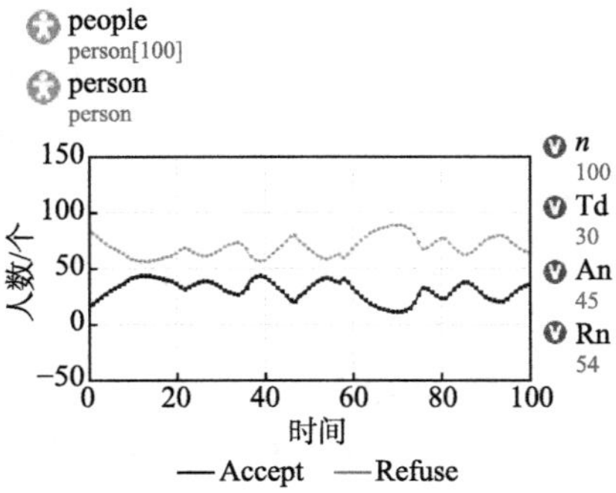

（a）全为舒适偏好居民

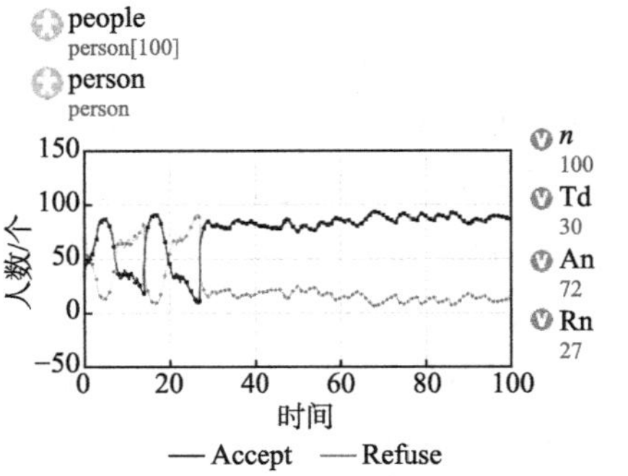

（b）全为利益偏好居民

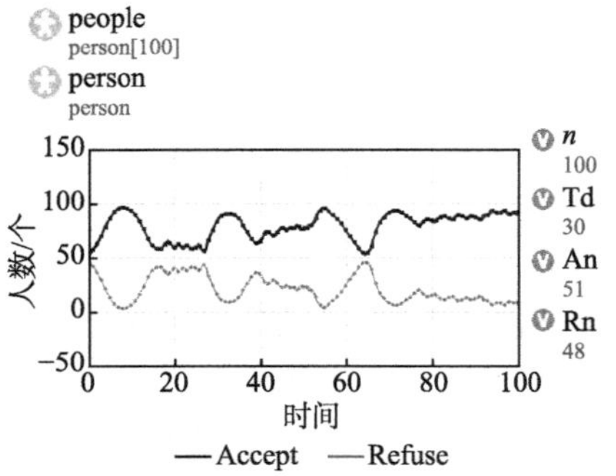

（c）全为环保偏好居民

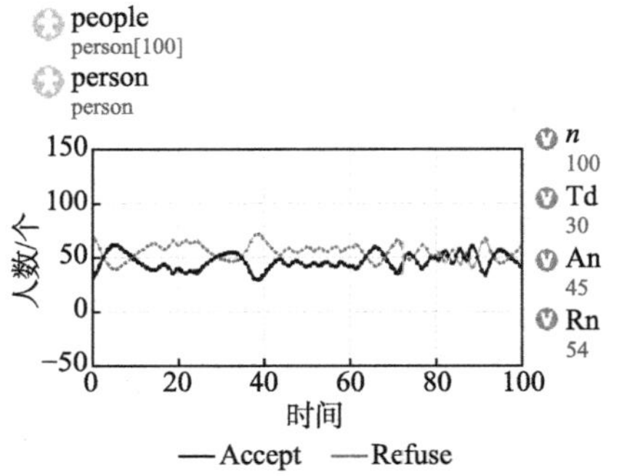

（d）舒适偏好：利益偏好：环保偏好=3：3：4

图 5-3　偏好对居民决策的影响

Accept 为接受，Refuse 为拒绝，图 5-4~图 5-7 相同

在不同的居民偏好特征分布下，群体决策呈现不同的规律，如图 5-3 所示。当居民全为舒适偏好时，拒绝绿色生活方式的居民数量远大于接受绿色生活方式的居民数量，群体决策状态较为稳定。当居民全为利益偏好时，接受绿色生活方式的人数呈增多趋势时，会出现“高峰”状态，群体决策状态变化较大；当居民全为环保偏好时，接受绿色生活方式的比率明显高于前两者，虽有波动但是较小，总体呈稳定增加的趋势。在混合情况下，群体波动较小，接受绿色生活方式的人数比例到达某一水平后，接受和拒绝行为的变化较为稳定和平缓。

5.3.2　收益参数

将居民偏好设置为 3 : 3 : 4，对影响居民理性决策的收益参数 *b*、*c*、*f* 进行分析。通过模拟实验观察分析运行结果，分析相关收益参数对居民决策行为的影响。

1. *b* 对决策行为的影响

由图 5-4（a）可以看出，当实施绿色生活的成本和因未实施而损失的收益相等时，接受和拒绝决策的两种人群呈近似针锋相对状态，符合两人博弈情形。增大收益 *b* 的值[图 5-4（b）]，两类人群数量变化趋于平缓，说明 U_i 和 U_j 的差值越大，群体决策状态越稳定。反之，决策状态变化越明显。

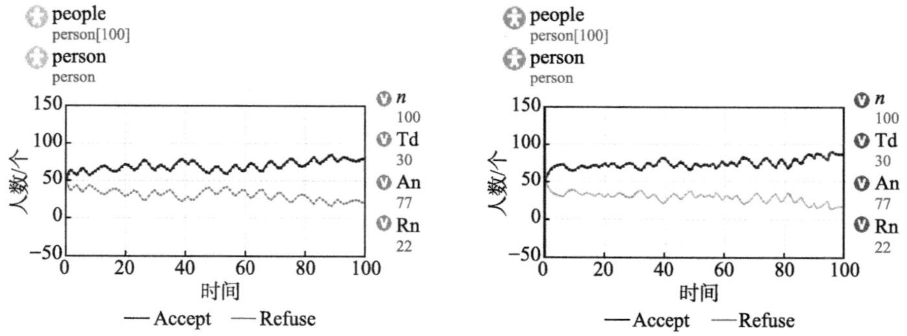

（a）（*b*，*c*，*f*）=（100，80，80）　（b）（*b*，*c*，*f*）=（120，80，80）

图 5-4　*b* 对决策行为的影响

2. *c*、*f* 对决策行为状态的影响

如图 5-5 所示，设置收益 *b*=120，调整实施绿色生活方式成本参数 *c* 和因未实施而损失的收益参数 *f*，可以发现通过模仿学习和个体交互，居民群体行为总能够收敛到与两人博弈时一致。同时，*c* 和 *f* 的大小关系对居民群体行为的宏观趋势起决定作用，即当实施绿色生活方式的成本大于因未实施而损失的收益时，群体行为状态拒绝占优；当实施绿色生活方式的成本小于因未实施而损失的收益时，群体更倾向采用接受决策。此外，在 $c<f$ 的情况下，实施成本越小，居民接受决策占优程度越大。

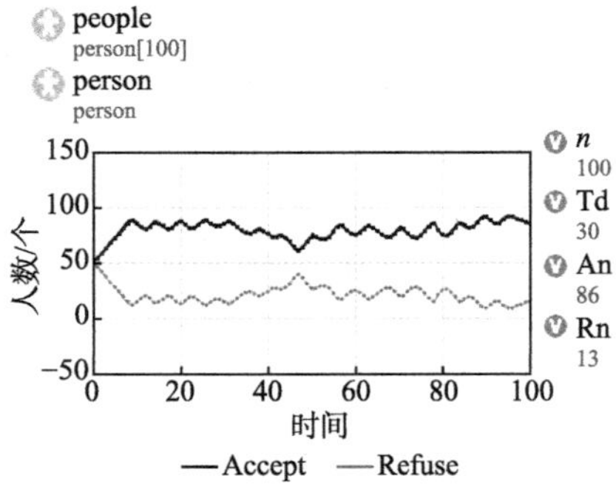

（a）（b，c，f）=（120，80，50）

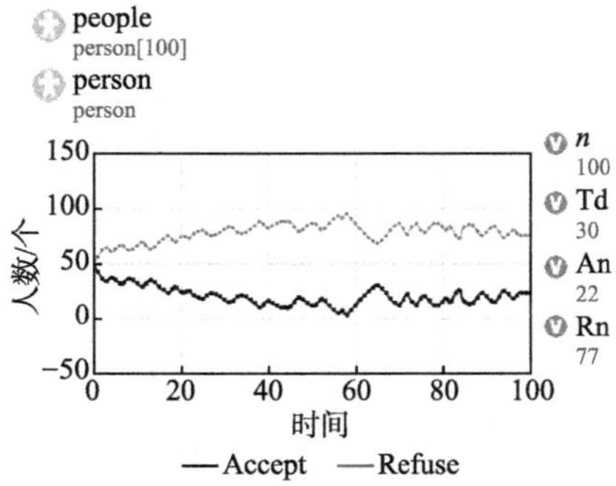

（b）（b，c，f）=（120，80，100）

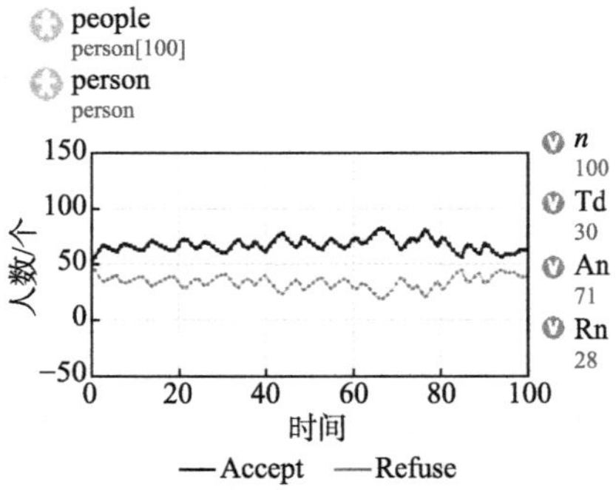

（c）（b，c，f）=（120，60，100）

图 5-5　c、f对决策行为状态的影响

5.3.3　群体沟通

本节将居民偏好设置为 4 : 3 : 3，（b，c，f）=（120，60，100）的前提下，通过改变网络连通度和互动天数，探究群体沟通对居民决策的影响。

1. 网络连通度对决策行为状态的影响

将互动天数设定为 50 天，分别设定网络连通度为 6 和 12，观察分析沟通学习强度群体决策行为演化的影响。根据实验结果发现，当沟通学习强度较高时，群体决策变化程度较大，决策不稳定；而在沟通学习强度低时，决策状态变化较小，如图 5-6 所示。

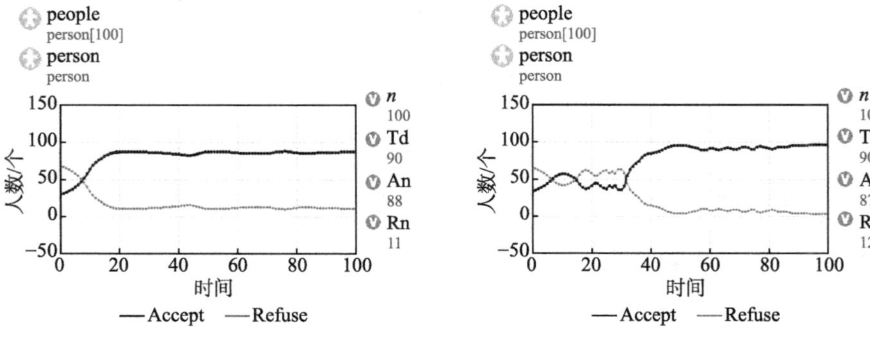

（a）连通度为 6　　（b）连通度为 12

图 5-6　网络连通度对决策行为状态的影响

2. 互动学习天数对决策行为状态的影响

沟通学习强度受到互动学习天数的影响，当 Td 天未发生模仿而断开个体间连线后，两个 Agent 间不再存在任何互动及模仿行为，导致沟通学习强度减弱。分别设置 Td=30，60，90 来研究连接断开临界时间是如何影响学习强度，进而影响居民群体决策的（图 5-7）。

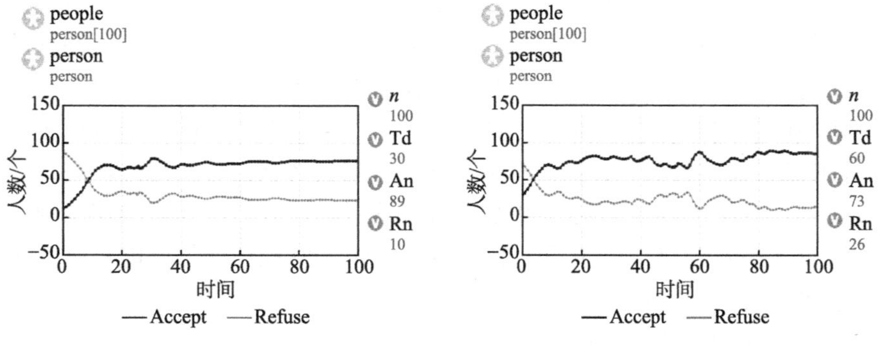

（a）Td=30　　（b）Td=60

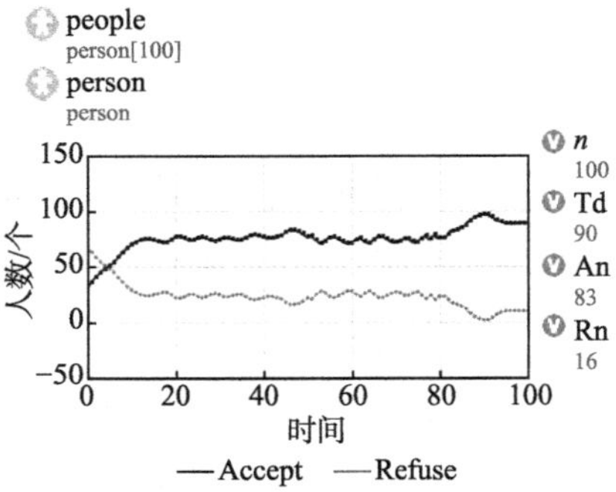

（c）Td=90

图 5-7 互动学习天数对决策行为状态的影响

实验结果如图 5-7 所示，在接近连接断开的临界时间处，接受绿色生活方式的居民数量会出现骤减现象。

5.4 讨 论

5.4.1 偏好

在不同的偏好分布下，居民绿色生活方式的行为选择呈现不同的规律，这与很多现有研究一致。仿真实验显示全部为舒适型偏好的居民决策变化较小，拒绝绿色生活方式的居民数量明显大于接受绿色生活方式的居民数量。这是因为舒适型偏好的居民多倾向追求自我满足，并安于现有的按照个人偏好长期形成的生活方式，其不容易受到其他居民的影响。Rezvani 等[67]亦发现以享乐为目标框架的消费者即使有环保意识，也会因为实施低碳消费带来的不舒适性和不便性放弃环保行为。对于利益型偏好居民，由于其对收益等参数较为敏感，其决策易于受外界经济刺激的影响，造成群体决策波动较大。在 30 天后，由于部分居民与邻居在 Td 天未发生模仿行为，Agent 连接断开，大量居民 Agent 间无法再进行学习模仿，决策剧烈变化的现象消失。可以得出利益型偏好居民更倾向向周围邻居进行学习，居民间的互动对他们决策的影响更大。研究发现环保偏好能够驱动个体对环境问题更为关心，对环境问题的态度更加积极，更愿意自觉地、有目的地调整自己的行为去保护环境，且这种行为选择具有稳定性和持久性。所以环保型偏好的居民接受绿色生活方式的比率明显高于前两者，虽有波动但是较小，总体呈稳定增加的趋势。

5.4.2　收益参数

本章的研究发现收益参数（b，c，f）和群体沟通以不同的方式，在一定程度上影响居民接受与拒绝绿色生活方式的行为。其中收益参数主要作用是决定接受与拒绝行为最终所占的比例，而群体沟通则主要影响居民接受与拒绝行为演化过程的幅度变化。

具体的，对于收益参数 b，其值越大，群体决策状态越稳定。该结论 Yu 和 Lai[68]的研究结果一致。Sinayi 和 Rasti-Barzoki[69]就政府补贴政策对消费者是否购买绿色产品进行研究，发现当补贴力度较小时，消费者对绿色产品的需求量并未得到明显的提高；但当补贴力度增强时，政府补贴消费者可以在更大程度上增加消费者对绿色产品的需求，提高消费者群体对绿色产品的购买率。该研究结果亦可以支持本章的研究结论。此外，现实情境也可以验证本章结论，如环境收益较高的绿色建筑，居民决策状态普遍更稳定。一方面，由于绿色建筑对居民而言吸引力更强，受关注度高；另一方面，这种创新性和环保性很强的产品往往价格较高，居民在经济承受能力一定的情况下会对是否购买进行深思熟虑，因此决策变化程度小并且趋于稳定。反之，居民对低收益产品漠不关心，决策表现出随意性，导致行为状态难于稳定，波动明显。

c 和 f 对群体宏观决策趋势具有决定作用，即当居民实施绿色生活方式的成本大于惩罚收益时，对于居民个体而言，拒绝行为优于接受行为，这将直接造成个体在短时间内转为拒绝绿色生活方式的行为。反之，当居民实施绿色生活方式的成本小于惩罚收益时，居民接受行为占主导。Zhu 和 Dou[70]在对企业是否选择实施绿色供应链的实证研究中，也得出了相同的结论。Shao 等[71]的研究也证明增加惩罚力度以及降低守法成本可以有效地促进公众的环保行为。因此，通过设置合适的惩罚手段可以隐性地促进居民个体实施绿色生活方式。此外，在 $c<f$ 的情况下，居民实施绿色生活方式的成本越小，居民越愿意采取绿色生活方式，接受决策占优程度越大。Hu 等[72]的研究发现提高居民实施环保行为的便利度，如增加公共自行车分布点的数量可以明显提高西雅图居民选择自行车方式出行的概率，这与本章的研究结论一致[73]。因此，在绿色生活方式的推行过程中通过增加基础设施的数量等方式，降低居民为实施绿色生活方式承担的时间、便利度成本，往往能够使更多的居民选择接受这种生活方式，从而增大公众践行绿色生活方式的概率。

5.4.3　群体沟通

当沟通连通度由 6 增加到 12 时，可以发现某些时刻接受绿色生活方式的居民数量增加，但群体决策变化程度大，决策状态有明显的波动。在有限理性条件下，当沟通学习强度低时，个体与其他居民的沟通受到限制，仅能获取少数个体的决策信息，导致受周围决策影响的程度低。居民主要依靠个人历史信息进行决策，因此决策状态变化较小。随着沟通学习强度的增加，个体有更多的机会与其他居民进行交流学习，可以更加充分地了解周围的决策状态[74]。社会互动传递的信息导致居民接受和拒绝绿色生活方式的行为都具有很大的不确定性，群体决策状态波动得更加剧烈，从众性越明显。这里存在两面性，居民受到正确引导和投机诱导的可能性都很大，关键问题在于拥有较多邻居的居民（即大节点）对群体决策的引导。如果这些大节点可以发挥积极的导向作用，在一定的社会空间内营造出积极实施绿色生活方式的氛围，宣传实施绿色生活方式的环境收益、经济收益等，则越来越多的居民会采纳绿色生活方式。相反的，若这些大节点更多地强调实施绿色生活方式的负面信息（如付出更多的时间、牺牲便利性等），则越来越多的居民受到“负面示范”的影响而拒绝绿色生活方式。Li 等[75]指出引导居民实施绿色环保行为的有效方法是鼓励在现实世界中拥有更多邻居的个人表现出亲环境的行为。一方面他们受众多邻居的影响而易于改变自身决策，另一方面他们的决策也会影响更多邻居，进而对全局产生举足轻重的作用。Cao 等[76]在其研究中将这些大节点称为意见领袖，也有学者称其为“大 V”用户。他们认为意见领袖在信息传播中充当了“黏合剂”，在群体沟通中往往起到领导舆论风向的作用，其观点更容易被公众接受并追随[77]。同时，意见领袖致力于使公众接受自身观点，公众在吸纳意见领袖的部分观点后更容易形成共识[78]，更愿意采纳、实施相应的行为。因此，在引导公众采纳实施绿色生活方式的过程中应该着重关注此类大节点，即“大 V”居民。

本章研究发现在接近连接断开的临界时间处，选择绿色生活方式的居民数量会出现骤减现象，分别在 Td=30，Td=60，Td=90 处出现骤减。原因是在连接断开的临界点附近，群体的学习强度降低，群体沟通网络的凝聚力和黏性下降，已建立的个体间的联系减少或者消失[79]，群体网络对绿色生活方式的助推效果下降。因此，在推行绿色生活方式的实践中，当这种生活方式在居民中推行一段时间后，开展宣传活动、实施适当的经济刺激等政策对进一步强化绿色生活方式的实施效果显得尤为重要。

5.4.4 政策建议

本章提出以下建议促进居民积极主动的践行绿色生活方式：

（1）识别居民偏好，定制化推广绿色行为。本章研究发现舒适偏好的居民绿色生活的采纳率最低且呈锁定效应，利益偏好的居民决策容易受到互动信息的影响，环保偏好的居民绿色生活方式的采纳率最高且具有稳定性。因此，政府在宣传和推广绿色生活方式时，应该精确定位居民的决策偏好，注意环保行为的种类和特性要与不同的决策偏好匹配，避免千篇一律。对于舒适型偏好的居民，可以强调绿色生活方式带来的情感体验、身体健康状态的改变，如用自行车代替私家车出行可以锻炼身体。对于利益型偏好的居民，要侧重于强调绿色生活方式带来的经济收益，如购买节能家电、随时关灯可以节省金钱。对于环保型偏好的居民，利用其内在的环境责任感和环境关心，鼓励、助推他们有目的地、持久地实施绿色生活方式，逐渐带动全民实施绿色生活方式。

（2）实施奖励措施，营造高收益社会氛围，提高群体决策稳定性。出台有利于公众参与的可执行的细节法规，对居民的自身利益给以法律保护。政府可设立专项基金，也可以将绿色信贷、绿色保险、财政激励及以生态补偿为目的的财政转移支付手段用于奖励主动践行或致力于绿色生活方式宣传的参与者。通过恰当的宣传与奖励措施，使居民达成践行绿色生活方式能够带来高价值收益的共识，提高居民践行绿色生活的积极性和主动性，增强居民群体决策（选择绿色生活方式）的稳定性。

（3）降低参与成本，加大约束（惩罚）力度，调整群体决策的宏观趋势。借助互联网和大数据，建立智慧城市和掌上生活平台，达成公共服务与居民实时需求的契合，降低居民参与绿色环保行为付出的时间、便利度成本。此外，在更广泛的生活领域里运用经济手段，建立恰当的惩罚机制对居民行为进行干预，真正实行“污染者付费”“治污者补贴”的原则，减少直至杜绝“搭便车”现象，避免公地悲剧的发生。

（4）精准引导，借力网络平台，发挥“大 V”节点的社会引领作用。对社会网络中的“大 V”节点进行精准引导和宣传，使其决策状态稳定在践行绿色生活方式上。同时借助微博、推特、微信等互联网平台，增强群体学习强度，挖掘“大 V”居民在榜样引领、舆论宣传的影响力，发挥“大 V”在推行绿色生活方式中的社会作用。此外，在宣传和引导一段时间后，由于节点联系衰减，有必要开展一定的激励措施增强群体沟通学习效果。

5.4.5　局限性和研究展望

首先，在构建居民绿色生活方式决策的效用函数时，我们只考虑了收益、成本、惩罚三个经济参数，这仅是居民生活方式决策时考虑的部分因素。后续研究可以把社会规范、环境污染程度感知、政策执行强度等因素纳入居民决策的效用模型做拓展研究。其次，我们在构造后悔-欣喜函数时认为后悔程度会随着时间递减，这样做虽然可以简化模型但也会造成信息损失。后续研究可以深入探究后悔-欣喜值在时间维度的变化规律。再次，我们在构造后悔-欣喜函数时将所有居民的后悔规避系数设置相同，忽略个体后悔规避系数的异质性。在未来研究中，可以探讨具有不同偏好与后悔规避系数综合特征的居民绿色生活方式决策规律。此外，本章研究中的互动仅涉及决策结果的互动，即居民做选择时仅考虑自己的效用和互动对象的效用，是在结果互动的基础上做选择，并未涉及具体的有关绿色生活方式的互动信息，如关于实施绿色生活方式带来的情感、经济收益的正向信息，或实施绿色生活方式带来的不便性的负向信息。未来可以就互动信息的方向性（正向或负向）及其对居民决策的影响做深入研究。最后，本章仿真系统中参数设定的合理性和稳健性有待检验，尤其需要结合实际场景进行验证。

5.5 本章小结

本章尝试分析效用参数（实施绿色生活方式的收益、成本等）和沟通学习强度等因素，对居民绿色生活方式群体决策的影响，从而准确把握居民群体行为的演化规律。基于演化博弈视角，利用多 Agent 模拟研究绿色生活方式推行中居民决策的互动关系。其中，基于后悔理论，考虑居民偏好特征，建立综合居民自身与邻居偏好特征以及历史信息的学习规则。利用 Anylogic8.0.5 开发多 Agent 仿真系统，设计并运行多组模拟实验，从微观视角研究绿色生活方式推行中的宏观规律。本章的主要研究结论如下：

（1）居民实施绿色生活方式的收益对群体决策状态的稳定性有重要影响。收益越高，群体内不同决策的个体间效用差值越大，居民的决策变化程度越小，越有利于实施绿色生活方式的居民群体的形成。反之，收益越低，居民的决策行为越不稳定，群体决策波动越大，越不利于实施绿色生活方式的居民群体的形成。

（2）群体决策的宏观趋势由实施绿色生活方式的成本和因未实施而损失的收益决定。当居民实施绿色生活方式的成本与因未实行绿色生活方式而损失的收益相当时，接受与拒绝绿色生活方式的居民数量大体相同；当实施绿色生活方式的成本大于因未实施而损失的收益时，居民拒绝绿色生活方式的决策占据主导地位；反之，居民接受绿色生活方式的决策占据主导地位。

（3）沟通强度对群体决策有影响。当沟通强度低时，选择绿色生活方式的居民数量波动较小，群体决策状态较为稳定；当沟通强度高时，选择绿色生活方式的居民数量在某些时刻增加但波动更加剧烈，居民决策具有明显的从众性，居民在生活方式选择时有正确引导和投机诱导两种可能。在此情境下，大节点（具有较多邻居的居民）的绿色行为对引导居民实施绿色生活方式具有关键作用。此外，随着时间推移，群体沟通对绿色生活方式的助推效果呈下降趋势。

参 考 文 献

[1] Yu S，Agbemabieseb L，Zhang J. Estimating the carbon abatement potential of economic sectors in China. Applied Energy，2016，165：107-118.

[2] IPCC. Global warming of 1.5 °C. http://news.cleartheair.org.hk/?p=9864，2018.

[3] Mi Z，Zheng J，Meng J，et al. Carbon emissions of cities from a consumption-based perspective. Applied Energy，2019，235：509-518.

[4] UN-Habitat. Cities and Climate Change：Global Report on Human Settlement. London：Earthscan，2011.

[5] Wei Y，Liu L，Fan Y，et al. The impact of lifestyle on energy use and CO_2 emission：an empirical analysis of China's residents. Energy Policy，2007，（35）：247-257.

[6] Ding Q，Cai W，Wang C，et al. The relationships between household consumption activities and energy consumption in China—an input-output analysis from the lifestyle perspective. Applied Energy，2017，（207）：520-532.

[7] Jones C M，Kammen D M. Quantifying carbon footprint reduction opportunities for U.S. households and communities. Environment Science and Technology，2011，（45）：4088-4095.

[8] Wan B，Tian L，Zhu N，et al. A new endogenous growth model for green low-carbon behavior and its comprehensive effects. Applied Energy，2018，230：1332-1346.

[9] Büchs M，Saunders C，Wallbridge R，et al. Identifying and explaining framing strategies of low carbon lifestyle movement organisations. Global Environmental Change，2015，35（2）：307-315.

[10] Manski C. Economic analysis of social interactions. Journal of Economic Perspectives，2000，14（3）：115-136.

[11] Tuyls K，Parsons S. What evolutionary game theory tells us about multiagent learning. Artificial Intelligence，2007，171（7）：406-416.

[12] Hsieh F. Analysis of contract net in multi-agent systems. Automatica，2006，42（5）：733-740.

[13] Xiao L，Greer D. Towards agent-oriented model-driven architecture. European Journal of

Information Systems，2007，16（4）：390-406.

[14] Boster C，Majerczyk M，Tian Y. The effect of individual and pooled profit-sharing plans on honesty in managerial reporting. Contemporary Accounting Research，2018，35（2）：696-715.

[15] Simon H A. A behavioral model of rational choice. The Quarterly Journal of Economics，1955，69（1）：99-118.

[16] Bell D. Regret in decision making under uncertainty. Operations Research，1982，（5）：961-981.

[17] Loomes G，Sugden R. Regret theory：an alternative theory of rational choice under uncertainty. Economic Journal，1982，92（368）：805-824.

[18] Roche M J，Pincus A L，Hyde A L，et al. Within-person covariation of agentic and communal perceptions：implications for interpersonal theory and assessment. Journal of Research in Personality，2013，47（4）：445-452.

[19] Lazer W. Lifestyle concepts and marketing//Greyser S. Toward Scientific Marketing. Chicago：American Marketing Association，1963：140-151.

[20] Englis B G，Solomon M R. Life style online，a web-based methodology for visually-oriented consumer research. Journal of Interactive Marketing，2000，14（1）：2-14.

[21] Thacker K，Stavarski D H，Brancato V，et al. CE：an investigation into the health-promoting lifestyle practices of RNs. American Journal of Nursing，2016，116（4）：24-30.

[22] Ondova M，Estokova A. Environmental impact assessment of building foundation in masonry family houses related to the total used building materials. Environmental Progress & Sustainable Energy，2016，35（4）：1113-1120.

[23] Fuerst F，Mcallister P. Green noise or green value? Measuring the effects of environmental certification on office values. Real Estate Economics，2011，39（1）：45-69.

[24] Zhang X，Platten A，Shen L. Green property development practice in China：costs and barriers. Building and Environment，2011，46（11）：2153-2160.

[25] He S，Yin J，Zhang B，et al. How to upgrade an enterprise's low-carbon technologies under a carbon tax：the trade-off between tax and upgrade fee. Applied Energy，2018，227：564-573.

[26] Zhu Q，Geng Y. Drivers and barriers of extended supply chain practices for energy saving and emission reduction among Chinese manufacturers. Journal of Cleaner Production，2013，40（2）：6-12.

[27] Wang Z，Liu W. Determinants of CO_2 emissions from household daily travel in Beijing，China：individual travel characteristic perspectives. Applied Energy，2015，158：292-299.

[28] Sun L，Wang Q，Ge S. Urban resident energy-saving behavior：a case study under the A2SC

framework. Natural Hazards，2018，91：515-536.

[29] Ma G，Andrews-Speed P，Zhang J. Chinese consumer attitudes towards energy saving：the case of household electrical appliances in Chongqing. Energy Policy，2013，56：591-602.

[30] Geng J，Long R，Chen H. Impact of information intervention on travel mode choice of urban residents with different goal frames：a controlled trial in Xuzhou，China. Transportation Research Part A Policy and Practice，2016，91：134-147.

[31] Peter D M，Hooman E. Consumer perceptions of third party product quality ratings. Journal of Business Research，2011，64（10）：1067-1073.

[32] Wang S，Yu H，Song M，et al. Assessing the efficiency of environmental regulations of large-scale enterprises based on extended fuzzy data envelopment analysis. Industrial Management and Data Systems，2018，118（2）：463-479.

[33] Chorus C. Regret theory-based route choices and traffic equilibria. Transportmetrica，2012，8（4）：291-305.

[34] Zhang S，Zhu J，Liu X，et al. Regret theory-based group decision-making with multidimensional preference and incomplete weight information. Information Fusion，2016，31：1-13.

[35] Spacek L，Solga S. When to perform hepatic resection for intermediate-stage hepatocellular carcinoma. Hepatology，2015，61（3）：905-914.

[36] Solnik B，Zuo L. A global equilibrium asset pricing model with home preference. Social Science Electronic Publishing，2012，58（2）：273-292.

[37] Ben-Elia E. "If only I had taken the other road…"：regret，risk and reinforced learning in informed route-choice. Transportation，2013，40（2）：269-293.

[38] Zhou H，Wang J，Zhang H. Grey stochastic multi-criteria decision-making based on regret theory and TOPSIS. International Journal of Machine Learning and Cybernetics，2015，8（2）：1-14.

[39] Lin Y，Wang Y，Chen S. Hesitant fuzzy multi attribute matching decision making based on regret theory with uncertain weights. International Journal of Fuzzy Systems，2017，19（4）：955-966.

[40] Xia M，Chen J，Zhang J. Multi-criteria decision making based on relative measures. Annals of Operations Research，2015，229（1）：791-811.

[41] Bekhor S，Chorus C，Toledo T. Stochastic user equilibrium for route choice model based on random regret minimization. Transportation Research Record：Journal of the Transportation Research Board，2012，2284：100 -108.

[42] Chorus C，Arentze T，Timmermans H. A random regret-minimization model of travel choice. Transportation Research Part B Methodological，2008，42（1）：1-18.

[43] Li M，Huang H. A regret theory-based route choice model. Transportmetrica，2017，13（3）：250-272.

[44] Jiang B，Narasimhan C，Turut O. Anticipated regret and product innovation. Management Science，2012，63（12）：4308-4323.

[45] Braun M，Muermann A. The impact of regret on the demand for insurance. Journal of Risk and Insurance，2010，71（4）：737-767.

[46] Cooke A，Meyvis T，Schwartz A. Avoiding future regret in purchase-timing decisions. Social Science Electronic Publishing，2001，27（4）：447-459.

[47] David R，Smith R G. Negotiation as a metaphor for distributed problem solving. Artificial Intelligence，1983，20：63-109.

[48] Zarandi M H F，Ahmadpour P. Fuzzy agent-based expert system for steel making process. Expert Systems with Applications，2009，36（5）：9539-9547.

[49] Li K，Zhou T，Liu B H，et al. A multi-agent system for sharing distributed manufacturing resources. Expert Systems with Applications，2018，99：32-43.

[50] Cohen P R，Levesque H J. Teamwork. Nous，1991，25（4）：487-512.

[51] Fan X，Yen J，Volz R A. A theoretical framework on proactive information exchange in agent teamwork. Artificial Intelligence，2005，169（1）：23-97.

[52] Liau C. Belief，information acquisition，and trust in multi-agent systems-a modal logic formulation. Artificial Intelligence，2003，149：31-60.

[53] Grosz B，Kraus S. Collaborative plans for complex group action. Artificial Intelligence，1996，86（2）：269-357.

[54] Zhang J l，Qi D l，Yu M. A game theoretic approach for the distributed control of multi-agent systems under directed and time-varying topology. International Journal of Control，Automation，and Systems，2014，12（4）：749-758.

[55] Trappey A J C，Trappey C V，Ni W C. A multi-agent collaborative maintenance platform applying game theory negotiation strategies. Journal of Intelligent Manufacturing，2013，24（3）：613-623.

[56] Lin Z，Liu H T. Consensus based on learning game theory with a UAV rendezvous application. Chinese Journal of Aeronautics，2015，28（1）：191-199.

[57] Khan M R B，Jidin R，Pasupuleti J. Multi-agent based distributed control architecture for microgrid energy management and optimization. Energy Conversion and Management，2016，112：288-307.

[58] Marden J，Arslan G，Shamma J. Joint strategy fictitious play with inertia for potential games. IEEE Transactions on Automatic Control，2009，54（2）：208-220.

[59] Li N，Marden J R. Designing games for distributed optimization. IEEE Journal of Selected

Topics in Signal Processing，2011，7（2）：2434-2440.

[60] Morrison M，Roese N. Regrets of the typical American：findings from a nationally representative sample. Social Psychological and Personality Science，2011，2（6）：576-583.

[61] Towers A，Williams M N，Hill S R，et al. What makes for the most intense regrets? Comparing the effects of several theoretical predictors of regret intensity. Frontiers in Psychology，2016，7：1941.

[62] Chen W，Goh M，Zou Y. Logistics provider selection for omni-channel environment with fuzzy axiomatic design and extended regret theory. Applied Soft Computing，2018，71：353-363.

[63] Mcpherson M，Smith-Lovin L，Cook J. Birds of a feather：homophily in social networks. Annual Review of Sociology，2001，27（1）：415-444.

[64] Du W，Cao X，Hu M，et al. Effects of expectation and noise on evolutionary games. Physica A，2009，388（11）：2215-2220.

[65] Semenza J，Hall D，Wilson D，et al. Public perception of climate change：voluntary mitigation and barriers to behavior change. American Journal of Preventive Medicine，2008，35（5）：479-487.

[66] Park J，Ahn C，Lee K，et al. Analysis on public perception，user-satisfaction，and publicity for WEEE collecting system in South Korea：a case study for door-to-door service. Resources，Conservation and Recycling，2019，144：90-99.

[67] Rezvani Z，Jansson J，Bengtsson M. Consumer motivations for sustainable consumption：the interaction of gain，normative and hedonic motivations on electric vehicle adoption. Business Strategy and the Environment，2018，27：1272-1283.

[68] Yu L，Lai K. A distance-based group decision-making methodology for multi-person multi-criteria emergency decision support. Decision Support Systems，2011，51（2）：307-315.

[69] Sinayi M，Rasti-Barzoki M. A game theoretic approach for pricing，greening，and social welfare policies in a supply chain with government intervention. Journal of Cleaner Production，2018，196：1443-1458.

[70] Zhu Q，Dou Y. Evolutionary game model between governments and core enterprises in greening supply chains. Systems Engineering-Theory and Practice，2007，27（12）：85-89.

[71] Shao C，Ding Y，Wang J. A low-carbon economic dispatch model incorporated with consumption-side emission penalty scheme. Applied Energy，2019，238：1084-1092.

[72] Hu Y，Zhang Y，Lamb D，et al. Examining and optimizing the bcycle bike-sharing system – a pilot study in Colorado，US. Applied Energy，2019，247：1-12.

[73] Duarte R， Feng K， Hubacek K， et al. Modeling the carbon consequences of pro-environmental consumer behavior. Applied Energy，2016，184：1207-1216.

[74] Nematzadeh A，Ferrara E，Flammini A，et al. Optimal network modularity for information diffusion. Physical Review Letters，2014，113（8）：088701-1-088701-5.

[75] Li W，Tian L，Batool H. Impact of negative information diffusion on green behavior adoption. Resources Conservation and Recycling，2018，136：337-344.

[76] Cao N，Lin Y，Sun X，et al. Whisper：tracing the spatiotemporal process of information diffusion in real time. IEEE Transactions on Visualization and Computer Graphics，2012，18（12）：2649.

[77] Mishori R，Singh L，Levy B，et al. Mapping physician twitter networks：describing how they work as a first step in understanding connectivity，information flow，and message diffusion. Journal of Medical Internet Research，2014，16（4）：157-167.

[78] Jalili M. Effects of leaders and social power on opinion formation in complex networks. Simulation，2013，89（5）：578-588.

[79] Gibbons D. Interorganizational network structures and diffusion of information through a health system. American Journal of Public Health，2007，97（9）：1684-1692.

第 6 章　信息扩散对绿色行为传播的影响①

绿色行为的普及无疑有利于减少碳排放，因此了解其传播过程是一个重要的问题。由于人们对环境问题的关心影响着他们的绿色行为，本章不再简单地考察单层网络上的传播过程，而是在仿真多层网络 T 和真实多层网络 P 上分别探讨绿色行为传播，与其信息（尤其是低碳性）扩散的相互关系。用到的两个多层网络都是两层的，一层是绿色行为的动态演化层（即实际接触层），另一层是信息扩散层（即信息层）。根据我们提出的 Unaware-Aware-Removed-Susceptible-Green-Susceptible（UAR-SGS）模型和 MMCA，得到了绿色传播阈值。基于此传播阈值解析了信息扩散对绿色行为爆发的影响，提出了一些引导人们绿色行为的政策建议。

6.1　国内外研究进展

在这个全球变暖的时代，引导绿色行为不失为减少碳排放的一个有利途径。因此，各种研究试图找出那些使得人们表现出亲环境行为的原因。以 1 089 名大学生为样本进行的描述性分析显示，女性比男性更关注绿色行为[1]。Varela-Candamio 等[2]发现全球变暖意识等环境教育对公民的绿色行为起到了重要作用。很多绿色行为，如绿色购买[3, 4]、绿色出行[5]，以及能源效率投资[6]均受到气候变化威胁造成的绿色信仰浪潮的影响。

近年来，人们越来越关注在线社交网络对现实世界中各种传播的影响，从

① 第 6 章主要内容出处：Li W Y，Tian L X，Gao X Y，et al. Impacts of information diffusion on green behavior spreading in multiplex networks. Journal of Cleaner Production，2019，222：488-498.

对流行病传播[7~13]的影响，到对诸如投票[14]、健康行为[15]和真实世界体育活动[16]等行为传播的影响。Bond 等[14]的研究结果表明，网络信息直接影响到数百万人在真实世界的投票行为，并且处在同一环境中的人们的态度和行为会相互影响。社交网络对于用户离线体育活动也具有显著的正影响，该影响随着时间推移而逐渐减少[16]。另一个感兴趣的问题是如何找到网络中有影响力的传播者，虽然已经有很多测度方法被提出并用于解决这个问题[17~19]，但似乎没有适用于所有情况的办法。Even-Dar 和 Shapira[20]认为对于概率选举模型而言，网络中具有最大度的节点是保证传播范围最大化的关键。然而 Kitsak 等[21]则认为最有效的节点是由 k-shell 分解确定的位于网络核心的节点。

绿色信仰会引发绿色行为[3~5]，当绿色行为传播时，在线社交网络上关于其节能和低碳性的信息扩散可能会吸引更多人，尤其是有绿色信仰的人采取这类行为。尽管在线社交网络对于多种行为（如投票、健康行为）的影响已被研究，但其对于绿色行为传播的影响仍不明确。此外，就绿色行为方面的研究而言，还未有关于驱动因素（如性别、绿色信仰）对绿色行为传播影响的定量分析。在本章中，我们不再简单地研究单层网络上的行为传播[14，16，22]，而是首次使用多层网络[23，24]来定量分析在线信息扩散对绿色行为传播的影响。

我们先建立两个多层网络，一个是使用配置模型生成的仿真多层网络 T，另一个是利用 Cho 等[25]、Scellato 等[26]用过的 Gowalla 数据构造得到的真实多层网络 P。每个网络均有两层，一层是绿色行为动态演化层（实际接触层），另一层是绿色行为信息扩散层（信息层）。然后，我们引入一个新的UAR-SGS模型来描述绿色行为传播。多层网络中的所有个体均按其在各层的状态进行分类。与 Granell 等[9]、Kan 和 Zhang[12]、Pan 和 Yan[13]的模型不同，从社交网络上收到信息的个体（即处在已知状态的个体）被分配了与其度相关的活跃度，因为他们并不总能保持传播信息的积极性，并且活跃的个体通常在网络的拓扑结构中起中心作用[17]。考虑到有一些人在收到信息后并不会进一步传播信息，因此我们引入一个概率用来描述被告知绿色行为的一些节能和低碳信息后，处在未知（U）状态的个体直接转化为移出（R）状态的概率。

通过引入γ和μ这两个参数，我们进一步讨论了信息扩散对绿色行为传播的影响。使用 MMCA[27，28]进行的分析表明，通过在线社交网络扩散的绿色行为信息会吸引更多的人采取这一行为。更有意思的是，分析和模拟结果都揭示了信息层的轻微影响可以改变绿色行为阈值，使得行为更容易爆发。我们也验证了这些影响完全来自信息层，而不是实际接触层的二次影响。考虑到每个已知状态个体的活跃度与其度值有关，本章使用度值来寻求最有效的传播者。具体地，我们探讨是否初始节点的度值越高，绿色行为采用比例越高。蒙特卡罗模拟的结果表明，尽管度值较高的初始节点并不是绿色行为广泛传播的必要条件，但选取度值小于转折点的节点作为初始节点是不可取的。

6.2　绿色行为传播模型

6.2.1　每层的传播动力学

真实的绿色行为在一个实际接触网络中传播，这个网络的连边代表你与每天会看到的人之间的关系，如家人、邻居和同事，因为人的行为被认为是通过面对面接触传播的[14]，在你周围生活或工作的人往往对你的行为会产生重要影响。绿色行为的信息则在一个信息网络中扩散，其连边对应于共享信息的人之间的关系。除了实际的面对面接触之外，这个信息网络中的连边还包括在线社交网络中的关系。

这里我们使用如图 6-1 所示的多层网络模型来描述传播过程。这个多层网络有两层，即实际接触层和信息层。每层有不同的连边，而两层的节点是相同的。每个节点代表一个个体，如果两个个体之间有关系，相应的两个节点在网络中就有连边。

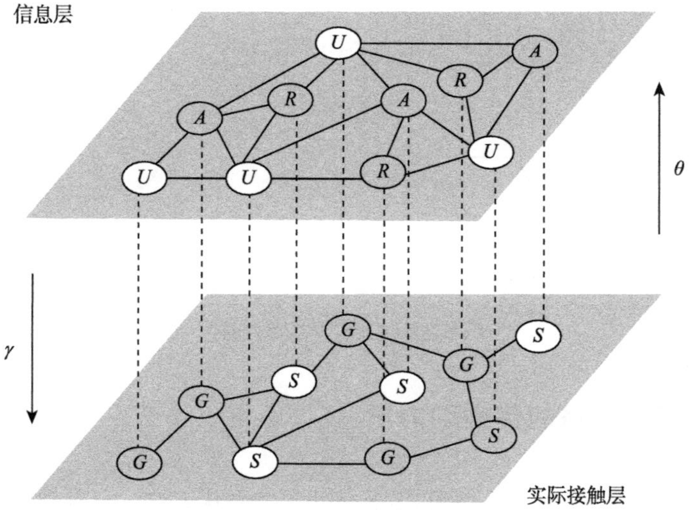

图 6-1　多层网络模型

信息层发生信息扩散，实际接触层则是绿色行为传播层。信息层中的节点有三种状态：未知（U）、已知（A）或移出（R）。实际接触层的节点状态为易感（S）或绿色（G）

在节点传播绿色行为信息的信息层中，我们建立了一个新的 UAR 模型来描述该层的传播过程。每个节点被分配为以下三个状态之一：未知（U）、已知（A）、移出（R）。已知状态的节点能够将绿色行为的信息，如其节能和低碳性传给同一层中的未知节点。未知状态的节点还未收到任何信息，但可以通过与已知节点交流获得。移出状态的节点收到信息，但不愿意再传播。具体来说，UAR 模型中可能的转变如下：

（1）未知状态的节点可以通过联系一个已知节点，以概率λ接收到信息。在未知节点被通知后，它将以概率 p 变成已知状态，并以概率$1-p$变成移出状态。这种转变是合理的，因为刚刚收到这些信息的人，其中的一部分不会再进一步传播信息了，这种情况在在线社交网络上是比较常见的。

（2）考虑到已知状态的个体并不总能保持传播信息的积极性，本章区分了他们的活跃度。我们将每个已知节点的活跃度与其度值关联起来，因为活跃的个体通常在网络的拓扑结构中起中心作用。任何已知节点$i,i\in\{1,2,\cdots,N\}$被赋予一个活跃度$a_i = k_i / k_{\max}$，其成为去除状态的概率为$1-a_i$。

绿色行为在实际接触层的传播过程用易感-绿色-易感（SGS）模型来描述。每个节点被允许处于两个状态之一：易感（S）、绿色（G）。处在绿色状态的节点可以鼓励易感节点采取绿色行为，并且可以返回到S状态，即以恢复率α放弃绿色行为。对于易感节点，他们没有采取绿色行为，但可以通过联系绿色节点，以采用率β采取该行为。图 6-2 给出了多层网络每一层的扩散动力学。

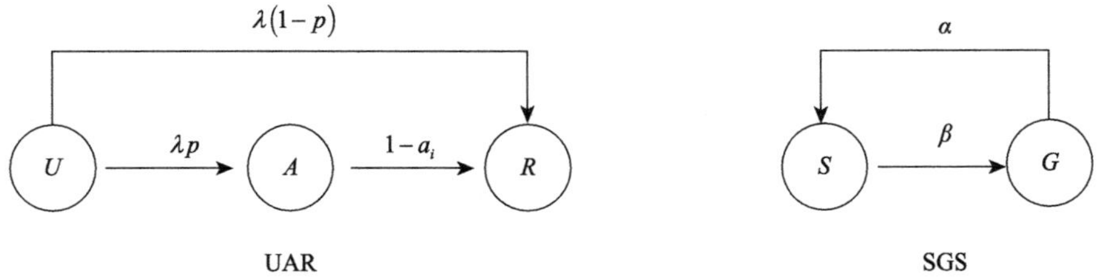

（a）信息层　　　　（b）实际接触层

图 6-2　每层传播动态描述

6.2.2　多层网络的传播动力学

根据 UAR-SGS 模型，个体可以处于以下六个状态之一：未知易感（US）、未知绿色（UG）、已知易感（AS）、已知绿色（AG）、移出易感（RS）、移出绿色（RG）。多层网络传播过程中可能的转换如下：

（1）人在不了解绿色行为的情况下盲目追随其他人，他们中的一部分在后面的传播过程中仍然处在未知状态。因此，在本节中，UG 节点参与下一次传播，并且与 US 节点的概率 λ^S 相比，以较高的概率 $\lambda^G=\theta\lambda^S$，$\theta\in\left[1,1/\lambda^S\right]$ 获知信息。这里我们用 θ 来调节实际接触层对信息层的影响。

（2）γ 被用来调节信息层对实际接触层的影响。请注意，已知节点更有可能表现出亲环境行为[3，5]，因此我们用参数 γ 来区分 AS 和 US 节点的采用率。如果一个节点处于 US 状态，其在实际接触层的采用率为 β^U，AS 节点的采用率为 $\beta^A=\gamma\beta^U$，$\gamma\in\left[1,1/\beta^U\right]$。考虑到 RS 节点已经意识到了绿色行为，其采用率 $\beta^R=\beta^A$。

多层网络上 UAR 和 SGS 过程之间的相互作用由参数 θ 和 γ 来调节。当 θ=1 且 γ=1 时，上述相互作用消失，并且此时的动力学过程等同于在每个单层独立网络中分别运行这两个过程。

6.3 理 论 分 析

6.3.1 不同状态的概率演变

我们将信息层的邻接矩阵记为 $A=\left\{a_{ij}\right\}$，如果节点 i 和节点 j 相连，$a_{ij}=1$，否则 $a_{ij}=0$。对于实际接触层，它的邻接矩阵为 $B=\left\{b_{ij}\right\}$。对于每个节点 $i,i\in\{1,\cdots,N\}$，其在 t 时刻处在各个状态的概率分别为 $p_i^{\mathrm{US}}(t)$、$p_i^{\mathrm{AS}}(t)$、$p_i^{\mathrm{RS}}(t)$、$p_i^{\mathrm{UG}}(t)$、$p_i^{\mathrm{AG}}(t)$、$p_i^{\mathrm{RG}}(t)$。假设这些概率彼此独立，可以得

$$r_i^S(t)=\prod_j\left[1-a_{ji}p_j^A(t)\lambda^S\right] \tag{6-1}$$

$$r_i^G(t)=\prod_j\left[1-a_{ji}p_j^A(t)\lambda^G\right] \tag{6-2}$$

$$q_i^U(t)=\prod_j\left[1-b_{ji}p_j^G(t)\beta^U\right] \tag{6-3}$$

$$q_i^A(t)=\prod_j\left[1-b_{ji}p_j^G(t)\beta^A\right] \tag{6-4}$$

$$q_i^R(t)=\prod_j\left[1-b_{ji}p_j^G(t)\beta^R\right] \tag{6-5}$$

其中，$r_i^S(t)\left[r_i^G(t)\right]$ 是 US（UG）节点未被其任何邻居节点告知的概率；$q_i^U(t)$ 是原本处在 US 状态的节点 i 未被其任何邻居节点说服采取绿色行为的概率。对于 i 为 AS 和 RS 状态的节点，相应的概率分别是 $q_i^A(t)$、$q_i^R(t)$。此外，节点 i 处

在 A 和 G 状态的概率分别是 $p_i^A(t)=p_i^{AS}(t)+p_i^{AG}(t)$ 和 $p_i^G(t)=p_i^{UG}(t)+p_i^{AG}(t)+p_i^{RG}(t)$。由于并未对 RS 和 AS 节点的采用率进行区分，即 $\beta^R=\beta^A$，因此，$q_i^R(t)=q_i^A(t)$。

根据式（6-1）~式（6-5），我们获得状态转移概率树，见图 6-3，它们能够描述多层网络中节点的可能状态及其转换。在图 6-3 中，每棵树可以分为两个阶段：信息层的 UAR 过程和实际接触层的 SGS 过程。根据图 6-2（a），处于 R 状态的个体在信息层中不能变成任何其他状态，因此当节点处于 RS 或 RG 状态时，其在 UAR 过程中以概率 1 保持其状态。使用式（6-1）~式（6-5）和转移树，可以很容易地获得任何节点 i 的 MMCA 方程[8, 28]：

$$p_i^{\mathrm{US}}(t+1)=p_i^{\mathrm{US}}(t)r_i^S(t)q_i^U(t)+p_i^{\mathrm{UG}}(t)r_i^G(t)\alpha \tag{6-6}$$

$$\begin{aligned}p_i^{\mathrm{AS}}(t+1)=&\,p_i^{\mathrm{US}}(t)p\left(1-r_i^S(t)\right)q_i^A(t)+p_i^{\mathrm{UG}}(t)p\left(1-r_i^G(t)\right)\alpha\\&+p_i^{\mathrm{AS}}(t)a_iq_i^A(t)+p_i^{\mathrm{AG}}(t)a_i\alpha\end{aligned} \tag{6-7}$$

$$\begin{aligned}p_i^{\mathrm{RS}}(t+1)=&\,p_i^{\mathrm{US}}(t)(1-p)\left(1-r_i^S(t)\right)q_i^A(t)+p_i^{\mathrm{UG}}(t)(1-p)\left(1-r_i^G(t)\right)\alpha\\&+p_i^{\mathrm{AS}}(t)(1-a_i)q_i^A(t)+p_i^{\mathrm{AG}}(t)(1-a_i)\alpha+p_i^{\mathrm{RS}}(t)q_i^A(t)+p_i^{\mathrm{RG}}(t)\alpha\end{aligned} \tag{6-8}$$

$$p_i^{\mathrm{UG}}(t+1)=p_i^{\mathrm{US}}(t)r_i^S(t)\left(1-q_i^U(t)\right)+p_i^{\mathrm{UG}}(t)r_i^G(t)(1-\alpha) \tag{6-9}$$

$$\begin{aligned}p_i^{\mathrm{AG}}(t+1)=&\,p_i^{\mathrm{US}}(t)p\left(1-r_i^S(t)\right)\left(1-q_i^A(t)\right)+p_i^{\mathrm{UG}}(t)p\left(1-r_i^G(t)\right)(1-\alpha)\\&+p_i^{\mathrm{AS}}(t)a_i\left(1-q_i^A(t)\right)+p_i^{\mathrm{AG}}(t)a_i(1-\alpha)\end{aligned} \tag{6-10}$$

$$\begin{aligned}p_i^{\mathrm{RG}}(t+1)=&\,p_i^{\mathrm{US}}(t)(1-p)\left(1-r_i^S(t)\right)\left(1-q_i^A(t)\right)+p_i^{\mathrm{UG}}(t)\left[(1-p)\left(1-r_i^G(t)\right)\right](1-\alpha)\\&+p_i^{\mathrm{AS}}(t)(1-a_i)\left(1-q_i^A(t)\right)+p_i^{\mathrm{AG}}(t)(1-a_i)(1-\alpha)+p_i^{\mathrm{RS}}(t)\left(1-q_i^A(t)\right)\\&+p_i^{\mathrm{RG}}(t)(1-\alpha)\end{aligned} \tag{6-11}$$

式（6-6）~式（6-11）分别表示节点 i 在 US、AS、RS、UG、AG 和 RG 状态时的概率演化。例如，AS 状态的节点 i 在 $t+1$ 时刻的概率 $p_i^{\mathrm{AS}}(t+1)$ 四部分构成，即式（6-7）式右侧的四项，它们分别对应于树中 AS 作为叶子的四个分支，即 US→AS→AS，UG→AG→AS，AS→AS→AS，AG→AG→AS。在任何时刻 t，式（6-6）~式（6-11）满足 $p_i^{\mathrm{US}}(t)+p_i^{\mathrm{AS}}(t)+p_i^{\mathrm{RS}}(t)+p_i^{\mathrm{UG}}(t)+p_i^{\mathrm{AG}}(t)+p_i^{\mathrm{RG}}(t)=1$。

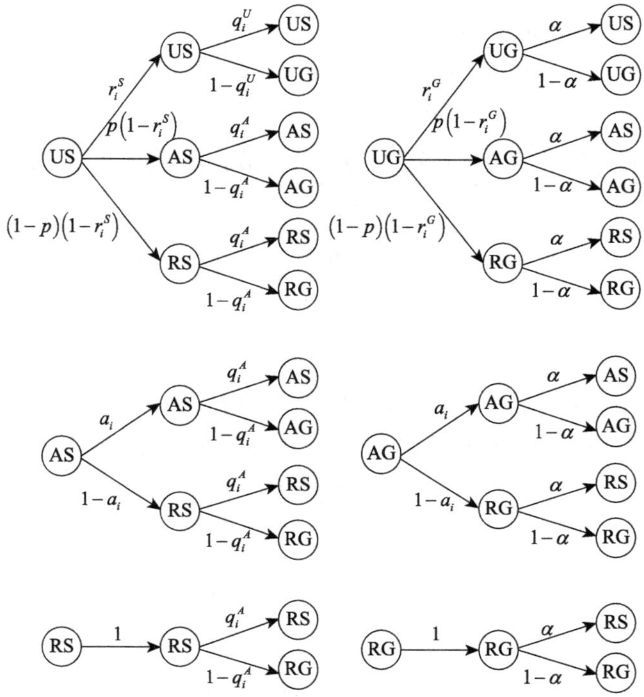

图 6-3　单位时间 UAR-SGS 模型的状态转化概率树

树的 6 类树根代表节点 i 在任意时刻 t 的可能状态。每棵树的叶子代表节点在 t+1 时刻可能的状态。相应的转化概率在箭头上方

给定一个网络拓扑以及参数 θ 、 λ^S 、 γ 、 β^U 、 p 和 α 的值，我们可以将式（6-1）~式（6-5）代入式（6-6）~式（6-11），迭代解出式（6-6）~式（6-11）的解以追踪绿色行为传播的时间演变。如果该演变系统进入稳定状态，则对于任何时间 t 和处在 US 状态的任何节点 i，我们有 $p_i^{\mathrm{US}}(t+1)=p_i^{\mathrm{US}}(t)=p_i^{\mathrm{US}}$，类似的方程对 AS、RS、UG、AG 和 RG 仍成立。将式（6-9）、式（6-10）和式（6-11）相加，我们可以得到稳定态的概率 $p_i^G(t)$ 如下：

$$
\begin{aligned}
p_i^G = p_i^{\mathrm{UG}} + p_i^{\mathrm{AG}} + p_i^{\mathrm{RG}} &= p_i^{\mathrm{US}} r_i^S\left(1-q_i^U\right)+\left[p_i^{\mathrm{US}} p\left(1-r_i^S\right)+p_i^{\mathrm{AS}} a_i\right]\left(1-q_i^A\right) \\
&+\left[p_i^{\mathrm{US}}(1-p)\left(1-r_i^S\right)+p_i^{\mathrm{AS}}\left(1-a_i\right)+p_i^{\mathrm{RS}}\right]\left(1-q_i^A\right)+\left[p_i^{\mathrm{UG}}+p_i^{\mathrm{AG}}+p_i^{\mathrm{RG}}\right](1-\alpha)
\end{aligned}
\tag{6-12}
$$

6.3.2　绿色行为阈值

弄清楚绿色行为在社会上能否普及是有意义的。为了解决这个问题，首先引

入绿色行为阈值τ，该值定义如下：

$\beta^U < \tau \Rightarrow$采用不能传播到很大一部分人口，即$p_i^G \to 0$，

$\beta^U > \tau \Rightarrow$绿色行为得以普及。

这个阈值的计算是考虑到当$\beta^U \to \tau$时，节点采取绿色行为的概率接近 0，这意味着对任何节点 i，$p_i^G = \varepsilon_i \ll 1$。在这种情况下，假设$p_i^G = \varepsilon_i \to 1$，$\forall_i = 1,2,\cdots,N$，式（6-3）和式（6-4）近似为$q_i^U \approx 1-\beta^U \sum_j b_{ji}\varepsilon_j$，$q_i^A \approx 1-\beta^A \sum_j b_{ji}\varepsilon_j$，其中$q_i^U \approx 1$，$q_i^R = q_i^A \approx 1$。此外，因为$\varepsilon_i = p_i^{\mathrm{UG}} + p_i^{\mathrm{AG}} + p_i^{\mathrm{RG}} \to 0$，并且$p_i^{\mathrm{UG}}$、$p_i^{\mathrm{AG}}$、$p_i^{\mathrm{RG}}$均为非负的，我们得到$p_i^{\mathrm{UG}} \approx 0$，$p_i^{\mathrm{AG}} \approx 0$，$p_i^{\mathrm{RG}} \approx 0$。将这些近似代入式（6-6）~式（6-8）可以得到它们在稳定时的情况：

$$p_i^{\mathrm{US}} = p_i^{\mathrm{US}} r_i^S \tag{6-13}$$

$$p_i^{\mathrm{AS}} = p_i^{\mathrm{US}} p\left(1-r_i^S\right) + p_i^{\mathrm{AS}} a_i \tag{6-14}$$

$$p_i^{\mathrm{RS}} = p_i^{\mathrm{US}}(1-p)\left(1-r_i^S\right) + p_i^{\mathrm{AS}}\left(1-a_i\right) + p_i^{\mathrm{RS}} \tag{6-15}$$

从而，式（6-12）为

$$\varepsilon_i = \left[p_i^{\mathrm{US}}\beta^U + p_i^{\mathrm{AS}}\beta^A + p_i^{\mathrm{RS}}\beta^A\right]\sum b_{ij}\varepsilon_j + (1-\alpha)\varepsilon_i \tag{6-16}$$

由于$\beta^A = \gamma\beta^U$，并且$p_i^U = p_i^{\mathrm{US}} + p_i^{\mathrm{UG}} \approx p_i^{\mathrm{US}}$，$p_i^A = p_i^{\mathrm{AS}} + p_i^{\mathrm{AG}} \approx p_i^{\mathrm{AS}}$，$p_i^R = p_i^{\mathrm{RS}} + p_i^{\mathrm{RG}} \approx p_i^{\mathrm{RS}}$，式（6-16）可写为

$$\sum_j \left\{\left[p_i^U + \gamma\left(p_i^A + p_i^R\right)\right]b_{ji} - \frac{\alpha}{\beta^U}\delta_{ij}\right\}\varepsilon_j = 0,\ \forall_i = 1,2,\cdots,N \tag{6-17}$$

当$i=j$时，$\delta_{ij}=1$；否则$\delta_{ij}=0$。定义矩阵H的元素为

$$h_{ij} = \left[p_i^U + \gamma\left(p_i^A + p_i^R\right)\right]b_{ji} \tag{6-18}$$

式（6-17）简化为

$$H\varepsilon = \frac{\alpha}{\beta^U}\varepsilon \tag{6-19}$$

其中，$\varepsilon = \left(\varepsilon_1,\varepsilon_2,\cdots,\varepsilon_N\right)^{\mathrm{T}}$。式（6-19）的非平凡解是$H$的特征向量，其特征值是等于$\alpha/\beta^U$。所以，绿色行为阈值$\tau$是满足式（6-19）的$\beta^U$的最小值。令$\Lambda_{\max}(H)$表示$H$的最大特征向量，我们最终得

$$\tau = \frac{\alpha}{\Lambda_{\max}(H)} \tag{6-20}$$

根据式（6-18），我们可以看到阈值τ依赖于参数γ而不是参数θ。

6.4　数 值 模 拟

6.4.1　绿色行为的爆发和采用比例

我们首先建立一个仿真多层网络 T，它的实际接触层是使用度分布为 $P(k)\sim k^{-2.5}$ 的配置模型生成的，其节点数为 2 000，信息层为相同的网络但额外添加了 800 条随机连边。我们使用幂律分布网络是因为人类的接触似乎是无标度的，我们对信息层增加了 800 条连边是因为除了面对面接触外，信息也可以通过在线社交网络，移动通信网络等其他渠道进行传播。基于仿真多层网络 T，UAR-SGS 耦合动力模型的蒙特卡罗仿真按如下过程进行：当每次仿真开始时，先随机选取 0.05 比例的节点作为 AG 节点。在每个时间步，所有节点的状态都被更新。仿真一直进行到采用比例 ρ^G 达到最终稳定状态为止。这里，ρ^G 由下式给出

$$\rho^G = \frac{1}{N}\sum_{i=1}^{N} p_i^G \tag{6-21}$$

每次仿真得到的 ρ^G 都为 10 次结果的均值。

图 6-4 将蒙特卡罗仿真结果与通过迭代获得的 MMCA 数值解进行了比较。为简便起见，以下 $\lambda^S=\lambda$ 并且 $\beta^U=\beta$。观察图 6-4，我们看到对于仿真多层网络 T 来说两种方法之间的一致性是非常好的。这意味着我们基于 MMCA 得到的结果是有效的。因此，图 6-5 和图 6-6 给出的结果是运用 MMCA 获得的。

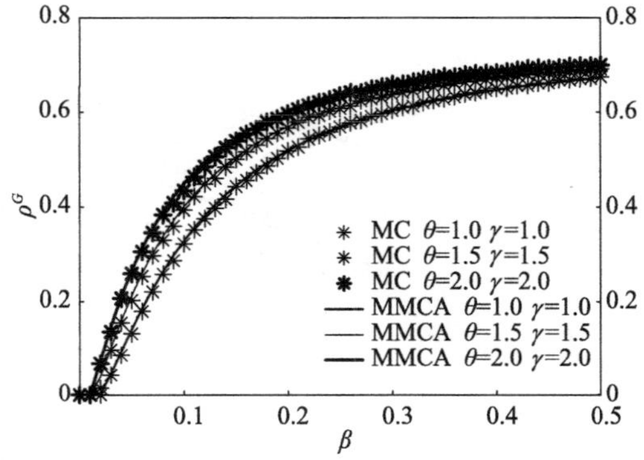

图 6-4　在三种不同 θ 和 γ 取值情况下，采用比例 ρ^G 随 β 变化的情况

剩下的参数是固定的，并令为 $p=0.5$，$\lambda=0.3$，$\alpha=0.4$。这里使用的网络是仿真多层网络 T

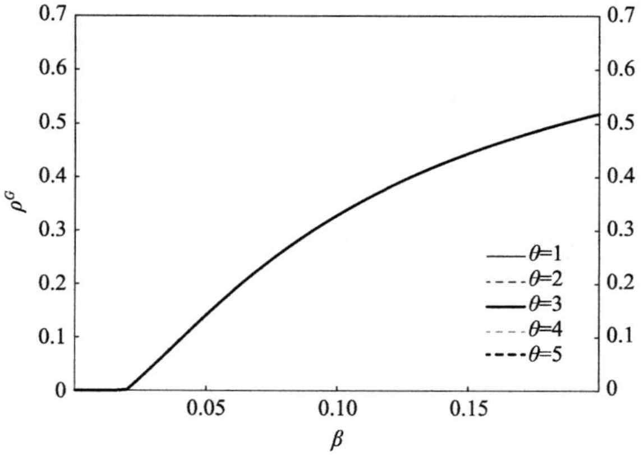

（a）$\gamma=1$

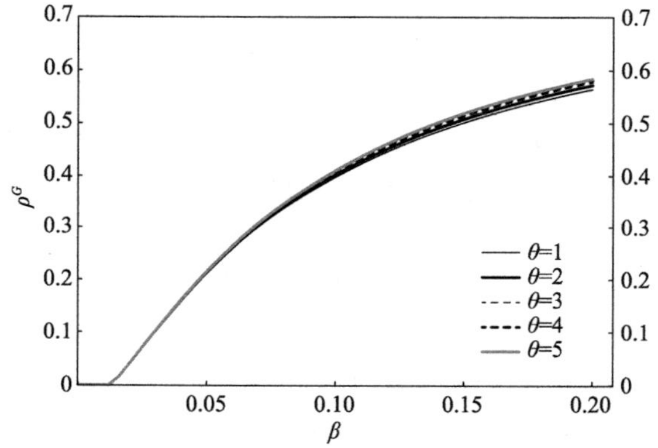

（b）$\gamma=1.5$

图 6-5　θ 从 1 到 5 变化时采用比例 ρ^G 随 β 变化的情况

$\gamma=1$ 即信息层对实际接触层无影响和 $\gamma=1.5$ 的情况。剩下的参数是固定的并令为 $p=0.5$，$\lambda=0.3$，$\alpha=0.4$。这里使用的网络是仿真多层网络 T

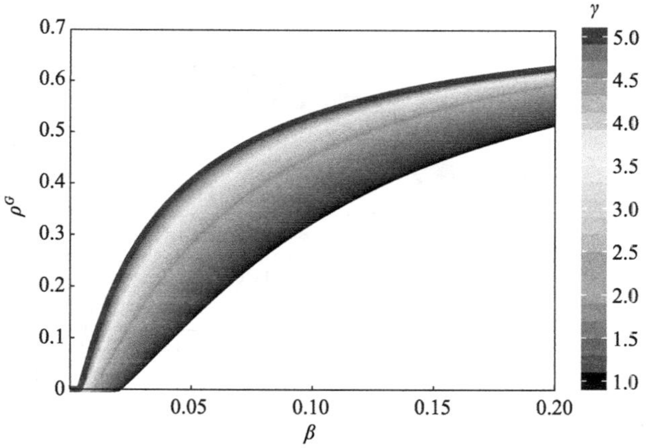

（a）$\theta=1$

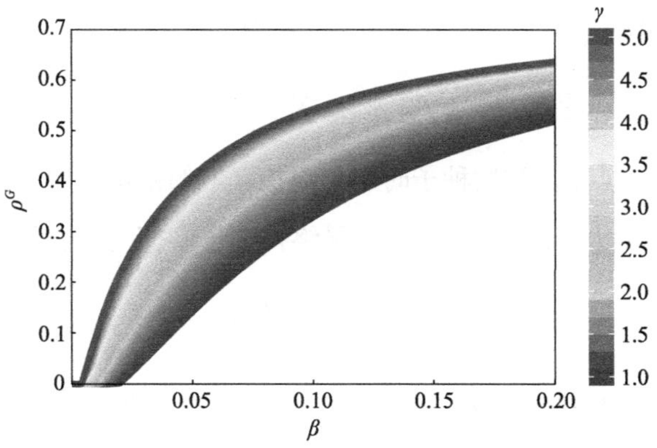

（b）θ=1.5

图 6-6　γ 从 1 到 5 变化时采用比例 ρ^G 随 β 变化的情况（一）

θ=1 即实际接触层对信息层无影响和 θ =1.5 的情况。剩下的参数是固定的并令为 p=0.5，λ =0.3，α =0.4。这里使用的网络是仿真多层网络 T

在图 6-5 中，我们画出了当 θ 从 1 到 5 变化时，采用比例 ρ^G 随 β 变化的情况。并且考虑 γ =1 或 γ =1.5 的情况。有趣的是，我们观察到在所有情况下，参数 θ 并不能改变绿色行为阈值，并且其对采用比例的影响可以忽略不计。从这一发现我们得出结论，实际接触层对信息层的影响不会传回给前者。通过比较图 6-5（a）和图 6-5（b），可以清楚地看出，γ 的增加可以降低绿色行为阈值。为了证实这一结论，在图 6-6 中，我们绘制了当 θ=1 或 θ=1.5 时，采用比例 ρ^G 在更多 γ 值下的变化情况。

实际上，通过将 γ 从 1 增加到 5，我们得到了类似的结果并且采用比例也增强了，特别是与 γ=1，即实际接触层对信息层没有影响的结果相比。这是因为根据式（6-18）可以看到，式（6-20）给出的绿色行为阈值 τ 依赖参数 γ。与此同时，图 6-6（a）和图 6-6（b）之间的相似性是因为公式（6-18）显示，阈值与 θ 无关。注意到当 γ 在 4 和 5 之间变化时，γ 的影响不显著，但当 γ 从 1 增加到 2 时，阈值明显向左移动。

6.4.2　传播能力

为了弄清楚信息层中初始节点的度值是如何影响实际接触层的传播的，量化初始节点的传播能力是有必要的。这里我们使用蒙特卡罗模拟从以下初始场景开始量化一个给定节点 i 的传播能力：除了种子节点外其余所有节点都处于 US 状态，为了获得统计上显著的结果，网络中的每个节点均被选作初始种子 M 次。

当节点 i 为传播起始点时，平均采用比例 ρ_i^G 为

$$\rho_i^G = \frac{1}{M}\sum_{n=1}^{M}\rho_{i,\ n}^G,\ \forall_i = 1,2,\cdots,N \tag{6-22}$$

其中，$\rho_{i,n}^G$ 表示当节点 i 是初始种子时某一模拟 n 下的稳定采用比例。我们进一步依据初始节点的度值对 $\left\{\rho_1^G,\cdots,\rho_N^G\right\}$ 分组，最终得到了度值为 k 的种子的平均采用率：

$$\rho^G(k) = \sum_{i\in D_k}\frac{\rho_i^G}{N_k} \tag{6-23}$$

其中，D_k 表示度为 k 的节点集合；N_k 表示 D_k 中节点的个数；$\rho^G(k)$ 表示度值为 k 的节点的传播能力。

图 6-7（a）显示了当 λ 从 0.2 增加到 0.5 时，网络 T 的采用比例在不同度值 k 下的变化情况。无论 λ 取何值，当 $k \geqslant 11$ 时采用比例几乎相同，但当 $k < 11$ 时，初始节点度值越高，传播性能越好，我们认为 11 是网络 T 的转折点。在图 6-7（b）中，我们绘制了网络 T 下 $\rho^G(k)$ 随 β 变化的结果。在转折点之前，初始节点的度值对采用比例仍有正影响。此外，还有一个有趣的结果：β 的值越高，初始节点的度值对采纳分数的影响越小。一个合理的解释是采用率 β 的提高增强了传播能力，部分抵消了由初始接节点度值较低所导致的采用比例的减少。

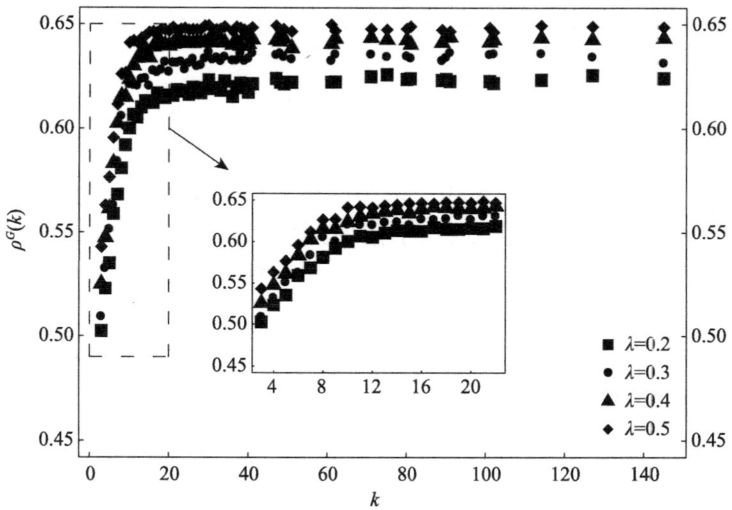

（a）λ 从 0.2 增加到 0.5，剩下的参数令为 β =0.3，θ =1.5，γ =1.5，p =0.5，α =0.4

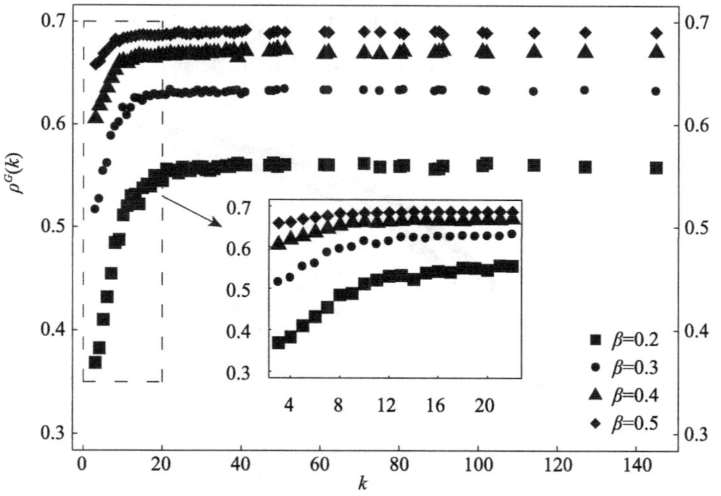

（b）β 从 0.2 增加到 0.5，剩下的参数令为 $\lambda=0.3$，$\theta=1.5$，$\gamma=1.5$，$p=0.5$，$\alpha=0.4$

图 6-7　采用比例 ρ^G 随初始节点度值 k 变化的情况（一）

这里使用的是仿真多层网络 T

6.4.3　另一个多层网络的仿真结果

一个更实际的真实多层网络 P 是利用基于位置的社交网站 Gowalla 获取的数据构建得到的，该数据包括用户简档、朋友列表、用户签到和地点的详情信息[25, 26]。我们挑选了 17 276 个用户及其对应的 69 834 个连接分别作为信息层的节点和连边。每个用户归属地的位置是其签到次数最多的地方。根据每个用户归属地的经纬度，如果两个用户 i 和 j 在信息层中有连边，则采用大圆距离来计算他们之间的距离 d_{ij}。最后，实际接触层与信息层具有相同的节点数，但只保留满足 $d_{ij}<\bar{d}$ 的 53 642 个连边，其中 $\bar{d}$ 是 d_{ij} 的平均值，因为面对面接触受到距离的限制。

在图 6-8 中我们也对网络 P 交叉比较了用蒙特卡罗仿真得到的结果与通过迭代获得的 MMCA 数值解。尽管两种方法的结果逐渐偏离，但总体趋势是一样的，更重要的是，当采用率 $\beta\leqslant 0.2$ 时吻合度较高。因此，当 $\theta=1$ 或 $\theta=1.5$ 时，不同 γ 值下的采用比例仍用 MMCA 获得，见图 6-9。当 θ 从 1 变为 1.5 时产生的影响可以忽略不计，然而，当把 γ 从 1 增加到 5 时，不但绿色行为阈值减小了，而且采用比例也增强了。特别地，图 6-10 显示了仿真多层网络 T 和真实多层网络 P 的绿色阈值 τ 对参数 γ 的依赖性。γ 稍微比 1 增加一点就会使阈值明显减小，这与图 6-6（b）和图 6-9（b）的结果一致。更有趣的是，τ 和 γ 之间的关系可以拟合为 $\tau=(a+b\gamma)^{-1}$，其中，参数 a 和 b 依赖于网络结构，因为 τ 与 a_{ij} 和 b_{ij} 相关。

值得注意的是，网络 P 的转折点$k\approx100$也存在，尽管当$50\leqslant k\leqslant100$时采用比例不是很稳定，见图 6-11。转折点似乎受网络结构的影响。

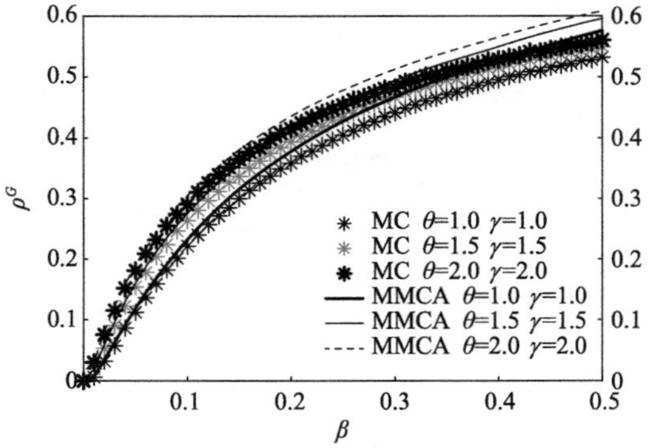

图 6-8 三种不同θ和γ取值情况下，通过蒙特卡罗仿真与通过 MMCA 获得的采用比例ρ^G随β变化的情况

剩下的参数是固定的并令为p=0.5，λ=0.3，α=0.4。这里使用的网络是真实多层网络 P

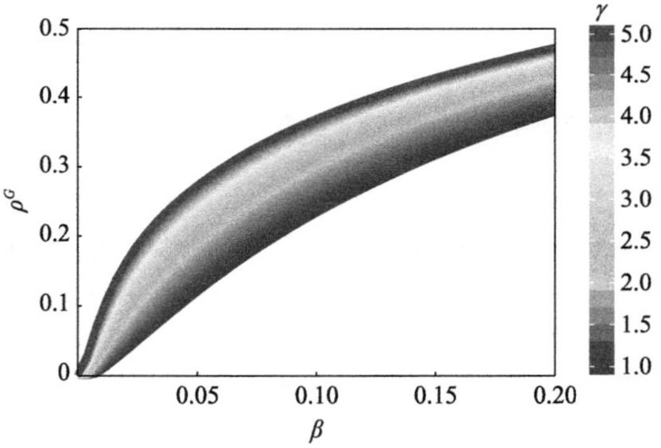

（a）θ=1

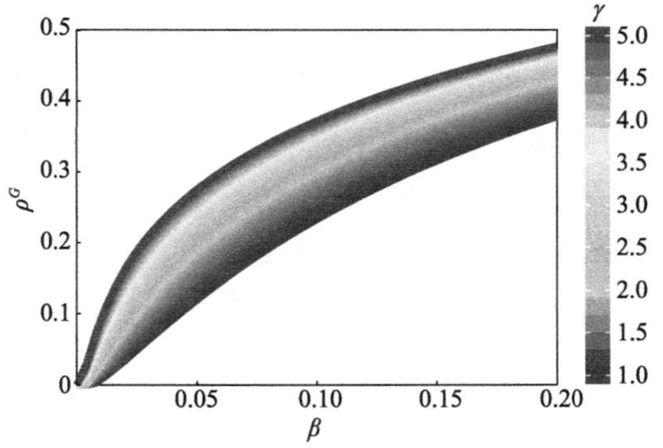

（b）θ=1.5

图 6-9 γ从 1 到 5 变化时采用比例ρ^G随β变化的情况（二）

θ=1 即实际接触层对信息层无影响和θ=1.5 的情况。剩下的参数是固定的并令为p=0.5，λ=0.3，α=0.4。这里使用的网络是真实多层网络 P

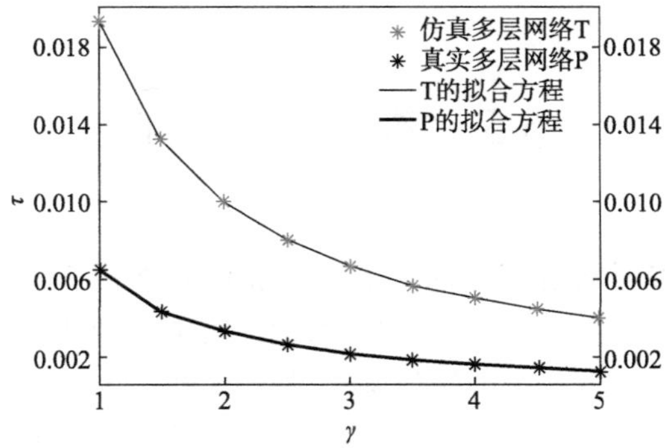

图 6-10　仿真多层网络 T 和真实多层网络 P 的绿色阈值 τ 对参数 γ 的依赖性

星星和线分别代表真实数据和拟合方程。剩下的参数是固定的并令为 p=0.5，θ=1.5，λ=0.3，α=0.4

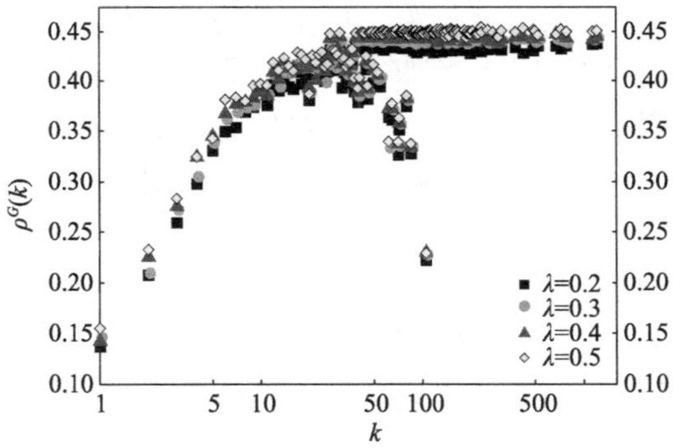

（a）λ 从 0.2 增加到 0.5，剩下的参数令为 β=0.3，θ=1.5，γ=1.5，p=0.5，α=0.4

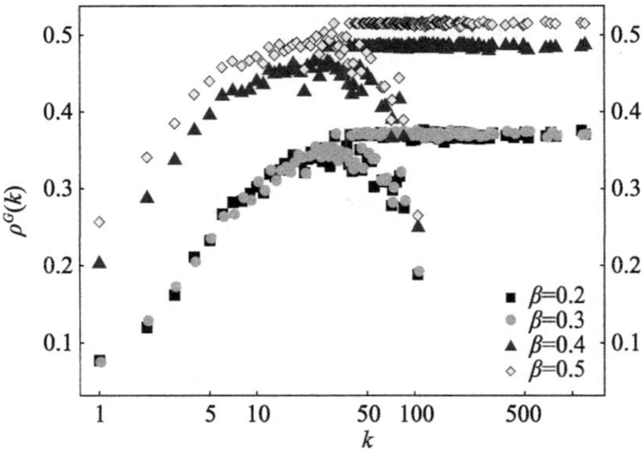

（b）β 从 0.2 增加到 0.5，剩下的参数令为 λ = 0.3，θ = 1.5，γ =1.5，p=0.5，α = 0.4

图 6-11　采用比例 ρ^G 随初始节点度值 k 变化的情况（二）

这里使用的网络是真实多层网络 P

6.5 本章小结

本章基于仿真多层网络 T 和真实多层网络 P 讨论了绿色行为传播的两个有趣的问题。一个是通过在线社交网络或移动通信网络扩散的绿色行为信息（即其环境影响）是如何影响绿色行为的爆发和采纳比例的，另一个如何确保绿色行为的有效传播。通过提出一个新的 UAR-SGS 模型，并借助 MMCA，我们最终得出以下结论。

模拟结果表明，通过在线社交网络等方式扩散的绿色行为信息，如其节能和低碳性将吸引更多的人采取绿色行为。更重要的是，信息层的轻微影响会使绿色行为更易爆发，因为γ稍微比 1 增加一点就会明显地使阈值左移。这些发现也被理论结果所证实。我们还发现实际接触层对信息层的影响不会传回给前者，这意味着信息层对阈值和采用比例的影响纯粹来自信息层本身，而不是物理接触层的二次影响。

如果我们想要确保更有效的绿色行为传播，识别有影响力的传播个体是有帮助的。模拟结果表明，当 k 小于转折点时，信息层中初始节点度值对绿色行为传播是正影响，特别是在采用率β较低时。有趣的是，当初始节点的度值到达转折点后，效应减弱，说明较高的初始节点度值较高并不是绿色行为广泛传播的必要条件。图 6-7（b）和图 6-11（b）给出的结果引出了另一个有趣的结论：采用率的提高增强了传播效率，部分抵消了由起始节点度值较低而造成的采用率的减少。

参考文献

[1] Vicente-Molina M A，Fernández-Sainz A，Izagirre-Olaizola J. Does gender make a difference in pro-environmental behavior? The case of the Basque Country University students. Journal of Cleaner Production，2018，176：89-98.

[2] Varela-Candamio L，Novo-Corti I，García-Álvarez M T. The importance of environmental education in the determinants of green behavior：a metaanalysis approach. Journal of Cleaner Production，2018，170：1565-1578.

[3] Datta S K. Pro-environmental concern influencing green buying：a study on Indian consumers.

International Journal of Business，2011，6（6）：124-133.
[4] Lee Y K，Kim S，Kim M S，et al. Antecedents and interrelationships of three types of pro-environmental behavior. Journal of Business Research，2014，67（10）：2097-2105.
[5] Kahn M E，Morris E A. Walking the walk：the association between community environmentalism and green travel behavior. Journal of the American Planning Association，2009，75（4）：389-405.
[6] Busic-Sontic A，Czap N V，Fuerst F. The role of personality traits in green decision-making. Journal of Economic Psychology，2017，62：313-328.
[7] Funk S，Gilad E，Watkins C，et al. The spread of awareness and its impact on epidemic outbreaks. Proceedings of the National Academy of Sciences，2009，106（16）：6872-6877.
[8] Granell C，Gòmez S，Arenas A. Dynamical interplay between awareness and epidemic spreading in multiplex networks. Physical Review Letters，2013，111（12）：128701.
[9] Granell C，Gòmez S，Arenas A. Competing spreading processes on multiplex networks：awareness and epidemics. Physical Review E，2014，90（1）：012808.
[10] Wang W，Tang M，Yang H，et al. Asymmetrically interacting spreading dynamics on complex layered networks. Scientific Reports，2014，4：5097.
[11] Fan C J，Jin Y，Huo L A，et al. Effect of individual behavior on the interplay between awareness and disease spreading in multiplex networks. Physica A：Statistical Mechanics and its Applications，2016，461：523-530.
[12] Kan J Q，Zhang H F. Effects of awareness diffusion and self-initiated awareness behavior on epidemic spreading-an approach based on multiplex networks. Communications in Nonlinear Science and Numerical Simulation，2017，44：193-203.
[13] Pan Y，Yan Z. The impact of multiple information on coupled awareness epidemic dynamics in multiplex networks. Physica A：Statistical Mechanics and its Applications，2018，491：45-54.
[14] Bond R M，Fariss C J，Jones J J，et al. A 61-million-person experiment in social influence and political mobilization. Nature，2012，489（7415）：295-298.
[15] Centola D. The spread of behavior in an online social network experiment. Science，2010，329（5996）：1194-1197.
[16] Althoff T，Jindal P，Leskovec J. Online actions with offline impact：how online social networks influence online and offline user behavior//Proceedings of the Tenth ACM International Conference on Web Search and Data Mining，2017：537-546.
[17] Borge-Holthoefer J，Rivero A，Moreno Y. Locating privileged spreaders on an online social network. Physical Review E，2012，85（6）：066123.

[18] Liu J G，Ren Z M，Guo Q. Ranking the spreading influence in complex networks. Physica A：Statistical Mechanics and its Applications，2013，392（18）：4154-4159.

[19] Bae J，Kim S. Identifying and ranking influential spreaders in complex networks by neighborhood coreness. Physica A：Statistical Mechanics and its Applications，2014，395：549-559.

[20] Even-Dar E，Shapira A. A note on maximizing the spread of influence in social networks. Information Processing Letters，2011，111（4）：184-187.

[21] Kitsak M，Gallos L K，Havlin S，et al. Identification of influential spreaders in complex networks. Nature Physics，2010，6（11）：888-893.

[22] Fibich G. Bass-SIR model for diffusion of new products in social networks. Physical Review E，2016，94（3）：032305.

[23] Boccaletti S，Bianconi G，Criado R，et al. The structure and dynamics of multilayer networks. Physics Reports，2014，544（1）：1-122.

[24] Kivelä M，Arenas A，Barthelemy M，et al. Multilayer networks. Journal of Complex Networks，2014，2（3）：203-271.

[25] Cho E，Myers S A，Leskovec J. Friendship and mobility：user movement in location-based social networks//Proceedings of the 17th ACM SIGKDD International Conference on Knowledge Discovery and Data Mining，2011：1082-1090.

[26] Scellato S，Noulas A，Lambiotte R，et al. Socio-spatial properties of online location-based social networks. Fifth International AAAI Conference on Weblogs and Social Media，2011，11：329-336.

[27] Chakrabarti D，Wang Y，Wang C，et al. Epidemic thresholds in real networks. ACM Transactions on Information and System Security，2008，10（4）：1284680-1284681.

[28] Gómez S，Arenas A，Borge-Holthoefer J，et al. Discrete time Markov chain approach to contact-based disease spreading in complex networks. Europhysics Letters，2010，89（3）：38009.

第 7 章　政策对多元化绿色行为传播的影响①

在绿色行为日益重要的今天，本章旨在研究城市居民绿色行为的传播过程。我们将经典的阈值模型和修正的传染病模型应用到一个多重网络（multiplex network）中来说明这一动态过程。由于人们在做决定或采取行动时总是倾向与大多数人一致，故我们考虑了个体的积极朋友对消极个人的影响。只有当中间派的积极朋友的比例超过局部意识比 α 时，他才会变得积极。同时，我们也考虑了绿色意识的影响，它促进了绿色行为。最后，强制性政策也被考虑在内，因为它将迫使特定的消极个人采取这种绿色行为。在本章中，理论分析采用 MMCA，数值模拟采用蒙特卡罗方法。结果表明，政策调控力度对扩散阈值和最终绿色行为规模都有重要影响。本章的研究对某些行为的消失给出了新的解释，为政策的修改提供了建议。

7.1　有政策调控的绿色意识–行为传播模型

7.1.1　研究背景

资源、环境与发展是国际社会关注的核心问题之一。进入 21 世纪，特别是近年来，各国普遍认识到发展绿色经济是解决经济发展与环境矛盾的必然选择。在此背景下，企业和居民的绿色行为成为社会各界关注的焦点。绿色行为符合可持续发展世界[1]的要求，居民的参与将为绿色发展做出很大贡献[2, 3]。MoonBae[4]、

① 第 7 章主要内容出处：Gao X Y，Tian L X. Effects of awareness and policy on green behavior spreading in multiplex networks. Physica A，2019，514：226-234.

Liu 等[5]曾研究过企业绿色行为的驱动机制。Sun 等[6]研究了 A^2SC 框架下城市居民的节能行为。但很少有人研究城市居民绿色行为的定量演变。

在本章中，为厘清城市居民的绿色行为是如何从开始传播到稳定状态的，以及它是否与绿色意识或政策有关，我们利用了多重网络来进行研究，灵感来自对传染病传播的研究[7~9]。节点代表个体，层内连边代表人际关系，而层间连边表示层间的相互作用。

多层网络是研究现实生活中复杂系统的理想框架[10~13]。通过将一个系统作为一个多层网络来研究，而不是将其不同的层聚合在一起，可以产生大量更精确的信息[14，15]。多重网络是多层网络（multilayer network）的一种特例，在这种情况下，每一层上相同位置的节点都是相同的节点，但同一节点在不同层中的连边代表不同的关系，每一层代表一个关系网络[12，15]。例如，我们在社交网络上的人际关系肯定与现实生活中的社会关系有所不同。我们可以建立一个两层的多重网络模型来描述它，一个是在社交媒体上的关系网络，另一个是现实生活中的社会关系网络，其中每个层中的节点是相同的[16]。

7.1.2 模型的建立

为了建立一个具有政策调控的绿色意识-行为模型，我们将经典的阈值模型[17，18]和修正的传染病模型[19，20]引入一个多重网络。例如，在阈值模型中，对于每一个没有绿色意识的个人，只有当有绿色意识的邻居的比例超过局部意识比 α 时，该个体变为有绿色意识的状态[21]与带有中立观点的意见模型类似[22，23]。在经典的传染病模型中，一个人改变其状态的感染率为 β。在本章中，我们扩展了传染病模型，因为我们考虑了来自个体的积极邻居[24]对消极个体的影响。这里不考虑个体的异质性[25]。

本章我们提出了一个三层的多重系统来说明绿色意识、绿色行为和政策调控之间的动态过程。这里我们关注参数 α、θ 和 γ。这三个参数分别代表了中间派个体的局部知晓度、政策调控强度和意识层对行为层的影响程度。与经典阈值模型中的设置相同，我们假设无意识率 δ 和消极率 μ 在整个复杂系统中是常数。

多层网络是分析绿色意识与绿色行为耦合过程的有效框架。我们构造了一个三层的多层系统来说明它们之间的动态过程，见图 7-1。可以看到，在最上面的两个层中，两个层中相同位置的节点表示同一节点。在底层，单个节点代表政策调控。我们假设这个多重网络是无权无向的。层间连接表示层间的耦合相互作用。

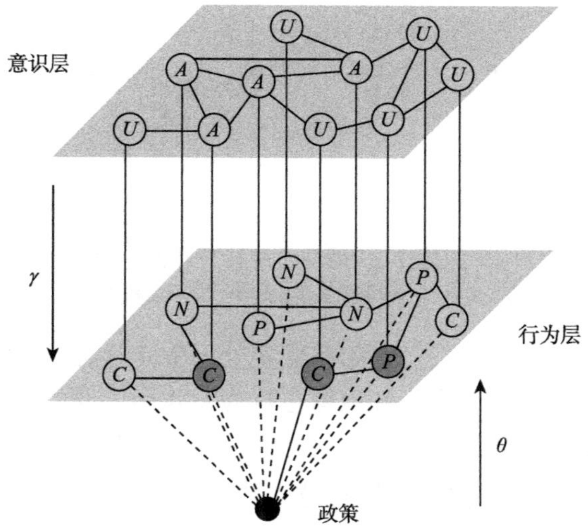

图 7-1　基于政策调控的绿色意识-行为模型

上层代表绿色意识的传播，即其中节点有两种可能的状态：无绿色意识的（U）和有绿色意识的（A），中间层对应绿色行为的传播过程。在这一层，节点与第一层中相同。不同的是，这里有三种可能的状态，即中间派（C）、积极派（P）和消极派（N）

在这个多重系统中，第一层称为绿色意识层，其中节点有两种可能的状态：无绿色意识的（unaware，U）和有绿色意识的（aware，A），这一层展示了绿色意识传播的动态。有意识或无意识意味着知道这种行为是绿色行为或不知道。中间层对应绿色行为的传播过程。与上述不同，这里有三种状态。如果个体对绿色行为持观望态度，则其状态为中间派（centrist，C），否则，如果个体已经采取了绿色行动，则其状态为积极的（positive，P），但在下一次行动中，积极个体可能会再次放弃绿色行为，然后变成消极的（negative，N）状态，我们假设消极率是μ。政策调控节点在第三层，直接在绿色行为层中作用于消极（N）节点上，概率为θ，这也意味着政策监管强度是θ。

意识层和行为层的层内连接分别表示所有可能的信息传播方式与仅在现实生活中存在的接触方式。自然地，除了现实生活中的联系，意识层还有额外的联系方式，如社交媒体上的朋友关系。

在绿色意识层上，有绿色意识的节点将有关绿色行为的信息传播给他们的邻居。然而，一个无绿色意识的节点是否会被感知，在一定程度上取决于它的有意识邻居的比例。这里我们引入局部意识比α，为个人意识到绿色行为的阈值。在意识层中，只有当有意识的邻居的比例超过α时，无绿色意识的个人才能变为有意识。此外，有意识的节点再次成为无意识状态的概率为δ，也就是说，他们已经忘记了意识。状态在意识层的转变过程如图 7-2（a）所示。

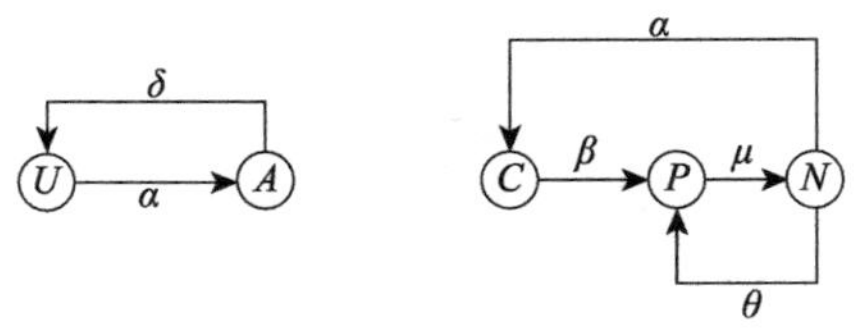

（a）意识层的转变过程 （b）行为层的转变过程

图 7-2 两层中的转变过程

转变流路径上的参数是指该转变过程中的相关参数

在绿色行为层上，节点在一开始都假定处于中立状态。我们通过意识层中的状态来区分它们。如果一个人不知道绿色行为，我们假设他改变状态转化为积极状态的感染率是 β^U 。否则，如果一个人是对绿色行为是有意识的，那么感染率是 β^A ，大于 β^U ，因为普遍认为绿色意识将促进绿色行为[26]。此外，我们假设积极状态的节点通常会要求其邻居采取绿色行为。对于那些消极的邻居，如在意识层，根据他们行为层的积极邻居的占比，他们选择是否改变自己的状态。只有当积极邻居的比例超过 α 时，他们会成为中间派。另外，积极个体变消极的概率用 μ 来表示。行为层的转变过程如图 7-2（b）所示。

根据这个模型，一个个体可能有 6 种不同的状态：无意识且中立（unaware and centrist，UC）、无意识且积极（unaware and positive，UP）、无意识且消极（unaware and negative，UN）、有意识且中立（aware and centrist，AC）、有意识且积极（aware and positive，AP）、有意识且消极（aware and negative，AN）。

7.2 MMCA 的理论推导

在本节中，为了定量描述无意识节点和有意识节点的感染率，我们引入参数 γ 来调节绿色意识传播的促进作用，即 $\beta^A=\gamma\beta^U$ 。这里我们假设 β^U 和 β^A 是线性相关的[7, 8]，并且 γ 取值范围是 1 到 $1/\beta^U$ 。另外，这里我们将意识层和行为层的邻接矩阵分别用 $A=\left(a_{ij}\right)_{M\times M}$ 和 $B=\left(b_{ij}\right)_{M\times M}$ 来表示，其中 M 表示每层的节点数。一个节点 i 在两层中的度分别记为 $k_i^{[1]}$ 和 $k_i^{[2]}$ 。个体 i 在时刻 t 处于 6 种状态之一的概率分别为 $p_i^{\mathrm{UC}}(t)$ 、$p_i^{\mathrm{UP}}(t)$、$p_i^{\mathrm{UN}}(t)$、$p_i^{\mathrm{AC}}(t)$ 、$p_i^{\mathrm{AP}}(t)$ 和 $p_i^{\mathrm{AN}}(t)$。

在意识层，一个 U 状态节点 i 在时刻 t 不改变其状态为 A 的概率记作 $r_i(t)$ ，由一个 Heaviside 阶跃函数来描述，见式（7-1）。Heaviside 阶跃函数 $H(x)=1$ 当且仅当 $x>0$ ，否则 $H(x)=0$ 。在行为层，我们定义一个 UC（AC）节点在时刻 t

没有被其 P 状态邻居成功传播，且转变状态为 UP（AP）概率为 $q_i^U(t)\left(q_i^A(t)\right)$，见式（7-2）与式（7-3）。我们假设一个 N 状态节点是否转变状态是基于行为层中它的 P 状态邻居的占比。根据此假设，一个 N 状态节点不改变其状态为 C 且保持 N 状态的概率为 $\tilde{q}_i(t)$，见式（7-4）。

$$r_i(t)=\mathrm{H}\left[\alpha-\frac{\sum_j a_{ji}p_j^A(t)}{k_i^{[1]}}\right] \tag{7-1}$$

$$q_i^U(t)=\prod_j\left[1-b_{ji}p_j^P(t)\beta^U\right] \tag{7-2}$$

$$q_i^A(t)=\prod_j\left[1-b_{ji}p_j^P(t)\beta^A\right] \tag{7-3}$$

$$\tilde{q}_i(t)=\mathrm{H}\left[\alpha-\frac{\sum_j b_{ji}p_j^P(t)}{k_i^{[2]}}\right] \tag{7-4}$$

为了更清楚地得到 MMCA 演化方程，我们绘制了在一个时间步长的状态转移概率树。树的根表示节点在 t 时刻的状态，叶子表示节点在 t+1 时刻可能的状态。由于这 6 种状态都有可能出现，所以总共有 6 个转移概率树，如图 7-3 所示。

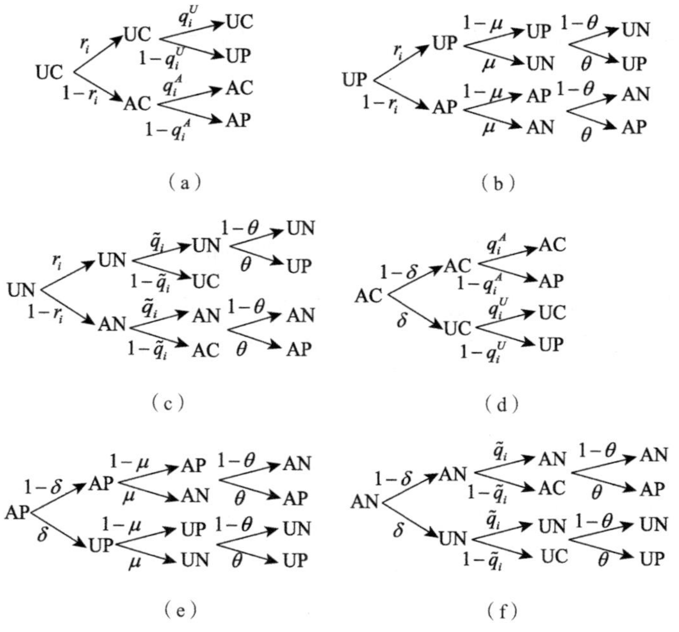

图 7-3　6 种不同状态的转移概率树

路径流上的参数表示这个转变过程的概率

根据图 7-3，演化方程可以表示为式（7-5）~式（7-10）。虽然我们用 MMCA 假设演化过程是离散时间的，但当时间趋近于无穷时，动态过程可以被认为是连续的。这与本节的目的是一致的，因为我们关注的是稳定时刻的传播阈值和最终的积极绿色行为规模，即令 $t \to \infty$。在这个假设中，当 $t \to \infty$ 时，我们有 $p_i^I(t)_{t\to\infty} = p_i^I(t+1)_{t\to\infty} := p_i^I$，$r_i(t)_{t\to\infty} = r_i(t+1)_{t\to\infty} := r_i$。

$$\begin{aligned} p_i^{\mathrm{UC}}(t+1) = {} & p_i^{\mathrm{UC}}(t) r_i(t) q_i^U(t) + p_i^{\mathrm{UN}}(t) r_i(t)\left(1-\widetilde{q}_i(t)\right) \\ & + p_i^{\mathrm{AC}}(t)\delta q_i^U(t) + p_i^{\mathrm{AN}}(t)\delta\left(1-\widetilde{q}_i(t)\right) \end{aligned} \tag{7-5}$$

$$\begin{aligned} p_i^{\mathrm{UP}}(t+1) = {} & p_i^{\mathrm{UC}}(t) r_i(t)\left(1-q_i^U(t)\right) + p_i^{\mathrm{UP}}(t) r_i(t)\left[(1-\mu)+\mu\theta\right] \\ & + p_i^{\mathrm{UN}}(t) r_i(t)\widetilde{q}_i(t)\theta + p_i^{\mathrm{AC}}(t)\delta\left(1-q_i^U(t)\right) \\ & + p_i^{\mathrm{AP}}(t)\delta\left[(1-\mu)+\mu\theta\right] + p_i^{\mathrm{AN}}(t)\delta\widetilde{q}_i(t)\theta \end{aligned} \tag{7-6}$$

$$\begin{aligned} p_i^{\mathrm{UN}}(t+1) = {} & p_i^{\mathrm{UP}}(t) r_i(t)\mu(1-\theta) + p_i^{\mathrm{UN}}(t) r_i(t)\widetilde{q}_i(t)(1-\theta) \\ & + p_i^{\mathrm{AP}}(t)\delta\mu(1-\theta) + p_i^{\mathrm{AN}}(t)\delta\widetilde{q}_i(t)(1-\theta) \end{aligned} \tag{7-7}$$

$$\begin{aligned} p_i^{\mathrm{AC}}(t+1) = {} & p_i^{\mathrm{UC}}(t)\left(1-r_i(t)\right) q_i^A + p_i^{\mathrm{UN}}(t)\left(1-r_i(t)\right)\left(1-\widetilde{q}_i(t)\right) \\ & + p_i^{\mathrm{AC}}(t)(1-\delta) q_i^A(t) + p_i^{\mathrm{AN}}(t)(1-\delta)\left(1-\widetilde{q}_i(t)\right) \end{aligned} \tag{7-8}$$

$$\begin{aligned} p_i^{\mathrm{AP}}(t+1) = {} & p_i^{\mathrm{UC}}(t)\left(1-r_i(t)\right)\left(1-q_i^A(t)\right) + p_i^{\mathrm{UP}}(t)\left(1-r_i(t)\right)\left[(1-\mu)+\mu\theta\right] \\ & + p_i^{\mathrm{UN}}(t)\left(1-r_i(t)\right)\widetilde{q}_i(t)\theta + p_i^{\mathrm{AC}}(t)(1-\delta)\left(1-q_i^A(t)\right) \\ & + p_i^{\mathrm{AP}}(t)(1-\delta)\left[(1-\mu)+\mu\theta\right] + p_i^{\mathrm{AN}}(t)(1-\delta)\widetilde{q}_i(t)\theta \end{aligned} \tag{7-9}$$

$$\begin{aligned} p_i^{\mathrm{AN}}(t+1) = {} & p_i^{\mathrm{UP}}(t)\left(1-r_i(t)\right)\mu(1-\theta) + p_i^{\mathrm{UN}}(t)\left(1-r_i(t)\right)\widetilde{q}_i(t)(1-\theta) \\ & + p_i^{\mathrm{AP}}(t)(1-\delta)\mu(1-\theta) + p_i^{\mathrm{AN}}(t)(1-\delta)\widetilde{q}_i(t)(1-\theta) \end{aligned} \tag{7-10}$$

由于本章研究的关键点之一是厘清稳态下的最终积极绿色行为规模，故我们引入序参量 ρ^P，它代表稳态下积极（P）状态节点在整个系统中的比例，表示为

$$\rho^P = \frac{1}{M}\sum_{i=1}^{M} p_i^P = \frac{1}{M}\sum_{i=1}^{M}\left(p_i^{\mathrm{UP}} + p_i^{\mathrm{AP}}\right) \tag{7-11}$$

类似的，稳态下消极（N）状态节点的比例为

$$\rho^N = \frac{1}{M}\sum_{i=1}^{M} p_i^N = \frac{1}{M}\sum_{i=1}^{M}\left(p_i^{\mathrm{UN}} + p_i^{\mathrm{AN}}\right) \tag{7-12}$$

将式（7-6）和式（7-9）相加，令时间 $t \to \infty$，我们得

$$p_i^P = p_i^P\left[(1-\mu)+\mu\theta\right]+p_i^{\text{UC}}\left[r_i\left(1-q_i^U\right)+\left(1-r_i\right)\left(1-q_i^A\right)\right]+p_i^{\text{UN}}\theta\left[r_i\widetilde{q_i}+\left(1-r_i\right)\widetilde{q_i}\right]$$
$$+p_i^{\text{AC}}\left[\delta\left(1-q_i^U\right)+(1-\delta)\left(1-q_i^A\right)\right]+p_i^{\text{AN}}\theta\left[\delta\widetilde{q_i}+(1-\delta)\widetilde{q_i}\right] \tag{7-13}$$

本章研究的另一个关键点找出无意识（U）节点的传播阈值，这里我们用β_c^U来表示，它对应于行为扩散并爆发的最小传播率值。因此，在阈值附近，当$t\to\infty$时，每个节点i变为积极（P）状态的概率应当是无穷小的，即$p_i^P=\epsilon_i \ll 1$。通过去掉ϵ_i的高阶无穷小，式（7-2）和式（7-3）近似等于

$$q_i^U \approx 1-\beta^U\sum_j b_{ji}\epsilon_j := 1-\sigma_i \tag{7-14}$$

$$q_i^A \approx 1-\gamma\beta^U\sum_j b_{ji}\epsilon_j := 1-\gamma\sigma_i \tag{7-15}$$

其中，
$$\sigma_i = \beta^U\sum_j b_{ji}\epsilon_j \tag{7-16}$$

将式（7-14）和式（7-15）代入式（7-13），我们有

$$\epsilon_i = \epsilon_i\left[(1-\mu)+\mu\theta\right]+p_i^{\text{UC}}\left[r_i\sigma_i+\left(1-r_i\right)\gamma\sigma_i\right]+p_i^{\text{UN}}\theta\left[r_i\widetilde{q_i}+\left(1-r_i\right)\widetilde{q_i}\right]$$
$$+p_i^{\text{AC}}\left[\delta\sigma_i+(1-\delta)\gamma\sigma_i\right]+p_i^{\text{AN}}\theta\left[\delta\widetilde{q_i}+(1-\delta)\widetilde{q_i}\right] \tag{7-17}$$

在绿色行为扩散的阈值附近，节点为积极或消极状态的概率接近于零。在阈值附近，感染率β^U不够大将绿色行为传播开，系统几乎处于初始状态，绝大多数节点为中间派。也就是说，$p_i^P = p_i^{\text{UP}}+p_i^{\text{AP}}\approx 0$且$p_i^N = p_i^{\text{UN}}+p_i^{\text{AN}}\approx 0$。对应的，在阈值附近，还有$p_i^U = p_i^{\text{UC}}+p_i^{\text{UP}}+p_i^{\text{UN}}\approx p_i^{\text{UC}}$和$p_i^A = p_i^{\text{AC}}+p_i^{\text{AP}}+p_i^{\text{AN}}\approx p_i^{\text{AC}}$。因此，在式（7-5）和式（7-8）中去掉$O(\epsilon_i)$项，有

$$p_i^U \approx p_i^{\text{UC}} = p_i^{\text{UC}}r_i + p_i^{\text{AC}}\delta \tag{7-18}$$

$$p_i^A \approx p_i^{\text{AC}} = p_i^{\text{UC}}\left(1-r_i\right)+p_i^{\text{AC}}(1-\delta) \tag{7-19}$$

对任意节点i成立。因此，由式（7-17）有

$$\epsilon_i = \epsilon_i\left[(1-\mu)+\mu\theta\right]+\left[p_i^{\text{UC}}r_i+p_i^{\text{AC}}\delta\right]\sigma_i+\left[p_i^{\text{UC}}\left(1-r_i\right)+p_i^{\text{AC}}(1-\delta)\right]\gamma\sigma_i$$
$$=\epsilon_i\left[(1-\mu)+\mu\theta\right]+\left(p_i^U+\gamma p_i^A\right)\beta^U\sum_j b_{ji}\epsilon_j \tag{7-20}$$

等价于

$$\sum_j\left[\beta^U\left(p_i^U+\gamma p_i^A\right)b_{ji}-\mu(1-\theta)t_{ij}\right]\epsilon_j = 0 \tag{7-21}$$

其中，t_{ij}是单位矩阵中的元素。从而，式（7-21）的解ϵ_j可以由矩阵$S=\left(s_{ij}\right)_{M\times M}$关于特征值$\mu(1-\theta)/\beta^U$的特征向量来表示，其中，$s_{ij}=\left(p_i^U+\gamma p_i^A\right)b_{ji}$。等价地，

$$\sum_j\left[s_{ij}-\frac{\mu(1-\theta)}{\beta^U}t_{ij}\right]\epsilon_j=0 \tag{7-22}$$

绿色行为的爆发取决于满足式（7-22）的β^U的最小值。从而，绿色行为阈值可以表示成

$$\beta_c^U=\frac{\mu(1-\theta)}{\Lambda_{\max}(S)} \tag{7-23}$$

其中，$\Lambda_{\max}(S)$代表S的最大特征值。

7.3 无标度网络下的数值模拟

在本节中，我们研究三个主要参数α（局部意识比）、θ（政策监管的强度）和γ（意识层对行为层的中立节点的影响），从而找出它们对阈值大小β_c^U和最终绿色行为规模ρ^P的影响。我们假设与经典阈值模型中相同，无意识率δ和消极率μ在整个复杂系统中是常数。在本章中，我们设置$\delta=0.6$，$\mu=0.3$。由于真实的人际网络被认为是一个无标度的网络[27]，在我们的模拟中，多重系统的每一层有 2 000 个节点，我们还假设在意识层有 800 条额外的连边。最初，5%的节点被随机设置为积极状态（P），迭代 400 个时间步长，整个系统被认为是稳定的。此外，为了减少积极（消极）状态节点占比的波动，我们采用最后 10 个时间步$\rho^P\left(\rho^N\right)$的平均值。

7.3.1 MMCA 与蒙特卡罗方法结果对比

在图 7-4 中，我们展示了蒙特卡罗模拟和MMCA下，绿色行为阈值与局部意识比α的关系。可以看到，两种方法的结果当α小于 0.35 时匹配，但当α在 0.35 和 0.6 之间时偏离。MMCA 在这种情况下，阈值小于蒙特卡罗模拟的结果，这是由于在 MMCA 中假设邻居的贡献是独立的，故$r_i(t)$和$\widetilde{q_i}(t)$在 MMCA 下比蒙特卡罗方法下小。然而，只要α超过 0.6，β_c^U在这两个方法下都不存在，这意味着无论传播阈值多大，由于设定的政策强度$\theta=0$，绿色行为永远不会爆发。故在城市居民绿色行为传播过程中，实施政策是必要的。我们也可以发现，当α超过 0.4 时，阈值迅速增大，当α在 0.4 到 0.5 左右时，阈值突变。

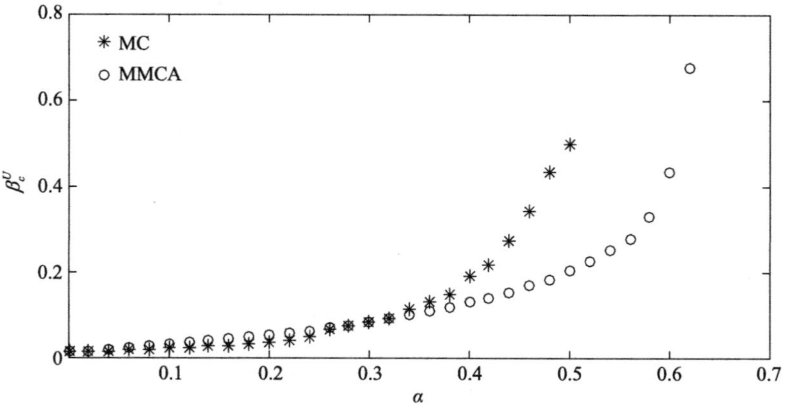

图 7-4　绿色行为阈值 β_c^U 关于局部意识比 α 的关系图

在使用蒙特卡罗模拟（MC）（星形线）和 MMCA 方法（圆圈线）下的结果比较，固定值 $\delta = 0.6$ ， $\mu = 0.3$ ， $\gamma = 1.5$

7.3.2　参数分析与数值模拟结果

我们在图 7-5 中画了最终绿色行为规模 ρ^P 关于变量 α 和 β^U 的全相图。很明显，如果政府不采取行动鼓励消极的个人去践行绿色行为，这种绿色行为将很可能消失。如图 7-5（a）所示，当 $\theta = 0$ 时，如果局部意识比 α 超过 0.5，无论感染率 β 多大，绿色行为永远不会爆发，这与图 7-4 的结果一致。θ 和 ρ^P 之间的关系见图 7-5（c）。结果表明，最终绿色行为规模 ρ^P 与政策强度 θ 呈正相关。特别是当 α 超过 0.5 时，在城市居民绿色行为的扩散过程中，适当地利用强制政策是必要的。如图 7-5（c）所示，当 α 超过 0.5 时，只要政策强度 θ 是正的，最终绿色行为规模永远不为零。此外，有趣的是，图 7-5（b）和图 7-5（c）表明，一个突变在 α =0.5 处出现，这与文献[21]的结果达成共识。

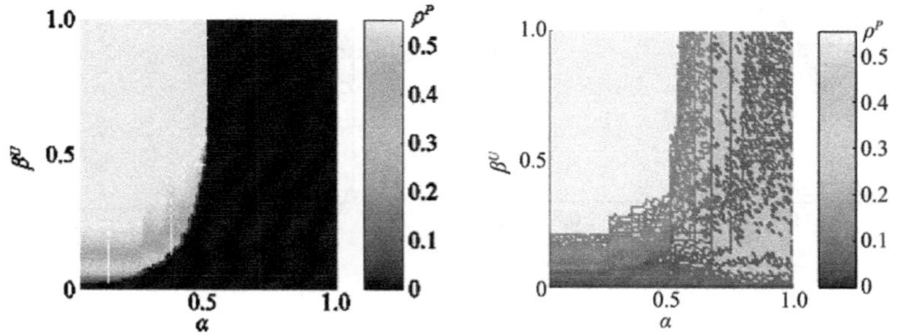

（a） θ =0　　（b） θ =0.1

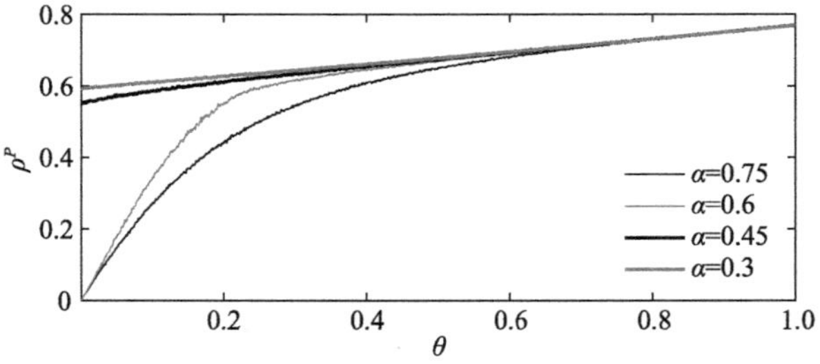

（c）ρ^P 关于 θ 的关系图，固定 $\beta^U=0.6$

图 7-5　最终绿色行为规模 ρ^P 关于参数的关系图

固定值 $\delta=0.6$，$\mu=0.3$，$\gamma=1.5$

在图 7-6 中我们展示了 ρ^P 和 ρ^N 关于 β^U 的关系。从上层三张图中看出，当政策强度 θ 上升时，最终绿色行为规模 ρ^P 增加，且与 γ 和 α 的值无关。然而，关于 ρ^N，下层三张图展示了不同的变化模式。这三种变化模式关于 α 的不同值而不同，在 α =0.5 处发生突变。从图 7-7 中我们可以看到，ρ^P 和 ρ^N 关于参数 γ 独立。在绿色意识传播模型中，随着政策的调控，绿色意识的效果下降。政策干预直接作用于绿色行为层。因此，当 α =0.5 时，见图 7-6 底部中间图，当 θ=0 时，ρ^N 震荡，但在其他条件同样光滑。这就证明了政策调控在绿色行为传播过程中是必要的。它有助于减少消极的个体，增加积极的个体，有效地抑制波动。左下角和右下角的面板显示了 ρ^N 两种截然相反的过渡状态，当 α =0.3 时，ρ^N 和 θ 呈正相关，但当 α =0.7 时呈负相关。也就是说，在一个局部意识比率较高的社会中，政策调控更有效。

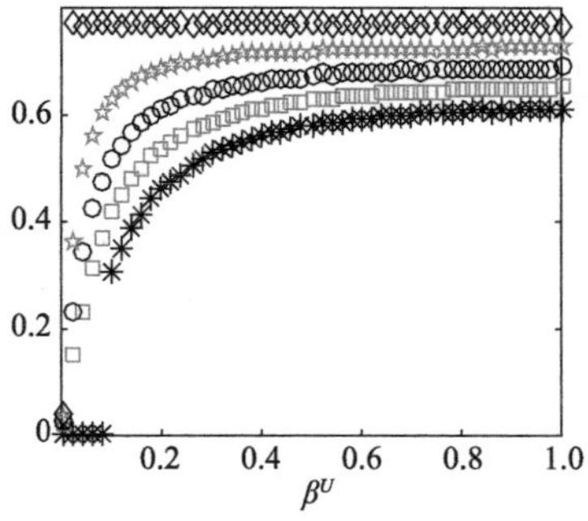

（a）$\gamma=1.3$ 且 α =0.3

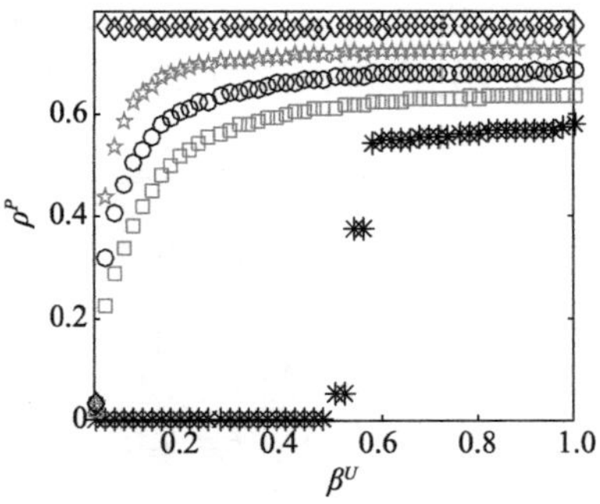

（b）$\gamma=1.5$ 且 α =0.5

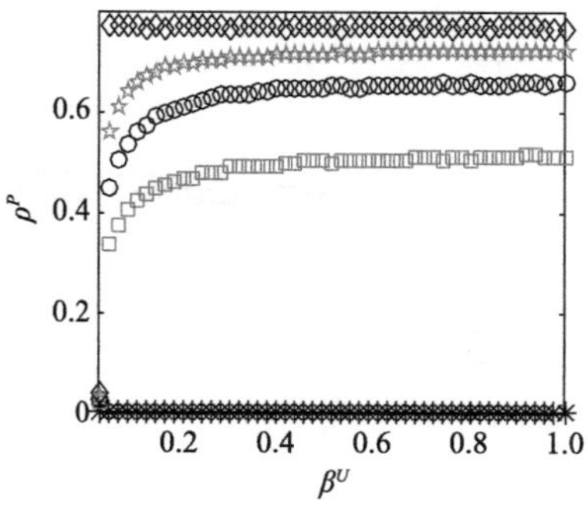

（c）γ =1.7 且 α =0.7

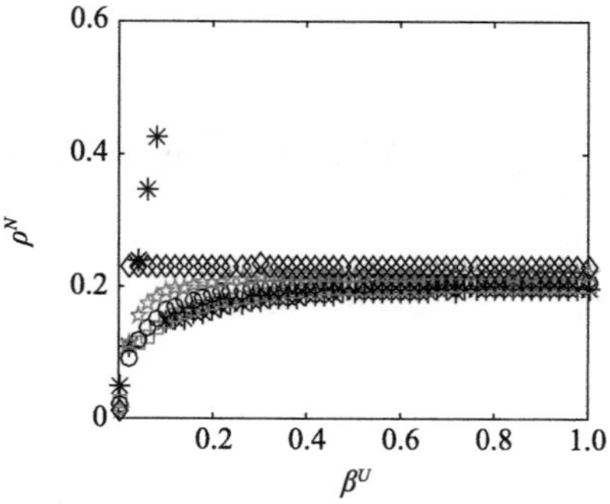

（d）γ =1.3 且 α =0.3

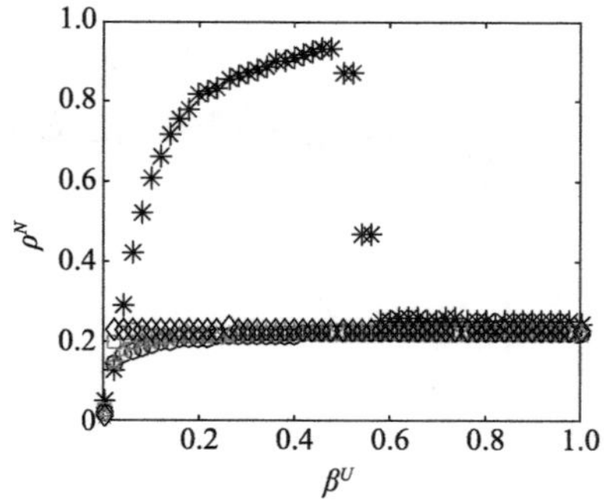

（e）γ =1.5 且 α =0.5

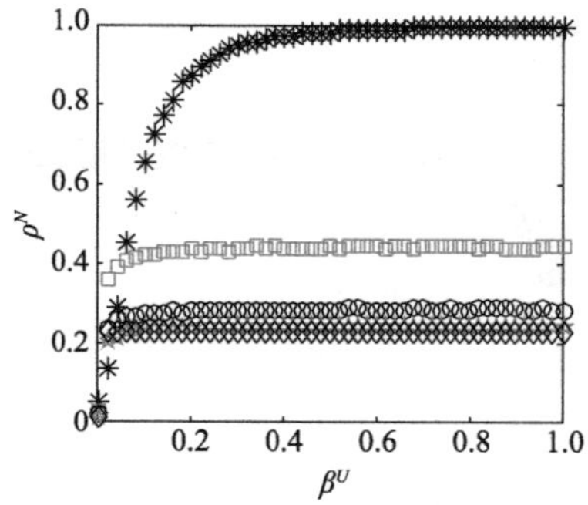

（f）γ =1.7 且 α =0.7

∗ θ=0.0　□ θ=0.25　○ θ=0.5　☆ θ=0.75　◇ θ=1.0

图 7-6　最终积极个体占比 ρ^P 和最终消极个体占比 ρ^N 关于感染率 β^U 的关系（一）

在不同的 θ 值下，固定 $\delta = 0.6$ ， $\mu = 0.3$ ，分别取 $\gamma = 1.5, 1.3, 1.7$ 和 $\alpha = 0.5, 0.3, 0.7$

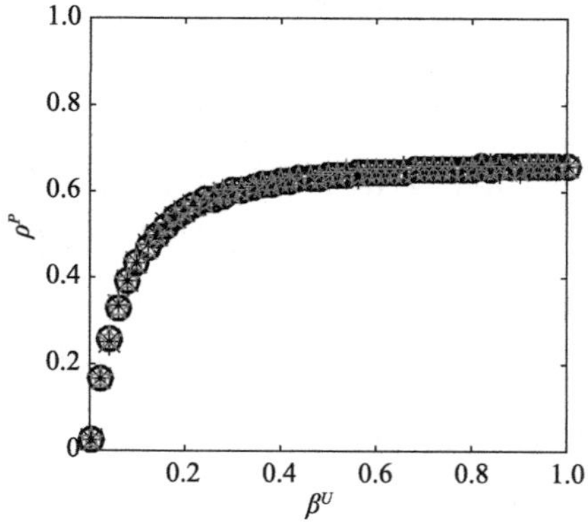

（a）α =0.3 且 θ =0.3

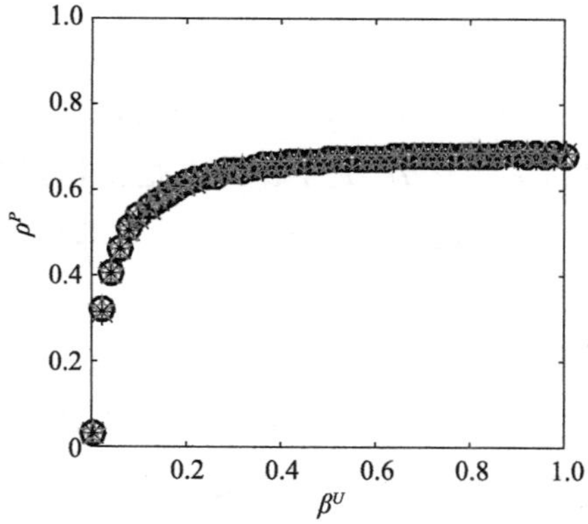

（b）α =0.5 且 θ =0.5

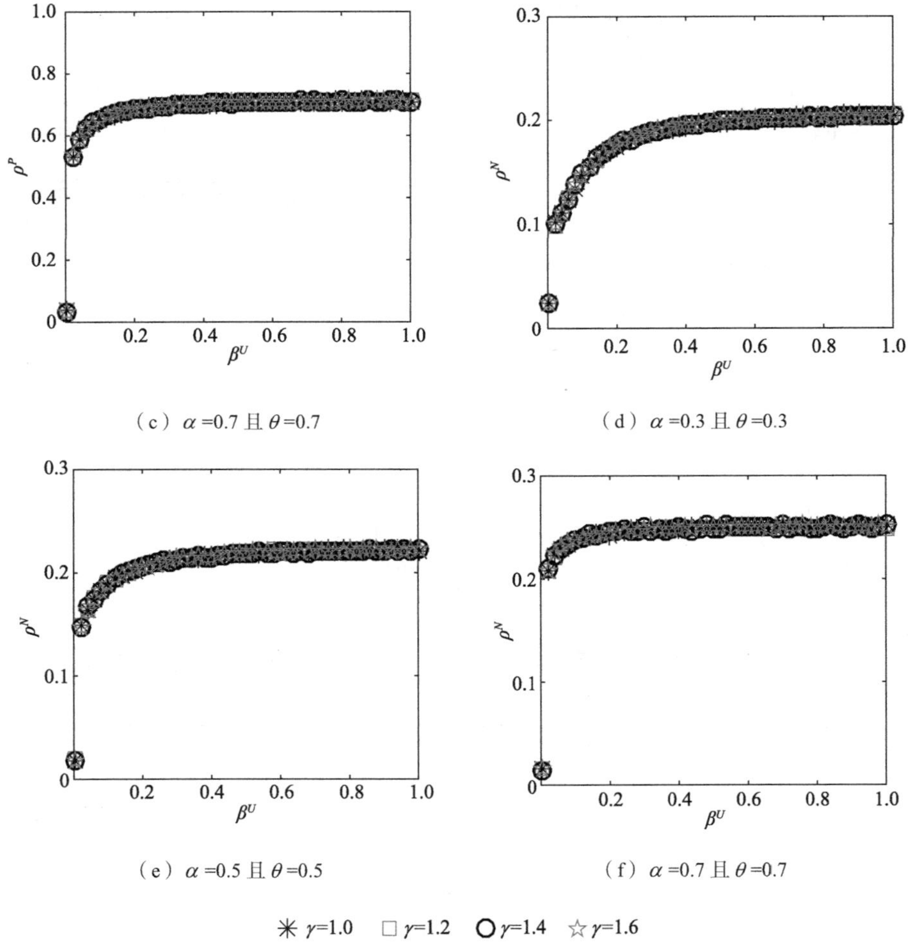

图 7-7 最终积极个体占比 ρ^P 和最终消极个体占比 ρ^N 关于感染率 β^U 的关系（二）

在不同的 γ 值下，固定 δ =0.3， μ =0.3，分别取 α =0.5,0.3,07 和 θ =0.5,0.3,0.7

图 7-8 展示了最终绿色行为规模 ρ^P 和局部意识比 α 几乎是负相关的，而最终消极行为占比 ρ^N 关于 α 几乎是正相关的。特别地，当 α =0 时，在左边两图中，当 β^U 超过 0.2 时，系统中几乎全部是积极节点和消极节点。也就是说，没有中立节点，因为 α =0 意味着只要无意识（消极的）节点有意识（积极的）邻居，那么他就会迅速转变为有意识的（中立的）。那么，只要 β^U 足够大，对于那些 AC 节点，他们有极大的概率会变为 AP。另外，政策调控的重要性可以从 ρ^P 中每条对应线的上升和 ρ^N 中每条对应线的下降中看出来。

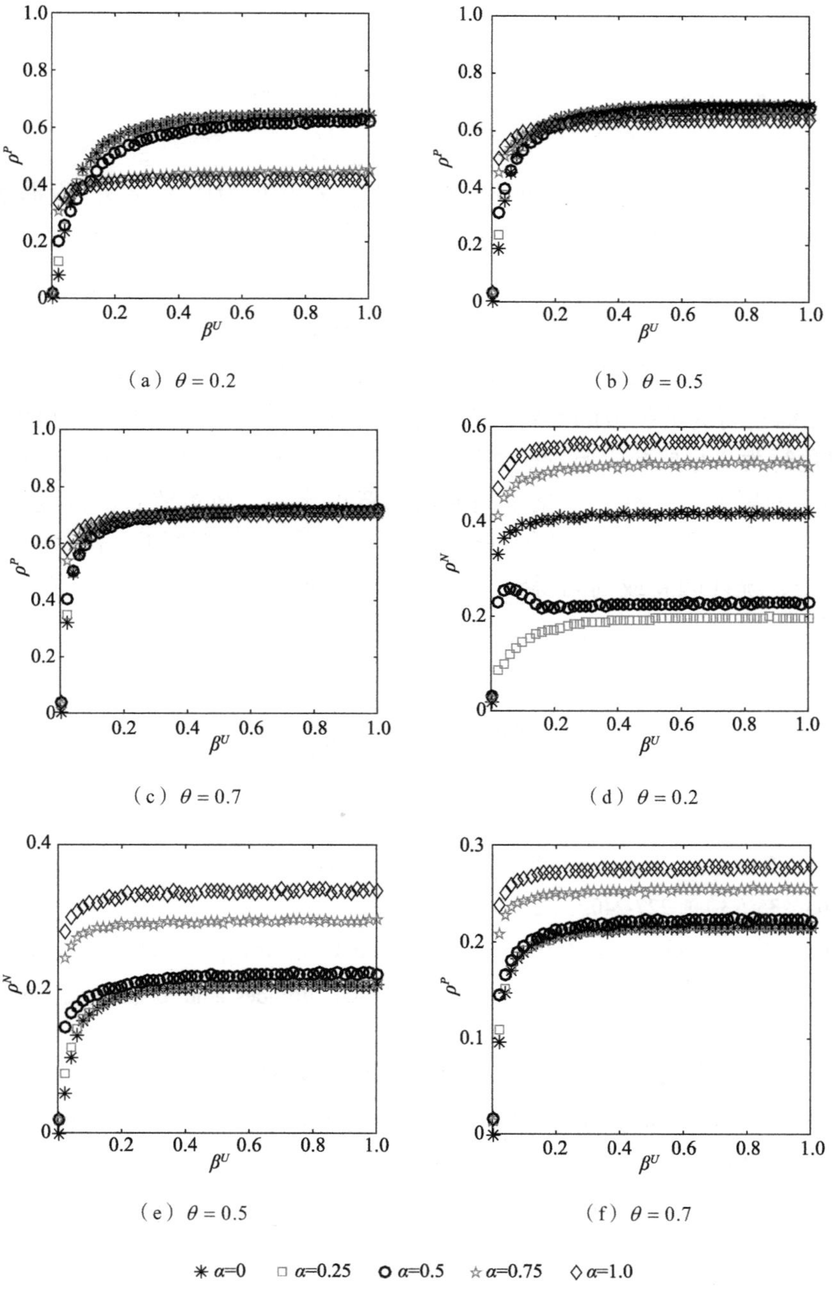

图 7-8　最终积极个体占比 ρ^P 和最终消极个体占比 ρ^N 关于感染率 β^U 的关系（三）

在不同的 α 值下，固定 $\delta=0.6$ ，$\mu=0.3$ ，$\gamma=1.5$ ，分别取 $\theta=0.2,0.5,0.7$

7.4 本章小结

本章提出了一种基于多重网络结构的绿色意识-行为传播模型。根据 MMCA 方法进行理论推导和数值模拟发现，绿色行为阈值 β_c^U 与政策强度 θ 直接相关。此外，在意识层对行为层中中立节点的影响中，γ 不起作用。无论 γ 值是什么，如果没有其他参数的变化，最终的绿色行为 ρ^P 固定。然而，政策强度 θ 和局部意识比 α 的贡献会改变最终的积极节点比例 ρ^P 和消极节点比例 ρ^N。数值模拟显示，θ 是绿色行为的扩散的重要因素，换句话说，政府应该采取一些措施来鼓励居民绿色行为。只要政策监管的强度不为零，那么对整个系统的演化会产生很多显著不同的影响。此外，根据不同的局部意识比 α，政策监管的强度 θ 应该调整。政府对这类绿色行为的政策进行修改并加以推广是有效的。α 的决策可以由抽样调查、统计问卷或询问得到。在正常情况下，如舆论模型中，α 通常设定为 0.5。

参考文献

[1] Barr S. Strategies for sustainability：citizens and responsible environmental behaviour. Area，2003，35（3）：227-240.

[2] Chase S K，Levine A. Citizen science：exploring the potential of natural resource monitoring programs to influence environmental attitudes and behaviors. Conservation Letters，2018，11（2）：e12382.

[3] Varela-Candamio L，Novo-Corti I，García-Álvarez M T，et al. The importance of environmental education in the determinants of green behavior：a meta-analysis approach. Journal of Cleaner Production，2018，170：1565-1578.

[4] Moon S，Bae S. State-level institutional pressure，firms' organizational attributes，and corporate voluntary environmental behavior. Society and Natural Resources，2011，24（11）：1189-1204.

[5] Liu X，Liu B，Shishime T，et al. An empirical study on the driving mechanism of proactive corporate environmental management in China. Journal of Environmental Management，2010，91（8）：1707-1717.

[6] Sun L，Wang Q，Ge S，et al. Urban resident energy-saving behavior：a case study under the

A2SC framework. Natural Hazards，2018，91（2）：515-536.

[7] Granell C，Gomez S，Arenas A，et al. Dynamical interplay between awareness and epidemic spreading in multiplex networks. Physical Review Letters，2013，111（12）：128701.

[8] Granell C，Gomez S，Arenas A，et al. Competing spreading processes on multiplex networks：awareness and epidemics. Physical Review E，2014，90（1）：012808.

[9] Kan J Q，Zhang H F. Effects of awareness diffusion and self-initiated awareness behavior on epidemic spreading - an approach based on multiplex networks. Communications in Nonlinear Science and Numerical Simulation，2017，44：193-203.

[10] Liu W，Chen P Y，Yeung S，et al. Principled multilayer network embedding. 2017 IEEE International Conference on Data Mining Workshops. IEEE，2017：134-141.

[11] Murase Y，Török J，Jo H H，et al. Multilayer weighted social network model. Physical Review E，2014，90（5）：052810.

[12] Boccaletti S，Bianconi G，Criado R，et al. The structure and dynamics of multilayer networks. Physics Reports，2014，544（1）：1-122.

[13] Cozzo E，de Arruda G F，Rodrigues F A，et al. Multilayer networks：metrics and spectral properties. Interconnected Networks. Springer，Cham，2016：17-35.

[14] Battiston F，Nicosia V，Latora V. Structural measures for multiplex networks. Physical Review E，2014，89（3）：032804.

[15] Nicosia V，Latora V. Measuring and modeling correlations in multiplex networks. Physical Review E，2015，92（3）：032805.

[16] Menichetti G，Remondini D，Panzarasa P，et al. Weighted multiplex networks. PloS One，2014，9（6）：e97857.

[17] Thompson W A，Funderlic R E. A simple threshold model for the classical bioassay problem. Measurement of Risks. Springer，Boston，MA，1981：521-533.

[18] Gnegne Y，Jawadi F. Boundedness and nonlinearities in public debt dynamics：a TAR assessment. Economic Modelling，2013，34：154-160.

[19] Tsai J，Bowring E，Marsella S，et al. Empirical evaluation of computational emotional contagion models. International Workshop on Intelligent Virtual Agents. Springer，Berlin，Heidelberg，2011：384-397.

[20] Hill A L，Rand D G，Nowak M A，et al. Infectious disease modeling of social contagion in networks. PLOS Computational Biology，2010，6（11）：e1000968.

[21] Guo Q，Jiang X，Lei Y，et al. Two-stage effects of awareness cascade on epidemic spreading in multiplex networks. Physical Review E，2015，91（1）：012822.

[22] Shao J，Havlin S，Stanley H E. Dynamic opinion model and invasion percolation. Physical Review Letters，2009，103（1）：018701.

[23] Tian Z, Dong G, Du R, et al. Non-consensus opinion model with a neutral view on complex networks. Physica A: Statistical Mechanics and its Applications, 2016, 450: 601-608.

[24] Pacheco J. The social contagion model: exploring the role of public opinion on the diffusion of antismoking legislation across the American states. The Journal of Politics, 2012, 74（1）: 187-202.

[25] Cao M, Zhang G, Wang M, et al. A method of emotion contagion for crowd evacuation. Physica A: Statistical Mechanics and its Applications, 2017, 483: 250-258.

[26] Geng J, Long R, Chen H, et al. Exploring the motivation-behavior gap in urban residents' green travel behavior: a theoretical and empirical study. Resources, Conservation and Recycling, 2017, 125: 282-292.

[27] Barabási A L, Albert R. Emergence of scaling in random networks. Science, 1999, 286（5439）: 509-512.

第二篇 经济发展度量与阈值理论

引　言

当今世界，发展绿色经济已经成为一个重要趋势。从国内发展看，绿色经济是引导我国未来经济社会发展的重要力量。当前和今后一个时期，中国要大力发展以资源承载力和生态环境容量为基础的绿色经济，形成节约资源保护环境的产业结构、生产方式、消费模式，走一条生产发展、生活富裕、生态良好的生态文明发展道路。绿色发展是生态文明建设的重要组成部分，构建绿色发展模式的关键在于调整投资、出口和消费的重点和方向，促进发展方式转变，推进绿色技术和产业，破解日益突出的资源能源环境难题，实现环境保护与经济发展的双赢。因此，有必要开展绿色低碳驱动下工业生产市场的发展度量，提出绿色低碳社会成本的核算依据，并给出经济市场受冲击时的市场普适性规律和绿色行为下的阈值规律，采用一种更为准确、合理和灵活的评估方法对此类含有不确定因素的投资项目进行评估决策，具有重要的理论意义和应用价值。

物价指数关系国计民生，是管理层制定宏观经济政策、分析货币市场和债券市场及央行公开市场操作的重要参考依据，其变动率在一定程度上反映了通货膨胀或通货紧缩的程度。国内外学者所开发的任何一种物价指数计算方法，其目标均是使物价指数可以反映更多的市场价格信息，能获得那些有效的市场信息。尤其是除了获取物价指数所反映的表面信息（如通货膨胀率等）之外，如何采用科学的方法尽可能多地提取绿色低碳发展新形势下物价指数所隐含的市场价格信息，根据物价指数序列来研究评估区域市场绿色发展下的经济运行状况，也需要进行系统的研究。物价指数是一个蕴涵着大量市场信息的综合性的指标，特别是在当前绿色低碳发展的大背景下，如何衡量物价指数蕴涵了多少的市场信息；如何基于区域物价指数变化间的关系，有效衡量市场运行状况；如何基于物价指数所蕴含的市场信息，有效预判市场通胀状态的变化；如何基于物价指数所蕴含的市场信息，定量的刻画区域经济的动态演化特征等均是值得关注的热点问题。

碳社会成本（social cost of carbon，SCC）、温室气体排放所造成的边际现值成本已经成为制定气候变化政策的核心工具。碳社会成本的估计是复杂的，极端天气的频繁发生、农作物产量的减少和海平面的上升等都使得碳社会成本具有显著的不确定性。碳社会成本的大小能够影响政府对于政策的制定，当碳社会成本的值越高时，意味着政府需要加强对碳排放量的控制，采取更为严格的减排措施来减少碳排放。所以研究绿色低碳发展下碳社会成本有重要的现实意义，同时碳社会成本的估算对国家气候政策的制定有重要的应用价值。由于碳社会成本的计算是复杂且具有不确定性的，一般在计算碳社会成本时主要会涉及损害函数。损害函数的主要目的是将气候模块响应中的气候变化因素转化为社会经济影响。当前的损害函数具有多种形式，并且存在很多的不确定性。在气候变化导致内生增长的经济条件下，讨论损害函数对绿色低碳发展下碳社会成本和经济增长率的影响，对于评估气候变化的社会影响具有重要意义。

在现实世界中存在着各种各样的复杂系统，将这些系统映射到网络中则可以通过复杂网络的理论进行进一步分析。例如，在微博、微信等社交系统中，每个用户可以看作网络中的一个节点，用户之间的联系则是网络中的连边；而在公共自行车系统中，可以把每辆自行车看作节点，自行车的行驶路线则是有向的连边。此外，大多数这些系统并不是独立存在的，如电力系统与基础设施系统相互影响、相互作用，电力系统支持基础设施的正常运行，而基础设施系统的过度用电则会影响电力系统的正常供应。在整个系统中，一个网络中节点的失效，不仅影响自身网络的鲁棒性，也势必影响与之相连或相关的其他网络。在复杂网络中的许多研究工作都集中于系统从稳定到崩塌的这个临界点上，通过这一临界阈值点，可以有效地调整人工构建的网络系统或者及时发现现有的系统中存在的问题。在多个网络社团相互连接的系统中，临界阈值点处网络鲁棒性的变化规律可以有效抑制失效节点在整个系统中的蔓延。2004 年在意大利，一个电信节点的故障几乎使整个国家所有的电信服务陷入瘫痪，进而造成大多数的金融交易、邮政投递和航班的停止。通过复杂网络理论研究实际系统中的临界阈值问题，可以为预测能源市场发展、规划绿色出行系统等提供理论基础，通过理论分析与数据模拟提出可行性建议。

近些年来，光伏发电得到了快速发展。国家也相应地出台了相关政策，促使越来越多的企业参与光伏电站项目之中。然而，光伏发电项目又具有投资成本高、收益周期长和不确定的因素较多等特点。如果采用一般的 NPV 评估方法，所得的结果往往不准确，企业无法获得准确的预测和评估。因此采用一种更为准确、合理和灵活的评估方法对此类含有不确定因素的投资项目进行评估决策具有极为重要的理论意义和实际价值。

本篇主要研究绿色低碳行为下的经济度量和阈值理论，共分为六章。第 8 章为绿色低碳驱动下工业生产市场的发展度量：基于中国省际 PPI（producer price index，生产者价格指数）数据和知识型绿色低碳水平，定义系统风险熵、同步性比率、稳定度、绿色低碳水平开发效率、市场感应等定量刻画市场演化特征的指标，分析中国工业 PPI 及知识型绿色低碳水平的地区差异与同步性，评估绿色行为驱动下的中国工业生产市场的发展演化。第 9 章为气候变化损害函数对碳社会成本的影响：在具有内生增长的两部门经济模型中，构造了一个七维非线性系统，得到包含损害函数的碳社会成本的表达式，分析了不同损害函数对碳社会成本和经济增长率的影响，给出了一个非线性系统的构造和最终商品部门所使用的资本份额的稳定值。第 10 章为受攻击时系统的阈值规律及恢复力：引入了一个具有社团结构作为外场的网络模型，研究社团间部分节点相连的网络的恢复力，结果表明增强部分节点间的耦合强度，网络更稳定。在某种意义上，启发揭示了为什么真正的系统在长期进化之后仍然保持一个稳定和发展的状态。第 11 章为市场受冲击时的市场普适性规律：利用可见图算法将原油价格时间序列转换为单个价格网络以及具有社团结构的价格网络，以随机攻击来模拟金融危机等对原油价格市场的冲击，以网络的最大连通集团来刻画价格市场的稳定性。第 12 章为绿色出行下的阈值规律：利用南京市公共自行车数据，以自行车车桩为节点分别构建自行车借出网络，讨论在随机攻击下社团间的相互影响对整个网络临界阈值的作用，探讨临界阈值点处的普适性规律，从而为公共自行车系统提供可行性意见。第 13 章为碳价格下市场联动的光伏发电项目投资决策及联动 NPV 的演化分析：基于实物期权方法，考虑了投资成本、碳价格、上网电价和政府补贴这些在发电项目中存在的不确定因素，并且将光伏发电投资成本与市场联动性结合，考虑在市场联动下的光伏发电投资成本，对光伏发电项目的投资价值进行评估分析，进而得到项目的实际投资价值，进一步研究了影响光伏发电项目的具体因素。

第8章　绿色低碳驱动下工业生产市场的发展度量①

中国工业 PPI 是衡量工业企业产品出厂价格变动趋势和变动程度的指数，是反映某一时期生产领域价格变动情况的重要经济指标，也是制定有关经济政策和国民经济核算的重要依据。工业 PPI 包括工业生产者出厂价格指数（producer price index for industrial products）和工业生产者购进价格指数（producer price index for industrial purchase）。工业生产者出厂价格指数反映工业企业产品第一次出售时的出厂价格的变化趋势和变动幅度。工业生产者购进价格指数反映工业企业作为中间投入产品的购进价格的变化趋势和变动幅度。

PPI 主要是衡量企业购买的一篮子物品和劳务的总费用。由于企业最终要把它们的费用以更高的消费价格的形式转移给消费者，所以，通常利用 PPI 的变动可以预测消费物价指数的变动。根据价格传导规律，PPI 对 CPI（consumer price index，居民消费价格指数）有一定的影响[1]。PPI 反映生产环节价格水平，CPI 反映消费环节的价格水平。整体价格水平的波动一般先出现在生产领域，然后通过产业链向下游产业扩散，最后影响流通领域消费品[1]。以工业品为原材料的生产（即工业品）价格向 CPI 的传导途径为从原材料→生产资料→生活资料的传导[1]。由于 CPI 不仅包括消费品价格，还包括服务价格，CPI 与 PPI 在统计口径上并非严格的对应关系。因此，CPI 与 PPI 的变化在某一时期出现不一致的情况是有可能的，但 CPI 与 PPI 长期持续处于背离状态，这不符合价格传导规律。

---

① 第 8 章主要内容出处：Xiao J，Wang M G，Tian L X，et al. The measurement of China's consumer market development based on CPI data. Physica A，2018，490：664-680；肖江. 基于面板数据的 CPI、PPI、PM2.5 和石油价格波动演化特征分析. 江苏大学博士学位论文，2018.

8.1　关于 PPI 的国内外发展动态

当前关于 PPI 指数的研究主要集中在 PPI 与 CPI 之间的传导关系、PPI 指数的计算及影响因素等方面。

8.1.1　PPI 与 CPI 之间的传导关系

国内外学者针对 PPI 与 CPI 之间的传导关系，已取得了较为成熟的结果。Su 等[2]探讨了斯洛伐克的 PPI 和 CPI 之间的因果关系，结果表明：从 PPI 到 CPI 存在单向的因果关系。Tiwari 等[3]使用 1991 年 1 月到 2011 年 11 月间的月度数据，分析了罗马尼亚的 CPI 和 PPI 的回归序列（即通过 CPI 和 PPI 测量的通货膨胀）之间的 Granger 因果关系。通过连续小波方法分解基于 CPI 和 PPI 的通货膨胀之间的时频关系，发现有变量的周期性影响，但没有观察到反周期效应。Moradi 等[4]基于 2000~2009 年季度数据，利用协整理论，定量评估了股票交易对 CPI 和 PPI 的影响。Akcay[5]使用 1995 年 8 月至 2007 年 12 月季节性调整后的月度数据，检验欧洲五个国家的 PPI 与 CPI 之间的因果关系，结果表明：芬兰和法国的 PPI 与 CPI 之间存在单向因果关系，德国两个指标之间存在双向因果关系。就荷兰和瑞典而言，没有发现重大的因果关系。刘康[6]考察了 2000~2013 年中国的 PPI 与 CPI 的波动特征和传导机制。吕捷和王高望[7]通过构建三部门动态随机一般均衡模型，探讨了 CPI 与 PPI 背离的结构性原因，为中国人民银行制定更为有效的货币政策提供了一个新的视角。杨子晖等[8]从非线性的研究视角对中国等多个国家的 CPI 与 PPI 之间的非线性传导机制与作用关系进行演化分析。伍戈和曹红钢[9]在分析中国的 CPI 与 PPI 价格变化的过程中，提出应充分考虑经济转型过程中深层次结构性因素的影响。董直庆等[10]分别使用互谱和 CF 滤波方法，在时域和频域两个层面分析中国的 CPI 和 PPI 周期波动及其影响因素。陈建奇[11]结合中国具体的市场结构，发现非对称供求结构是造成 PPI、CPI 倒挂的主要原因。王章名等[12]将 DCC 模型和 Granger 因果检验运用到研究 CPI 和 PPI 的动态传导机制中。

8.1.2　PPI 指数的计算及影响因素

国内外学者在研究 PPI 指数新的计算方法及影响因素方面，提供了各种思路。Weinhagen[13]考察了 PPI 最终需求-中间需求聚集系统中价格变动的因果方向，分析提供了期货价格在商品类型和生产流程部分传导的证据。Conforti[14]讲述了 PPI 前 50 年的故事，PPI 在此期间确立了其作为关键经济指标的声誉，为未来通胀预期设定了先例。Lucier 和 William[15]指出，为了应对近几十年来航空公司日益复杂和多变的机票定价制度，劳工统计局从单独的票价追踪法价格转为平均定价法，结果表明：定期客运航空公司的 PPI 能够更好地捕捉真实的航空公司定价行为。Doherty[16]指出，1997~2002 年行业价格变化与全球化进口渗透率和净进口渗透率之间的关系是负相关的，而出口强度与国内价格变化之间的对应关系并不一致。Park 和 Ryn[17]利用数据产生更好更正确的链式 PPI，基于两种有效防范选择权重，为链式 PPI 提供了较好的统计一致性和稳定性，比较了 MAE 和 RMSE 的价格方程的定基指数和链。Norman[18]分析了 PPI 的特征、存在的问题及潜在的应用。Morris 和 Green[19]对生产者出厂价格指数（PPI）标准误差进行了计算，目的是衡量已公布价格指数的增长率的质量。尹力博和韩立岩[20]基于 FAVAR 模型全视角分析了外部冲击对 PPI 指数的结构性传导，并考察了国内宏观经济政策对外部冲击的抵御效果。杨继生和冯焱[21]构建了含交互效应的面板 SVAR 模型，实证分析货币供给对各行业 PPI 影响的结构性差异，以及 PPI 对各种主要冲击因素的动态响应机制。龙少波等[22]使用 TVP-VAR-SV 模型，对比和分析造成 2012 年 2 月以来中国 PPI 持续低迷的原因。徐鹏[23]以 CPI 和 PPI 走势预测为例，给出了新常态时期价格研判的一个分析框架。刘健等[24]利用 2004 年 6 月至 2016 年 12 月南华工业品期货价格指数收盘价和工业生产者出厂价格指数数据进行实证分析，检验南华工业品期货价格指数对 PPI 的先导作用及对宏观经济的预警作用。桂文林和黎庆莹[25]使用 PMI（purchasing managers' index，采购经理指数）和 PPI 同比序列进行集合经验模态分解，构建 PMI 和 PPI 结构分量间的传导机制。唐德才等[26]通过考察制造业 PMI 与 PPI 之间的相关关系变化形态，得出两者之间互为格兰杰因果关系，并且存在长期稳定的协整关系。丁浩和蔡霖[27]运用协整分析、格兰杰因果分析、VEC 模型、脉冲响应和方差分解，实证分析了国际原油价格、天然气价格与 PPI 的相关性。

以往针对 PPI 的研究多侧重于讨论 PPI 与 CPI 的相互传导，分析它们的因果关系，并对造成 PPI 波动的影响因素进行讨论，提出 PPI 计算的改进方法等。已有成果多针对 PPI 指数中的出厂价格指数开展研究，缺乏与 PPI 密切相关的购进价格指数的成果，未结合绿色低碳指标来衡量中国区域工业生产市场的发展。本章为了描述中国工业生产领域市场的本质特征，引入系统风险熵、同步性比率、稳定度、绿色低碳水平开发效率等新指标，通过设计滑动窗口结合随机矩阵的特征值理论，能够更准确地描述多变量时间序列的演化模式，分析和可视化中国省际及区域工业生产领域市场的演变特征。基于市场感应的综合指标，设计了衡量中国工业生产领域市场运行状况的方法，分析了知识型驱动的绿色低碳生产方式对工业生产市场完善度的提高。这些指标与方法在以往关于 PPI 研究中未曾出现。

本章的结构如下：首先，在工业生产市场数据下，定义了工业生产市场的系统风险熵、同步性比率、稳定度、绿色低碳水平开发效率、市场感应等指标。其次，利用中国 31 个省份的 PPI 数据和反映绿色低碳发展水平的专利授权数据，对中国工业生产领域市场进行了实证分析，度量了市场的风险性、一致性、稳定性和绿色性。最后，结合综合指标市场感应，对中国工业生产领域的市场完善度进行了分析。

8.2　随机矩阵理论

记不同区域间的 PPI 指数及知识型绿色低碳水平为 $p_i^{(\mathrm{prd})}(t)$，$p_i^{(\mathrm{pur})}(t)$，$p_i^{(\mathrm{pat})}(t)$，简记为 $p_i^{(k)}(t)$，$i=1,2,\cdots,N$，$t=1,2,\cdots,M$，$k=\mathrm{prd},\mathrm{pur},\mathrm{pat}$。其中，$N$ 表示研究工业生产领域市场所需的不同区域的总数，M 表示研究 PPI 及知识型绿色低碳水平的所取时间长度的总数，$k=\mathrm{prd}$ 表示对应工业生产者出厂价格指数，$k=\mathrm{pur}$ 表示对应工业生产者购进价格指数，$k=\mathrm{pat}$ 表示对应知识型绿色低碳水平。选取滑动窗口长度 $L>N$，则可以得 $H=M-L+1$ 个时间窗口，在每个滑动窗口 $[t-L+1,t]$，$t\geqslant L$ 上，根据式（8-1）计算相关系数矩阵 $C_{ij}^{(k)}(t)$，$k=\mathrm{prd},\mathrm{pur},\mathrm{pat}$。

$$C_{ij}^{(k)}(t)=\frac{1}{\sigma_i\sigma_j}\sum_{n=t-L+1}^{t}\left[p_i^{(k)}(n)-\mu_i\right]\left[p_j^{(k)}(n)-\mu_j\right] \tag{8-1}$$

其中，μ_i 表示样本均值；σ_i 表示样本标准差。对每个相关系数矩阵 $C^{(k)}(t)$，计算其对应的特征值 $\left\{\lambda_l^{(k)}:l=1,2,\cdots,H\right\}$ 和特征向量

$$u_l^{(k)}(t)=\left[u_{l,1}^{(k)}(t),u_{l,2}^{(k)}(t),\cdots,u_{l,N}^{(k)}(t)\right]^T。$$

对于随机矩阵：

$$R=\frac{1}{L}AA^T$$

其中，A 是一个 $N\times L$ 的随机矩阵，由 N 个长度为 L 的独立序列构成，每个序列均服从 $N(0,1)$ 分布。当在 $N\to\infty$，$L\to\infty$，$Q=L/N(>1)$ 确定的情况下时，它的特征值有着上限和下限，这就是随机矩阵的特征值分布特性。但是，对于介于

完全随机性与可决定性的金融市场，股票收益矩阵所构成的相关性矩阵的特征值分布的范围则更广，超越了完全随机矩阵情况下的下限值和上限值，这些特征值能够反映出真实市场的最主要的信息，但绝大部分关于真实市场的特征值仍然落在完全随机矩阵情况下的上下限范围之内。R 的特征值λ的分布函数$P(\lambda)$具有如下的解析形式：

$$P(\lambda)=\frac{Q}{2\pi\sigma^2}\frac{\sqrt{(\lambda_{\max}-\lambda)(\lambda-\lambda_{\min})}}{\lambda}$$

其中，$\lambda_{\min}\leqslant\lambda\leqslant\lambda_{\max}$，且有$\lambda_{\min,\max}=\sigma^2\left(1+1/Q\pm2\sqrt{1/Q}\right)$，$\sigma^2=1$。通过比较实证相关矩阵的特征值$\lambda_l$是否落在$[\lambda_{\min},\lambda_{\max}]$内，来判断实证相关矩阵是否存在大量的噪声信息。若较实证相关矩阵的特征值$\lambda_l>\lambda_{\max}$，则λ_l及其对应的特征向量$\boldsymbol{u}_l$包含有价值的市场信息。利用与完全随机矩阵的对比差异，可以将真实市场中的很多信息反映出来。

8.3 工业生产市场度量的指标选择

分析中国工业 PPI 及知识型绿色低碳水平的地区差异与同步性，评估中国生产领域市场发展状况。引入系统风险熵、动态同步性比率、稳定度、知识型绿色低碳行为的开发效率及市场感应指标，定义如下。

8.3.1 工业生产系统风险熵

为度量所研究系统的系统风险，下面利用包含真实市场信息的实证相关矩阵的特征值λ_i，$i=1,2,\cdots,H$，定义系统风险熵SRE，计算公式如下：

$$\mathrm{SRE}=\alpha\mathrm{RE}_H^{(\mathrm{prd})}+\beta\mathrm{RE}_H^{(\mathrm{pur})}+\gamma\mathrm{RE}_H^{(\mathrm{pat})} \quad (8\text{-}2)$$

其中，$\alpha>0$，$\beta>0$，$\gamma>0$，且$\alpha+\beta+\gamma=1$，其中子系统风险熵

$$\mathrm{RE}_H^{(k)}=\left[-1/\log(N)\right]\sum_{i=1}^{H}\left(\lambda_i^{(k)}/N\right)\log\left(\lambda_i^{(k)}/N\right),\quad k=\mathrm{prd},\mathrm{pur},\mathrm{pat} \quad (8\text{-}3)$$

其中，H 为包含真实市场信息的相关矩阵特征值的个数；N 为相关矩阵的维数；$\lambda_i^{(k)}$为包含市场信息的特征值，$i=1,2,\cdots,H$，$H\leqslant N$。

子系统风险熵有如下性质：

（1）$0\leqslant\mathrm{RE}_H^{(k)}\leqslant1$，因为化简式（8-3）可得

$$\mathrm{RE}_H^{(k)} = \sum_{i=1}^{H} \frac{\lambda_i^{(k)}}{N}\left(1 - \frac{\log\left(\lambda_i^{(k)}\right)}{\log(N)}\right)$$

因此，可得 $0 \leqslant \mathrm{RE}_H^{(k)} \leqslant 1$。

（2）当且仅当 $\lambda_i^{(k)}$ 中有一个等于 N，当其余特征值全为 0 时，$\mathrm{RE}_H^{(k)} = 0$。

（3）当且仅当 $H = N$，$\lambda_1^{(k)} = \lambda_2^{(k)} = \cdots = \lambda_N^{(k)}$ 时，$\mathrm{RE}_H^{(k)} = 1$。

系统风险熵 SRE 越接近 0，说明实证矩阵特征值所代表的风险信息就越大，系统风险就越大；反之，SRE 越接近 1，说明由实证矩阵特征值体现的风险信息就越少，系统风险就越小。

8.3.2　工业生产市场的动态同步性比率

市场的一致性是指基于动态同步性比率刻画市场与其子市场同步变化的度量。在每个滑动窗口 $[t-L+1, t]$ 内的相关系数矩阵 $C^{(k)}(t)$，$k = \mathrm{prd}, \mathrm{pur}, \mathrm{pat}$，采用聚类算法，按照类平均法将 N 个细分市场聚成三类，在每个滑动窗口内，统计每一类成员的个数，称成员个数最多的一类为同步性市场，记为 $\Omega_{\mathrm{syn}}(t)$。若 $\left\{p_i^{(k)}(t)\right\} \not\subset \Omega_{\mathrm{syn}}(t)$，且 $\overline{C\left[p_i^{(k)}(t-\delta), \overline{p'(t)}\right]} > \overline{C\left[p_i^{(k)}(t), \overline{p'(t)}\right]}$，其中，$\overline{p'(t)}$ 表示同步性市场数据均值，$\overline{C[x]}$ 表示相关系数均值，则称由 $\left\{p_i^{(k)}(t)\right\}$ 所构成市场为领先性市场，记为 $\Omega_{\mathrm{pre}}(t)$。若 $\left\{p_i^{(k)}(t)\right\} \not\subset \Omega_{\mathrm{syn}}(t)$ 且 $\left\{p_i^{(k)}(t)\right\} \not\subset \Omega_{\mathrm{pre}}(t)$，则称由 $\left\{p_i^{(k)}(t)\right\}$ 所构成市场为滞后性市场，记为 $\Omega_{\mathrm{lag}}(t)$。

定义动态同步性比率如下：

$$\mathrm{SYN}(t) = \frac{\alpha N^{(\mathrm{prd})}\left[\Omega_{\mathrm{syn}}(t)\right] + \beta N^{(\mathrm{pur})}\left[\Omega_{\mathrm{syn}}(t)\right] + \gamma N^{(\mathrm{pat})}\left[\Omega_{\mathrm{syn}}(t)\right]}{N} \tag{8-4}$$

其中，$N^{(k)}\left[\Omega_{\mathrm{syn}}(t)\right] = \max\left\{N_1^{(k)}(t), N_2^{(k)}(t), N_3^{(k)}(t)\right\}$，$k = \mathrm{prd}, \mathrm{pur}, \mathrm{pat}$，$N_i^{(k)}(t)$ 表示在时间 t 标号为 i 的市场的数量，N 表示子市场总数。$\alpha > 0$，$\beta > 0$，$\gamma > 0$，且 $\alpha + \beta + \gamma = 1$。

定义动态领先性比率如下：

$$\mathrm{PRE}(t) = \frac{\alpha N^{(\mathrm{prd})}\left[\Omega_{\mathrm{pre}}(t)\right] + \beta N^{(\mathrm{pur})}\left[\Omega_{\mathrm{pre}}(t)\right] + \gamma N^{(\mathrm{pat})}\left[\Omega_{\mathrm{pre}}(t)\right]}{N} \tag{8-5}$$

其中，$N^{(k)}\left[\Omega_{\mathrm{pre}}(t)\right]$ 表示领先性市场的数量。

定义动态滞后性比率如下：

$$\mathrm{LAG}(t)=\frac{\alpha N^{(\mathrm{prd})}\left[\Omega_{\mathrm{lag}}(t)\right]+\beta N^{(\mathrm{pur})}\left[\Omega_{\mathrm{lag}}(t)\right]+\gamma N^{(\mathrm{pat})}\left[\Omega_{\mathrm{lag}}(t)\right]}{N} \tag{8-6}$$

其中，$N^{(k)}\left[\Omega_{\mathrm{lag}}(t)\right]$表示滞后性市场的数量。

对于中国工业生产领域市场而言，将中国市场按照地理位置和行政划分成31个省（区、市）[①]的细分市场，由于不同的地理环境、不同的资源下工业生产者选择的出厂和购进的产品、知识型绿色低碳水平不同的自身条件限制和偏好，故工业生产者产品的出厂和购进的省（区、市）细分市场的发展并不均衡，知识型绿色低碳水平的发展也是如此。在实证分析部分，将利用动态同步性比率定量刻画中国工业生产领域市场与各省市细分市场的一致性水平。

8.3.3 工业生产市场的稳定度

市场稳定度是细分市场经济发展状态随时间变化程度的度量。根据动态同步性比率的定义，首先计算各个时间窗口的动态同步性比率，分别记为$\varphi_i^{(k)}(t)$，$i=1,2,\cdots,H$

$$\varphi_i^{(k)}(t)=\frac{n_i^{(k)}(t)}{N_i^{(k)}} \tag{8-7}$$

其中，$n_i^{(k)}(t)$表示第i细分市场内在时间t与整个市场同步的子市场数量；$N_i^{(k)}$表示第i细分市场内所包含的子市场的总数，基于以上不同细分市场内动态同步性比率，提出细分市场状态稳定度的概念，计算公式如下：

$$\mathrm{STA}=\alpha\left(1-\frac{\sum_{t=1}^{n-1}\mathrm{sgn}\left|\varphi_i^{(\mathrm{prd})}(t+1)-\varphi_i^{(\mathrm{prd})}(t)\right|}{n}\right)+\beta\left(1-\frac{\sum_{t=1}^{n-1}\mathrm{sgn}\left|\varphi_i^{(\mathrm{pur})}(t+1)-\varphi_i^{(\mathrm{pur})}(t)\right|}{n}\right)+\gamma\left(1-\frac{\sum_{t=1}^{n-1}\mathrm{sgn}\left|\varphi_i^{(\mathrm{pat})}(t+1)-\varphi_i^{(\mathrm{pat})}(t)\right|}{n}\right) \tag{8-8}$$

其中，sgn表示符号函数；$n=M-L+1$表示滑动窗口数量；$\alpha>0$，$\beta>0$，$\gamma>0$，且$\alpha+\beta+\gamma=1$。

对于中国工业生产领域市场而言，状态稳定度是用来刻画在经济发展过程中

① 本章中所有中国数据均不包括香港、澳门、台湾的数据。

某个省市或经济区域在全国所处位置的变化情况。若某个省市或经济区域随着时间的推移，其稳定度小于给定的阈值，则认为该省市或地区的发展状态相对全国总体水平是稳定的。

8.3.4　知识型绿色低碳行为的开发效率

知识资本积累是工业经济增长的重要驱动力，无论是规模效应还是竞争效应，知识扩散会导致工业系统的“绿色化”，碳强度相对较低的行业具有较高的知识资本强度，具有较大的吸收容量。因此，知识扩散提高了这些“清洁”碳行业的生产率，超过了“肮脏”的碳密集行业的生产率。知识型绿色低碳水平的开发效率既反映了工业市场的绿色低碳行为，又反映了区域工业应对气候变化政策的水平。

针对知识型绿色低碳行为的开发效率的评估，需要构建开发效率矩阵，本节运用数据包络分析法（data envelopment analysis，DEA），计算过程如下：如果知识型绿色低碳行为评价系统共有 n 个评价对象（即决策单元 DMU），m 个输入指标和 s 个输出指标组成评价指标体系，其中第 j 个 DMU 的输入和输出量分别为

$$X_j=\left(x_{1j},x_{2j},\cdots,x_{mj}\right)^{\mathrm{T}}>0,\ Y_j=\left(y_{1j},y_{2j},\cdots,y_{sj}\right)^{\mathrm{T}}>0,\ j=1,2,\cdots,n$$

对第 k 个决策单元进行评价的带有非阿基米德无穷小量 ε 的 CCR 模型为

$$\begin{cases}\max \mu^{\mathrm{T}}Y_k \\ \text{s.t.} \\ \omega^{\mathrm{T}}X_j-\mu^{\mathrm{T}}Y_j\geqslant 0,\ j=1,2,\cdots,n \\ \omega^{\mathrm{T}}X_k=1 \\ \omega\geqslant\varepsilon\hat{e},\mu\geqslant\varepsilon e,\hat{e}=\left(1,1,\cdots,1\right)^{\mathrm{T}}\in E_m,e=\left(1,1,\cdots,1\right)^{\mathrm{T}}\in E_s\end{cases}\tag{8-9}$$

其对偶规划为

$$\begin{cases}\min\left[h-\varepsilon\left(\hat{e}^{\mathrm{T}}s^{-}+e^{\mathrm{T}}s^{+}\right)\right] \\ \text{s.t.} \\ \sum_{j=1}^{n}\lambda_j X_j+s^{-}=hX_k \\ \sum_{j=1}^{n}\lambda_j Y_j-s^{+}=Y_k \\ \lambda_j\geqslant 0,\ j=1,2,\cdots,n,\ s^{-}\geqslant 0,s^{+}\geqslant 0\end{cases}\tag{8-10}$$

其中，s^{+} 和 s^{-} 分别为松弛变量和剩余变量，对于式（8-10）的最优解 h_k 表示第 k 个 DMU 的效率值。在不同的时间 t，可以得到时间 t 的第 k 个 DMU 的效率值 h_{tk}，由此可以得到知识型绿色低碳行为开发效率矩阵 $H=\left[h_{tk}\right]_{T\times n}$。

8.3.5 工业生产市场的市场感应

市场感应是对现代市场体系运行状态的综合度量，根据市场的“3-S”特征，即风险熵、一致性比率、稳定度，同时考虑各区域知识型绿色低碳水平的开发效率，利用式（8-11）计算市场的综合效用，即市场感应：

$$M\left(\mathrm{SRE},\mathrm{SYN},\mathrm{STA},\mathrm{KGE}\right)=\omega_1\mathrm{SRE}+\omega_2\mathrm{SYN}+\omega_3\mathrm{STA}+\omega_4\mathrm{KGE} \quad (8\text{-}11)$$

其中，$\omega_i\ (i=1,2,3,4)$ 为权重。

市场感应是综合考虑了市场风险、市场一致性水平、市场稳定度、知识型绿色低碳水平的开发效率的度量，基于市场感应结果可以分析当前市场的运行状况，也可以对未来市场的发展趋势进行有效的预测分析。式（8-11）中的权重 ω_i，可以根据具体的市场特征进行确定。由式（8-11）可知，显然 $0\leqslant M\leqslant 1$，市场感应 M 越接近 1，说明市场体系完善程度越高；反之，M 越接近 0，说明市场体系不完善程度越高。

8.4 工业生产市场度量的实证分析

8.4.1 PPI 数据及知识型绿色低碳水平数据的来源及处理

本节 PPI 数据选取自中国国家统计局工业 PPI，包括工业生产者出厂价格指数（上年同月=100）和工业生产者购进价格指数（上年同月= 100），分省月度数据。知识型绿色低碳水平体现了工业的知识开发水平，由专利授权数据来反映，选取自中国国家知识产权局专利业务工作及综合管理统计月报。选取的省（区、市）如下：北京市（BJ）、天津市（TJ）、河北省（HE）、山西省（SX）、内蒙古自治区（NM）、辽宁省（LN）、吉林省（JL）、黑龙江省（HL）、上海市（SH）、江苏省（JS）、浙江省（ZJ）、安徽省（AH）、福建省（FJ）、江西省（JX）、山东省（SD）、河南省（HA）、湖北省（HB）、湖南省（HN）、广东省（GD）、广西壮族自治区（GX）、海南省（HI）、重庆市（CQ）、四川省（SC）、贵州省（GZ）、云南省（YN）、西藏自治区（XZ）、陕西省（SN）、甘肃省（GS）、青海省（QH）、宁夏回族自治区（NX）、新疆维吾尔自治区（XJ），共 31 个省（区、市）。数据选取时间段为 2001 年 1 月~2016 年 12 月，每个省（区、市）有 192×3=576 个数据，共有 5 952×3=17 856 个数据。

工业生产者出厂价格指数和购进价格指数随时间的波动趋势大体一致，呈多个“W”形状相连接。知识型绿色低碳水平受各省工业研发水平差异的影响，波动幅度高低相差较大，同前面两类PPI相一致，都是在2010年初左右，波动幅度很大，并达到了最高峰。中国月度 CPI 和 PPI 的变化总体形状相似，但是个体曲线变化趋势明显不同，CPI 曲线变化较 PPI 平缓，如图 8-1 所示。

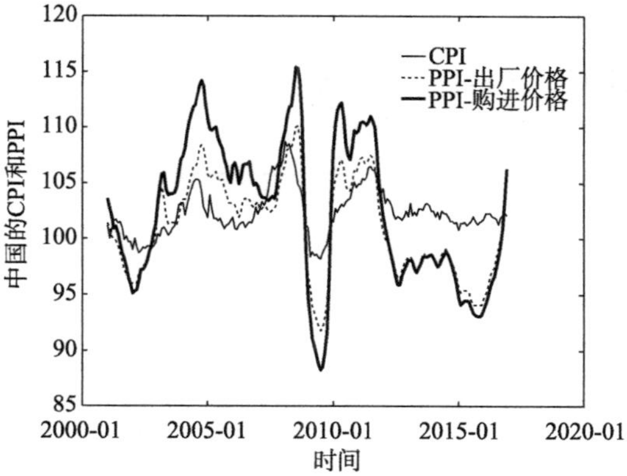

图 8-1　中国月度 CPI、PPI 对比

基于选取的数据，构造相应的滑动窗口，记各省（区、市）PPI 的出厂价格指数在时间 t，$t=1,2,\cdots,192$ 的数值为 $p_i^{(\mathrm{prd})}(t)$，购进价格指数在时间 t，$t=1,2,\cdots,192$ 的数值为 $p_i^{(\mathrm{pur})}(t)$，$i=1,2,\cdots,31$，知识型绿色低碳水平在时间 t，$t=1,2,\cdots,192$ 的数值为 $p_i^{(\mathrm{pat})}(t)$。由于 $N=31$，利用随机矩阵理论，选取滑动长度 $L>N$，$L=60$，得到出厂价格指数的滑动窗口，如图 8-2 所示，购进价格指数和知识型绿色低碳水平的滑动窗口类似构造。

时间	BJ	TJ	HE	…	XJ
2001-01	100.9	100	104.9	…	114.6
2001-02	100.9	97.2	102.2	…	107.7
2001-03	100.7	98	102.2	…	100.7
…	…	…	…	…	…
2005-12	98	98.5	100.5	…	116.6
2006-01	96.9	100.3	98.3	…	119.7
2006-02	96.5	100.1	98.3	…	117.1
…	…	…	…	…	…
2016-12	100.7	108.6	116.3	…	108.7

滑动窗口 1

滑动窗口 2

滑动窗口 3

图 8-2　出厂价格指数滑动窗口构造方法

基于图 8-2 的构造方法，出厂价格指数、购进价格指数、知识型绿色低碳水平分别得到 133 个时间窗口。

8.4.2 工业生产市场的相关系数矩阵

利用相关系数计算式（8-1），在各个滑动窗口内计算相关系数矩阵，并计算各个窗口内相关系数的概率密度和相关系数均值，如图 8-3 所示。

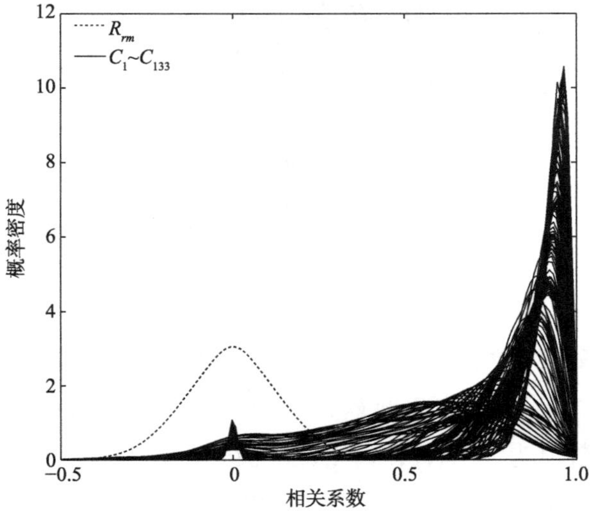

（a）出厂价格指数

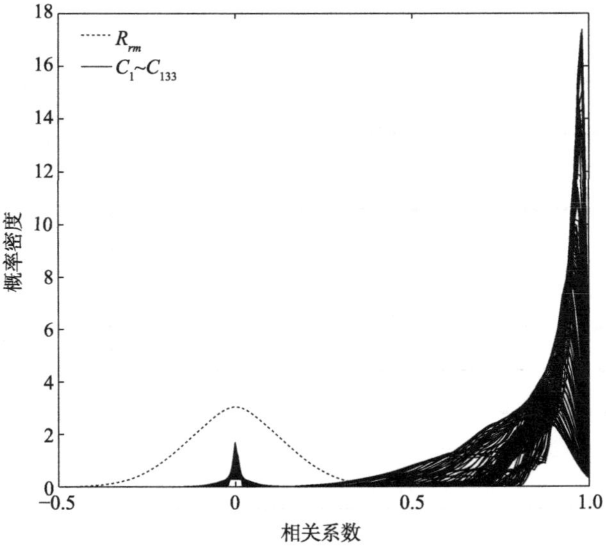

（b）购进价格指数

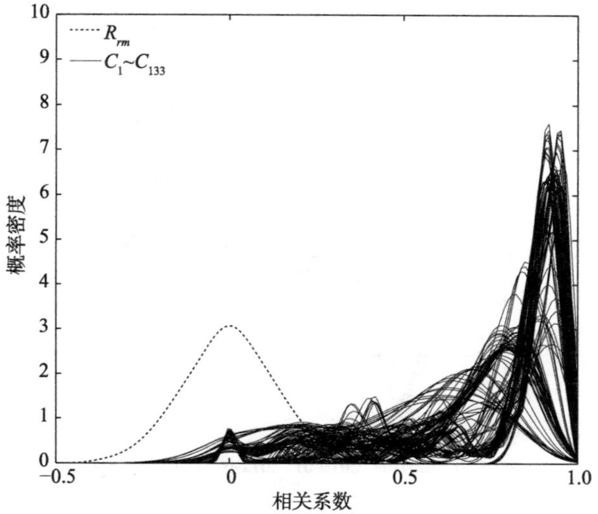

（c）知识型绿色低碳水平

图 8-3　相关系数的概率密度

图 8-3（a）~图 8-3（c）分别给出了每个时间滑动窗口内出厂价格指数、购进价格指数、知识型绿色低碳水平的相关系数矩阵 $C_1^{(\text{prd})},C_2^{(\text{prd})},\cdots,C_{133}^{(\text{prd})}$、$C_1^{(\text{pur})},C_2^{(\text{pur})},\cdots,C_{133}^{(\text{pur})}$、$C_1^{(\text{pat})},C_2^{(\text{pat})},\cdots,C_{133}^{(\text{pat})}$ 与随机互相关矩阵的相关系数 R_{rm} 的分布差异，其中仿真生成了由高斯序列组成的随机互相关矩阵，仿真计算 1 000 次，取平均值得到 R_{rm}。表 8-1 将三类数据相关系数的概率密度进行了对比。

表 8-1　三类数据相关系数的概率密度对比

三类数据	出厂价格指数	购进价格指数	知识型绿色低碳水平
相似点	R_{rm} 的相关系数是中心为零的对称分布，而 $C_1^{(k)},C_2^{(k)},\cdots,C_{133}^{(k)}$，$k=\text{prd},\text{pur},\text{pat}$ 的相关系数均是中心大于零的非对称分布，其相关系数均值均大于零，左低右高，高低幅度较大，相关系数高的密度均较大		
不同点	相关系数取值变化比较平缓，形状规整，概率密度居中	相关系数取值均较大，低于 0.5 的较少，概率密度最大	相关系数取值变化较丰富，低于 0.5 的有一定比例，概率密度最小

由图 8-3（a）~图 8-3（c）可以发现，R_{rm} 的相关系数是中心为零的对称分布，而 $C_1^{(k)},C_2^{(k)},\cdots,C_{133}^{(k)}$，$k=\text{prd},\text{pur},\text{pat}$ 的相关系数均是中心大于零的非对称分布，其相关系数均值均大于零。这种差异性说明，中国各省（区、市）间的工业生产者出厂价格指数、购进价格指数和知识型绿色低碳水平各自并不是随机独立的，在它们之间存在内在的关联性。相关系数均值大于零，说明中国各省（区、市）工业生产者出厂价格之间、购进价格之间、知识型绿色低碳水平之间具有趋

同性，且在不同的时间段，相关系数的均值有所不同，说明在不同的时间段，中国各省（区、市）的关联强度是不同的。

图8-4（a）~图8-4（d）显示了相关系数均值演化过程，表8-2进行了对比。

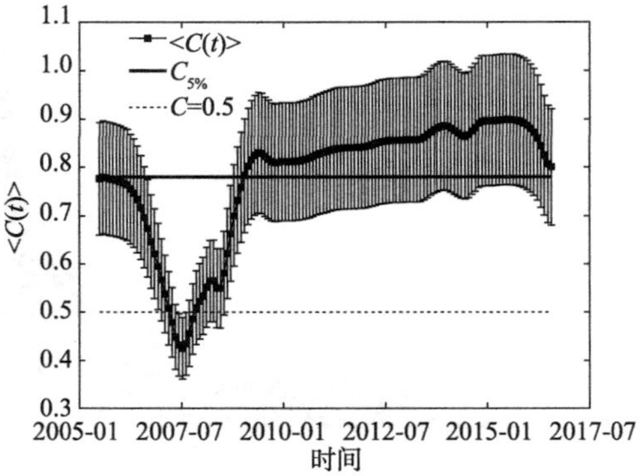

（a）出厂价格指数

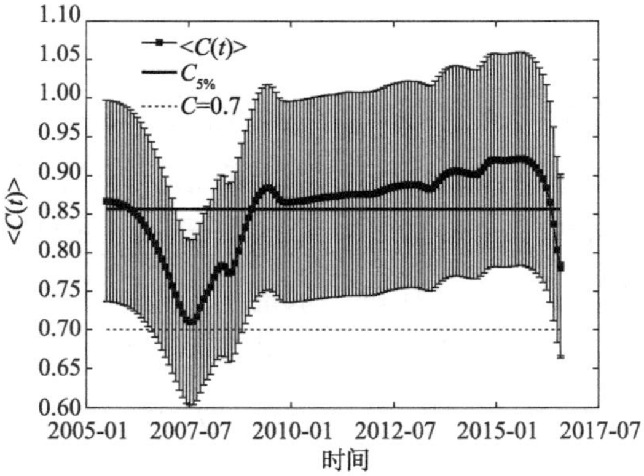

（b）购进价格指数

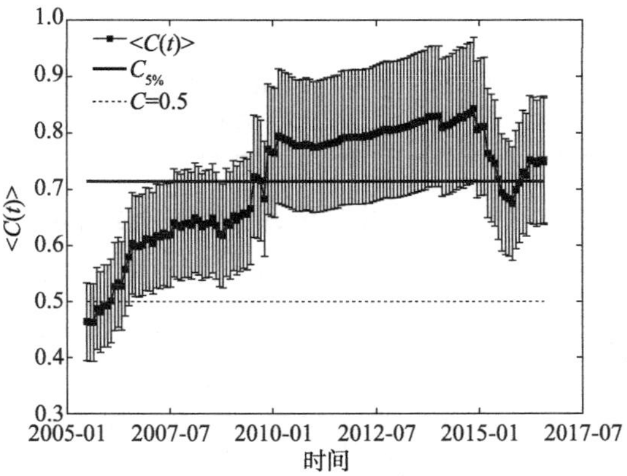

（c）知识型绿色低碳水平

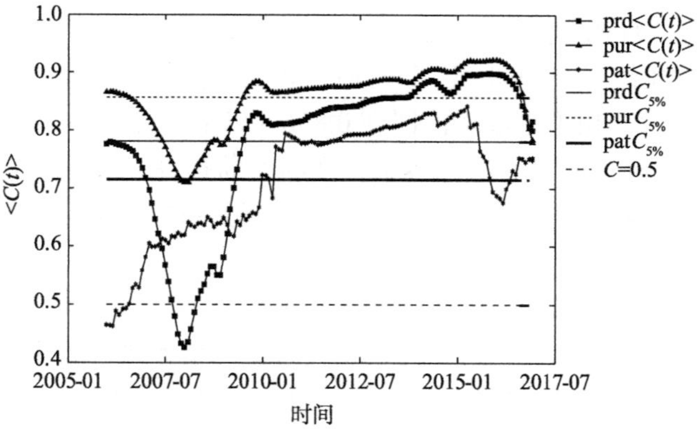

（d）三类数据对比

图 8-4　相关系数均值演化曲线

表 8-2　三类数据相关系数均值演化曲线对比

三类数据	出厂价格指数	购进价格指数	知识型绿色低碳水平
相似点	均值演化曲线均随时间呈增大趋势，相关系数均值曲线低于 0.5 的非常少。 出厂价格指数和购进价格指数曲线变化形状非常一致，先呈一个“V”形，后在均值之上呈增长态势。专利授权数曲线随时间变化呈增长态势非常明显		
不同点	相关系数均值 0.780 3，最小值 0.421 5，最大值 0.898 8	相关系数均值 0.856 8，均大于 0.7，相关性强。最小值 0.710 2，最大值 0.921 9	相关系数均值 0.714 6，最小值 0.462 5，最大值 0.842 6

图 8-4（a）给出了出厂价格指数平均相关系数随时间的演化图像，可以看到，2006 年 1 月~2016 年 12 月，相关系数均值呈现先下降后上升再下降的趋势。其中，2006 年 1 月~2007 年 9 月，相关系数均值大于 0.5，中国省际工业生产者出厂价格指数的相关性较高，2007 年 10 月以后相关系数均值跌破 0.5，中国省际工业生产者出厂价格指数的相关性呈现弱化趋势，说明市场较为分散，2008 年 1 月相关系数均值达到历史最低值 0.425 1，此时市场最为分散，各省份间的相关性最弱。2008 年 2 月后，相关系数均值又开始回升，并逐步增大，2009 年 7 月后，相关系数均值达到 0.780 3 以上，并在 2015 年 12 月达到最高值 0.898 8，说明随着中国市场一体化程度的不断提高，省际工业生产者出厂价格指数的相关性逐渐增强。

图 8-4（b）给出了购进价格指数平均相关系数随时间的演化图像，可以看到，2006 年 1 月~2016 年 12 月，相关系数均值呈现先下降后上升再下降的趋势，但均值均大于 0.7，说明中国省际工业生产者购进价格指数的相关性很强。其中，2006 年 1 月~2006 年 7 月，相关系数均值大于总的平均值 0.856 8，中国省际工业生产者购进价格指数的相关性很高，2006 年 8 月以后相关系数均值跌破 0.856 8，中国省际工业生产者购进价格指数的相关性呈现弱化趋势，说明市场有

所分散，2008年1月相关系数均值达到历史最低值0.710 2，此时市场最为分散，各省份间的相关性最弱。2008 年 2 月后，相关系数均值又开始回升，并逐步增大，2009年7月后，相关系数均值回到0.856 8以上，并在2016年1月达到最高值 0.921 9，说明随着中国市场一体化程度的不断提高，省际工业生产者购进价格指数的相关性逐渐增强。虽然2016年2月后相关系数均值又开始回落，但仍然保持在较高的水平。

图 8-4（c）给出了知识型绿色低碳水平平均相关系数随时间的演化图像，可以看到，2006 年 1 月~2016 年 12 月，相关系数均值呈现一直上升下降再上升的趋势。其中，2006 年 1 月~2006 年 7 月，相关系数均值小于 0.5，中国省际知识型绿色低碳水平的相关性呈现弱化趋势，说明知识开发水平较为分散，而 2006 年3月相关系数均值达到历史最低值0.462 5，此时市场最为分散，各省份间的相关性最弱。2006 年 8 月以后相关系数均值超过 0.5，一路上扬，中国省际知识型绿色低碳水平的相关性呈现增强趋势，并逐步增大，2010年5月后，相关系数均值达到 0.714 6 以上，说明随着中国市场一体化程度的不断提高，省际工业知识型绿色低碳水平的相关性逐渐增强。在 2015 年 4 月达到最高值 0.842 6，虽然之后相关系数均值又开始回落再上升，但仍然保持在较高的水平。

利用随机矩阵理论，下面从相关系数矩阵特征根的角度进行考察。取 $N=31$，$L=60$ 构造随机矩阵，计算得到 $Q=L/N=1.9355$，$\lambda_{\min}=\left(1-1/\sqrt{Q}\right)^2=0.0791$，$\lambda_{\max}=\left(1+1/\sqrt{Q}\right)^2=2.9543$，得到随机矩阵 R 的概率密度，如图 8-5（a）~图 8-5（c）粗的黑色实线所示。计算实证相关系数矩阵 $C_1^{(k)},C_2^{(k)},\cdots,C_{133}^{(k)}$，$k=\text{prd},\text{pur},\text{pat}$ 的特征值，所得特征值的概率密度如图 8-5（a）~图 8-5（c）黑色点线所示。

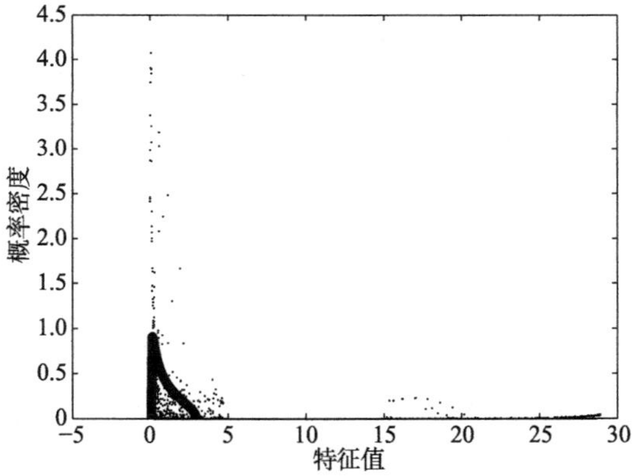

（a）出厂价格指数

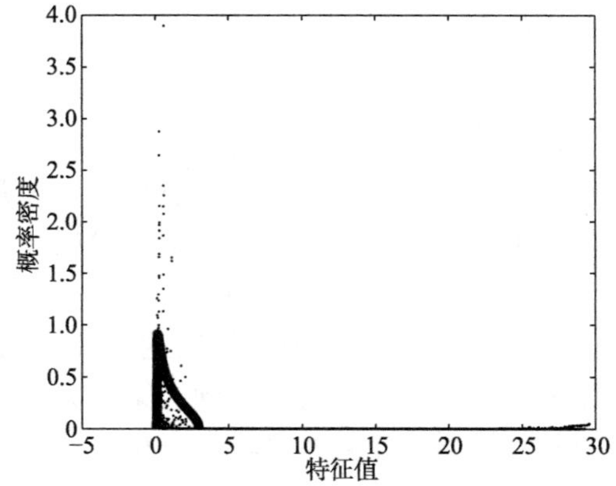

（b）购进价格指数

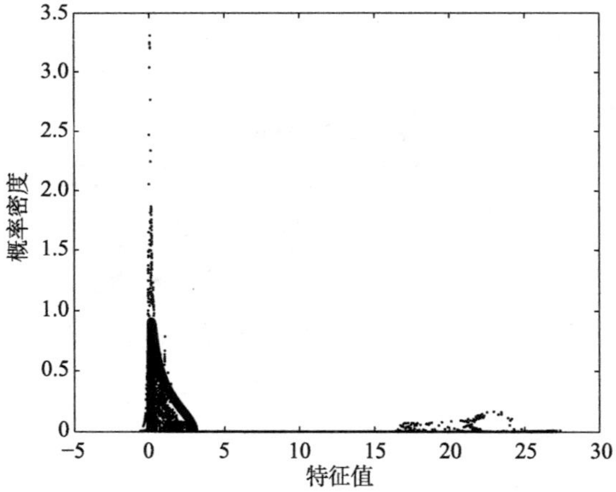

（c）知识型绿色低碳水平

图 8-5　特征值的概率密度

三类数据的特征值概率密度形状类似，大特征值少，小特征值占绝对多数。工业生产者出厂价格指数的实证相关矩阵 $C_1^{(\mathrm{prd})},C_2^{(\mathrm{prd})},\cdots,C_{133}^{(\mathrm{prd})}$ 的特征值仅有 25.49%位于 $[\lambda_{\min},\lambda_{\max}]$，约有 3.23%的大特征值及 71.28%的小特征值偏离 $[\lambda_{\min},\lambda_{\max}]$；工业生产者购进价格指数的实证相关矩阵 $C_1^{(\mathrm{pur})},C_2^{(\mathrm{pur})},\cdots,C_{133}^{(\mathrm{pur})}$ 的特征值仅有 4.07%位于 $[\lambda_{\min},\lambda_{\max}]$，约有 3.23%的大特征值及 92.7%的小特征值偏离 $[\lambda_{\min},\lambda_{\max}]$，偏离比例明显较出厂价格指数的比例高很多；知识型绿色低碳水平的实证相关矩阵 $C_1^{(\mathrm{pat})},C_2^{(\mathrm{pat})},\cdots,C_{133}^{(\mathrm{pat})}$ 的特征值有 47.05%位于 $[\lambda_{\min},\lambda_{\max}]$，约有

3.23%的大特征值及 49.72%的小特征值偏离$[\lambda_{\min},\lambda_{\max}]$，偏离比例较前两个指数并不明显。

根据随机矩阵理论，这种偏离不是由N和L不满足趋于无穷大的条件所致，而是由各个时间窗口上各省份生产资料、劳动力价格、知识开发波动特征的关联性导致，这种偏离体现了中国省际生产资料、劳动力价格、知识开发水平波动的整体行为特征。

提取每个时间窗口上的前 5 大特征值，给出这 5 个特征值随时间的演化图像，如图 8-6（a）~图 8-6（c）所示，可以看到，第一大特征值在所有的时段上均偏离了$\lambda_{\max}$，其余的四大特征值在某些时段上也相继偏离了$\lambda_{\max}$。

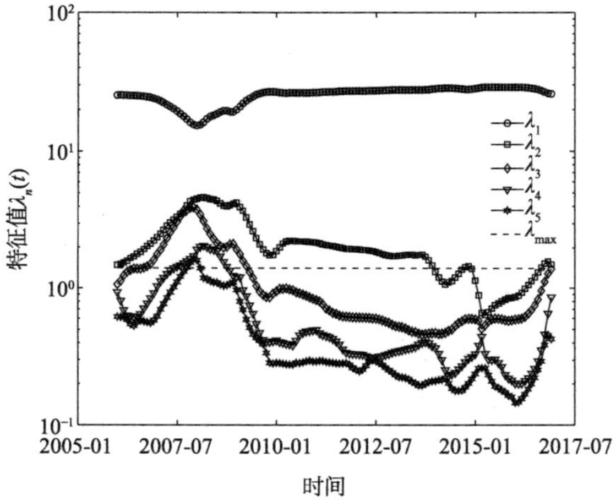

（a）出厂价格指数

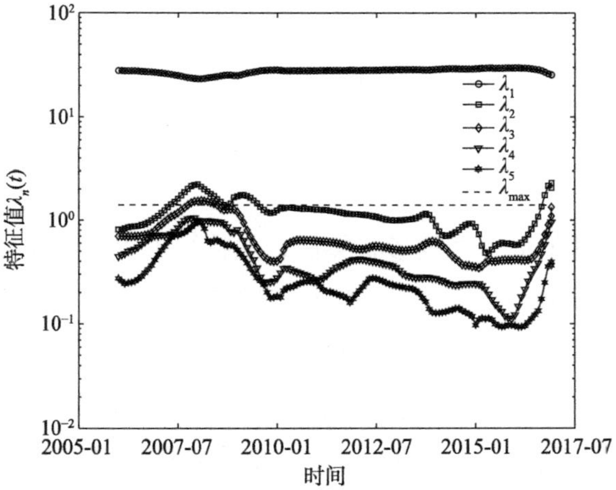

（b）购进价格指数

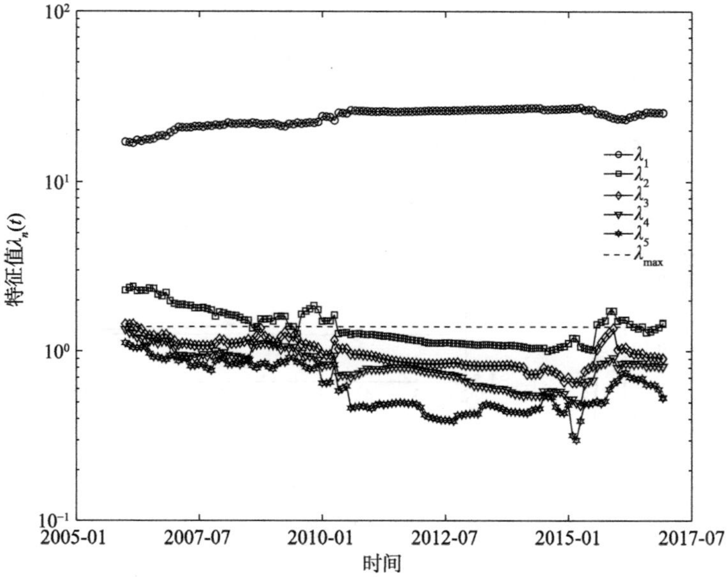

（c）知识型绿色低碳水平

图 8-6　特征值演化图像

下面计算 PPI 和知识型绿色低碳水平的相关矩阵的特征值熵[28]及去除一个特征值后的特征值熵，计算结果如图 8-7（a）~图 8-7（c）所示。

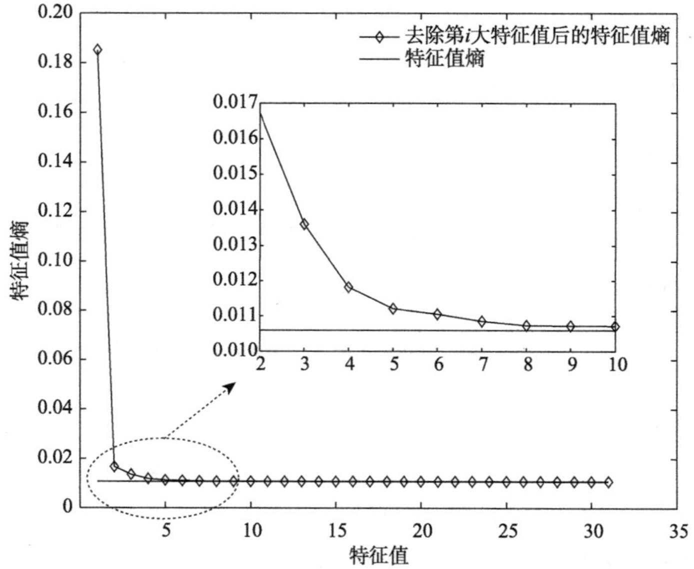

（a）出厂价格指数

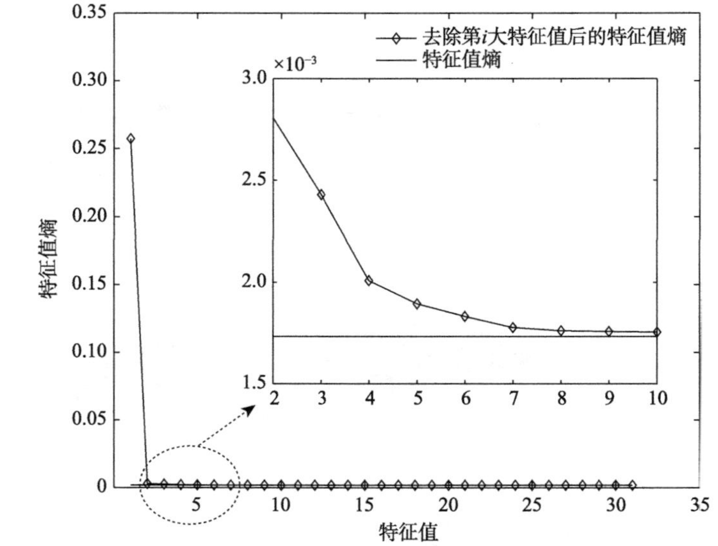

（b）购进价格指数

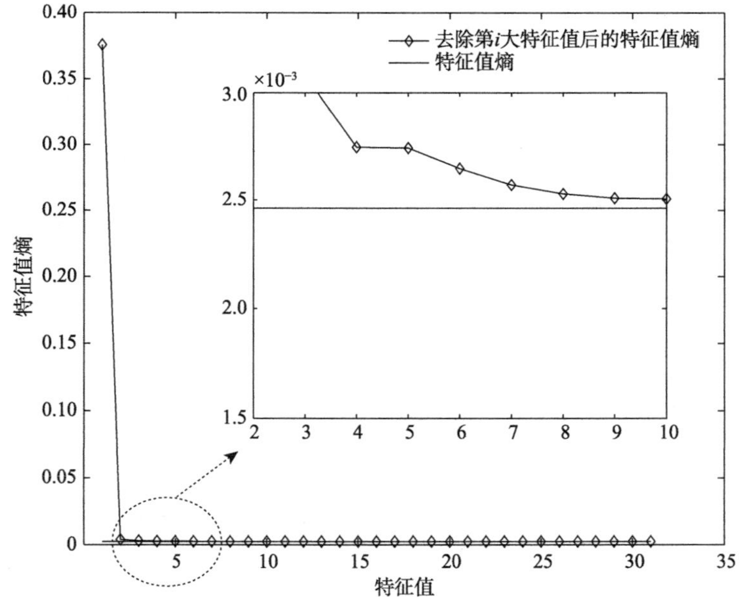

（c）知识型绿色低碳水平

图 8-7　特征值熵及去除第 i 大特征值后的特征值熵

经计算，由表 8-3 可以看到，出厂价格指数、购进价格指数和知识型绿色低碳水平的实证相关矩阵均包含丰富的真实市场信息，第一大特征值对知识型绿色低碳水平相关矩阵信息量有着绝对的影响，第二、三、四大特征值也分别包含一定的真实市场信息，剩余的特征值包含的市场信息量则非常有限。因此，利用前四大特征根设计度量工业市场风险的公式。

表 8-3　三类数据特征值熵对比

三类数据	出厂价格指数	购进价格指数	知识型绿色低碳水平
相似点	特征值熵变化趋势相同，平均特征值熵分别为 0.010 6、0.001 7、0.002 5，接近于 0，可见三类数据相关矩阵包含丰富的真实市场信息。去除第一、二、三、四大特征值后，特征值熵明显增大，但去除第四大特征值后，增加幅度明显减小。第一、二、三、四大特征值，分别包含一定的真实市场信息		
去除大特征值后特征值熵变化	去除第一、二、三、四大特征值后特征值熵：0.187 0、0.016 7、0.013 6、0.011 8	去除第一、二、三、四大特征值后特征值熵：0.259 9、0.002 8、0.002 4、0.002 0	去除第一、二、三、四大特征值后特征值熵：0.379 5、0.004 0、0.003 1、0.002 7

8.4.3　中国工业生产市场的风险度量

基于式（8-2）、式（8-3）定义的系统风险熵，取 $H=4$，根据 PPI 和知识型绿色低碳水平的相关矩阵，在每个滑动窗口内，分别计算得到出厂价格指数的相关矩阵的前四大特征根 $\lambda_1^{(\text{prd})}(t),\lambda_2^{(\text{prd})}(t),\lambda_3^{(\text{prd})}(t),\lambda_4^{(\text{prd})}(t)$，购进价格指数的相关矩阵的前四大特征根 $\lambda_1^{(\text{pur})}(t),\lambda_2^{(\text{pur})}(t),\lambda_3^{(\text{pur})}(t),\lambda_4^{(\text{pur})}(t)$，知识型绿色低碳水平的相关矩阵的前四大特征根 $\lambda_1^{(\text{pat})}(t),\lambda_2^{(\text{pat})}(t),\lambda_3^{(\text{pat})}(t),\lambda_4^{(\text{pat})}(t)$，进而得到随时间演化的子系统风险熵 $\text{RE}_H^{(\text{prd})}(t)$、$\text{RE}_H^{(\text{pur})}(t)$ 和 $\text{RE}_H^{(\text{pat})}(t)$。根据定义系统风险熵越大，意味着系统风险越小。表 8-4 将三类数据子系统风险熵做了对比。

表 8-4　三类数据子系统风险熵对比

三类数据	出厂价格指数	购进价格指数	知识型绿色低碳水平
子系统风险熵最值	最大值：0.308 5 最小值：0.077 9	最大值：0.192 7 最小值：0.057 4	最大值：0.234 0 最小值：0.108 9
子系统平均风险熵	0.150 7	0.106 4	0.156 9
工业市场整体系统风险熵	整体最大值：0.245 1，整体最小值：0.081 4 平均系统风险熵：0.138 0，工业市场整体系统风险较高		

中国工业生产市场出厂价格指数和购进价格指数的历年子系统平均风险熵分别为 0.150 7、0.106 4，两类指数的子系统风险熵图形演化趋势基本一致。2006 年之后，子系统风险熵开始上升，相应的系统风险开始下降，2008 年 1 月子系统风险熵也分别达到历年的最大值 0.308 5、0.192 7，市场系统风险达到最低。随后，子系统风险熵开始急剧下降，市场风险开始急剧上升，2009 年 8 月后迅速降至历年平均水平以下，其间有小幅的上升下降的波动，但子系统风险熵总体呈缓慢下降趋势。直到 2015 年 6 月子系统风险熵分别达到最低点 0.077 9、0.057 4，对应的市场风险达到最大值，此后，市场子系统风险熵开始变大，并一直呈现上升趋势。

知识型绿色低碳水平的历年子系统平均风险熵为 0.156 9，从 2006 年之后，专利系统风险熵整体开始下降，相应的系统风险开始上升，2006 年 3 月系统风险熵也达到往年的最大值 0.234 0，市场系统风险达到最低。其间有小幅的上升下降的波动，但系统风险熵总体呈缓慢下降趋势。直到2015 年 6 月系统风险熵达到最低点 0.108 9，对应的市场风险达到最大值，此后，市场系统风险熵开始变大，并呈现上升再下降的趋势。

8.4.4 中国工业生产市场的一致性

中国现代市场体系中各区域市场发展不一致，形成不同的区域市场，区域市场之间的相互融合及作用构成中国的市场体系。为了分析各区域工业生产市场与全国工业生产市场之间的演化关系，首先在各个滑动窗口内对各个省份进行动态聚类分析。将中国工业生产市场分成三个区域、同步变化区域、领先变化区域和滞后变化区域，得到 2001~2016 年中国 31 个省（区、市）间的集聚关系。随着经济的发展、知识型绿色低碳水平的增强、省（区、市）间产业结构等的调整，各省（区、市）工业生产市场间集聚关系也在发生着演化。

利用动态同步性比率[式（8-4）]、领先性比率[式（8-5）]和滞后性比率[式（8-6）]度量中国工业生产市场的一致性水平，计算得到全国PPI同步变化比率和非同步变化比率演化图像，如图 8-8（a）~图 8-8（c）所示。

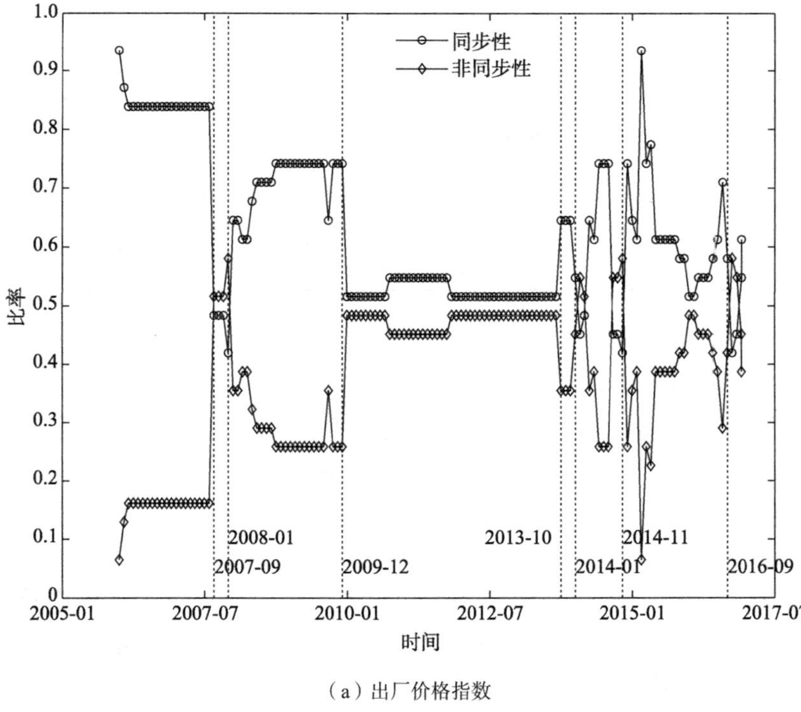

（a）出厂价格指数

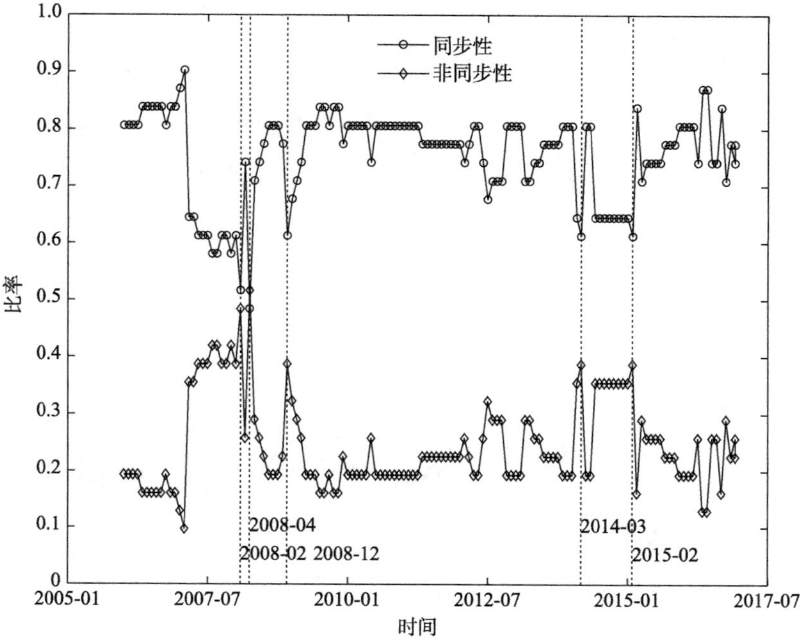

（b）购进价格指数

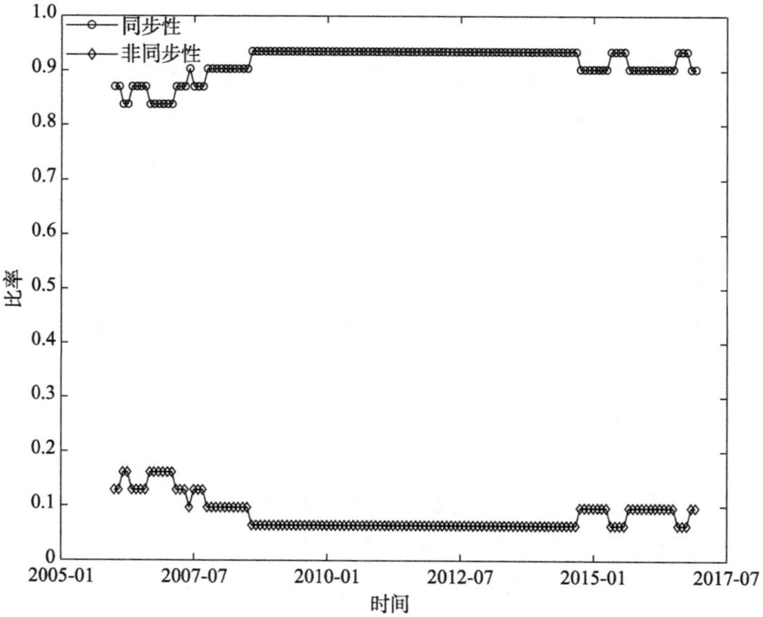

（c）知识型绿色低碳水平

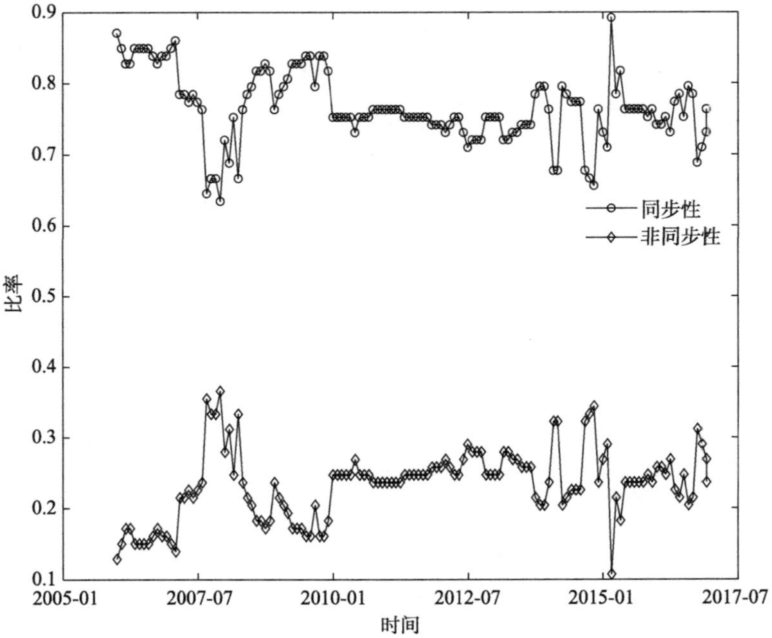

（d）三合一整体

图 8-8 同步性和非同步性比率演化

出厂价格指数的同步性比率波动范围为 0.419 4~0.935 5，均值为 0.628 4；购进价格指数的同步性比率波动范围为 0.483 9~0.903 2，均值为 0.754 1；知识型绿色低碳水平的同步性比率波动范围为 0.838 7~0.935 5，均值为 0.916 1，同步性最高。整体来看，中国工业生产市场同步性区域占据主导地位，同步性比率波动范围为 0.634 4~0.892 5，均值为 0.766 2。

根据出厂价格指数的演化进程，如图 8-8（a）所示，可分为图中虚线划分的八个阶段，第一阶段至第八阶段同步性比率均值分别为 84.25%、46.77%、71.1%、52.54%、62.1%、57.42%、63.13%、52.26%。可见，由于受国际国内金融危机及经济市场影响，在 2007 年 9 月~2007 年 12 月（第二阶段）、2010 年 1 月~2013 年 9 月（第四阶段）、2016 年 9 月~2016 年 12 月（第八阶段）同步性最差，非同步性区域所占比重接近或超过同步性区域。

根据购进价格指数的演化进程，如图 8-8（b）所示，可分为图中虚线划分的六个阶段，第一阶段至第六阶段同步性比率均值分别为 73.55%、58.06%、75.4%、77.57%、67.16%、77.7%。可见，由于受国际国内金融危机及经济市场影响，在 2008 年 2 月~2008 年 4 月（第二阶段），购进价格市场同步性最弱，非同步性区域所占比重接近或超过同步性区域，其余阶段同步性比率均占有较大比例。

根据知识型绿色低碳水平和整体的演化进程，如图 8-8（c）和图 8-8（d）所示，同步性比率占有绝对优势，非同步性比率占有较小比例，二者差距很大，无接近和重合区域。

表 8-5 显示了三类数据非同步性比率对比，取三类数据的平均值，从整体来看，在非同步性区域中，领先性比率波动范围为 0.064 5~0.279 6，均值为 0.173 4；滞后性比率波动范围为 0.032 3~0.129 0，均值为 0.060 4。

表 8-5　三类数据非同步性比率对比

三类数据	出厂价格指数	购进价格指数	知识型绿色低碳水平
领先性比率	波动范围： 0.032 3~0.451 6 均值：0.289 6	波动范围： 0.064 5~0.451 6 均值：0.179 5	波动范围： 0.032 3~0.129 0 均值：0.051 2
滞后性比率	波动范围： 0.032 3~0.225 8 均值：0.082 0	波动范围： 0.032 3~0.193 5 均值：0.066 5	波动范围： 0.032 3~0.064 5 均值：0.032 7

由图 8-9（a）、图 8-9（b）可以看到，出厂价格指数和购进价格指数的领先区域所占比重（如图中“□”所示）又均大于滞后区域所占比重（如图中“◇”所示），前者有较明显的差距，而后者的差距不明显。由图 8-9（c）可以看到，知识型绿色低碳水平的领先区域和滞后区域几乎重合，二者所占比重差别不大。由图 8-9（d）可以看到，三类数据整合后，领先区域所占比重又均大于滞后区域所占比重。

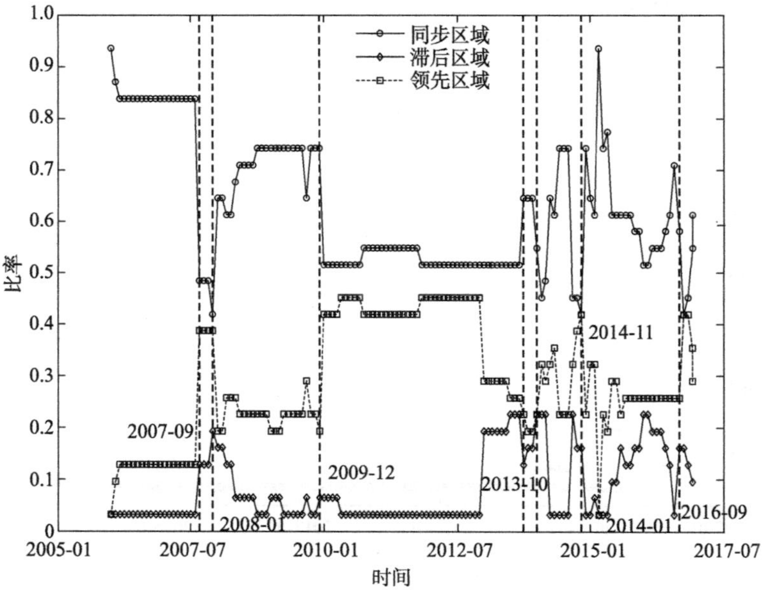

（a）出厂价格指数

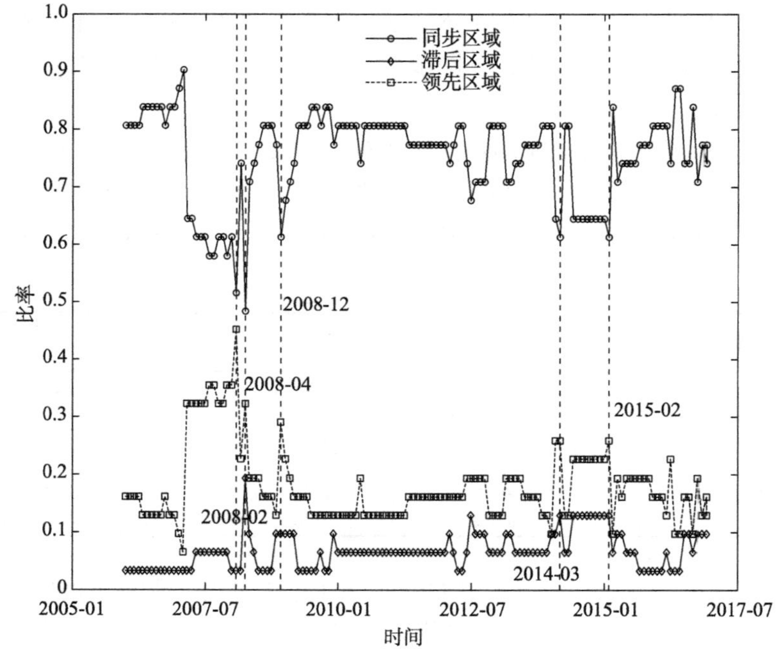

（b）购进价格指数

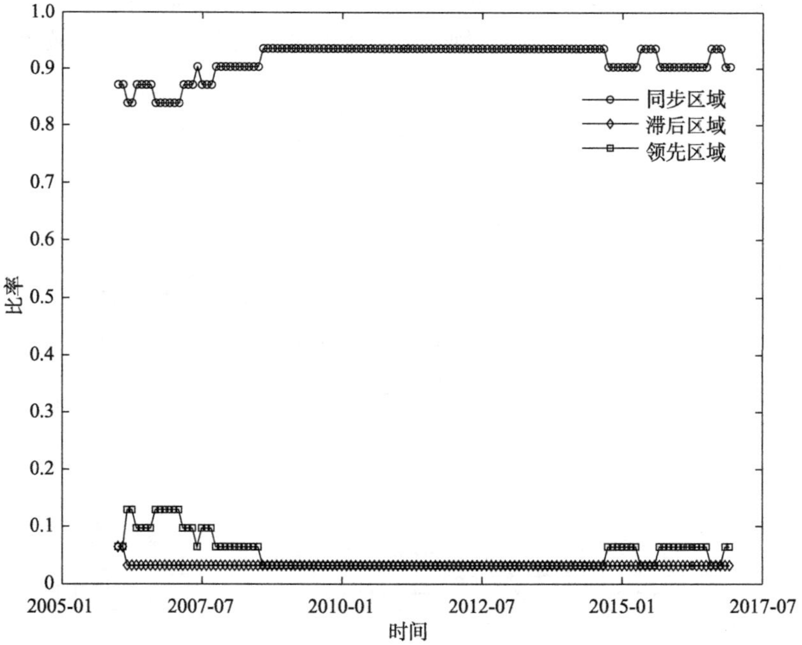

（c）知识型绿色低碳水平

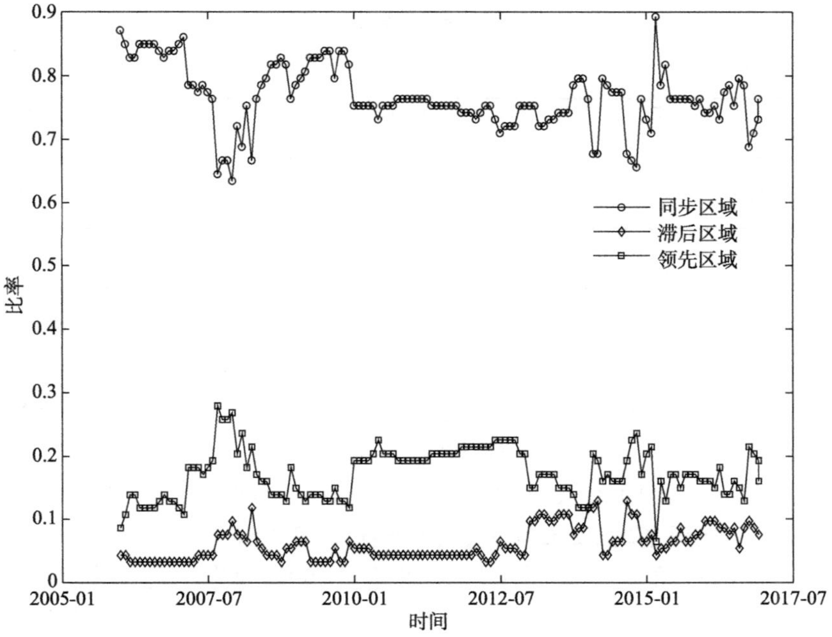

（d）三合一整体

图 8-9　同步性比率、领先性比率、滞后性比率演化

由图 8-9 可以看出，随着经济的发展，中国工业生产市场整体的一体化水平虽有波动，但一直保持在较高水平，表明改革开放四十多年来，全国区域协调发展战略的出台使中国区域间生产资料流动性得以提升，区域间的市场分割程度正在逐渐缩小。但是，同 CPI 市场一样，由于产业结构调整，国家扶持的高新企业的出现，领先区域与滞后区域所占比重的分化，故发达工业地区与薄弱共有地区的差距进一步拉大，应防范发达地区经济过快增长而导致各类开发性资金向发达地区集聚，产生全局性的问题，因此，对中国工业生产市场的调控，也必须因地制宜。

从各省（区、市）的工业 PPI 和知识型绿色低碳水平角度来看，在每个滑动窗口内，计算各省（区、市）PPI 波动与中国 PPI 波动间的相关系数、各省（区、市）知识型绿色低碳水平波动与中国知识型绿色低碳水平波动间的相关系数，利用相关系数矩阵进行动态聚类，得到全国及各省（区、市）集聚效应。将聚类结果看成不同的状态，发现各省（区、市）在领先区域、同步区域和滞后区域中的地位并不是稳定的，而是处于不断的变化之中。表 8-6 显示了三类数据集聚效应状态转变对比。

表 8-6 三类数据集聚效应状态转变对比

三类数据	出厂价格指数	购进价格指数	知识型绿色低碳水平
状态转变次数	26 次，平均 5 个月转变一次状态	30 次，平均 4.4 个月转变一次状态	14 次，平均 9.4 个月转变一次状态
超过 1 年稳定状态的阶段	2006.01-2007.09 2010.01-2011.03 2011.04-2012.12	2006.01-2006.12 2010.04-2012.03	2008.05-2014.12

从省（区、市）与全国的同步性来看，三类数据的同步性比率超过 90%和低于 50%的省市差别很大。出厂价格指数同步性比率超过 90%的省份如下：河北省（94.74%）、山东省（100%）、湖北省（93.98%）、湖南省（93.98%）；同步性比率低于 50%的省（区、市）如下：天津市（45.86%）、黑龙江省（3.01%）、江西省（34.59%）、广西壮族自治区（36.84%）、海南省（36.84%）、云南省（41.35%）、西藏自治区（17.29%）、陕西省（28.57%）、甘肃省（22.56%）、青海省（17.29%）、新疆维吾尔自治区（3.76%）。购进价格指数同步性比率超过 90%的省（区）如下：江西省（92.48%）、广西壮族自治区（91.73%）；同步性比率低于 50%的省（区）如下：山西省（33.83%）、内蒙古自治区（26.32%）、黑龙江省（49.62%）、西藏自治区（34.59%）、青海省（15.04%）。知识型绿色低碳水平超过 90%的省（区、市）如下：北京（100%）、天津市（100%）、河北省（100%）、山西省（100%）、内蒙古自治区（100%）、辽宁（100%）、吉林省（100%）、黑龙江省（100%）、上海市（93.98%）、江苏省（100%）、浙江省（100%）、安徽省（100%）、福建省（100%）、山东省（100%）、河南省（100%）、湖北省（100%）、湖南省（100%）、广东省（100%）、广西壮族自治区（100%）、重庆市（100%）、四川省（100%）、贵州省（100%）、云南省（100%）、陕西省（100%）、新疆维吾尔自治区（100%）；同步性比率低于50%的省（区）如下：西藏自治区（26.32%）。

分别提取出厂价格指数、购进价格指数和知识型绿色低碳水平的同步性比率低于 80%的省份，按东部地带、中部地带、西部地带进行分组，考察其领先或滞后全国的演化规律，发现西部地带与全国的同步性水平最差，较多省份的同步性比率均低于 80%。

8.4.5 中国工业生产市场的稳定性

基于式（8-7）计算得到中国各省份的工业 PPI 和知识型绿色低碳水平的同步性比率与稳定度。在出厂价格指数方面，各省份中与全国同步性比率超过

90%并且稳定度大于0.9的省市有位于东部地带的河北省和山东省、位于中部地带的湖北省和湖南省。在购进价格指数方面，各省市中与全国同步性比率超过90%并且稳定度大于0.9的省市有位于中部地带的江西省和位于西部地带的广西壮族自治区。在知识型绿色低碳水平方面，各省市中与全国同步性比率超过90%并且稳定度大于0.9的省市较多。三类数据的同步性比率与稳定度所含省市不尽相同。

针对中国八大经济区域工业生产市场及知识型绿色低碳水平发展状况，计算得到中国八大经济区域工业生产市场、知识型绿色低碳水平与全国市场的一致性水平，如图 8-10（a）~图 8-10（d）所示。图 8-10 中Ⅰ表示东北经济区，包括辽宁省、吉林省、黑龙江省；Ⅱ表示北部沿海经济区，包括北京市、天津市、河北省、山东省；Ⅲ表示东部沿海经济区，包括上海市、江苏省、浙江省；Ⅳ表示南部沿海经济区，包括福建省、广东省、海南省；Ⅴ表示黄河中游经济区，包括山西省、内蒙古自治区、河南省、陕西省；Ⅵ表示长江中游经济区，包括安徽省、江西省、湖北省、湖南省；Ⅶ表示大西南经济区，包括广西壮族自治区、重庆市、四川省、贵州省、云南省；Ⅷ表示大西北经济区，包括西藏自治区、甘肃省、青海省、宁夏回族自治区、新疆维吾尔自治区。

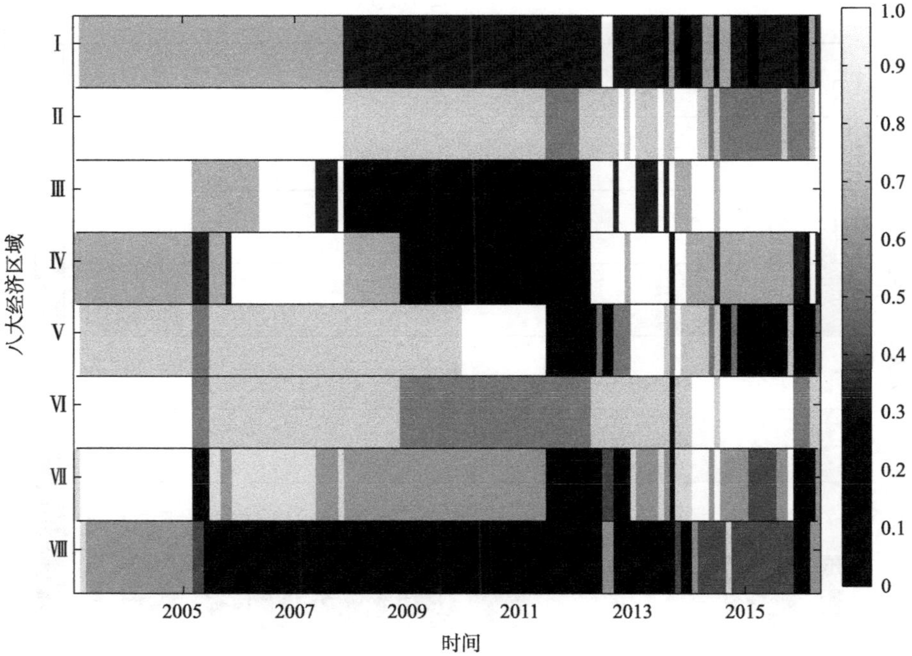

（a）出厂价格指数

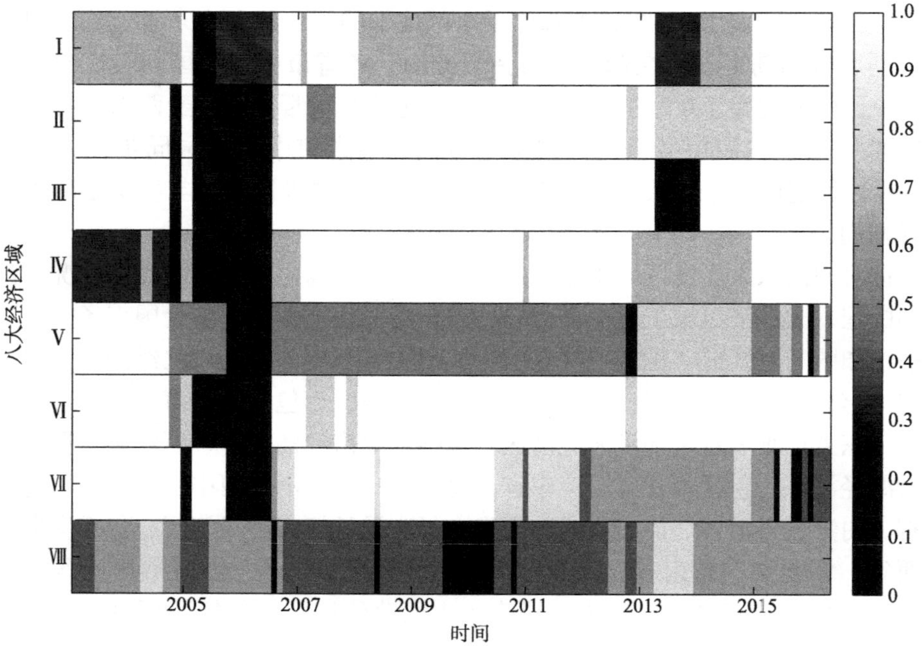

（b）购进价格指数

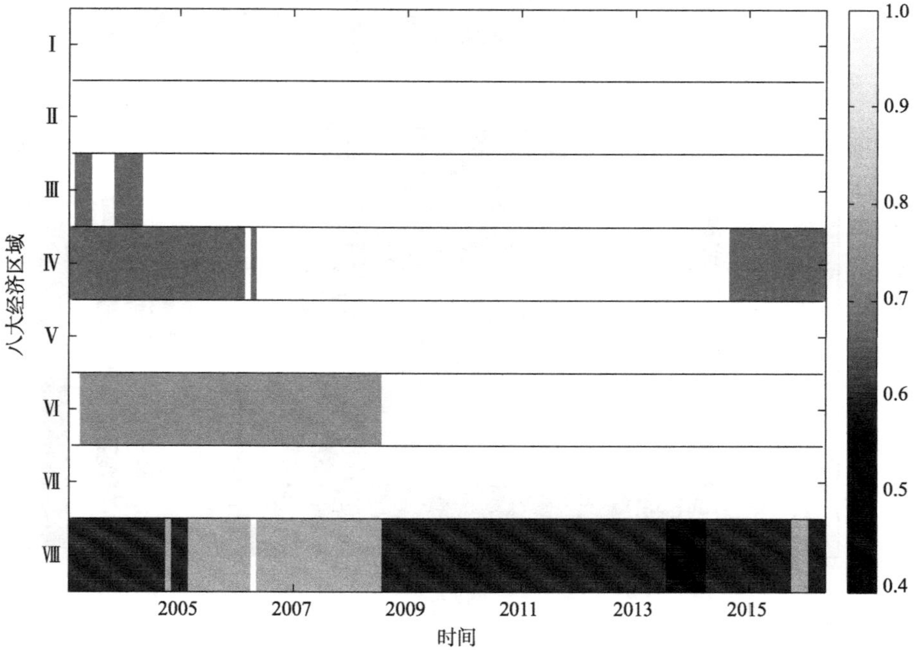

（c）知识型绿色低碳水平

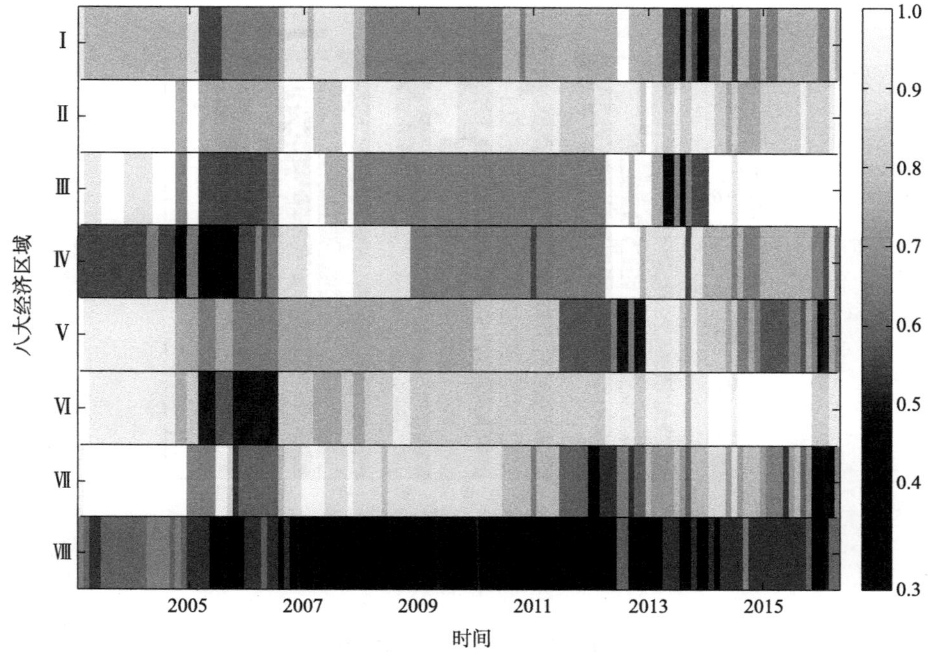

（d）三合一整体

图 8-10　中国八大经济区同步性比率演化

利用中国八大经济区域工业生产市场与全国市场的一致性水平统计结果，如图 8-11（a）~图 8-11（d）中灰色柱体所示。基于中国八大经济区工业生产市场与全国市场的一致性水平，利用式（8-8），计算得到中国八大经济区域工业生产市场状态稳定度，如图 8-11（a）~图 8-11（d）中黑色柱体所示。

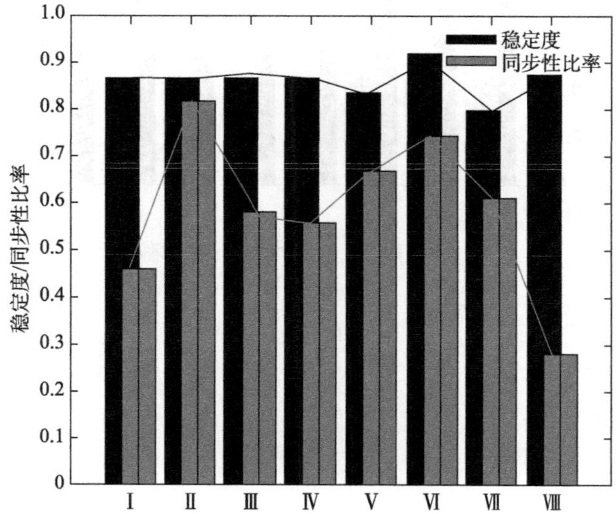

（a）出厂价格指数

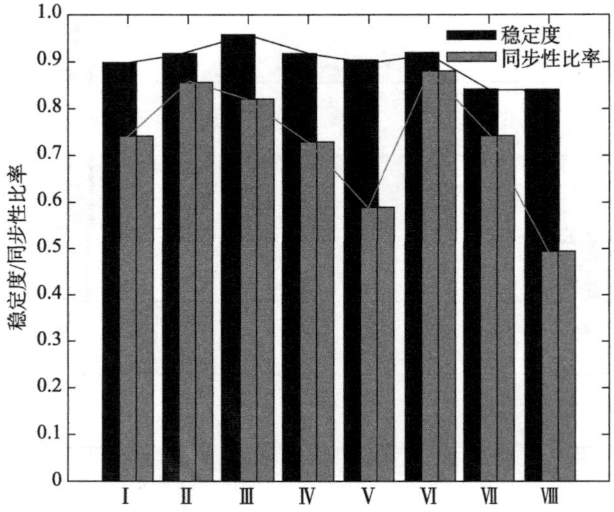

（b）购进价格指数

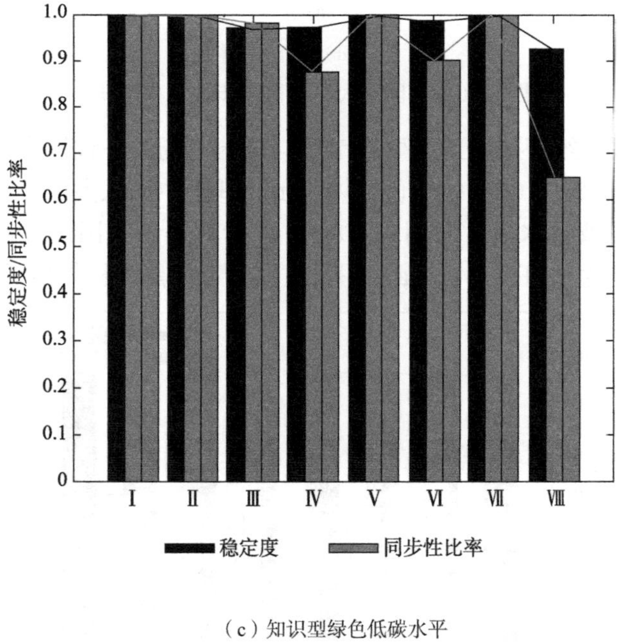

（c）知识型绿色低碳水平

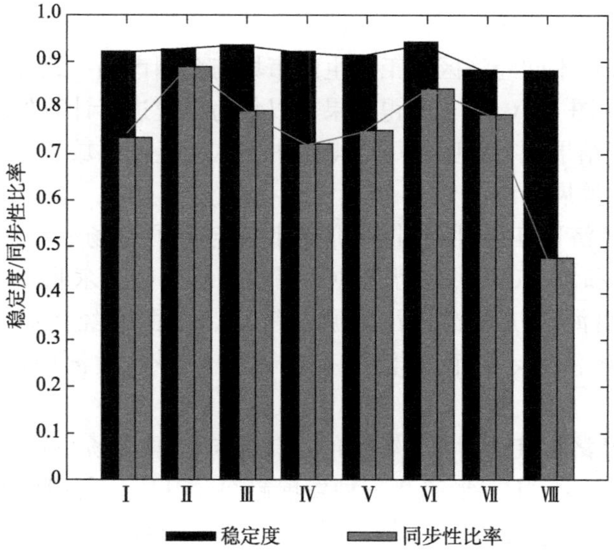

（d）三合一整体

图 8-11　中国八大经济区同步性与稳定性

表 8-7 显示了三类数据八大经济区同步性与稳定性的对比情况。

表 8-7　三类数据八大经济区同步性与稳定性的对比情况

三类数据	出厂价格指数	购进价格指数	知识型绿色低碳水平
同步性排前三位地区	北部沿海经济区：0.813 9 长江中游经济区：0.742 5 黄河中游经济区：0.664 5	长江中游经济区：0.877 8 北部沿海经济区：0.853 4 东部沿海经济区：0.819 5	东北经济区：　1.000 0 北部沿海经济区：1.000 0 黄河中游经济区：1.000 0 大西南经济区：1.000 0
同步性较弱地区	大西北经济区：0.282 7 东北经济区：0.461 2	大西北经济区：0.491 7 黄河中游经济区：0.588 3	大西北经济区：0.648 1
稳定度波动范围	0.795 5~0.916 7	0.840 9~0.954 5	0.924 2~1.000 0
最稳定地区	长江中游经济区	东部沿海经济区	东北经济区、北部沿海经济区、黄河中游经济区、大西南经济区
最不稳定地区	大西南经济区	大西南经济区、大西北经济区	大西北经济区

从整体工业生产者方面看，结合图 8-11（d）并计算发现，中国八大经济区工业生产与全国同步性排在前三位的是北部沿海经济区、长江中游经济区和东部沿海经济区，同步率分别为 0.889 1、0.840 2 和 0.792 8，同步性较弱的是大西北经济区，同步率为 0.474 2。从稳定性角度来看，中国八大经济区工业生产稳定性均较高，稳定度波动范围为 0.878 8~0.939 4，最稳定的是长江中游经济区，最

不稳定的是大西北经济区和大西南经济区。

为进一步分析不同经济区域工业生产市场与全国市场一致性水平变化趋势，将图 8-10（a）~图 8-10（d）所得结果，以年为单位进行计算处理，采用最小二乘回归，对处理结果进行回归，可以得到中国八大经济区域工业生产市场与全国市场一致性水平发展趋势。

中国八大经济区工业生产出厂价格市场与全国市场一致性趋势主要呈现“U”形、下降和倒“U”形趋势三种发展趋势。其中，东北经济区、东部沿海经济区、南部沿海经济区、长江中游经济区、大西北经济区呈现“U”形趋势；北部沿海经济区、西南经济区呈现下降趋势；黄河中游经济区呈现倒“U”形趋势。

中国八大经济区工业生产购进价格市场与全国市场一致性趋势主要呈现“U”形、上升和倒“U”形趋势三种发展趋势。其中，黄河中游经济区、大西北经济区呈现“U”形趋势；东北经济区、北部沿海经济区、东部沿海经济区、长江中游经济区呈现上升趋势；黄河中游经济区、大西南经济区呈现倒“U”形趋势。

中国八大经济区知识型绿色低碳水平与全国一致性趋势主要呈现水平直线、上升、下降和倒“U”形趋势四种发展趋势。其中，东北经济区、北部沿海经济区、黄河中游经济区、大西南经济区呈现水平直线趋势，图形重合；长江中游经济区呈现上升趋势；东部沿海经济区、南部沿海经济区呈现倒“U”形趋势；大西北经济区呈现下降趋势。

从整体来看，中国八大经济区工业生产与全国一致性趋势主要呈现“U”形、下降和倒“U”形三种发展趋势。其中，东北经济区、北部沿海经济区、黄河中游经济区、大西南经济区呈现缓慢的下降趋势；东部沿海经济区、长江中游经济区、大西北经济区呈现“U”形趋势；南部沿海经济区呈现倒“U”形趋势。

可见，虽然中国工业生产市场一体化程度正逐步提高，但区域特征依然很明显，不同经济区域工业生产市场与全国市场的一致性水平，不同经济区域内各省（区、市）间工业生产结构的稳定度均呈现不同的特征。

8.4.6 中国工业生产市场的知识型绿色低碳行为的开发效率

在研究中国 31 个省（区、市）工业市场的知识型绿色低碳行为的开发效率时，需要进行 DEA 效率评价。每个省份选取各地区研究与试验发展（R&D）经费投入强度、各地区研究与试验发展（R&D）人员全时当量、各地区研究与开发机构数、各地区研究与开发机构 R&D 课题，这四个指标作为投入指标；选取专利授权数、有效发明专利件数、发表科技论文数，这三个指标作为产出指标。数据选取的时间段为 2001~2016 年，数据来源为《中国科技统计年鉴》和《国家知识产权局专利业务工作及综合管理统计月报》。利用式（8-9）、式（8-10）并结合 DEA 模型算法计算各省（区、市）知识型绿色低碳行为的开发效率，得到 2001~2016 年开发效率演化图像（图 8-12）。

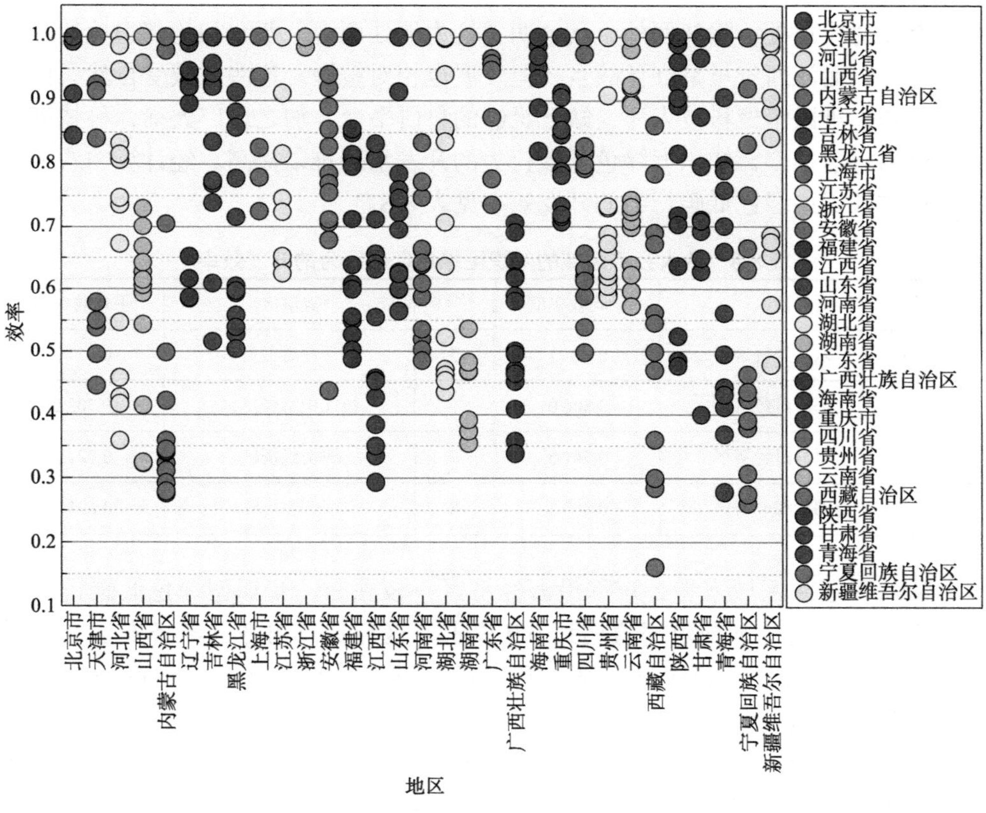

图 8-12　省域知识型绿色低碳行为的年度开发效率

由图 8-12 的不同省份地区知识型绿色低碳行为的开发效率的实证结果可知，平均效率排在前五位的分别为浙江、北京、海南、上海和广东，其对应的平均效率值为 0.998 9、0.983 2、0.970 3、0.951 2 和 0.950 3。浙江、海南、上海和广东均位于沿海地区，为中国经济发达的省域，而北京位于环渤海圈，是中国的经济、政治、科技、文化中心，这些地区高水平研发机构众多，高科技人才聚集，流动频繁，知识更新换代快，民众文化层次高，自我环保意识强，从而导致知识型绿色低碳行为的开发效率普遍非常高。浙江超过北京与上海，排名开发效率第一，与其长期以来民营企业的快速发展以及高科技龙头企业的带头作用密不可分。政府实实在在的科技扶持政策，创业环境宽松优越，自主创新能力提高快，区域创新能力、企业技术创新能力、综合技术进步转化为知识型成果，扩散与传播，活力四射的科技创新已经成为浙江知识型绿色低碳行为的内生动力核心。

排在后五位的分别为宁夏、西藏、江西、广西和内蒙古，其对应的效率值分别为 0.582 1、0.565 7、0.532 4、0.529 0 和 0.498 0。这个顺序与省域的经济发展状态有相对应之处，除江西外，其余四省均为地处西南、西北和北部边境的经济落后省份，而江西省虽是红色故乡，但发展也相对缓慢。这些区域受自然条件环境的影响，难以集聚科技人才，缺乏足够的科研平台，加之地广人稀，科技创新成果难以迅速推广，知识型绿色低碳行为的开发水平难以提高。经计算，八大经济区域的知识型绿色低碳行为的开发效率见表 8-8。

表 8-8 八大经济区域的知识型绿色低碳行为的开发效率

序号	经济区	平均效率值	序号	经济区	平均效率值
1	东北经济区	0.825 1	5	黄河中游经济区	0.657 4
2	北部沿海经济区	0.806 0	6	长江中游经济区	0.703 2
3	东部沿海经济区	0.941 5	7	西南经济区	0.721 2
4	南部沿海经济区	0.869 3	8	大西北经济区	0.691 7

从八大经济区域来看，东部沿海经济区一枝独秀，知识型绿色低碳行为的开发效率非常高，平均效率值达到 0.9 以上，这与长三角地区经济发达、科研及高校机构林立、资源信息丰富、知识扩散迅速是相匹配的。南部沿海、东北、北部沿海经济区紧随其后，开发效率都达到 0.8 以上，而长江中游、西南、大西北经济区的开发效率基本差不多，稳定在 0.7 上下，黄河中游经济区开发效率最低，虽然总体发展水平高于大西北经济区，但是开发水平和利用效率不高。

从三大区域来看，东部地区的知识型绿色低碳行为的开发效率为 0.866 1，中部地区为 0.718 3，西部地区为 0.697 1。可见，从三大区域的效率平均得分来看，东部地区的知识型绿色低碳行为的开发平均效率明显高于中部和西部地区，这与其科技资源集中，创新成果多，从而知识型绿色低碳行为的传播与扩散机制快，开发水平高有着密切关系。

8.4.7　中国工业生产市场的市场感应

以上分析度量了中国工业生产出厂价格、购进价格、知识型绿色低碳水平的市场的风险性、一致性、稳定性，它们的演化图像，如图 8-13（a）~图 8-13（d）所示。

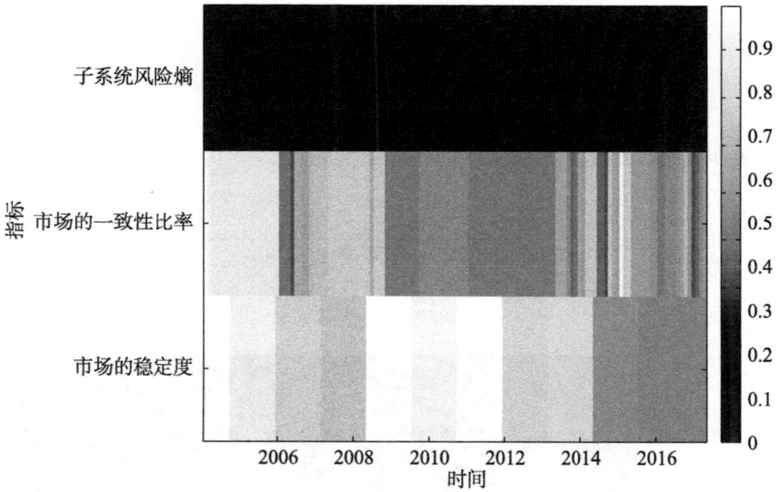

（a）出厂价格指数

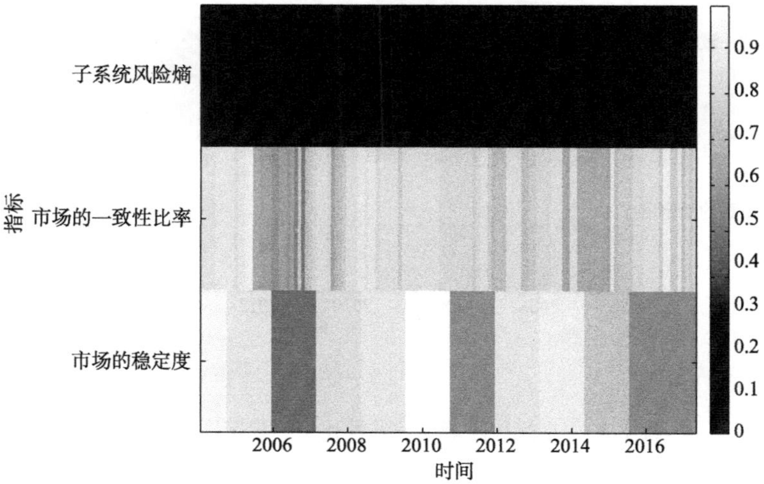

（b）购进价格指数

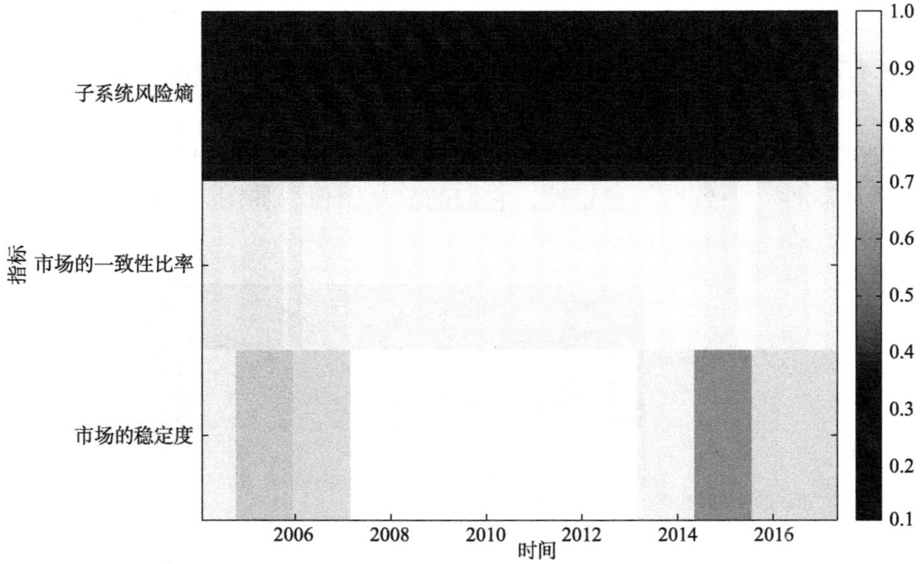

（c）知识型绿色低碳水平

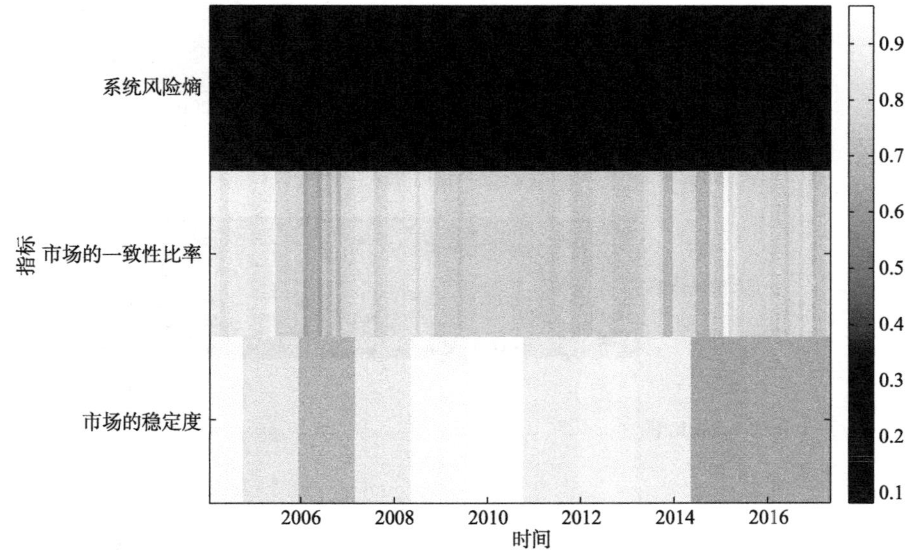

（d）三合一整体

图 8-13 系统风险熵、一致性比率、稳定度演化进程

综合来看，利用市场感应来度量中国工业生产市场基本特征。利用式（8-11），取 $\omega_i = 1/4$，得到中国工业生产市场感应演化进程，如图 8-14（a）~图 8-14（d）所示。

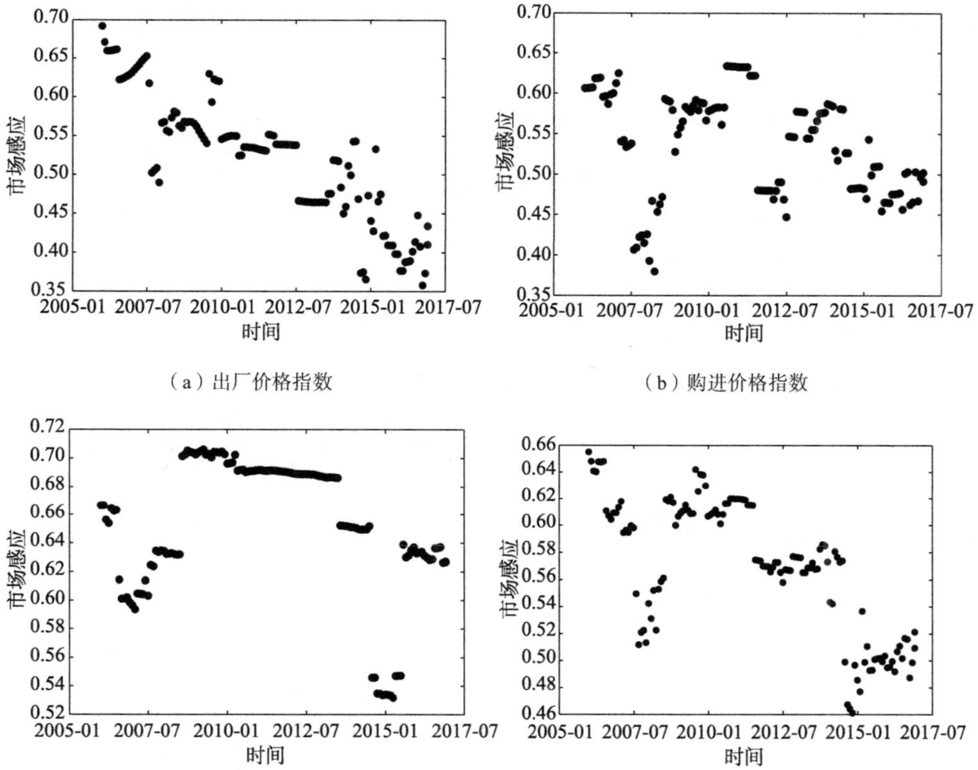

（a）出厂价格指数　（b）购进价格指数

（c）知识型绿色低碳水平　（d）三合一整体

图 8-14　市场感应演化进程

由图 8-14（a）~图 8-14（c）中国工业生产市场的各项量化指标的演化进程，可以看到出厂价格市场感应的波动范围为 0.357 9~0.691 9，演化大体上呈线性下降的趋势；购进价格市场感应的波动范围为 0.413 8~0.649 0，演化大体上呈“W”形波动；知识型绿色低碳水平市场感应的波动范围为 0.531 8~0.706 0，演化大体上分为 6 个较独立的阶段进行波动。由图 8-14（d）可知，从整体来看，中国工业生产者（三类数据）的市场感应的波动范围为 0.461 1~0.654 9，演化大体上先呈“V”形趋势变化，再大体上呈线性下降的趋势。图 8-15 将市场感应的离散点连接起来，对比了三类数据市场感应的演化进程，其中 prd MI 表示出厂价格指数的市场感应，pur MI 表示购进价格指数的市场感应，pat MI 表示知识型绿色低碳水平的市场感应。图 8-16 中 MI 表示考虑风险性、一致性、稳定性三者的中国工业生产市场感应演化过程，Xiaolv-MI 表示加入知识驱动绿色低碳行为后的中国工业生产市场感应演化过程，可以清晰地看到，当考虑知识驱动绿色低碳行为后，知识扩散会促进工业系统的“绿色化”，促使工业生产者选择绿色低碳行为，在全过程中市场感应明显得到改善，从而提高工业生产市场的完善度。

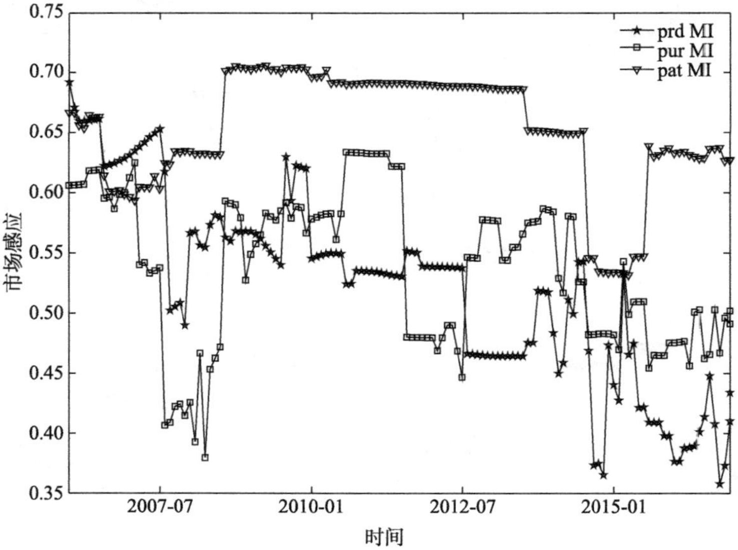

图 8-15 三类数据市场感应演化进程对比

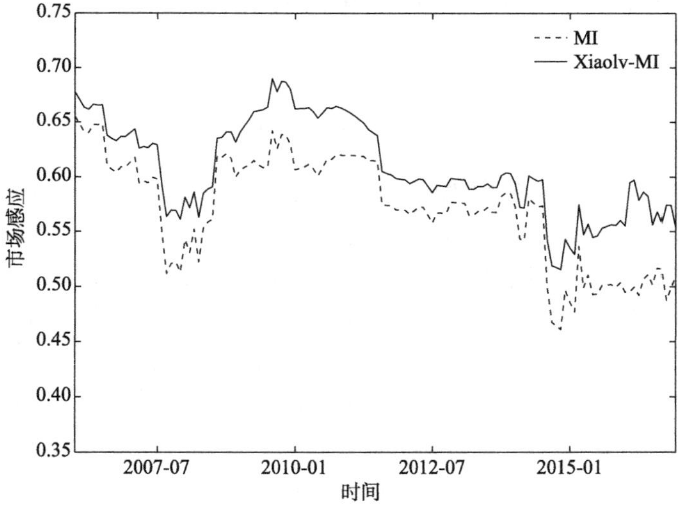

图 8-16 知识驱动绿色低碳行为的工业生产市场感应演化

将中国居民消费市场和工业生产市场的同类数据经过系统风险熵、一致性和稳定性的处理，得到对应的市场感应结果。由图 8-17 可以看到，中国居民消费的市场感应 CPI MI 和工业生产的市场感应 PPI MI 是不一致的，区别较大，大多数时间处于相背离的状态，重合及相差不大的时间段比较短，其中 CPI 波动幅度较大，PPI 相对波动幅度稍缓。2011 年前，PPI 的市场感应处于领先，工业生产市场的完善度相较居民消费市场的完善度好，2008 年后区分度显著；而 2011 年后，CPI 的市场感应处于领先，居民消费市场的完善度更好，但与工业市场的完善度相比，区分度并不如前期显著。这与中国当前 CPI 与 PPI 长期持续处于背离状态不符合价格传导规律的现象是吻合的。

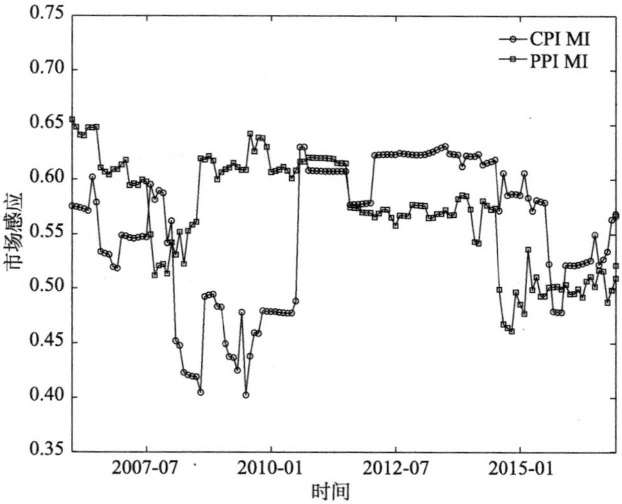

图 8-17　CPI 和 PPI 的市场感应演化对比

8.5　本章小结

本章基于中国省际 PPI 数据和知识型绿色低碳水平，定义系统风险熵、同步性比率、稳定度、绿色低碳水平开发效率、市场感应等定量刻画市场演化特征的指标，分析中国工业 PPI 及知识型绿色低碳水平的地区差异与同步性，评估中国生产领域市场发展状况。研究结果表明：①中国生产领域市场 2001~2016 年整体的平均系统风险熵为 0.138 0，波动范围为 0.081 4~0.245 1，说明中国工业生产市场的系统风险较高。②市场同步性比率整体均值为 0.766 2，波动范围为 0.634 4~0.892 5，说明市场一致性水平较高，且整体呈现出在波动中上升的趋势，但区域发展不均衡程度有增加的趋势。③中国八大经济区工业生产稳定性均较高，稳定度波动范围为 0.878 8~0.939 4，最稳定的是长江中游经济区，最不稳定的是大西北经济区和大西南经济区。④东部地区的知识型绿色低碳行为的开发效率为 0.866 1，中部地区为 0.718 3，西部地区为 0.697 1。中国工业生产者的市场感应的波动范围为 0.461 1~0.654 9，考虑知识驱动绿色低碳行为后，知识扩散会促进工业系统的“绿色化”，市场感应相应得到改善，从而提高工业生产市场的完善度。

参考文献

[1] 生产价格指数. 百度百科，https://baike.baidu.com/item/%E7%94%9F%E4%BA%A7%E4%BB%B7%E6%A0%BC%E6%8C%87%E6%95%B0/10616999?fr=aladdin&fromid=6128&fromtitle=PPI.

[2] Su C W，Khalid K，Oana-Ramona L，et al. Is there any relationship between producer price index and consumer price index in Slovakia? A bootstrap rolling approach. Ekonomicky Casopis，2016，64（7）：611-628.

[3] Tiwari A K，Mutascu M，Andries A M. Decomposing time-frequency relationship between producer price and consumer price indices in Romania through wavelet analysis. Economic Modelling，2013，31（1）：151-159.

[4] Moradi M，Salehi M，Keivanfar M. The relationship between consumer price index，producer price index and traded shares at tehran stock exchange. Actual Problems of Economics，2012，135（9）：402-411.

[5] Akcay S. The causal relationship between producer price index and consumer price index：empirical evidence from selected European countries. International Journal of Economics and Finance，2011，3（6）：227-232.

[6] 刘康. PPI、CPI 传导机制研究. 国际金融研究，2014，（5）：24-30.

[7] 吕捷，王高望. CPI 与 PPI“背离”的结构性解释. 经济研究，2015，（4）：136-149.

[8] 杨子晖，赵永亮，柳建华. CPI 与 PPI 传导机制的非线性研究：正向传导还是反向倒逼? 经济研究，2013，（3）：83-95.

[9] 伍戈，曹红钢. 中国的结构性通货膨胀研究——基于 CPI 与 PPI 的相对变化. 金融研究，2014，（6）：1-16.

[10] 董直庆，蔡玉程，谢加贞. CPI 和 PPI 周期协动效应——基于频带分析方法的实证检验. 数量经济技术经济研究，2009，（10）：125-137.

[11] 陈建奇. PPI、CPI 倒挂与通货膨胀调控——基于非对称供求结构与价格决定机制的实证研究. 中国工业经济，2008，（11）：24-34.

[12] 王章名，王成璋，张谦. 经济危机以后 CPI 与 PPI 动态传导机制转变的实证研究. 软科学，2015，29（11）：35-38.

[13] Weinhagen J C. Price transmission within the producer price index final demand–intermediate demand aggregation system. Monthly Labor Review，2016.

[14] Conforti L. The first 50 years of the producer price index：setting inflation expectations for today. Monthly Labor Review，2016.

[15] Lucier J L，William J. Scheduled passenger air transportation in the producer price index：improvements and trends. Monthly Labor Review，2013.

[16] Doherty M P. The behavior of the producer price index in a global economy. Monthly Labor Review，2012，135（9）：14-27.

[17] Park C，Ryu D. Issues with a chained-type price index：an analysis with the producer price index. Journal of Economic Development，2011，36（3）：47-78.

[18] Norman N R. Producer price indexes：properties，problems and potential applications. Australian Economic Review，2010，41（4）：441-449.

[19] Morris J，Green T. Measuring the quality of the producer price index. Economic and Labour Market Review，2007，1（10）：31-35.

[20] 尹力博，韩立岩. 外部冲击对 PPI 指数的结构性传导——基于 FAVAR 模型的全视角分析. 数量经济技术经济研究，2012，（12）：66-81.

[21] 杨继生，冯焱. 货币供给与 PPI 的动态响应机制和结构性差异. 统计研究，2013，30（8）：45-54.

[22] 龙少波，胡国良，王继源. 国际大宗商品价格波动、投资驱动、货币供给与 PPI 低迷——基于 TVP-VAR-SV 模型的动态分析. 国际金融研究，2016，349（5）：3-14.

[23] 徐鹏. CPI 和 PPI 年内走势研判与月度跟踪预测方法研究. 价格理论与实践，2017，（2）：104-107.

[24] 刘健，丁嘉伦，张玉英. 我国工业品期货价格指数与 PPI 关系的实证研究——基于 VAR 模型和 ECM 模型. 金融理论与实践，2017，（6）：75-81.

[25] 桂文林，黎庆莹. 基于 EEMD-JADE 模型的 PMI 与 PPI 结构分析及传导机制. 数量经济技术经济研究，2017，（4）：110-128.

[26] 唐德才，刘昊，华兴夏. 我国制造业 PMI 指数与 PPI 指数的相关性分析. 统计与决策，2016，（7）：138-140.

[27] 丁浩，蔡霖. 国际原油价格、天然气价格与 PPI 的相关性研究. 价格理论与实践，2016，（3）：87-89.

[28] Meng H，Xie W J，Jiang Z Q，et al. Systemic risk and spatiotemporal dynamics of the US housing market. Scientific Reports，2014，4：3655.

第 9 章　气候变化损害函数对碳社会成本的影响①

本章研究了气候变化损害函数对碳社会成本的影响。在具有内生增长的两部门经济模型中，构造了一个七维非线性系统，然后对非线性系统进行线性化，推导出含损害函数的碳社会成本的表达式。当计算碳社会成本时，所选择的损害函数具有显著的影响。在我们的模型中，单位产出碳的长期社会成本是由温度上升引起的损害函数的贴现流，并且还受温度调节率和一些其他参数的影响。损害函数的具体形式直接影响到污染外部性的社会评价。碳在时间路径上的社会成本的凹凸性取决于无穷时间内损害函数的二阶导数。高阶损害函数增加了碳的社会成本。当社会处于最佳状态时，当选择凸损害函数时，长期经济增长率仍然可以保证是正的。选取适当的损害函数计算碳社会成本对政策制定者制定相应的政策很重要。越高的碳社会成本需要政策制定者在保证经济增长率为正的情况下制定更加严格的气候政策，减少 CO_2 的排放，遏制气候变暖。

9.1　研究背景及意义

全球气候变化影响着人类的生存与发展，这是所有国家面临的重大挑战。气候变化对社会经济和自然系统产生直接或间接影响[1]。“损害函数是对气候变化进行经济分析的核心”[2]。气候变化的经济影响取决于损害函数的凸性。但是，凸度是一个开放的问题，受不确定性的影响。本章在气候变化导致内生增长的经济条件下，讨论了损害函数模型对碳社会成本和经济增长率的影响。

---

① 第 9 章主要内容出处：Zhen Z L，Tian L X. The impact of climate damage function on the social cost of carbon and economic growth rate. Mitigation and Adaptation Strategies for Global Change，2020，25：1287-1304.

综合评估模型（integrated assessment models，IAM）已成为评估气候变化影响的最重要的研究和评估工具[2~4]。这些模型通过减排成本函数和气候变化的损害函数来计算减排的成本效益与最优减排成本路径。损害函数是近年来受到批评的 IAM 的一部分[5]。反映 IAM 中气候变化对经济的影响的函数称为损害函数[5~7]。损害函数是对气候变化造成的经济损失的评价函数。损害函数对于评估气候变化的社会影响具有重要意义。从 IAMs 结构的角度来看，损害函数对模型的发展至关重要。气候变化对全球经济的影响难以估计[8]。目前为止，还没有针对一般气候损害函数的特定参数化协议。除了构建气候变化损害函数所需的数据及其造成的经济损失的数据比较缺乏，损害函数还必须考虑模型与不确定性的耦合[9]。损失评估结果的最早方法是通过专家判断获得的，即直接寻找相关专家来询问气候变化影响的程度[10]。研究使用的方法是元分析法[11~13]。这些研究大多以综合损害函数的形式组织分析气候变化的影响，并将其嵌入气候变化模型中[6, 14]。许多损害函数只反映静态损失，缺乏对经济增长的动态影响机制[15, 16]。损害不仅影响产出水平，我们还“很难估计温室效应造成的损害”，Nordhaus 和 Boyer[17]指出。政府间气候变化专门委员会第五次评估报告讨论了缓解气候变化的问题，并分析了 31 个政策评估模式经济单元的特点和背景数据库。研究发现，这些模型既没有考虑气候系统对经济系统市场供求变化的反馈效应，也没有考虑气候损害函数[18]。Dietz 和 Stern[19]基于 DICE 模型的内部化经济增长，在新模型中考虑了灾难性的气候破坏。Burke 等[20]对七个关于气候损害函数的模型和研究进行了探究与讨论，结果显示这些模型的估计结果差异性非常大。有些模型估计出的气候损害总规模非常大[21]。DICE 模型考虑了气候变化对当前生产力的影响。Weitzman[22]分析了气候对个体的效用的影响，但是，损害不但影响产出水平，而且影响经济增长速度，这是气候变化的一个重要研究方面[23~25]。Dietz 和 Stern[19]认为损害是温度的凸函数，但是凸起的程度是一个开放性的问题，不可避免地受到不确定性的影响。Golosov 等[26]给出了一个不同的损害函数的形式-指数损害。Hanemann[27]假设温度上升超过 2°C，损害将会非常高。Estrada 等[16]介绍了 DICE 模型、FUND 模型和 PAGE 模型的损失函数，运用模型对气候变化潜在经济成本进行了估计，指出了各模型的损失函数对经济 GDP 冲击。Guivarch 和 Pottier[28]比较了损害函数的这些替代表示形式对碳社会成本的影响。损害函数的主要目的是将气候模块响应中的气候变化因素转化为社会经济影响。当前的损害函数具有多种形式，并且存在很多不确定性。

损害函数的参数化函数形式是由预计气候损害的数值估计启发而来的。Nordhaus[29]表明当温度升高 2.5°C 时，损害占产出的 1.7%，这为二次项提供了一个参数值。Weitzman[7]认为尤其是在较高温度下，我们应进一步分析损害函数对内生经济的影响。Weitzman[7]尝试从最初的原理出发，为生产能力、温度变化、效用、消耗、破坏和环境便利之间的难以捉摸的相互关系提供一些“实用”的理论结构。使用这种内生的增长设置，Bretschger 和 Karydas[25]认为当气候变化影响经济的增长潜力时，最佳碳税就是其特征。损害函数不但影响产出，而且影响经济增长率。Dietz 和 Stern[19]使用 DICE 本身提供了一个初步的例证，即如果将分析扩展为更加强烈地考虑到气候问题的三个基本要素，即增长的内生性、破坏的凸度和最佳的气候风险政策，则将包括强有力的控制措施。损害函数是凸函数，但是凸度是一个开放的问题，气候变化的经济影响受损害函数凸性的影响，这是本章的结果。

与 van den Bijgaart 等[30]在 FEEM Working Papers 上给出的直接通过定义的方法求碳社会成本的方法相比，我们考虑的是一个内生的两部门经济模型，使得碳社会成本不仅与 CO_2 存量及损害函数有关，还与生产函数及资本有关系。与 Bretschger 和 Pattakou[31]的研究相比，我们在构建模型的时候考虑了大气中 CO_2 气体的存量对温升的影响，并且考虑了不同敏感参数及温升对碳社会成本的影响，使得在长时间的碳社会成本的时间路径的表达式中，贴现率的取值要小于温度调整率的取值。气候敏感性参数的取值也对长时间碳社会成本的凸度造成影响。我们得到的每单位产出的长时间的碳社会成本值包含了温度调整率这一关键因素。对于时间路径的碳社会成本，相较于之前的研究，我们考虑了温度调整率、均衡温度及气候敏感性参数等因素，而不仅是和贴现率有关系。相较于 van den Bijgaart 等[32]通过最优化控制原理计算碳社会成本的方法，我们在一个内生增长的两部门经济模型中，使用多项式损害函数，通过汉密尔顿量及其他限制条件构建了七维的非线性系统，将非线性系统线性化，从而推导出包含损害函数的碳社会成本的表达公式，以便分析不同损害函数的形式对碳社会成本的影响。之前的研究在最终结果当中仍然包含生产函数，结果不仅与损害函数相关，且结果并不是时间路径的碳社会成本。

本章通过构建动态系统分析，讨论了在气候变化和内生增长的经济条件下损害模型对经济的影响。我们讨论了不同损害函数对碳社会成本和经济增长率的影响。同时，我们还分析了不同的气候敏感参数和不同的温度控制对碳社会成本的影响。高阶损害函数可能导致更高的碳社会成本。在我们的模型中，每单位的长期碳社会成本是温度升高导致的损害函数的折现流。碳在时间路径上的社会成本的凹性取决于无限时间内损害函数的二阶导数。在 50 年的范围内，当气候损害函数为二阶函数和三阶函数时，气候损害会导致增长下降，并且损害函数的凸度越大，增长率就越低。碳社会成本用货币价值表示气候变化产生的 CO_2 排放所造成的损害。换句话说，碳社会成本越高，CO_2 排放的损失就越大。高阶损害函数导致更高的碳社会成本，因此需要更严格的气候政策来减少排放，如果政策合理有效，它们就不能排除经济增长的积极影响。

9.2 模 型 描 述

为了构建分析气候损害函数对气候变化和经济增长率的影响，必须考虑一些关键因素。在构建模型时，我们创新性地结合了气候响应和其他因素，如资本积累。我们构建了一个七维动力系统，以获取与损害函数相关的碳社会成本。研究流程图如图 9-1 所示。

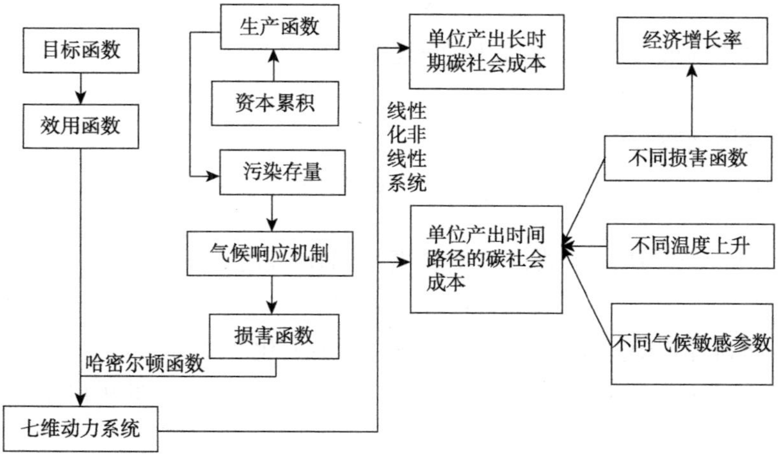

图 9-1　研究流程图

如图 9-1 所示，假设模型由两个部门组成，一个部门用于最终产品部门，另一个部门用于资本积累。假定使用不可再生资源会导致污染存量的积累，而污染会对现有资本存量产生不利影响。排放会影响大气中的 CO_2 浓度，然后 CO_2 浓度会影响温度变化。最后，资金损失受温度变化的影响。

假设一个分数 $0<\in_t<1$，总资本为 K_t，用于产出的资本为 $\in_t K_t$，R_t 为不可再生资源存量。因此，给出生产函数

$$Y=F\left(\in_t K_t, R_t\right) \tag{9-1}$$

其中，F 为产出的函数；t 为时间的指数。剩余的资本 $\left(1-\in_t\right)K_t$ 用于资本的累积部分。

$$\dot{K}=B\left(1-\in_t\right)K_t-\eta D\left(T_t\right)K_t \tag{9-2}$$

其中，$B>0$ 为投资的资本的生产率；$\eta D\left(T_t\right)\leqslant 1$ 为损害的贴现。气候变化进入资本的累积方程。假设 P 为大气中 CO_2 的存量，大气中 CO_2 的变化量根据以下方

程得

$$\dot{P}=\phi R-\theta\left(P-\bar{P}\right) \quad (9\text{-}3)$$

其中，$\phi>0$。当污染衰减存在时，$\theta>0$，当污染衰减被忽略时，θ=0。$\bar{P}$为工业化以前的大气污染量，这是污染的一个下界。对于气候响应模块，考虑Svirezhev等[33]给出的气候响应模型。全球地表温度T_t满足

$$\dot{T}_t=\varepsilon\left(\varphi\left(P_t\right)-T_t\right) \quad (9\text{-}4)$$

其中，ε为温度调整率；$\varphi\left(P_t\right)$为均衡温度。同时，不可再生资源R_t与资源存储量S_t满足

$$\dot{S}_t=-R_t \quad (9\text{-}5)$$

对于生产的最终产品，假设柯布-道格拉斯函数

$$Y_t=A\left(\in_t K_t\right)R_t \quad (9\text{-}6)$$

对于效用函数我们有如下形式

$$U\left(C_t\right)=\frac{C_t^{1-\delta}-1}{1-\sigma} \quad (9\text{-}7)$$

其中，$\sigma\neq1$为风险厌恶系数；C_t为消费。当$\sigma=1$时，我们有

$$U\left(C_t\right)=\ln C_t \quad (9\text{-}8)$$

社会规划者希望式（9-7）在限制条件下最大化。

首先考虑$\sigma=1$及θ=0的情形。在时间t内有Y_t=C_t，因此可以给出相关的哈密尔顿公式

$$\begin{aligned}H=&\ln Y_t+\mu_{Y_t}\left[A\left(\in_t K_t\right)^{\alpha}R_t^{1-\alpha}-Y_t\right]+\mu_{K_t}\left[B\left(1-\in_t\right)K_t-\eta D\left(T_t\right)K_t\right]-\mu_{S_t}R_t\\&+\mu_{P_t}\phi R_t+\mu_{T_t}\left[\varepsilon\left(\varphi\left(P_t\right)-T_t\right)\right]\end{aligned} \quad (9\text{-}9)$$

由此给出最大化的一阶条件

$$\frac{\partial H}{\partial Y_t}=0\Rightarrow\frac{1}{Y_t}=\mu_{Y_t}\Rightarrow\mu_{Y_t}Y_t=1 \quad (9\text{-}10)$$

$$\frac{\partial H}{\partial R_t}=0\Rightarrow\frac{\left(1-\alpha\right)\mu_{Y_t}Y_t}{R_t}=\mu_{S_t}-\phi\mu_{p_t}\Rightarrow\frac{\left(1-\alpha\right)}{R_t}=\mu_{S_t}-\phi\mu_{p_t} \quad (9\text{-}11)$$

$$\frac{\partial H}{\partial\in_t}=0\Rightarrow\frac{\alpha\mu_{Y_t}Y}{\in_t}=B\mu_{K_t}K_t\Rightarrow\frac{\alpha}{\mu_{K_t}K_t}=B\in_t \quad (9\text{-}12)$$

$$\frac{\partial H}{\partial K_t}=\rho\mu_{K_t}-\dot{\mu}_{K_t}\Rightarrow\hat{\mu}_{K_t}=\frac{\dot{\mu}_{K_t}}{\mu_{K_t}}=\rho-\frac{\alpha}{\mu_{K_t}K_t}-\hat{K}_t \quad (9\text{-}13)$$

$$\frac{\partial H}{\partial P_t}=\rho\mu_{P_t}-\dot{\mu}_{P_t}\Rightarrow\hat{\mu}_{P_t}=\frac{\dot{\mu}_{P_t}}{\mu_{P_t}}=\rho-\frac{\varepsilon\mu_{T_t}\varphi'\left(P_t\right)}{\mu_{P_t}} \quad (9\text{-}14)$$

$$\frac{\partial H}{\partial S_t}=\rho\mu_{S_t}-\dot{\mu}_{S_t}\Rightarrow\hat{\mu}_{S_t}=\frac{\dot{\mu}_{S_t}}{\mu_{S_t}}=\rho \tag{9-15}$$

$$\frac{\partial H}{\partial T_t}=\rho\mu_{T_t}-\dot{\mu}_{T_t}\Rightarrow\hat{\mu}_{T_t}=\frac{\dot{\mu}_{T_t}}{\mu_{T_t}}=(\rho+\varepsilon)+\frac{\mu_{K_t}K_t\eta D'(T_t)}{\mu_{T_t}} \tag{9-16}$$

横截条件为

$$\lim_{t\to\infty}\mu_{K_t}K_t\mathrm{e}^{-\rho t}=0 \tag{9-17}$$

$$\lim_{t\to\infty}\mu_{P_t}P_t\mathrm{e}^{-\rho t}=0 \tag{9-18}$$

$$\lim_{t\to\infty}\mu_{S_t}S_t\mathrm{e}^{-\rho t}=0 \tag{9-19}$$

$$\lim_{t\to\infty}\mu_{T_t}T_t\mathrm{e}^{-\rho t}=0 \tag{9-20}$$

首先来看一下，在最终商品部门使用的份额达到其稳定的状态值时，为了获得最优的资本份额，使用式（9-12）和式（9-13）。对式（9-12）两边同时求导，其次与式（9-12）相比，由此可得 $\dot{\in}_t=B\in_t^2-\rho$，该方程的解为 $\in_t=\dfrac{\rho C_1\mathrm{e}^{-\rho t}}{BC_1\mathrm{e}^{-\rho t}+B\rho C_2}$。再使用式（9-17），可以得

$$\lim_{t\to\infty}\frac{\alpha\mathrm{e}^{-\rho t}}{B\in_t}=0 \tag{9-21}$$

将 $\in_t$ 代入式（9-21）可得 $C_2=0$。

因此，可以得

$$\in_t=\frac{\rho}{B} \tag{9-22}$$

在最终商品部门所使用的商品份额是瞬间跃升至稳定状态的。

我们知道生产函数为 $Y_t=A(\in_t K_t)^\alpha R_t^{1-\alpha}$，可以得 $\hat{Y}=\alpha\hat{K}_t+(1-\alpha)\hat{R}_t$，并且，由式（9-2）可得 $\hat{K}_t=B-\rho-\eta D(T_t)$。

由式（9-11）可得

$$-\dot{R}_t=\frac{(1-\alpha)(\dot{\mu}_{S_t}-\phi\dot{\mu}_{P_t})}{(\mu_{S_t}-\phi\mu_{P_t})^2} \tag{9-23}$$

因此，

$$-\hat{R}_t=\frac{\mu_{S_t}}{\mu_{S_t}-\phi\mu_{P_t}}\hat{\mu}_{S_t}-\frac{\phi\mu_{S_t}}{\mu_{S_t}-\phi\mu_{P_t}}\hat{\mu}_{P_t} \tag{9-24}$$

我们定义$\psi_t=\dfrac{\mu_{S_t}}{\mu_{S_t}-\phi\mu_{P_t}}$，则$\psi_t'=\dfrac{\mu_{S_t}'\left(\mu_{S_t}-\phi\mu_{P_t}\right)-\mu_{S_t}\left(\mu_{S_t}'-\phi\mu_{P_t}'\right)}{\left(\mu_{S_t}-\phi\mu_{P_t}\right)^2}$。

由上可得

$$\hat{\psi}_t=\frac{\hat{\mu}_{S_t}\left(\mu_{S_t}-\phi\mu_{P_t}\right)-\left(\mu_{S_t}'-\phi\mu_{P_t}'\right)}{\left(\mu_{S_t}-\phi\mu_{P_t}\right)}$$

因为$\hat{\mu}_{S_t}=\rho$，因此

$$\begin{aligned}\hat{\psi}_t&=\rho-\frac{\hat{\mu}_{S_t}\mu_{S_t}}{\mu_{S_t}-\phi\mu_{P_t}}+\frac{\phi\mu_{P_t}'}{\mu_{S_t}-\phi\mu_{P_t}}=\rho-\rho\psi_t+\frac{\phi\left[\rho\mu_{P_t}-\varepsilon\mu_{T_t}\varphi'(P_t)\right]}{\mu_{S_t}-\phi\mu_{P_t}}=\frac{-\phi\varepsilon\mu_{T_t}\varphi'(P_t)}{\mu_{S_t}-\phi\mu_{P_t}}\\&=\frac{\dfrac{-\phi\varepsilon\mu_{T_t}\varphi'(P_t)}{\mu_{P_t}}}{\dfrac{\mu_{S_t}}{\mu_{P_t}}-\phi}=\frac{\dfrac{-\phi\varepsilon\mu_{T_t}\varphi'(P_t)}{\mu_{P_t}}}{\dfrac{\psi_t}{\psi_t-1}\phi-\phi}=-(\psi_t-1)\frac{-\varepsilon\mu_{T_t}\varphi'(P_t)}{\mu_{P_t}}\end{aligned}\tag{9-25}$$

并且由式（9-24）可以得

$$-\hat{R}_t=\psi_t\hat{\mu}_{S_t}-(\psi_t-1)\hat{\mu}_{P_t}=\psi_t\rho-(\psi_t-1)\left(\rho-\frac{\varepsilon\mu_{T_t}\varphi'(P_t)}{\mu_{P_t}}\right)=\rho+(\psi_t-1)\frac{\varepsilon\mu_{T_t}\varphi'(P_t)}{\mu_{P_t}}$$

因此，

$$\hat{R}_t=-\rho-(\psi_t-1)\frac{\varepsilon\mu_{T_t}\varphi'(P_t)}{\mu_{P_t}}\tag{9-26}$$

在模型中，将碳社会成本标记为χ_t，即$\chi_t\equiv-\dfrac{\mu_{T_t}}{\mu_{Y_t}}$。单位产出的碳的社会成本，而在一般情况下，单位产出的碳的社会成本等于分散均衡的最优碳税，是$\tilde{\chi}_t\equiv\dfrac{\chi_t}{Y_t}=-\dfrac{\mu_{T_t}}{\mu_{Y_t}Y_t}=-\mu_{T_t}$，从而可知$\hat{\tilde{\chi}}_t=\hat{\mu}_{T_t}$。定义资源耗竭率为$\mu_t=\dfrac{R_t}{S_t}$，式（9-3）和式（9-5）可以修改为$\hat{P}_t=\phi\mu_t\dfrac{S_t}{P_t}$和$\hat{S}_t=-\mu_t$。根据下列七个变量来表示模型动力学

$$\hat{\mu}_t=\hat{R}_t-\hat{S}_t=-\rho+(\psi_t-1)\frac{\varepsilon\tilde{\chi}_t\varphi'(P_t)}{\mu_{P_t}}+\mu_t\tag{9-27}$$

$$\hat{\psi}_t=-(\psi_t-1)\frac{\varepsilon\tilde{\chi}_t\varphi'(P_t)}{\mu_{P_t}}\tag{9-28}$$

$$\hat{\tilde{\chi}}_t = \hat{\mu}_{T_t} = (\rho+\varepsilon) + \frac{\mu_{K_t} K_t \eta D'(T_t)}{-\tilde{\chi}_t} = (\rho+\varepsilon) + \frac{\frac{\alpha}{\rho}\eta D'(T_t)}{-\tilde{\chi}_t} \tag{9-29}$$

$$\hat{P}_t = \phi\mu_t \frac{S_t}{P_t} \tag{9-30}$$

$$\hat{S}_t = -\mu_t \tag{9-31}$$

$$\hat{\mu}_{P_t} = \rho + \frac{\varepsilon\tilde{\chi}_t \varphi'(P_t)}{\mu_{P_t}} \tag{9-32}$$

$$\hat{T}_t = \varepsilon\left(\frac{1}{T_t}\varphi(P_t) - 1\right) \tag{9-33}$$

可以通过下列方程求解污染存量 P_t。

$$\dot{P}_t = -\phi\dot{S}_t \Rightarrow P_t = P_0 + \phi(S_0 - S_t) \tag{9-34}$$

为了更好地理解系统的动态特性和长期均衡，说明资源耗竭率的增长率渐近恒定 $\mu_t = \dfrac{R_t}{S_t}$，等于零。下面我们讨论长期稳定状态。

分析碳社会成本的长期价值。由式（9-16）可知：

$$\dot{\mu}_{T_t} = (\rho+\varepsilon)\mu_{T_t} + \frac{\alpha}{\rho}\eta D'(T_t)$$

$$\Leftrightarrow \dot{\mu}_{T_t} e^{-(\rho+\varepsilon)(v-t)} - (\rho+\varepsilon)\mu_{T_t} e^{-(\rho+\varepsilon)(v-t)} = \frac{\alpha}{\rho}\eta D'(T_t) e^{-(\rho+\varepsilon)(v-t)}$$

$$\Leftrightarrow \frac{\mathrm{d}\mu_{T_t} e^{-(\rho+\varepsilon)(v-t)}}{\mathrm{d}v} = \frac{\alpha}{\rho}\eta D'(T_t) e^{-(\rho+\varepsilon)(v-t)}$$

$$\Leftrightarrow \int_t^\infty \frac{\mathrm{d}\mu_{T_v} e^{-(\rho+\varepsilon)(v-t)}}{\mathrm{d}v}\mathrm{d}v = \int_t^\infty \frac{\alpha}{\rho}\eta D'(T_v) e^{-(\rho+\varepsilon)(v-t)}\mathrm{d}v$$

$$\Leftrightarrow -\mu_{T_t} = \int_t^\infty \frac{\alpha}{\rho}\eta D'(T_v) e^{-(\rho+\varepsilon)(v-t)}\mathrm{d}v$$

因此，

$$\tilde{\chi}_t = \int_t^\infty \frac{\alpha}{\rho}\eta D'(T_t) e^{-(\rho+\varepsilon)(v-t)}\mathrm{d}v \tag{9-35}$$

考虑碳社会成本的长期价值，可以得

$$\tilde{\chi}_t = \frac{\alpha}{\rho}\eta\int_t^\infty \frac{D'(T_v) e^{-(\rho+\varepsilon)v}}{e^{-(\rho+\varepsilon)t}}\mathrm{d}v$$

通过洛必达法则可得

$$\lim_{t\to\infty}\tilde{\chi}_t=\frac{\alpha}{\rho}\eta\frac{D'(T_t)\mathrm{e}^{-(\rho+\varepsilon)t}}{(\rho+\varepsilon)\mathrm{e}^{-(\rho+\varepsilon)t}}=\frac{\alpha\eta}{\rho(\rho+\varepsilon)}D'(T_t) \tag{9-36}$$

在模型中式（9-36）表明，单位产出的碳社会成本是污染造成的所有未来边际损害的贴现流，并且受到温度调整率ε及一些其他数的影响，可以看到，每单位产量的稳态碳社会成本随着边际气候的损害而增长。因此，我们证实了损害函数的代数形式和参数化直接影响了社会对外部性的评价。单位产量的长期碳社会成本随资本份额α的增加而增加，因为气候变化影响资本投入，因此气候变化对碳社会成本造成影响，而损害影响参数η测量资源使用造成的污染强度，温度调整率ε则反映出温度变化对碳社会成本的影响。

我们还想探讨经济是否仍在以最优气候变化的方式增长。将式（9-27）~式（9-33）的系统设置为零，可以获得变量的渐近稳定状态值，即

$$\mu_\infty=\rho$$
$$\psi_\infty=1$$
$$\tilde{\chi}_\infty=\frac{\alpha\eta}{\rho(\rho+\varepsilon)}D'(T_\infty)$$
$$P_\infty=P_0+\phi S_0$$
$$S_\infty=0$$
$$\mu_{P_\infty}=-\frac{\alpha\eta\varepsilon\varphi'(P_\infty)}{\rho^2(\rho+\varepsilon)}D'(T_\infty)$$
$$T_\infty=\varphi(P_\infty)$$

利用线性化的方法可以解决式（9-27）~式（9-33）的动态系统。

$$\begin{cases}\dot{\mu}_t=-\rho\mu_t+(\psi_t-1)\dfrac{\varepsilon\tilde{\chi}_t\varphi'(P_t)}{\mu_{P_t}}\mu_t+\mu_t=F_1(\mu_t,\psi_t,\tilde{\chi}_t,P_t,S_t,\mu_{P_t},T_t)\\ \dot{\psi}_t=(\psi_t-1)\psi_t\dfrac{\varepsilon\tilde{\chi}_t\varphi'(P_t)}{\mu_{P_t}}=F_2(\mu_t,\psi_t,\tilde{\chi}_t,P_t,S_t,\mu_{P_t},T_t)\\ \dot{\tilde{\chi}}_t=(\rho+\varepsilon)\tilde{\chi}_t-\dfrac{\alpha}{\rho}\eta D'(T_t)=F_3(\mu_t,\psi_t,\tilde{\chi}_t,P_t,S_t,\mu_{P_t},T_t)\\ \dot{P}_t=\phi\mu_t S_t=F_4(\mu_t,\psi_t,\tilde{\chi}_t,P_t,S_t,\mu_{P_t},T_t)\\ \dot{S}_t=-\mu_t S_t=F_5(\mu_t,\psi_t,\tilde{\chi}_t,P_t,S_t,\mu_{P_t},T_t)\\ \dot{\mu}_{P_t}=\rho\mu_{P_t}+\varepsilon\tilde{\chi}_t\varphi'(P_t)=F_6(\mu_t,\psi_t,\tilde{\chi}_t,P_t,S_t,\mu_{P_t},T_t)\\ \dot{T}_t=\varepsilon(\varphi(P_t)-T_t)=F_7(\mu_t,\psi_t,\tilde{\chi}_t,P_t,S_t,\mu_{P_t},T_t)\end{cases} \tag{9-37}$$

我们求出系统的稳态 Jacobianmatrix 为

$$A=\begin{bmatrix} \rho & -\rho^2 & 0 & 0 & 0 & 0 & 0 \\ 0 & -\rho & 0 & 0 & 0 & 0 & 0 \\ 0 & 0 & \rho+\varepsilon & 0 & 0 & \rho & -\dfrac{\alpha\eta D''(T_\infty)}{\rho} \\ 0 & 0 & 0 & 0 & \phi\rho & 0 & 0 \\ 0 & 0 & 0 & 0 & -\rho & 0 & 0 \\ 0 & 0 & \varepsilon\varphi'(P_\infty) & \dfrac{\varepsilon\eta\alpha D'(T_\infty)\varphi''(P_\infty)}{\rho(\rho+\varepsilon)} & 0 & \rho & 0 \\ 0 & 0 & 0 & \varepsilon\varphi'(P_\infty) & 0 & 0 & -\varepsilon \end{bmatrix}$$

因此，得到特征值为$(\rho,-\rho,\rho,\rho+\varepsilon,\varepsilon,0,-\rho)$。

可以看到，显性化的系统受制于 0 特征值。这将意味着动态系统显示滞后。

回归到初始值，需要求出无穷远处资本和产出的增长率

$$\hat{K}=B-\rho-\eta D(T_\infty)$$

$$\hat{Y}=\alpha\left[B-\rho-\eta D(T_\infty)\right]-\rho \tag{9-38}$$

由式（9-38）可以看出，如果产出的增长率$\hat{Y}$是正的，那么资本生产率B必须足够大，使得$B>\eta D(T_\infty)$且贴现率足够小使得$\rho<B-\rho-\eta D(T_\infty)$。更高的资本份额导致$\rho$的取值范围更加广泛。

我们知道损害函数的形式不但对长期均衡有影响，而且对变量的时间路径也有影响。具体来讲，通过对系统的分析，可以得到有关时间路径的碳社会成本的输出，近似为

$$\tilde{\chi}_t=\frac{\alpha\eta D'(T_\infty)}{\rho(\rho+\varepsilon)}-\frac{\alpha\eta\varepsilon\phi S_0\varphi'(P_\infty)D''(T_\infty)}{\rho(\varepsilon-\rho)(2\rho+\varepsilon)}\mathrm{e}^{-\rho t} \tag{9-39}$$

该结果趋于稳态，并且是递增的、凹的。它的凹性取决于在无限时间内对损害函数的二阶导数。这里需要保证$\varepsilon>\rho$，这里贴现率ρ的取值受限于温度调整率ε，当ε取值越大时ρ的取值范围越广。我们参照大部分 IAM 文献和假设[26]，通过对数曲线描述大气CO_2浓度和均衡温度之间的关系，全球温升是大气CO_2浓度的凹函数[34]，升温公式表达如下

$$\varphi(P_t)=c\frac{\ln\left(1+\dfrac{P_t-\bar{P}}{\bar{P}}\right)}{\ln(2)}$$

其中，$\bar{P}$是前工业化时期的大气 CO_2 浓度；c 是气候敏感参数，因此$\phi'(P_\infty)=\dfrac{c}{\ln(2)P_\infty}$。由式（9-39）可知，$P_\infty=P_0+\phi S_0$，因此式（9-39）可以写为

$$\tilde{\chi}_t=\frac{\alpha\eta D'(T_\infty)}{\rho(\rho+\varepsilon)}-\frac{c\alpha\eta\varepsilon\phi S_0 D''(T_\infty)}{\rho(\varepsilon-\rho)(2\rho+\varepsilon)(P_0+\phi S_0)\ln 2}\mathrm{e}^{-\rho t} \tag{9-40}$$

对于资本和产出增长，我们得到过渡阶段的两个方程：

$$\hat{K}=B-\rho-\eta D(T_\infty) \tag{9-41}$$

$$\begin{aligned}\hat{Y}&=\alpha\hat{K}_t+(1-\alpha)\hat{R}_t=\alpha\hat{K}_t+(1-\alpha)\left(-\rho-(\psi_t-1)\frac{\varepsilon\mu_{T_t}\varphi'(P_t)}{\mu_{P_t}}\right)\\&=\alpha\hat{K}_t+(1-\alpha)\left(-\rho+(\psi_t-1)\frac{\varepsilon\tilde{\chi}\varphi'(P_t)}{\mu_{P_t}}\right)\end{aligned} \tag{9-42}$$

这里通过动态系统可知：

$$\begin{aligned}\mu_{P_t}=&\left(\frac{\varepsilon^2\eta\phi\alpha S_0 D''(T_\infty)\varphi'(P_\infty)\varphi''(P_\infty)}{2\rho^2(\varepsilon-\rho)(2\rho+\varepsilon)}+\frac{\varepsilon\eta\alpha\phi S_0 D'(T_\infty)\varphi''(P_\infty)}{2\rho(\rho+\varepsilon)}\right)\mathrm{e}^{-\rho t}\\&+\frac{\varepsilon\eta\alpha\varphi'(P_\infty)D'(T_\infty)}{\rho^2(\rho+\varepsilon)}\end{aligned} \tag{9-43}$$

这里$\psi_t=1-(1-\psi_0)\mathrm{e}^{-\rho t}$。

我们讨论以下三种损害函数对于碳社会成本以及经济增长的影响。DICE-2007 模型[35]中损害函数的形式由式（9-44）给出：

$$Y_1=D(t)=\varphi(T)=v_1T^{b_2} \tag{9-44}$$

式（9-44）表示全球大气温度与气候损害的函数关系。其中，v_1是经济损害敏感性参数；b_2是形状参数。我们考虑b_2=1的情形。

区域气候损害是与大气温度增量有关的凸函数[36]，用式（9-45）表示

$$Y_2=D(t)=\varphi(T)=v_1T+v_2T^2 \tag{9-45}$$

其中，v_1和v_2是区域经济损害敏感性参数。由式（9-45）可知，随着温度的升高，经济损害大幅上升。

考虑到气候灾难对经济损害的影响是巨大的，参考 Nordhaus[37]在 DICE-2013 模型中对损害函数的改进。这里我们把气候损害函数加上了气候灾难造成的额外损失。修改后的区域气候损害函数结构如下：

$$D(t)=\varphi(T)=v_1T+v_2T^2+v_3(T/T_{\mathrm{TP}})^3 \tag{9-46}$$

其中，第三项是指气候灾害造成的额外损失；v_1、v_2和v_3是经济损害敏感性参数；T_{TP}是气候灾难阈值。在式（9-46）中，考虑两种情况。$T_{\mathrm{TP}}=1$，$Y_3=D(t)=\varphi(T)=v_1T+v_2T^2+v_3T^3$。根据 DICE-2013 模型[37]，令$T_{\mathrm{TP}}=4°\mathrm{C}$，$Y_4=D(t)=\varphi(T)=v_1T+v_2T^2+v_3(T/4)^3$。这是$Y_2$考虑气候灾难的形式。

9.3 模型分析

本节只考虑全球范围，对不同地区不做区别对待。碳社会成本的凹性取决于在无限时间内对损害函数的二阶导数。因此，多项式损害函数的程度越高，$\tilde{\chi}_t$ 的时间路径越凹。如果考虑随着损害函数的凸性越高，则边际损害函数增加越快，可以更好地解损害函数的凸性和凹性之间的关系。在社会规划者背景下，每一单位的污染增加导致更高的碳社会成本值。

在不考虑衰减的情况下，高阶的凸损害函数导致单位产出的碳社会成本更加凹陷的时间路径。在特殊情况下，当损害函数为线性时，$\tilde{\chi}_t$ 始终是常数。另外，在图 9-2 中可以看出，每单位产出的碳社会成本最后渐近收敛于一个常数。

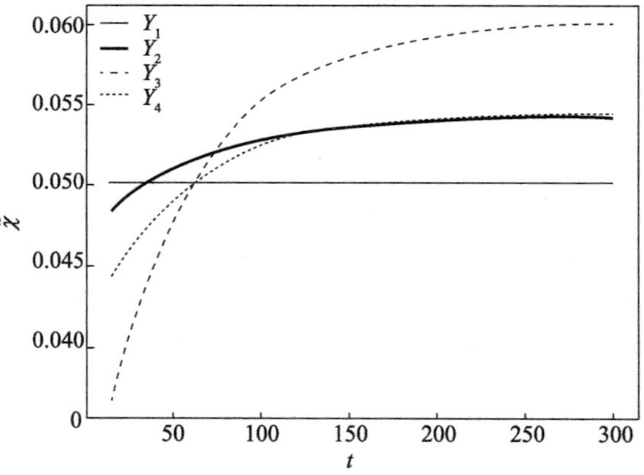

图 9-2　不同损害函数对应的每单位产出的碳社会成本

t_0 =2010，σ=1，ρ=0.018，ϕ=1，α=0.9，P_0=830GTC，S_0=6 000 GTC

将温度控制在 2℃之内，图 9-2 描绘了当污染没有衰减且效用为对数时，不同的损失函数对应的每一单位产出的碳社会成本。通过对参数的校准，可以看到，碳社会成本依赖于损失函数。线性的损失函数会导致一个恒定的碳社会成本。我们观察 Y_1 、Y_2 、Y_3 可以看到，高阶的损害函数在大约五十年以后会导致更大的碳社会成本，而在此之前，非线性的损害函数导致的碳社会成本值均低于线性的损害函数导致的碳社会成本值。观察 Y_2 、Y_4 ，Y_4 是在 Y_2 的基础上考虑的极端气候变化的情况，可以看到，经过长时间以后，损害函数 Y_4 导致的碳社会成本比不考虑极端气候情况时的碳社会成本要略高，这是极端气候灾难情况发生导致的。

不同温度对碳社会成本的影响也很大，图 9-3 描绘了不同温度下单位产出的碳社会成本。可以明显看出，温升在 2℃时的碳社会成本要高于温升在 1.5℃时的碳社会成本。这是由于在同等情况下，温升越高，产出越高，碳排放量越高，导致碳社会成本越大。在前五十年，由温升导致的碳社会成本的差距并不是太大，随着时间的推移，这种差距会逐渐变大。

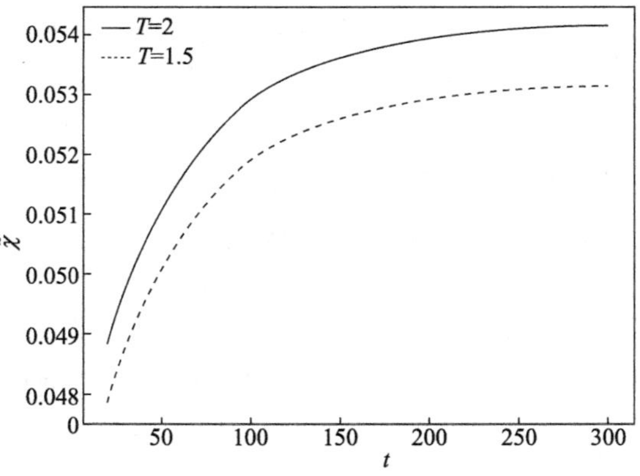

图 9-3　不同温度下单位产出的碳社会成本

t_0 =2010，σ =1，ρ =0.018，ϕ=1，α =0.9，P_0 =830GTC，S_0 =6 000 GTC

图 9-4 描绘了不同的气候敏感参数对应的单位产出的碳社会成本。可以看到，在其他参数相同的情况下，气候敏感系数越大导致的碳社会成本值也越大，但是在经过长时间以后，对碳社会成本的影响差距越来越小。气候敏感系数值越大，导致的均衡温度越大，因此，碳社会成本的值越高。

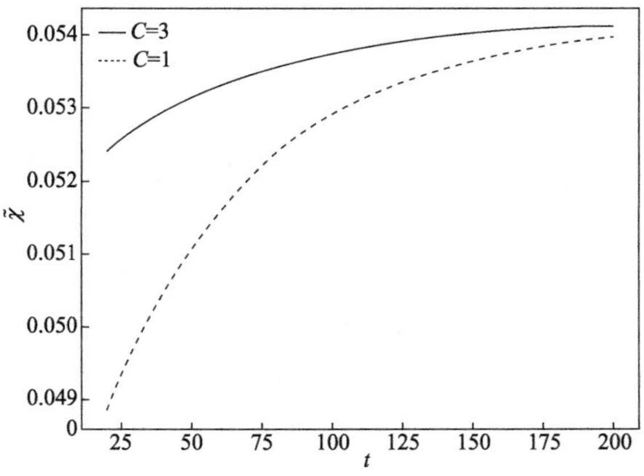

图 9-4　不同的气候敏感参数对应的单位产出的碳社会成本

t_0 =2010，σ =1，ρ =0.018，ϕ=1，α =0.9，P_0 =830GTC，S_0 =6 000 GTC

图 9-5 给出了不同损害函数对产出增长率的影响。从图 9-5 中可以看出，在

五十年的范围内，在气候损害为二次和三次的情况下，气候损害导致增长减少，损害函数的凸性越大，增长率越低。换句话说，产出的增长率会下降，更凸的损害函数需要更低的产出增长率。当 t=50 时，取二次的损害函数，产出的增长率降为 1.61%，三次的损害函数降为 1.58%。线性的损害函数在 50 年时升为 2%。在五十年以后，经济增长率不管是线性的、二次的及三次的均保持一个平稳的状态。选取线性损失函数与非线性损失函数有较大差异。我们发现，不管如何校准参数，线性的损失函数始终在开始阶段都会导致经济增长率的提高，但是损失函数不会导致经济增长率提高。因此，在选用损失函数时应该选择二次或者更高次方的生产函数，这也与 DICE-2003 模型[35]规定的经济损害参数的最佳猜测值是 $b_2 = 2$ 一致。非线性化效应导致经济增长率先下降再保持平稳状态。

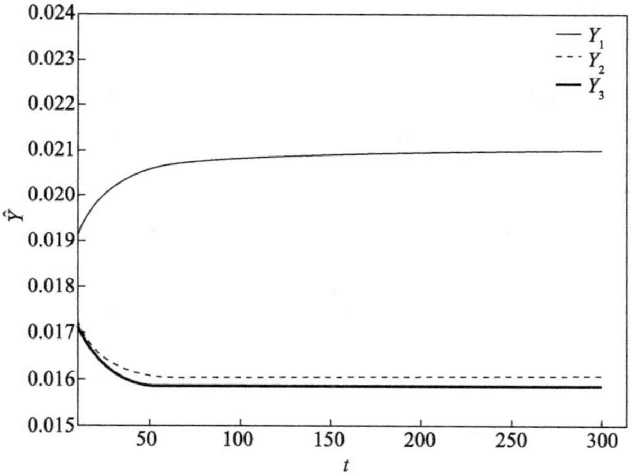

图 9-5　不同损害函数对产出增长率的影响

t_0 =2010，σ =1，ρ =0.018，ϕ=1，α =0.9，P_0=830GTC，S_0 =6 000 GTC，ψ_0 =0.65，B =0.04

我们可以看到，图 9-2 与图 9-4 的时间节点和对应的曲线的凹凸程度基本保持一致。在社会最优中，即使当损失函数有较高的凸性时，经济增长率仍然是正的。严格的气候政策导致高的碳社会成本，因此，尽管碳社会成本趋势是凸的，但可设计行之有效的政策方案以保证经济的平稳增长。

9.4　本 章 小 结

本章分析了不同损害函数对碳社会成本和经济增长率的影响。在具有内生增长的两部门经济模型中，我们构造了一个七维非线性系统，然后将非线性系统线性化，得到包含损害函数的碳社会成本表达式。该框架包括CO_2排放引起的大气CO_2浓度变化、导致温度变化的大气 CO_2 浓度变化以及影响经济增长的 CO_2 排放。我们给出了一个非线性系统的构造和最终商品部门所使用的资本份额的稳定值。考虑到约束条件，我们得到了单位产出长时期的碳社会成本表达式。通过对非线性系统进行线性化，得到了系统在长期时间路径上的碳社会成本表达式。在我们的探索中发现，气候变化对经济的影响主要取决于损害函数的凸性。同时分析了不同气候敏感参数和不同温度控制对碳社会成本的影响。长期单位产出的碳社会成本是温升引起的损害函数的贴现流，它还受温度调节率和其他一些参数的影响。气候敏感系数越高，均衡温度越高，碳社会成本越高。当考虑极端气候灾害时，相比其他相同情况下碳社会成本略高。碳社会成本在时间路径上的凸度依赖于损害函数在无限时间内的二阶导数。高阶损害函数增加了碳社会成本的值，这表明随着排放量的增加，需要更严格的气候政策。本章提出的理论并没有给出损害函数的最现实形式。这只是基于社会处于最优状态时所获得的经济结果，但我们指出线性损害函数是不可取的。我们发现，当社会处于最佳状态时，长期经济增长率仍然可以保证为正。

参 考 文 献

[1] Mi Z F, Pan S Y, Yu H, et al. Potential impacts of industrial structure on energy consumption and CO_2, emission: a case study of Beijing. Journal of Cleaner Production, 2015, 103: 455-462.

[2] Farmer J D, Hepburn C, Mealy P, et al. A third wave in the economics of climate change. Environmental and Resource Economics, 2015, 62 (2): 329-357.

[3] Stanton E A, Ackerman F, Kartha S. Inside the integrated assessment models: four issues in climate economics. Climate and Development, 2009, 1 (2): 166-184.

[4] Duan H B, Zhang G P, Wang S Y, et al. Robust climate change research: an review on multimodel analysis. Environmental Research Letters, 2019, 14 (3): 033001.

[5] Duan H B, Zhang G P, Wang S Y, et al. Integrated benefit-cost analysis of China's optimal adaptation and targeted mitigation. Ecological Economics, 2019, 160: 76-86.

[6] Hope C. The marginal impact of CO_2 from PAGE 2002: an integrated assessment model incorporating the IPCC's five reasons for concern. Integrated Assessment, 2006, 6 (1): 19-56.

[7] Weitzman M L. GHG targets as insurance against catastrophic climate damages. Journal of

Public Economic Theory，2012，14（2）：221-244.
[8] Field C B. Climate change 2014：impacts，adaptation and vulnerability：working group Ⅱ contribution to the fifth assessment report of the intergovernmental panel on climate change. Guangdong Agricultural Sciences，2014，285（34）：25987-25995.
[9] Meyer V，Becker N，Markantonis V，et al. Assessing the costs of natural hazards-state of the art and knowledge gaps. Natural Hazards and Earth System Sciences，2013，13（5）：1351-1373.
[10] Nordhaus W D. Expert opinion on climate change. American Scientist，1994，82（1）：45-51.
[11] Pindyck R S. Climate change policy：what do the models tell us? Journal of Economic Literature，2013，51（3）：860-872.
[12] Nordhaus W D，Yang Z. A regional dynamic general-equilibrium model of alternative climate-change strategies. American Economic Review，1996，86（4）：741-765.
[13] Fankhauser S. Protection versus retreat：the economic costs of sea-level rise. Environment and Planning A，1995，27（2）：299-319.
[14] Tol R S J. Estimates of the damage costs of climate change. part 1：benchmark estimates. Environmental and Resource Economics，2002，21（1）：47-73.
[15] Anthoff D，Tol R S J. The impact of climate change on the balanced growth equivalent：an application of FUND. Environmental and Resource Economics，2009，43（3）：351-367.
[16] Estrada F，Tol R S J，Gay-García C. The persistence of shocks in GDP and the estimation of the potential economic costs of climate change. Environmental Modeling and Software，2015，69（C）：155-165.
[17] Nordhaus W D，Boyer J. Warming the World：Economic Models of Global Warming. Cambridge：The MIT Press，2000.
[18] Krey V，Masera O，Blanford G，et al. Annex Ⅱ：metrics and methodology//Edenhofer O，Pichs-Madruga R，Sokona Y，et al. Climate Change 2014. Mitigation of Climate Change. Working Group Ⅲ Contribution to the Fifth Assessment Report of the Intergovernmental Panel on Climate Change. Cambridge and New York（UK and USA）：Cambridge University Press，2014：1281-1328.
[19] Dietz S，Stern N. Endogenous growth，convexity of damage and climate risk：how nordhaus' framework supports deep cuts in carbon emissions. Economic Journal，2015，125（583）：574-620.
[20] Burke M，Dykema J，Lobell D B，et al. Incorporating climate uncertainty into estimates of climate change impacts. Review of Economics and Statistics，2015，97（2）：461-471.
[21] Hope C. Critical issues for the calculation of the social cost of CO_2：why the estimates from

PAGE09 are higher than those from PAGE2002. Climatic Change，2013，117（3）：531-543.

[22] Weitzman M L. What is the “damages function” for global warming — and what difference might it make? Climate Change Economics，2010，1（1）：57-69.

[23] Moore F C，Diaz D B. Temperature impacts on economic growth warrant stringent mitigation policy. Nature Climate Change，2015，5（2）：127-131.

[24] Bretschger L，Vinogradova A. Escaping Damocles’ sword：endogenous climate shocks in a growing economy. SSRN Electronic Journal，2018.

[25] Bretschger L，Karydas C. Optimum growth and carbon policies with lags in the climate system. Environmental and Resource Economics，2018，70（4）：1-26.

[26] Golosov M，Hassler J，Krusell P，et al. Optimal taxes on fossil fuel in general equilibrium. Econometrica，2014，82（1）：41-88.

[27] Hanemann W M. What is the economic cost of climate change? CUDARE Working Papers-University of California，2008.

[28] Guivarch C，Pottier A. Climate damage on production or on growth：what impact on the social cost of carbon? Environmental Modeling and Assessment，2018，23（2）：117-130.

[29] Nordhaus W D. Accompanying notes and documentation on development of DICE-2007 model：notes on DICE-2007. New York：Miscellaneous Publication，2007.

[30] van den Bijgaart I，Gerlagh R，Korsten L，et al. A simple formula for the social cost of carbon. Feem Working Papers “Note Di Lavoro” Series，2013.

[31] Bretschger L，Pattakou A. As bad as it gets：how climate damage functions affect growth and the social cost of carbon. Environmental and Resource Economics，2019，72（1）：5-26.

[32] van den Bijgaart I，Gerlagh R，Liski M. A simple formula for the social cost of carbon. Journal of Environmental Economics and Management，2016，77：75-94.

[33] Svirezhev Y，Brovkin V，von Bloh W，et al. Optimisation of reduction of global CO_2 emission based on a simple model of the carbon cycle. Environmental Modeling and Assessment，1999，4（1）：23-33.

[34] Hooss G，Voss R，Hasselmann K，et al. A nonlinear impulse response model of the coupled carbon cycle-climate system（NICCS）. Climate Dynamics，2001，18（3/4）：189-202.

[35] Nordhaus W D. Alternative measures of output in global economic-environmental models：purchasing power parity or market exchange rates?Energy Economics，2007，29（3）：349-372.

[36] Nordhaus W D. Estimates of the social cost of carbon：background and results from the RICE-2011 model. National Bureau of Economic Research，2011.

[37] Nordhaus W D. Economic policy in the face of severe tail events. Journal of Public Economic Theory，2012，14（2）：197-219.

第 10 章　受攻击时系统的阈值规律及恢复力①

检测和描述社团结构在研究网络系统中扮演着重要的角色，但是对于社团如何影响系统的恢复力和稳定性依然缺少说明。这里，我们基于渗流理论建立一个模型来研究具有社团结构的网络系统的恢复力。我们通过解析和数值模拟发现，互连边（社团间的连边）影响渗流相变，这一方式类似于外场影响铁磁顺磁相变。通过定义临界指数 δ 和 γ，我们还研究出了普适性方法，同时发现了不同模型及遵循超标度关系的现实合著网络在临界阈值处所对应的数值。这里的方法和结果不仅可以促进对网络恢复力的研究，同时也带来一个全新的视角来理解具有外场力的相变。

网络科学为研究社会学、技术学、生物学、天气系统和其他许多领域的中的复杂系统打开了一个新视角[1~7]。系统的鲁棒性或恢复力是一个关键性能，对减少和缓和损害具有重要的作用[8，9]。渗流理论在拓扑结构中用于理解和评估网络恢复力是一个有用的工具[10~14]。网络社团间的连接行为对研究网络鲁棒性具有重要影响，而这一研究策略也常被应用于实际或人工系统中[15]。复杂网络中的临界现象吸引了许多不同学科的研究者[16]，尤其是复杂网络中的结构相变（渗流）[3，4]，更严格的 k-core 渗流[17，18]，流行病传播阈值[19~21]，过度凝结和 Ising 模型[22]。现已指出一个随机网络随着随机失效节点数的增加会产生一个连续的渗流相变[23]。在网络中是否存在不连续的渗流相变这一问题吸引了越来越多的关注[24~26]。Buldyrev 等通过研究发现，由于网络间的级联失效产生不连续渗流相变现象，相依网络的模型随之被提出，并发现了与单个网络二阶连续相变所不同的一阶跳变现象[27~34]。

---

① 第 10 章主要内容出处：Dong G G，Fan J F，Shekhtman L M，et al. Resilience of networks with community structure behaves as if under an external field. Proceedings of the National Academy of Sciences of the United States of America，2018，115（27）：6911-6915.

除了这些在理解网络恢复力上的进步，很多工作都集中在互联网络[35]上，如通过连接多个社区（或社团）[36, 37]形成的网络。这种社团结构在许多世界网络中被发现，包括大脑[38~40]、基础设施[41, 42]和社交网络[43~45]等[46~49]。尽管取得了这些进步，但我们仍然不了解一小部分节点如何维持在现实网络中的社团间连接，这个特征显著影响着网络恢复力。互连节点的一小部分通常会提供特殊的资源和基础架构支持。例如，只有一些具有国际航班的机场需要更长的跑道、海关管理和护照管制[41]，并且当一个机场节点已经互连时，添加额外互连的成本就会显著降低。同样，社交网络中只有一些人能够在社团之间建立桥梁[50]，而电网中只有一些电站能够为遥远的电站供电。我们在这里使用统计物理学的方法来开发包含这些现实特征的模型，并且我们开发了一种分析解决方案，证明了这些互连具有与自旋系统上的外场类似的作用，这使我们对增加互连的效果有了基本的了解，并使我们能够预测系统的恢复力。

10.1 模 型 构 建

许多工作着重于在复杂网络中系统状态当从可恢复状态变为故障状态时的相变。此外，许多网络都具有社团结构，其对恢复力的影响尚未完全了解。在这里，我们表明社团结构可以显著影响系统的恢复力，因为它消除了在单个模块中存在的相变，并且网络在此变换过程中仍保持恢复力。我们表明增加互连的效果类似于增加自旋系统中的外部磁场。我们的发现提供了对许多社团复杂系统的恢复力的洞察力，并阐明了社团结构对网络恢复力的重要影响。

现实复杂网络通常具有社团结构，一组较密集连接的节点（社团），在社团间并不是所有的节点而是一部分节点存在许多相互的连接边，如图 10-1（a）所示。此处，这些“相互连接的节点”的行为类似于物理学中的外场[51~53]。考虑最简的情况，两个具有相同节点数 N 的社团 i 和 j。我们的理论对于 m 个社团是通用的。社团 $i[j]$ 内的节点是以度分布 $P_i(k)\left[P_j(k)\right]$ 随机连接的，其中，度数 k 是一个节点与社团 $i[j]$ 中其他节点的连接数。同时，度数 k 也是模块 $i[j]$ 中一个节点与其他节点的连接数。在社团 i 和 j 之间，随机选择一部分节点 r 作为互连节点，并在节点对之间随机分配 M_{inter} 个互连的连接（一个在 i 中，另一个在 j 中）。该社团生成的网络可以在图 10-1（b）中看到。m 个社团的通用化是很简单的。为了量化模型的可恢复力，通过分析和模拟研究随机删除了部分 $1-p$ 的节点后的巨型连通组件 $S(r,p)$ 的大小。

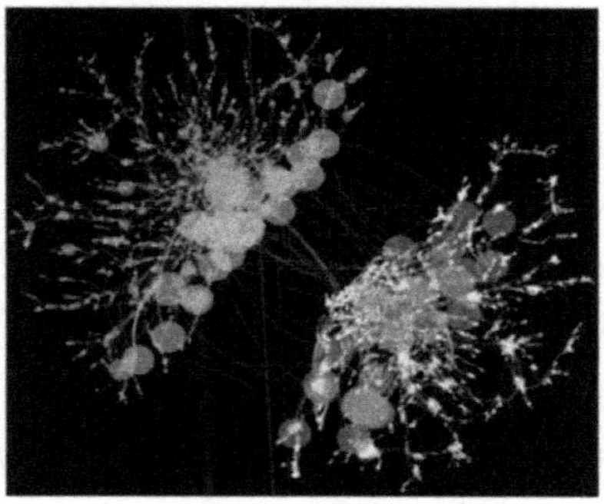

（a）

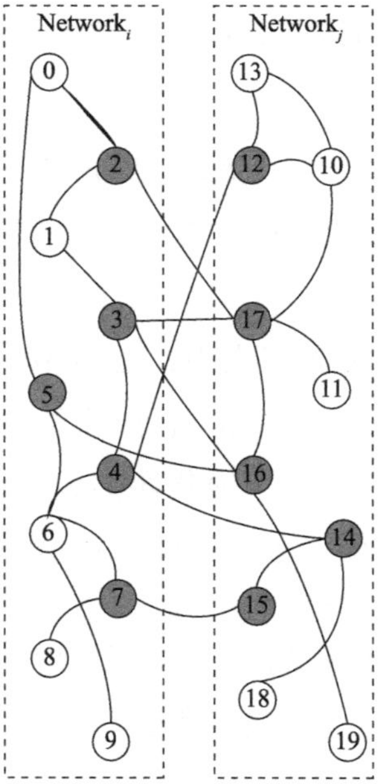

（b）

图 10-1　网络框架图

（a）表示 *dblp* 合著的合作网络中两部分相互连接的社团，节点表示作者，两节点间的无向边存在表示相关作者之间至少发表了一篇文章。（b）模型的解释，以两个社团 i 和 j 作为例子。黑色的点表示各社团间的相连节点。此处互连节点的部分为 $r=1/2$

10.2　生成函数理论分析

我们提出了解析框架来研究互连社团的鲁棒性包括社团结构。为了获得解析解，采用参考文献[4]中的生成函数的框架，并定义每个模块 i 的度分布的生成

函数为

$$G_{\mathrm{i}}(x)=(1-r_i)G_{ii}(x_{ii})+r_iG_{ii}(x_{ii})\prod_{j\neq \mathrm{i}}^{m}G_{ij}(x_{ij}) \tag{10-1}$$

其中，$G_{ii}(x_{ii})$和$G_{ij}(x_{ij})$表示在社团 i 内部连边和社团 i 与 j 间相互连边的生成函数，$i,j=1,2,\cdots,m$，m 表示社团的数量。在随机移除$1-p$部分节点之后，社团 i 的最大连通集团的大小变为

$$S_i=p\left\{1-G_i\left[1-p(1-f_{ii}),1-p\left(1-f_{ij}\right)\right]\right\} \tag{10-2}$$

其中，$x_{ii}=1-p(1-f_{ii})$和$x_{ij}=1-p\left(1-f_{ij}\right)$。

当$m=2$时，这个随机网络[54]社团的内部平均度为 k，相互平均度为 K，式（10-2）变为

$$\mathrm{e}^{-Sk}(r-1)+1-\frac{S}{p}=r\exp\left[\frac{Kp\left(\mathrm{e}^{-Sk}(r-1)+1-\dfrac{S}{p}-r\right)}{r}-Sk\right] \tag{10-3}$$

其中，$K=2M_{\text{inter}}/rN$，N 表示网络大小，当$r=0$时，我们的模型就是随机网络模型，我们得到 $S=p\left(1-\mathrm{e}^{-kS}\right)$，符合现有结果[54]。对于单个随机网络$[N\to\infty]$，在阈值 $p_c=1/k$ 时最大连通集团的大小为 0，然而在我们的模型中$r>0$，在该点有一个非零的最大连通集团。我们得到了模型的与r成比例的渗流阈值，且假定该阈值较小。

我们还研究了幂律分布为$P(k)\sim k^{-\lambda}$的无标度网络(SF)的社团，同时也可以使用生成函数的方法得到最大连通集团和渗流阈值。

10.3 数值模拟与实际数据分析

分析式（10-3）的解析解，我们发现 r 个互连节点具有与自旋系统中的磁场引起的效果相似的效果，这是因为(i)对于互连节点的任何非零分数，系统不再经历单个社团的相变，(ii)场型临界指数表征r的作用。图 10-2（a）显示了不同 r 值时，我们对平均度$k=4$的两个 ER 社团的最大连通集团的分析和仿真结果。我们发现单个 ER 社团的渗流阈值是$p_c=1/k=1/4$，但是当$r>0$的时候，最大连通集团依旧大于 0。解析和数值模拟的结果重合得很好。图 10-3（a）~图 10-3（c）显示了具有不同λ值的幂律分布的社团中类似现象。现在我们研究模型的

比例关系和临界指数，其中 $S(r,p)$、p 和 r 分别类似用作总磁化量、温度和外场。为了量化外场如何影响渗流相变，我们定义了临界指数 δ，它将临界点的阶次参数与场的大小相关联。

$$S(r,p_c) \sim r^{1/\delta} \tag{10-4}$$

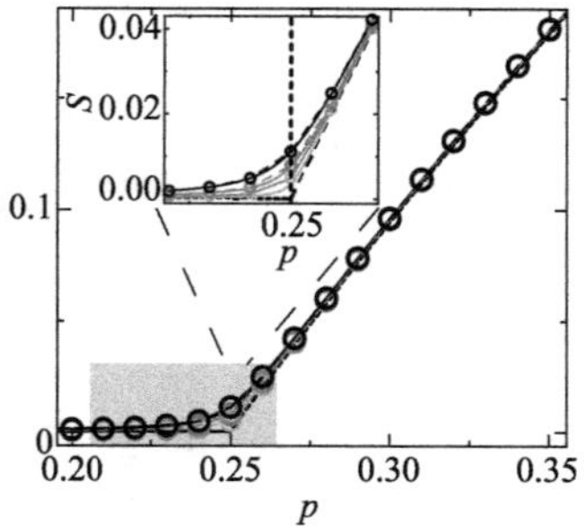

（a）

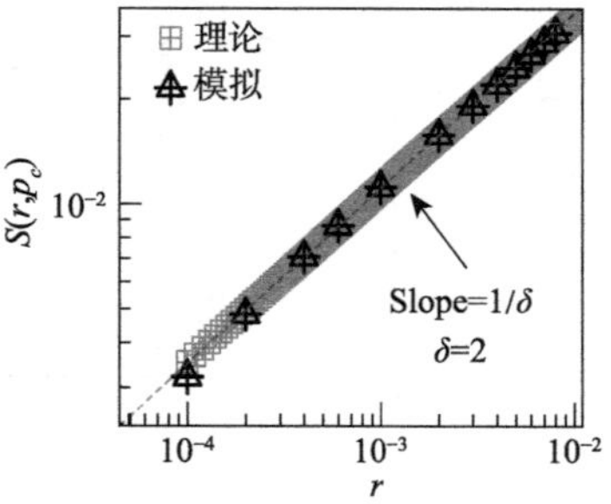

（b）

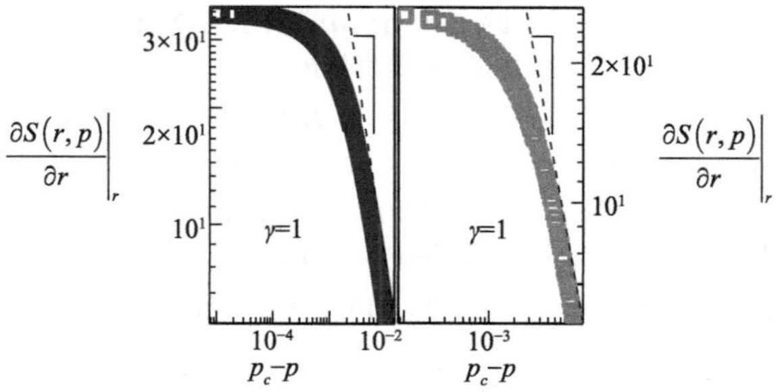

（c）

图 10-2　两个 ER 社团的解析与模拟

（a）比较随机网络的最大连通集团 $S(r,p)$ 的解析和模拟的结果，其中，$r=0$（虚线），$r=0.0001$（三角形），$r=0.0055$（正方形），$r=0.0010$（圆形）。线和符号分别表示分析和模拟结果。（b）$S(r,p_c)$ 作用与 r。（c）$\frac{\partial S(r,p)}{\partial r}$ 作用与 p_c-p，其中 $r=0.0001$。c 左和 c 右分别表示解析和模拟的结果。参数 $k=4$，$M_{\text{inter}}=N_1$，对模拟的结果我们选择社团大小为 $N_1=N_2=10^8$，$M_{\text{inter}}=\frac{N}{2}=N_1$，迭代 1 000 次。虚线的斜率为 $-\gamma$

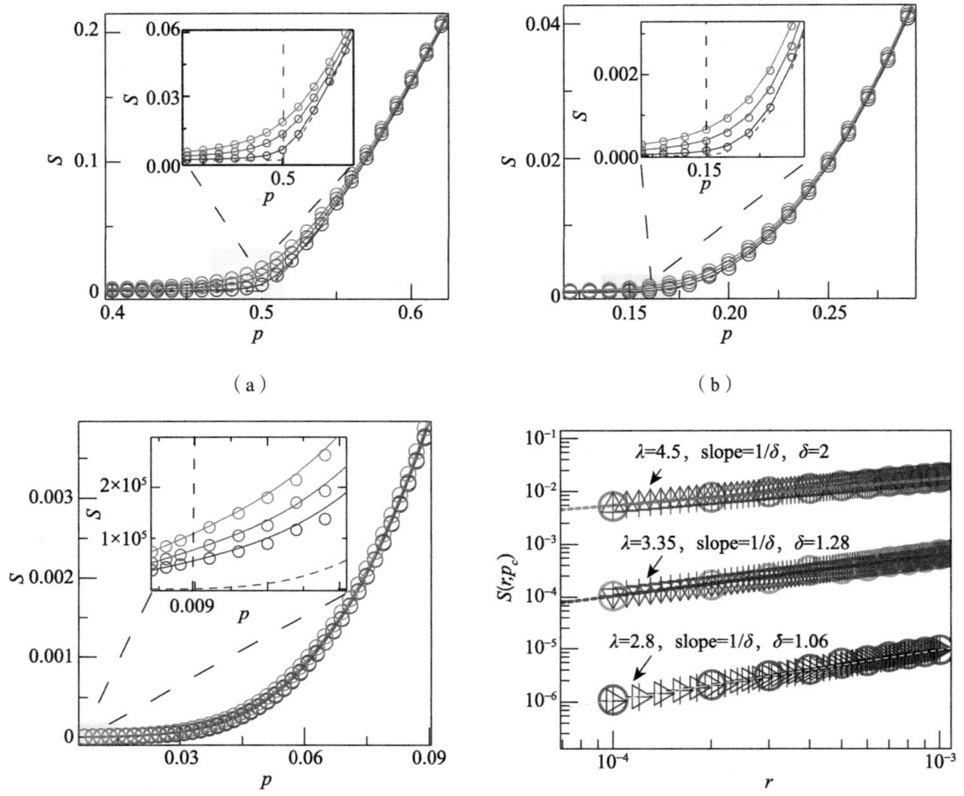

（a）　（b）　（c）　（d）

图 10-3　两个 SF 社团的模拟与解析

对于不同的 r，无标度网络中的最大连通集团 $S(r,p)$ 作用与 p。（a）~（c）$\lambda=4.5$，其中，r=0.000 1（三角形），r=0.000 5（正方形）r=0.001 0 和（圆形）。（a）$\lambda=3.35$，其中，$p_c\approx 0.149$，r=0.000 1（三角形），r=0.000 5（正方形）和 r=0.001 0（圆形）。（b）$\lambda=2.8$，r=0.000 1（三角形），r=0.000 5（正方形）和 r=0.001 0（圆形）。（c）线和符号各表示数值和模拟的结果，其中虚线表示单个无标度网络。（d）在不同的 λ 下，$S(r,p_c)$ 作用与 r，数值和模拟结果分别用圆圈和方形表示。对模拟的结果我们选择社团大小为 $k_{\min}=2$，$k_{\max}=10^6$，$N_1=N_2=10^8$，$M_{\text{inter}}=N_1$，迭代 1 000 次

γ 描述在临界点附近的敏感度。

$$\left.\frac{\partial S(r,p)}{\partial r}\right|_r \sim |p-p_c|^{-\gamma} \tag{10-5}$$

我们首先测量 δ。对于随机网络社团，通过解析和模拟得到 δ=2[图 10-2（b）]，这与平均值场随机渗滤的已知值相同[51]。对于无标度网络社团，我们发现 δ 的值随 λ 变化，如图 10-3（d）所示。当 λ>4 时，在无限维中临界指数就是常规渗流的预期的平均场值，与随机网络社团的情况一致[55]。当 2<λ<3 时，无

标度网络在 $p \to 0$ 时发生跃迁，临界指数取决于 λ。当 3<λ<4 时，已知 $p_c > 0$，并且临界指数随 λ 的变化而变化[55]。通过分析和仿真，发现 δ 的值随 λ 变化，即对于 $\lambda = 3.35$，$\delta = 1.28$，对于 $\lambda = 2.8$，$\delta = 1.26$。

接下来检查磁化率的类似物，它具有式（10-5）中的比例关系。图 10-2（c）表示解析（左）和模拟（右）的结果，对于随机网络社团，发现当 $p < p_c$ 和 $p > p_c$ 时都为 $\gamma = 1$。考虑无标度网络社团的情况，我们发现 γ 取决于 λ，当 $\lambda = 4.5$ 时，$\gamma = 1$；当 $\lambda = 3.35$ 时，$\gamma = 0.8$；当 $\lambda = 2.8$ 时，$\gamma = 0.3$，如图 10-4 所示。

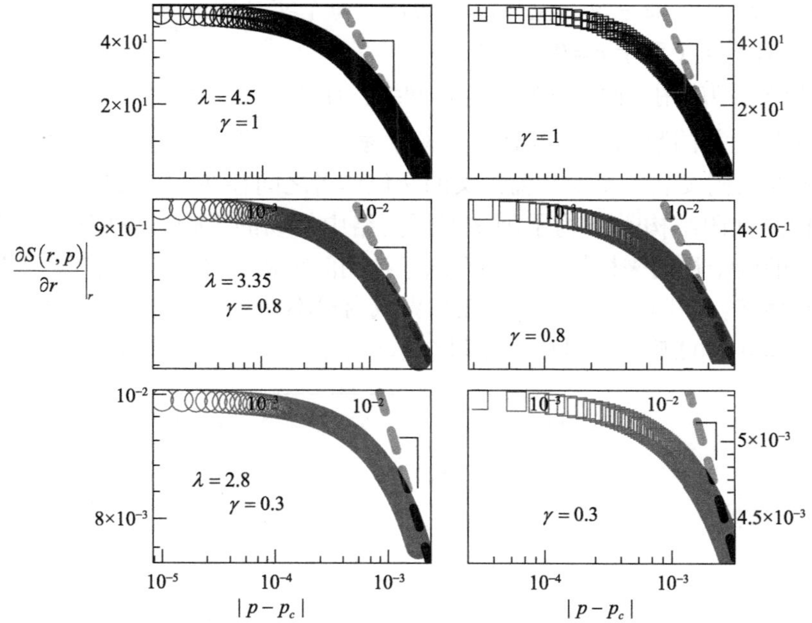

图 10-4　两个 SF 社团的 $\left.\frac{\partial S(r,p)}{\partial r}\right|_r$ 与 $|p-p_c|$ 的关系

$\left.\frac{\partial S(r,p)}{\partial r}\right|_r$ 作为 $|p-p_c|$ 的函数，其中，当 $\lambda = 4.5$ 时，r=0.000 1，当 $\lambda = 3.35$ 时，r=0.000 1，当 $\lambda = 2.8$ 时，r=0.000 5。左和右分别显示数值与仿真结果。虚线的斜率等于 $-\gamma$。对模拟的结果我们选择社团大小为 $k_{\min} = 2$，$k_{\max} = 10^6$，$N_1 = N_2 = 10^8$，$M_{\text{inter}} = N_1$，迭代 1 000 次

在测试指数之间的比例关系时，发现在单个网络 $(m=1)$ 中，在随机网络 $\beta = 1$ 的临界区域中，阶数参数遵循 $S \sim |p-p_c|^\beta$。在无标度网络中，发现当 $\lambda > 4$ 时，$\beta = 1$；当 $3 < \lambda < 4$ 时，$\beta = 1/(\lambda - 3)$；当 $2 < \lambda < 3$ 时，$\beta = 1/(3-\lambda)$[55]。上面发现的这些 β 值、δ 值和 γ 值在物理相变中满足众所周知的普遍比例关系[51]。

所有的相变情况可以通过临界指数集来描述。因为与许多热力学量相关，所

以这些临界指数不是独立的，可以用两个指数来表示[14, 51, 56]。接着，我们发现在模型中基于β、λ、δ和γ的标度假设对随机网络与无标度网络社团都有效。这一结论与 Widom 中的一致$\delta-1=Y/\beta$[14]。

现在，在两个真实的示例中测试我们的模型：(i)合著者协作网络$(dblp)$[57, 58]和(ii)由美国数学家的数学评论集合构建的合著数学科学家网络[58~60]。我们使用贪婪算法检测社团结构[61]，并使用相同的参数λ保持最大的两个社团。图 10-4 展示了当$\lambda=2.8,3.35$时实际网络社团的数值结果。我们发现，临界指数δ和γ与实际网络的理论结果一致。应该注意的是，每个实社团的p_c不相等，即每个实社团的p_c值不同（对于$r=0$）。

将外场模型应用于两个真实的合作网络：(i)合著者协作网络[57, 58]和(ii)由数学评论搜集的美国数据家的合著数学科学家网络[58~60]。在这两个网络中，节点都是作者在共同发表了至少一篇论文的两位作者之间存在一条无向边。使用贪婪算法来检测社团结构[61]。为了测试实际网络中外场的影响，我们选择具有相同幂率指数的两个社团来模拟外场。在两个社团间随机选择r部分节点，将r部分节点随机相连。如图 10-5 所示，在临界域内对不同λ的外场的临界指数。p_c的值由$S_{\text{cutoff}}=0.0001$确定，其中对于每个单独的社团，S小于或等于S_{cutoff}。

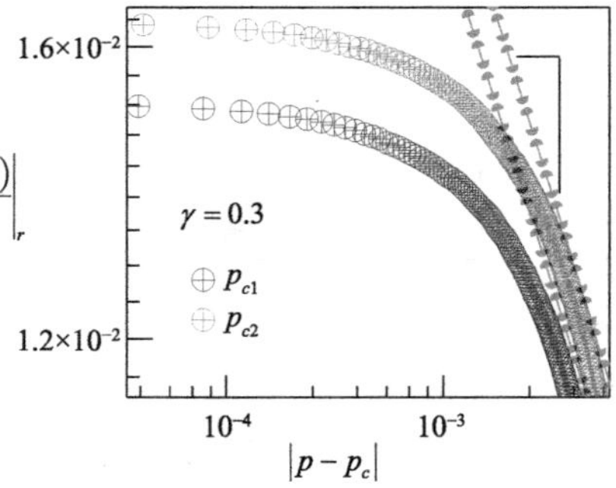

（a）

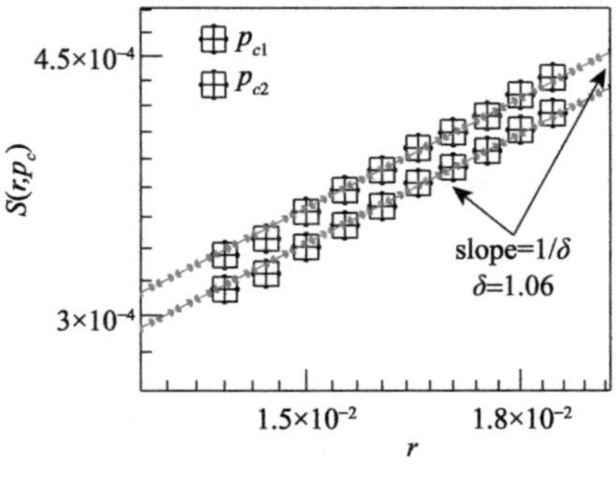

（b）

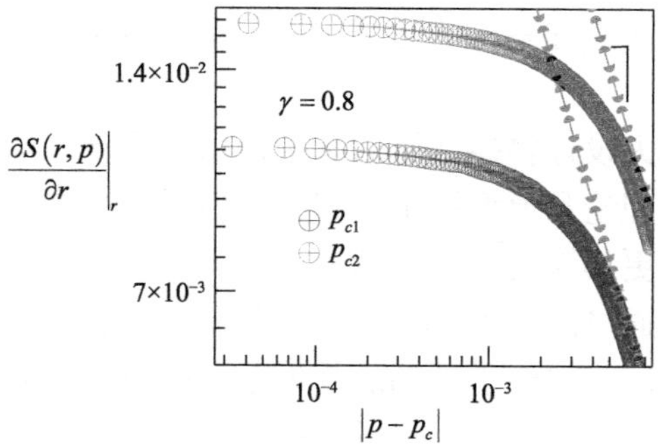

（c）

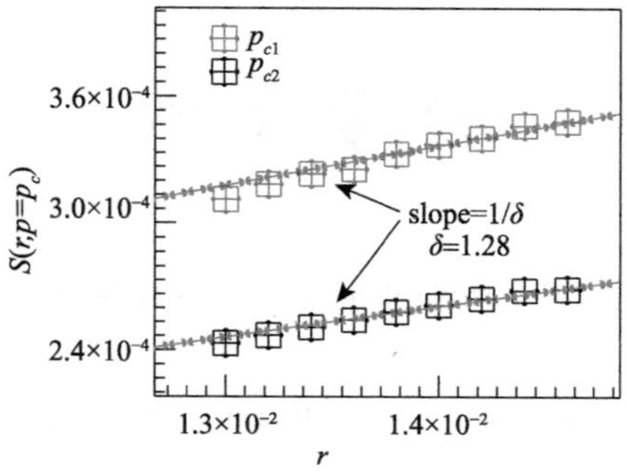

（d）

图 10-5　实际网络分析

实际网络四个不同社团的临界比例和指数，*dblp* 合著合作网络，$\lambda=2.8$，$M_{\text{inter}}=4\times10^5$［（a）和（b）］和数学科学家合著合作网络 λ=3.35，$M_{\text{inter}}=5\times10^5$［（c）和（d）］。［（a）和（b）］$\left.\frac{\partial S(r,p)}{\partial r}\right|_r$ 作用与 $|p-p_c|$，［（b）和（d）］$S(r,p_c)$ 作用与 r。虚线的斜率等于 $-\gamma$。每个网络迭代 2 000 次

10.4　本 章 小 结

本章介绍了一个具有社团结构作为外场的网络模型，通过解析和模拟来研究社团间部分节点相连的网络的恢复力。结果表明，增强部分节点间的耦合强度，网络更稳定。在某种意义上，启发揭示了为什么真正的系统在长期进化之后仍然能保持一个稳定和发展的状态。同时，基于 S、p 和 r，类似于总磁化量、温度和外场，通过定义不同的临界指数 δ 和 γ 来研究与外场间的比例关系。结果表明，对于具有泊松和 $\lambda>4$ 的幂率分布，临界指数类似于在有限维中常规渗流的平均场值。对于幂率分布的情况，结果表明 δ 和 γ 取决于 λ。此外，我们发现这些临

界指数在相变附近服从物理系统的通用比例关系。对于真实的社交网络，也发现了类似的结果。

本章的发现不但为设计鲁棒性好的系统提供了指导，而且对系统故障的本质做出了预测。本章的理论和模型提供了有关如何通过增加互连节点的数量以及预测其鲁棒性来使网络更具恢复力的理解。

此外，渗流理论通过定义外场的临界指数集得到扩展。我们的目标是激发进一步的理论分析，并确定类似于外场的其他系统的属性。而且我们的理论可以用来研究单个网络间社团的恢复力，也可以扩展到研究相互作用网络或多层网络的恢复力。

参考文献

[1] Watts D J, Strogatz S H. Collective dynamics of "small-world" networks. Nature, 1998, 393: 440-442.

[2] Barabási A L, Albert R. Emergence of scaling in random networks. Science, 1999, 286: 509-512.

[3] Cohen R, Havlin S. Complex Networks: Structure, Robustness and Function. Cambridge: Cambridge University Press, 2010.

[4] Newman M E J. Networks: An Introduction. Oxford: Oxford University Press, 2010.

[5] Boccaletti S, Latora V, Moreno Y, et al. Complex networks: structure and dynamics. Physics Reports, 2006, 424: 175-308.

[6] Fan J, Meng J, Ashkenazy Y, et al. Network analysis reveals strongly localized impacts of El Ni˜ no. Proceedings of the National Academy of Sciences, 2017, 114: 7543-7548.

[7] Boers N, Bookhagen B, Barbosa H M, et al. Prediction of extreme floods in the eastern central Andes based on a complex networks approach. Nature Communications, 2014, 5: 5199.

[8] Cohen R, Erez K, Ben-Avraham D, et al. Resilience of the internet to random breakdowns. Physical Review Letters, 2000, 85: 4626-4628.

[9] Gao J, Barzel B, Barabási A L. Universal resilience patterns in complex networks. Nature, 2016, 530: 307-312.

[10] Sokolov I. Dimensionalities and other geometric critical exponents in percolation theory. Soviet Physics Uspekhi, 1986, 29: 924-945.

[11] Coniglio A. Cluster structure near the percolation threshold. Journal of Physics A:

Mathematical and General，1982，15：3829-3844.

[12] Coniglio A，Nappi C R，Peruggi F，et al. Percolation points and critical point in the ising model. Journal of Physics A：Mathematical and General，1977，10：205-218.

[13] Stauffer D，Aharony A. Introduction to Percolation Theory. London：Taylor and Francis，1994.

[14] Bunde A，Havlin S. Fractals and Disordered Systems. Berlin：Springer Science & Business Media，2012.

[15] Saberi A A. Recent advances in percolation theory and its applications. Physics Reports，2015，578：1-32.

[16] Dorogovtsev S N，Goltsev A V，Mendes J F F. Critical phenomena in complex networks. Reviews of Modern Physics，2008，80：1275-1335.

[17] Dorogovtsev S N，Goltsev A V，Mendes J F F. Kcore organization of complex networks. Physical Review Letters，2006，96：040601.

[18] Liu Y Y，Csóka E，Zhou H，et al. Core percolation on complex networks. Physical Review Letters，2012，109：205703.

[19] Newman M E J，Strogatz S H，Watts D J. Random graphs with arbitrary degree distributions and their applications. Physical Review E，2001，64：026118.

[20] Brockmann D，Helbing D. The hidden geometry of complex，network-driven contagion phenomena. Science，2013，342：1337-1342.

[21] Hufnagel L，Brockmann D，Geisel T. Forecast and control of epidemics in a globalized world. Proceedings of the National Academy of Sciences，2004，101：15124-15129.

[22] Dorogovtsev S N，Goltsev A V，Mendes J F F. Ising model on networks with an arbitrary distribution of connections. Physical Review E，2002，66：016104.

[23] Bollobás B. Random Graphs. Cambridge：Cambridge University Press，2001.

[24] Achlioptas D，D'souza R M，Spencer J. Explosive percolation in random networks. Science，2009，323：1453-1455.

[25] Riordan O，Warnke L. Explosive percolation is continuous. Science，2001，333：322-324.

[26] Cho Y S，Hwang S，Herrmann H J，et al. Avoiding a spanning cluster in percolation models. Science，2013，339：1185-1187.

[27] Buldyrev S V，Parshani R，Paul G，et al. Catastrophic cascade of failures in interdependent networks. Nature，2010，464：1025-1028.

[28] Gao J，Buldyrev S V，Stanley H E，et al. Networks formed from interdependent networks. Nature Physics，2012，8：40-48.

[29] Yuan X，Hu Y，Stanley H E，et al. Eradicating catastrophic collapse in inter-dependent networks via reinforced nodes. Proceedings of the National Academy of Sciences，2017，

114：3311-3315.

[30] Kivelä M，Arenas A，Barthelemy M，et al. Multilayer networks. Journal of Complex Networks，2014，2：203-271.

[31] Boccaletti S，Bianconi G，Criado R，et al. The structure and dynamics of multilayer networks. Physics Reports，2014，544：1-122.

[32] Shekhtman L M，Danziger M M，Havlin S. Recent advances on failure and recovery in networks of networks. Chaos，Solitons and Fractals，2016，90：28-36.

[33] Reis S D，Hu Y，Babino A，et al. Avoiding catastrophic failure in correlated networks of networks. Nature Physics，2014，10：762-767.

[34] Gao J，Liu X，Li D，et al. Recent progress on the resilience of complex networks. Energies，2015，8：12187-12210.

[35] Leicht E A，D'Souza R M. Percolation on interacting networks. arXiv Preprint arXiv：0907. 0894，2009.

[36] Wang H，Li Q，D'Agostino G，et al. Effect of the interconnected network structure on the epidemic threshold. Physical Review E，2013，88：022801.

[37] Radicchi F，Arenas A. Abrupt transition in the structural formation of interconnected networks. Nature Physics，2013，9：717-720.

[38] Meunier D，Lambiotte R，Bullmore E T. Modular and hierarchically modular organization of brain networks. Frontiers in Neuroscience，2010，4：200.

[39] Stam C J，Hillebrand A，Wang H，et al. Emergence of modular structure in a large-scale brain network with interactions between dynamics and connectivity. Frontiers in Computational Neuroscience，2010，4：133.

[40] Morone F，Roth K，Min B，et al. Model of brain activation predicts the neural collective influence map of the brain. Proceedings of the National Academy of Sciences，2017，114：3849-3854.

[41] Guimerà R，Mossa S，Turtschi A，et al. The worldwide air transportation network：anomalous centrality，community structure，and cities' global roles. Proceedings of the National Academy of Sciences，2005，102：7794-7799.

[42] Eriksen K A，Simonsen I，Maslov S，et al. Modularity and extreme edges of the internet. Physical Review Letters，2003，90：148701.

[43] Girvan M，Newman M E J. Community structure in social and biological networks. Proceedings of the National Academy of Sciences，2002，99：7821-7826.

[44] Liu D，Blenn N，van Mieghem P. A social network model exhibiting tunable overlapping community structure. Procedia Computer Science，2012，9：1400-1409.

[45] Thiemann C，Theis F，Grady D，et al. The structure of borders in a small world. PLoS

One，2010，5：e15422.

[46] Lancichinetti A，Fortunato S，Kertész J. Detecting the overlapping and hierarchical community structure in complex networks. New Journal of Physics，2009，11：033015.

[47] Onnela J P，Saramäki J，Hyvönen J，et al. Structure and tie strengths in mobile communication networks. Proceedings of the National Academy of Sciences，2007，104：7332-7336.

[48] González M C，Herrmann H J，Kertész J，et al. Community structure and ethnic preferences in school friendship networks. Physica A：Statistical Mechanics and its Applications，2007，379：307-316.

[49] Mucha P J，Richardson T，Macon K，et al. Community structure in time-dependent，multiscale，and multiplex networks. Science，2010，328：876-878.

[50] Gladwell M. The Tipping Point：How Little Things Can Make a Big Difference. New York：Oversea Publishing House，2006.

[51] Stanley H E. Phase Transitions and Critical Phenomena. Oxford：Clarendon，1971.

[52] Huang K. Introduction to Statistical Physics. New York：Chapman and Hall，2009.

[53] Reynolds P J，Stanley H E，Klein W. Ghost fields，pair connectedness，and scaling：exact results in one-dimensional percolation. Journal of Physics A：Mathematical and General，1977，10：203-209.

[54] Erdös P，Rényi A. On the evolution of random graphs. Publication of the Mathematical Institue of the Hungarian Academy of Sciences，1960，5：17-60.

[55] Cohen R，Ben-Avraham D，Havlin S. Percolation critical exponents in scale-free networks. Physical Review E，2002，66：036113.

[56] Domb C，Lebowitz J L. Phase Transitions and Critical Phenomena. New York：Academic Press，2000.

[57] Yang J，Leskovec J. Defining and evaluating network communities based on ground-truth. Knowledge and Information Systems，2015，42：181-213.

[58] Rossi R A，Ahmed N K. The network data repository with interactive graph analytics and visualization//Proceedings of the Twenty-Ninth AAAI Conference on Artificial Intelligence 2015，2015：4292-4293.

[59] Castellano C，Pastor-Satorras R. Relating topological determinants of complex networks to their spectral properties：structural and dynamical effects. Physical Review，2017，X7：041024.

[60] Radicchi F，Castellano C. Breaking of the site-bond percolation universality in networks. Nature Communications，2015，6：10196.

[61] Clauset A，Newman M E J，Moore C. Finding community structure in very large networks. Physical Review E，2004，70：066111.

第 11 章　市场受冲击时的市场普适性规律

原油价格的时间序列可以描述原油市场波动的行为轨迹，原油价格的波动已引起研究人员、投资者与政策制定者的广泛和持续关注。原油价格波动的变化会严重影响生产者和消费者的决策与预防行为[1，2]。我们可以从时间序列中获得大量有价值的信息。最近，复杂网络理论被广泛应用于分析和挖掘时间序列。2008 年，Lacasa 等[3]提出了一种简单而有效的算法，可以从独特的角度将时间序列映射到网络，即可见图算法。在该算法中，时间序列中的波动值看作网络中的节点，并且通过特定条件来确定节点所连的边。标量时间序列点成功映射到网络节点，如果节点对应的点满足设定条件，则它们将相互连接。通过对时间序列的深入研究，Luque 等[4]开发了基于可见性算法的水平可见性图，该算法更方便，统计更少。可见图算法已经成为一种基于时间序列数据检测真实复杂系统动态行为的有效算法[5~10]。最近，Zhou 等 [11]提出了一个可见图，扩展了可见图的有限渗透率，并表明有限穿透可视图（limited penetrable visibility graph，LPVG）具有良好的抗噪性，特别是对于分析噪声污染信号。此外，Gao 等[12]分析了非线性时间序列。从具有不同拓扑结构的复杂网络的角度出发，他们提出了一种具有多尺度有限可穿透性的新型水平可见图。他们的结果[3~9，11]都表明，具有不同拓扑结构的网络，包括随机网络、无标度网络、随机规则网络，都可以很好地反映随机和混沌时间序列的特征。通过上述算法，可以分析变换后的网络拓扑结构特征，并且可以获得非线性时间序列性质。

这些方法已应用于金融危机[13]、能源[14]、原油[15]等。除了这些模型，社区结构在许多真实网络中很常见，包括基础设施网络[16，17]、社交网络[18]和其他的一些网络[19，20]。社团内部联系比社团之间的联系更加紧密，而这一特征引起了特别的关注[18，21]。参考文献[18，22~26]提出了不同的检测社团结构的方法，如流量模型、中心度量、随机游走、优化等。以前的研究结果[16，17，20，27]提出全局网络与社团结构的统计学特征并不一致。除了这些主要研究外，这些网络的一个重要现实特征是通常只有少数顶点是互连节点。Dong 等[28]表明社团结构可以显著影响系统的恢复力，在该系统中消除了单个网络中的相变并且网络在此相变点处依旧有效。Fan 等[29]在此基础上进一步研究了相互关联的空间嵌入式网络。他们基于最大联通集团的大小S、攻击强度$1-p$和相互连接节点比例r，通过定义两种不同的关键指数δ和γ来确定控制网络恢复力的比例关系，分别类似于遵循一般化比例关系 Widom 普适律的在临界点附近的宏观磁化、温度和外场。

这里，我们利用可见图算法将原油价格时间序列转换为单个价格网络以及具有社团结构的价格网络。以随机攻击来模拟金融危机等对原油价格市场的冲击，以网络的最大连通集团来刻画价格市场的稳定性。在第一节中，介绍了将现货和期货价格时间序列分别转换为单个的现货和期货价格网络，并确定出网络的最大连通集团$S(p)$与冲击强度 p 之间的关系，以及在临界冲击强度附近$S(p)$的变化情况。在第二节中，则是将现货和期货价格看作整个价格网络的两个社团，并各自随机选取 r 部分的节点来模拟现货和期货之间的关系，同时研究在临界点处以及连接冲击强度附近，最大连通集团$S(r,p)$的变化情况。

11.1　单个原油价格网络

11.1.1　可视图理论分析

根据文献[3]，我们可以知道一个时间序列中的两个时刻T_a、T_b，若存在（T_a、T_b）时间内任意一个时刻T_c，满足

$$P_c < P_a + \left(P_b - P_a\right)\frac{T_c - T_a}{T_b - T_a} \tag{11-1}$$

则这两个数据值$\left(T_a,P_a\right)$和$\left(T_b,P_b\right)$可视，也就是说，在相关网络中，这两个点之间存在连边。这里，P_a、P_b、P_c分别为这三个时刻对应的数值。运用到我们的原油价格时间序列中，我们就可以建立出以原油价格为节点，满足式（11-1）关系的边的原油价格网络。根据从能源信息局获取的原油现货和期货价格的数据，我们分别得到从 1986 年 1 月 2 日到 2018 年 9 月 27 日的原油现货价格和从 1983 年 4 月 4 日到 2018 年 9 月 18 日的原油期货价格。图 11-1（a）和图 11-1（b）分别是与之对应的原油现货和期货价格的时间序列。根据图 11-1（a）中的数据及式（11-1），可以建立与之相对应的原油现货价格网络，其中共有 8 249 个点和 60 135 条边。同样的，根据现有的数据可以建立出一个有 8 210 个点和 60 150 条边的原油期货价格网络。

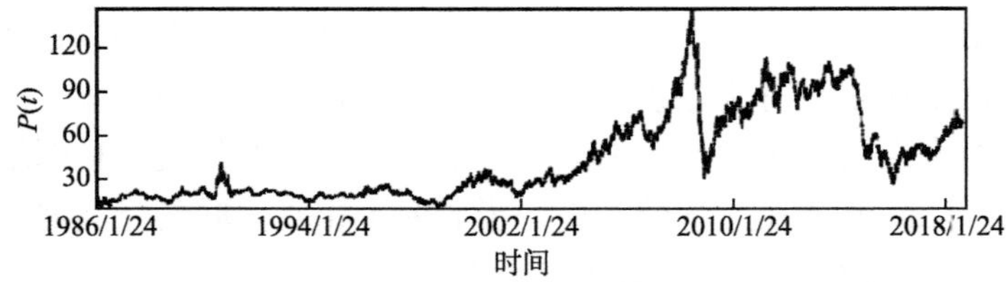

（a）原油现货价格

（b）原油期货价格

图 11-1　原油价格时间序列

11.1.2　单个价格网络分析

对这两个网络进行进一步分析，我们可以得到如图 11-2 所示的网络度分布 $p(k)$，可以看到这两个度分布都满足幂律指数 $\lambda = 2.8$ 的幂律分布，$p(k) \sim ck^{-\lambda}$，其中 c 是归一化因数。无标度网络的直径 d（节点间的平均路长）满足 $d \sim \ln\ln N$ [30]，由原油现货和期货这两个价格网络的节点数可知其节点间的平均路长均为 2.19。因此当这两个价格网络中的某一节点受到攻击后，必然会迅速影响到其他节点，也就是说当原油价格市场在某一时刻受到金融危机或全球资源结构转型所带来的冲击后，这一冲击会迅速蔓延到其他时刻，从而导致更强烈的市场动荡。

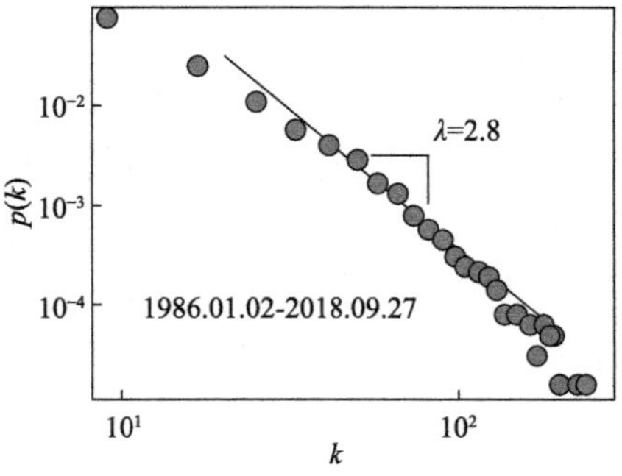

（a）原油现货价格网络

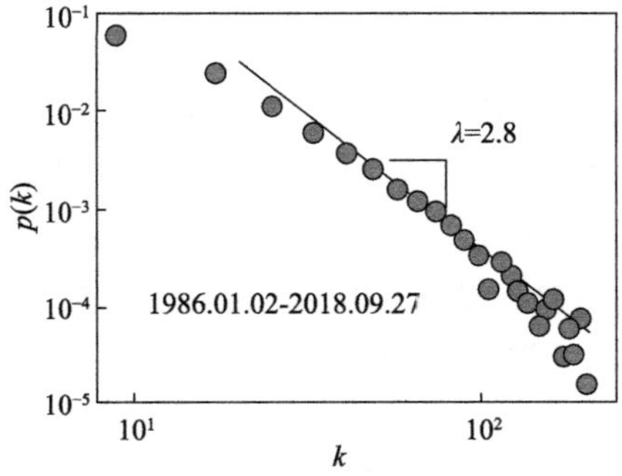

（b）原油期货价格网络

图 11-2　单个价格网络度分布

原油价格遭受攻击，从而导致价格网络中某些节点间的连边消失，最终节点失效。为了模拟这一现象，我们假设$1-p$为随机攻击强度，即价格网络中随机失效的节点比例，以剩余网络中最大连通集团比例$S(p)$（强相关联结构）来刻画价格网络的稳定程度。如图 11-3（a）所示，曲线表示随机攻击后现货价格网络剩余节点 p 与最大连通集团 S 的关系。图 11-3（b）展示了在期货价格网络中的类似结果。对于不同的冲击情况，我们假设不同的 S_{cutoff} 来区分网络是否处于稳定状态。当最大连通集团的大小 S 小于设定的数值 S_{cutoff} 之后，我们就认为这个网络崩溃，即价格市场发生强烈动荡，此时与 S_{cutoff} 相对应的 p 值就是 p_c 值。由于原油价格波动的变化会严重影响生产者和消费者的决策、预防行为，故而我们需要研究在临界点附近 S 的变化，以确保价格网络处于稳定状态。例如，当我们设定 $S_{\text{cutoff}}=0.002$ 时，则这里现货价格网络的 S 所对应的 p 值为 0.000 14 [图 11-3（a）中的圆点]，当攻击强度$1-p$大于 0.000 14 时，我们就可以认为这个现货价格网络崩塌，这个 p 值就是网络连通状态的阈值，我们设定为 p_c。同样的期货价格网络也可以根据 S_{cutoff} 来确定自己的临界阈值，当 $S_{\text{cutoff}}=0.002$ 时，$p_c=0.000\,15$ [图 11-3（b）中的圆点]。对于单个无标度网络[31]有序参数满足 $S\sim(p-p_c)^{\beta}$，同时当 $2<\lambda<3$ 时，$\beta=\dfrac{1}{3-\lambda}$。可以发现，临界指数 β 与网络的度分布无关，故而只要我们确定了单个网络的幂律指数就可以确定在临界点附近最大连通集团的变化情况。对于单个现货（或单个期货）价格网络的幂律指数为 $\lambda=2.8$，可以得 $\beta=5$[31]。根据指数 β，可以直观地得到在临界点处最大连通集团的变化情况，从而判断网络的稳定性。由于 β 只与网络的幂律指数相关，根据原有的数据，我们无法改变网络的拓扑结构，从而对原油市场价格变化做出及时的反馈。因此，需要对单个的现货价格网络和期货价格网络做出适当的调整。

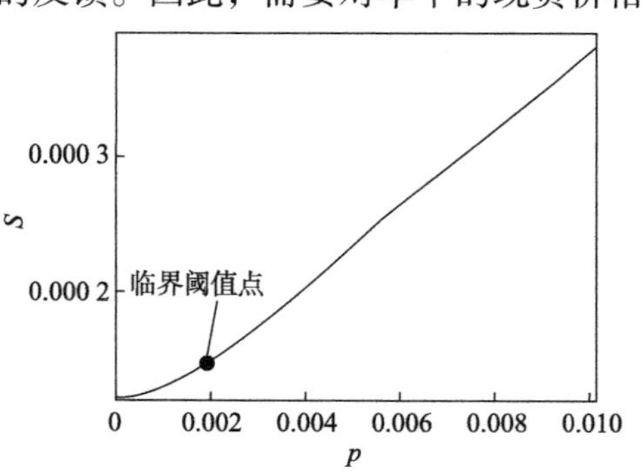

（a）原油现货价格网络

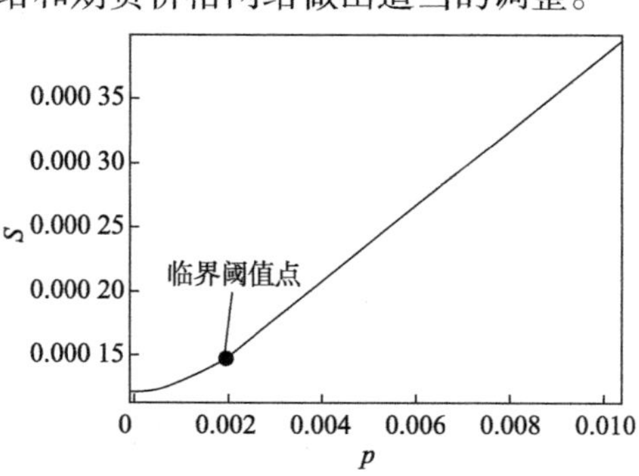

（b）原油期货价格网络

图 11-3　最大连通集团 S 与 p 的函数关系（一）

11.2 具有社团结构的原油价格网络

11.2.1 以社团结构相连的价格网络

11.1 中，我们把原油的现货和期货看作两个单个价格网络，但实际中现货和期货价格之间存在一定的关联性。迄今为止，已经由许多学者运用不同的方法来研究这两种价格之间的关系[32~34]。这里，把现货和期货价格分别看作一个网络中的两个社团，在每个社团中各自随机选择 r 部分的节点来作为相互连接的节点。为了模拟社团间的相互联系，在社团间随机增加 M_{inter} 条边。

与 11.1 中做相同的处理，对整个价格网络随机移除 $1-p$ 部分节点，再统计剩余网络中每个社团的最大连通集团 S。如图 11-4 所示，细线分别是单个现货价格网络最大连通集团 S 的模拟结果和解析结果，粗线是在具有社团结构的网络中现货价格社团的解析和模拟的结果，其中社团间相互连接节点的比例 $r=0.021$，而虚线则是在相同情况下当 $r=0.051$ 时所对应的 S 的解析和模拟结果。可以发现，在相同的攻击强度下，具有社团结构的价格网络的最大连通集团 S 的值比单个价格网络的 S 值更大。也就是说，在相同冲击下具有社团结构的原油价格网络可以更好地抵抗金融危机带来的影响，具有更强的鲁棒性。同时，比较社团间相互连接节点的比例，可以发现当 $r=0.051$ 时比当 $r=0.021$ 时鲁棒性更好，即相互连接节点比例是影响原油价格网络的一个重要因素，连接节点的比例越多价格网络越稳定。

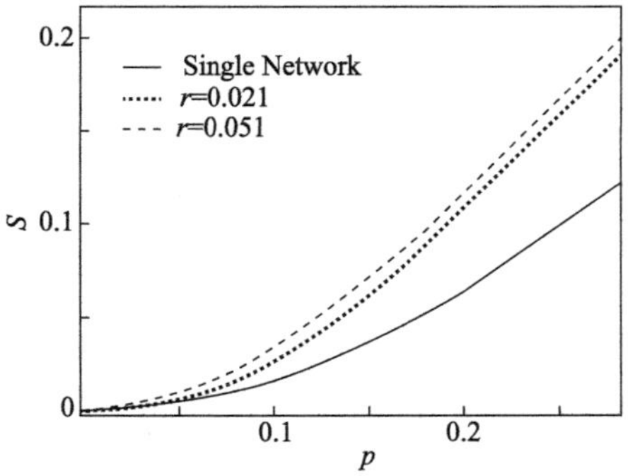

图 11-4 最大连通集团 S 与 p 的函数关系（二）

（细线）单个价格网络的最大连通集团大小与 p 的函数关系。（粗线和虚线）分别有 $r=0.021$ 和 $r=0.051$ 部分相互连接节点的价格网络的最大连通集团大小和 p 的函数关系。参数为 $N_1=8\,245$ ， $N_1=8\,210$ ， $\lambda_1=\lambda_2=2.8$ ， $M_{\text{inter}}=50\,000$ 。模拟结果平均超过 10^4 次

11.2.2　临界点处价格网络的变化情况

我们研究在临界攻击强度附近网络最大连通集团的变化情况，以此确定价格网络始终处于稳定状态的条件，为生产者和消费者提供及时的信息反馈，避免原油市场波动带来的不利影响。对价格单个网络而言，根据 11.1.2 可以知道临界冲击强度附近的最大连通集团的大小与冲击强度和临界冲击强度成标度关系 $S \sim (p-p_c)^{\beta}$。对于具有 r 部分节点相互连接的社团网络，我们所要研究的就是 $S(r,p)$、p 和 r 在临界点附近的关系。对于 r 部分节点间的随机边，设定 $M_{\text{inter}}=50\,000$。在图 11-4 的基础上，对相互连接节点的比例 r 取不同的数值，并求出在单个网络临界冲击强度 p_c 处价格网络的最大连通集团的大小 $S(r,p_c)$。如图 11-5（a）所示，在 $S_{\text{cutoff}}=0.002$ 的条件下，可以看到在单个现货价格网络的临界冲击强度 p_{c1}、p_{c2} 处，最大连通集团 S 均与 r 呈现相同的标度关系，即 $S(r,p_c) \sim r^{1/\delta}$，其中 $\delta=1.3$，这与文献[29]中的结论相符合。也就是说，在相同冲击强度下，现货价格社团与期货价格社团相互连接节点的比例 r 越大，网络的最大连通集团的比例 S 越大，即网络越稳定，这与图 11-4 中得到的结论一致。同时，在单个网络的临界冲击强度处，只要确定了两个价格社团间相互连接节点的比例 r，根据 S 与 r 的关系，即可确定最大连通集团 S 的变化情况。类似的，当将 S_{cutoff} 设定为 0.003 时，也可以得到相同的 $S(r,p_c)$ 与 r 的比例关系[图 11-5（b）]。

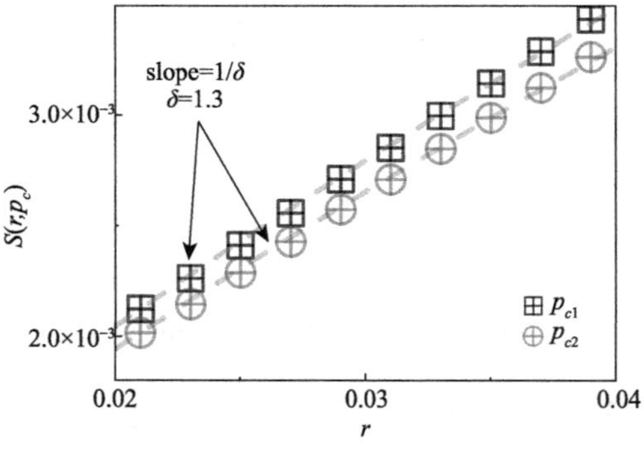

（a）$S_{\text{cutoff}}=0.002$

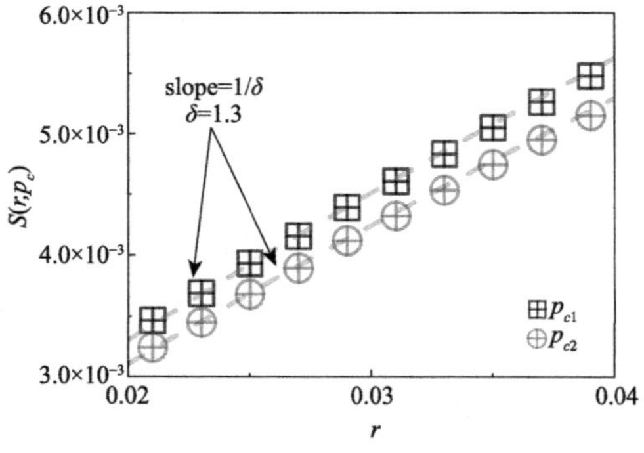

（b）$S_{\text{cutoff}}=0.003$

图 11-5　最大连通集团 $S(r,p_c)$ 与 r 的函数关系

参数为 $N_1=8\,245$，$N_2=8\,210$，$\lambda_1=\lambda_2=2.8$，$M_{\text{inter}}=50\,000$。模拟结果平均超过 10^4 次

图 11-5 研究了在临界冲击强度处，价格网络的最大连通集团 S 与社团间连接节点比例 r 的关系。此外，类比单个价格网络的最大连通集团在 p_c 点附近的变化情况，对于具有社团结构的网络也做同样的讨论。与图 11-5（a）和图 11-5（b）中

S_{cutoff} 的取值相同，先讨论当 S_{cutoff} =0.002 时的情况。这里两社团间相互连接节点的比例取 r=0.021。研究最大连通集团 S 在临界冲击强度附近的变化率，也就是当 r=0.021 时对应的价格网络的最大连通集团 S 与当 r=0 时对应的价格网络的最大连通集团 S 这两个点之间的斜率。从图 11-6（a）中可以看到，分别在两个单个网络的临界冲击强度附近，最大连通集团 $S(r,p)$ 的变化率随冲击强度 $1-p$ 值增大而减小，且变化越来越明显。同时两个 S 变化率切线的斜率相互平行，即 $\left.\frac{\partial S(r,p)}{\partial r}\right|_r$ 与 $|p-p_c|$ 呈现相同的标度关系，标度指数都是 $-\gamma$，$\gamma=1.5$。对于价格网络，在临界冲击强度附近，p 值越接近 p_c，其最大连通集团 $S(r,p)$ 与单个价格网络的最大连通集团 $S(p)$ 的差值越大，且差值增大的幅度也越大。也就是说，在 $1-p_c$ 的冲击强度下，单个价格网络已经崩溃，而这时具有社团的价格网络依旧保持较好的连通性，而随着冲击强度的增加，网络的稳定性逐渐减弱，同时减弱的幅度越来越小。同样的，在图 11-6（b）中，当 $S_{\text{cutoff}}=0.003$ 时，可以得到相同的结论。

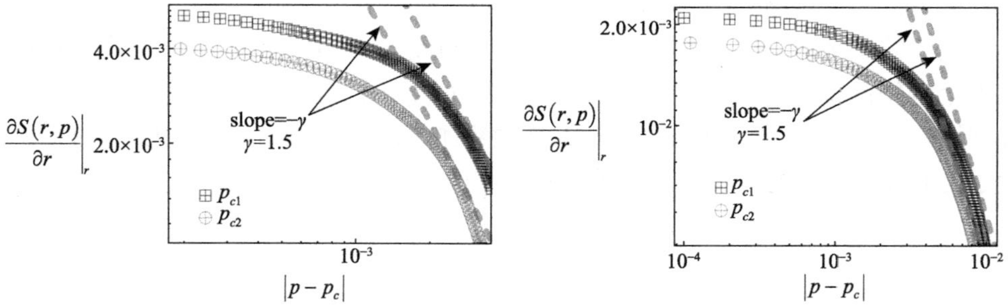

（a）$S_{\text{cutoff}}=0.002$ （b）$S_{\text{cutoff}}=0.003$

图 11-6 $\left.\frac{\partial S(r,p)}{\partial r}\right|_r$ 和 $|p-p_c|$ 的函数关系

参数为 $N_1=8\,245$，$N_2=8\,210$，$\lambda_1=\lambda_2=2.8$，$M_{\text{inter}}=50\,000$。模拟结果平均超过 10^4 次

根据上述分析，发现这三个指数 δ、β 和 γ 满足 Widom 普适律 $\delta-1=\beta/\gamma$ [35]，这一结果与文献[28，29]中的结论相一致。对应到价格网络中，也就是说具有社团结构的价格网络在临界冲击强度处的最大连通集团 $S(r,p_c)$ 与单个价格网络在临界点附近 S 的变化情况以及具有社团结构的价格网络在临界点附近 S 的变化率存在一定的等量关系。由于原油价格的波动将显著影响相关人员的决策和预防行为，当价格市场遭受蓄意攻击或金融危机时，有序价格体系被打破，当达到临界状态时引起价格市场的强烈波动，而这将导致大规模的恐慌。这里，我们发现在临界状态处三个标度指数之间存在一个重要的比例关系，而这个比例关系可以用

来模拟和预测在受到不同时刻的金融危机的冲击后不同价格之间的关系，为生产者和消费者提供及时的预警作用。

11.3　本章小结

在本章中，我们将时间序列转换为相对应的复杂网络，用可视图法研究在临界冲击强度及其附近处单个价格网络和具有社团价格网络最大连通集团的变化情况。单个现货和期货价格网络都显示出无标度网络的特征，幂律指数为 2.8，且网络的平均路长均为 2.19。对于单个现货价格或期货价格网络，当网络的最大连通集团 $S(p)$ 小于设定的 S_{cutoff} 数值时，设定此时的网络处于不稳定状态，对应的 p 值就是临界冲击强度 p_c。在其临界点处，$S(p)$ 与 $|p-p_c|$ 存在标度关系，标度指数 $\beta=5$。在将现货和期货价格看作以 M_{inter} 条随机边相连的两个社团的价格网络中，其在单个网络临界冲击强度处的最大连通集团 $S(r,p_c)$ 与两个社团间相互连接的节点的比例 r 呈现标度关系，标度指数为 $1/\delta$，$\delta=1.3$。同时具有两个社团的价格网络比单个价格网络具有更好的稳定性，这一稳定性随相互连接节点比例 r 值的增大而增大。在 p_c 附近处具有两个社团的价格网络的 $S(r,p)$ 的变化率随着 p 值的增大而减小，且这一变化率与 $|p-p_c|$ 也呈现出标度关系，标度指数为 $-\gamma$，$\gamma=1.5$。这三个指数 δ、β 和 γ 满足普遍规律，$\delta-1=\beta/\gamma$。原油价格波动对决策者和消费者都很重要，因为它不仅影响原油投资、证券风险投资，还对消费者福利产生影响。现有的研究多是基于格兰杰因果检验的方法来确定现货和期货之间的非线性关系。这里基于复杂网络的方法，确定出了在临界冲击强度附近三个标度指数之间存在普适性关系，以此来确定临界冲击强度对价格网络最大连通集团的影响，以及价格网络稳定的条件，从而做出及时的调整，以减少价格波动带来的影响。

为减少价格波动带来的影响，我国应建设好自己的原油期货市场。利用本章的原油市场遭受冲击时的普适性规律建立动态预警机制，促进现货与期货市场的稳定发展，形成反映国内原油供求状况的成品油价格机制，从根本上改变现有的原油价格网络，从而改变价格网络节点间的平均路长，减少价格波动带来的一系列影响。基于上述三个标度指数之间的普适性规律，为国内石油石化企业提供保值避险手段。根据原油价格网络在临界冲击强度附近的稳定性情况，确定出价格网络可受冲击强度的范围，为企业经营创造一个原油价格稳定的环境以保证企业经营活动的平稳运行。

参考文献

[1] Lin B Q, Li J L. The spillover effects across natural gas and oil markets: based on the VEC-MGARCH framework. Applied Energy, 2015, 155: 229-241.

[2] Charles A, Darne O. Volatility persistence in crude oil markets. Energy Policy, 2014, 65: 729-742.

[3] Lacasa L, Luque B, Bllesteros F, et al. From time series to complex networks: the visibility graph. Proceedings of the National Academy of Sciences of the United States of America, 2008, 105 (13): 4972-4975.

[4] Luque B, Lacasa L, Ballesteros F, et al. Horizontal visibility graphs: exact results for random time series. Physical Review. E, Statistical, Nonlinear, and Soft Matter Physics, 2009, 80 (4): 1-11.

[5] Lacasa L, Toral R. Description of stochastic and chaotic series using visibility graphs. Physical Review. E, Statistical, Nonlinear, and Soft Matter Physics, 2010, 82 (3): 036120.

[6] Luque B, Lacasa L, Ballesteros F J, et al. Feigenbaum graphs: a complex network perspective of chaos. PLoS One, 2011, 6 (9): e22411.

[7] Gao X, An H, Fang W, et al. Characteristics of the transmission of autoregressive sub-patterns in financial time series. Scientific Reports, 2014, 4: 6290.

[8] Lucas L, Vincenzo N, Vito L. Network structure of multivariate time series. Scientific Reports, 2015, 5: 15508.

[9] Tang J J, Liu F, Zhang S, et al. Exploring dynamic property of traffic flow time series in multi-states based on complex networks: phase space reconstruction versus visibility graph. Physica A, 2016, 450: 635-648.

[10] Wang M, Vilela A L M, Du R, et al. Exact results of the limited penetrable horizontal visibility graph associated to random time series and its application. Scientific Reports, 2018, 8 (1): 5130.

[11] Zhou T T, Jin N D, Gao Z K, et al. Limited penetrable visibility graph for establishing complex network from time series. Acta Physica Sinica, 2012, 61 (3): 030506.

[12] Gao Z K, Cai Q, Yang Y X, et al. Multiscale limited penetrable horizontal visibility graph for analyzing nonlinear time series. Scientific Reports, 2016, 6: 1-7.

[13] Liu C, Arunkumar N. Risk prediction and evaluation of transnational transmission of financial crisis based on complex network. Cluster Computing, 2019, 22 (2): 4307-4313.

[14] Chen B, Li J S, Wu X F, et al. Global energy flows embodied in international trade: a combi-nation of environmentally extended input coutput analysis and complex network analysis. Applied Energy, 2018, 210: 98-107.

[15] Wang M, Zhao L, Du R, et al. A novel hybrid method of forecasting crude oil prices using complex network science and artificial intelligence algorithms. Applied Energy, 2018, 220: 480-495.

[16] Guimera R, Mossa S, Turtschi A, et al. The worldwide air transportation net-work: anomalous centrality, community structure, and cities global roles. Proceedings of the National Academy of Sciences, 2005, 102（22）: 7794-7799.

[17] Eriksen K A, Simonsen I, Maslov S, et al. Modularity and extreme edges of the internet. Physical Review Letters, 2003, 90（14）: 148701.

[18] Girvan M, Newman M E J. Community structure in social and biological networks. Proceeding of the Nation Academy of Sciences, 2002, 99（12）: 7821-7826.

[19] Lancichinetti A, Fortunato S, Kertsz J. Detecting the overlapping and hierarchical community structure in complex networks. New Journal of Physics, 2009, 11（3）: 033015.

[20] Mucha P J, Richardson T, Macon K, et al. Community structure in time-dependent, multiscale, and multiplex networks. Science, 2010, 328（5980）: 876-878.

[21] Newman M E. Detecting community structure in networks. The European Physical Journal B, 2004, 38（2）: 321-330.

[22] Palla G, Derényi I, Farkas I, et al. Uncovering the overlapping community structure of complex networks in nature and society. Nature, 2005, 435（7043）: 814.

[23] Krause A E, Frank K A, Mason D M, et al. Compartments revealed in food-web structure. Nature, 2003, 426（6964）: 282.

[24] Fortunato S, Latora V, Marchiori M. Method to find community structures based on information centrality. Physical Review E, 2004, 70（5）: 056104.

[25] Reichardt J, Bornholdt S. Detecting fuzzy community structures in complex networks with a Potts model. Physical Review Letters, 2004, 93（21）: 218701.

[26] Newman M E. Modularity and community structure in networks. Proceedings of the National Academy of Sciences, 2006, 103（23）: 8577-8582.

[27] Onnela J P, Saramäki J, Hyvönen J, et al. Structure and tie strengths in mobile communication networks. Proceedings of the National Academy of Sciences, 2007, 104（18）: 7332-7336.

[28] Dong G, Fan J, Shekhtman L M, et al. Resilience of networks with community structure behaves as if under an external field. Proceedings of the National Academy of Sciences, 2018, 115（27）: 6911-6915.

[29] Fan J, Dong G, Shekhtman L M, et al. Structural resilience of spatial networks with inter-links behaving as an external field. New Journal of Physics, 2018, 20 (9): 093003.

[30] Cohen R, Havlin S. Scale-free networks are ultrasmall. Physical Review Letters, 2003, 90 (5): 4.

[31] Cohen R, Ben-Avraham D, Havlin S. Percolation critical exponents in scale-free networks. Physical Review. E, Statistical, Nonlinear, and Soft Matter Physics, 2002, 66 (3): 1-4.

[32] Zhang X, Yu L, Wang S, et al. Estimating the impact of extreme events on crude oil price: an EMD-based event analysis method. Energy Economics, 2009, 31 (5): 768-778.

[33] Bekiros S D, Diks C G H. The relationship between crude oil spot and futures prices: cointegration, linear and nonlinear causality. Energy Economics, 2008, 30 (5): 2673-2685.

[34] Zhang X, Lai K K, Wang S Y. A new approach for crude oil price analysis based on empirical mode decomposition. Energy Economics, 2008, 30 (3): 905-918.

[35] Bunde A, Havlin S. Fractals and Disordered Systems. Berlin: Springer Science and Business Media, 2012.

第 12 章　绿色出行下的阈值规律

随着全球油价、碳排放、交通拥堵等问题的日益突出，世界各地的政府都在探索可以吸引城市居民使用公共交通工具的方法。DeMaio[1]指出："随着燃料价格的上涨，交通拥堵的加剧，人口的增长以及全球范围内对气候变化意识的增强，世界各地的领导人有必要寻找新的运输方式来更好地适应现有模式，以更加环保，高效和经济可行的方式来调动人们。自行车共享正在迅速发展，以适应 21 世纪的需求。"与私家车相比，自行车被认为是一种安静、快速、健康、无排放、平等且节省空间的交通工具[2, 3]。

共享单车于 1965 年在欧洲启动，自那时起，共享单车计划在全球范围内呈指数增长。目前，共享单车在欧洲、亚洲及北美和南美都存在。截至 2011 年 3 月，全球大约有 160 个城市开展了 130 多个自行车共享计划，共有 235 000 多辆共享自行车。当前，许多城市正在探索将自行车共享计划与全市范围的交通无缝连接的方法。自行车在大街上的存在增加了公众对骑自行车作为一种可行且便捷的交通方式的认识[4]。一些城市指出，在实施自行车共享计划后，自行车运动有所增加。例如，在 Vélo'v 成立的第一年，Lyon 的自行车使用量增长了 44%[5]。迄今为止，对共享自行车研究最多是有关站点中自行车库存水平的重新平衡。该主题可以分为两个相关的运营计划决策。第一个问题是在一天开始时确定每个站点的目标库存水平[6~8]。第二个问题是规划站点之间的重新定位卡车的路线及装卸操作。此操作可以在系统几乎处于空闲状态且流量较低的夜晚进行，目的是为下一个工作日准备系统（静态重新定位）[9~11]，或者在可能对意外事件做出反应的白天进行（动态重新定位）[12~14]。

此外，还有 Lin 等[15, 16]使用服务水平约束的概念研究了公共自行车网络的设计，但由于在公共自行车系统中乘客的随机性与在传统物流网络中供应链计划者的决策性有很大的不同。Stinson 和 Bhat[17]研究了影响用户选择路线的因素，要考虑的另一个因素是坡度对骑自行车者的速度和加速度的影响[18]。在所有这些因素中，时间和交通量是骑自行车者选择路线的最重要因素[19]。自行车基础设施与机动交通之间的交通量和接近程度直接关系到人们的安全感和骑车人的舒适度。有研究表明，可用的自行车基础设施的增加可以增强骑车人的安全感，从而导致骑自行车者的数量增加[20]。Broach 等[21]提出了一个 Logit 路线选择模型，并基于从 162 个骑车者身上获得的全球定位系统数据在几天内揭示了他们的偏好，从而得出了自行车网络模型。

我们利用南京市 2017 年 3 月 20 日~2017 年 3 月 28 日的公共自行车数据，以自行车车桩为节点分别构建自行车借出网络，讨论在随机攻击下社团间的相互影响对整个网络临界阈值的作用。根据现有的研究结果，探讨临界阈值点处的普适性规律，从而为公共自行车系统提供可行性意见。

12.1 公共自行车网络

12.1.1 公共自行车借出网络

2007 年我国开始引入国外城市公共自行车模式，2011~2014 年中华人民共和国住房和城乡建设部总共开展了三批“城市步行和自行车交通系统示范项目”，我国城市公共自行车总数量居全球首位。我国的公共自行车服务是将自行车放到固定租车点，居民通过办理租借手续，持租车卡免费或低额付费使用，最后归还至任一租车点或原租车点的新型智能公共交通方式。作为准公共物品，当公共自行车使用人数多于自行车供给量时具有一定的竞争性，故而对于公共自行车借出网络临界阈值的讨论也至关重要。

就南京市公共自行车而言，共有 16 296 个公共自行车站点，每个站点各有 20~50 个公共自行车桩。根据南京市 2017 年 3 月 21 公共自行车的数据，如图 12-1 所示，可以看到在不同公共自行车桩处自行车的借出情况，其中点的大小与该桩的借出自行车数成正比。可以发现，在这一日借出自行车多集中于（118.77°E，32.05°N）附近。分析不同日期下的数据，可以发现，南京市每日的公共自行车大多集中于这一经纬度附近。根据每一日的借出数据，可以构建出自行车借出网络。这里，我们将每一个自行车桩设为网络中的节点，若在某一桩处有一辆自行车借出并还向另一个桩处，则这两个桩之间存在一条有向连边。南京市在 2017 年 3 月 21 日共发生 182 644 次借车还车行为，故而在这一个借车网络中共有 35 577 个点，176 843 条边。其中某些自行车桩间发生多次借车还车行为，将借车次数设为网络间连边的权重。

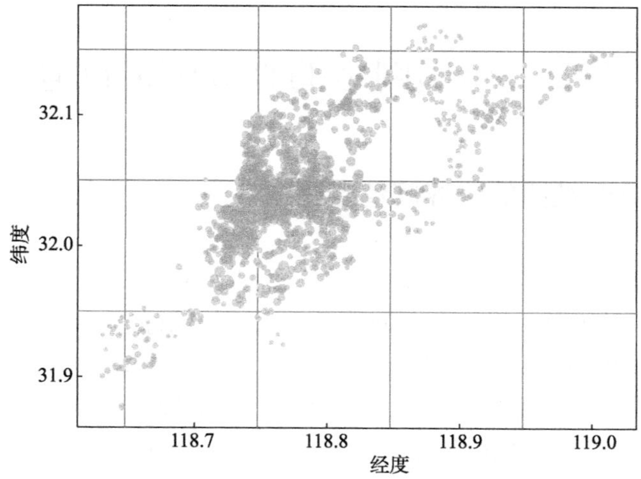

图 12-1　2017 年 3 月 21 日南京市公共自行车借出数目图

12.1.2　自行车借出网络社团划分

通过经度将南京市划分为两个不同的社团，这里将经度 118.77°设为分界线。通过这一划分，可以将南京市 3 月 21 日的借出网络划分为两个节点数近似的网络，其中一个团的点数为 20 581，边数为 88 952，另一个团的点数、边数分别为 24 571、87 891。如图 12-2 所示，东西两个社团的度分布均满足幂律指数为 2.8 的幂律分布。

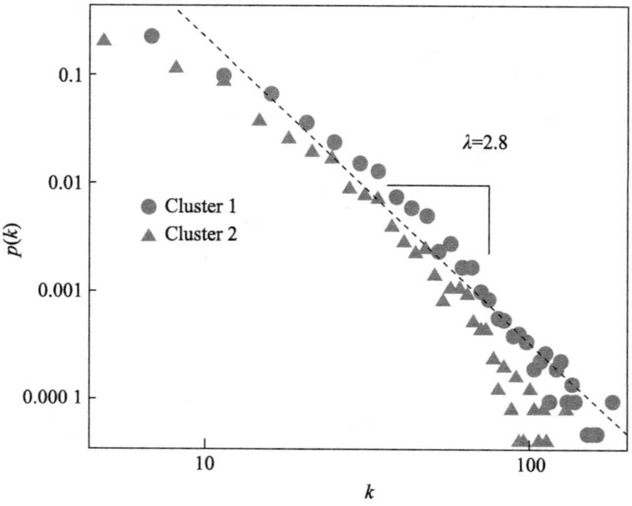

图 12-2　社团度分布

12.2 借出网络的临界阈值问题

12.2.1 单个社团的临界阈值变化

当其中一部分自行车车桩发生故障或车桩上没有可用自行车时，部分用户不能及时借到所需自行车，从而降低对公共自行车的偏好选择，造成一系列的连锁反应。将自行车的车桩故障或车桩无自行车看作网络中的随机攻击，当攻击程度达到一定比例时，网络崩塌，整个系统失效。如图 12-3 所示，用$1-p$表示对自行车借出网络中节点的攻击比例，$S(p)$表示网络中最大连通集团占整个网络的比例，通过最大连通集团的变化情况来刻画网络的鲁棒性。从图 12-3 中可以发现，对于不同的两个社团，假设当$S \leqslant 0.0005$时，整个网络崩塌，而这时对应的两个社团的p值分别为 0.027 和 0.033。也就是说，一旦这两个社团中剩余的节点数小于 2.7%或 3.3%，整个网络就会崩塌，自行车借出系统也不再正常运行。我们将这个临界点分别记为p_{c1}和p_{c2}，通过p_c的大小可以反映出网络的稳定性。在这个临界阈值点附近，根据现有的研究结果，可以发现最大连通集团 S 与$|p-p_c|$存在标度关系。在文献[22]中指出，对于无标度网络，当幂律指数$2<\lambda<3$时，S 与$|p-p_c|$的标度指数β为$\dfrac{1}{3-\lambda}$。对于南京市的自行车借出网络的这两个社团而言，它们的幂律指数$\lambda=2.8$，β为 5。因此对于这一日的南京市自行车借出网络，要保证借出系统的正常运行，就要确保大于 5%的自行车车桩正常工作，即车桩无故障并有可用自行车。

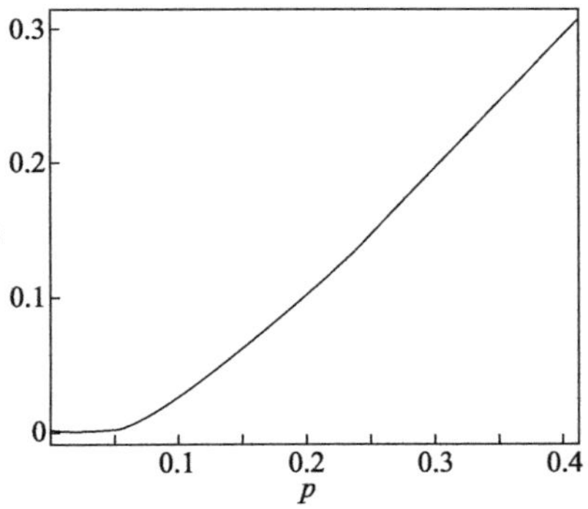

（a）西部社团自行车借出网络

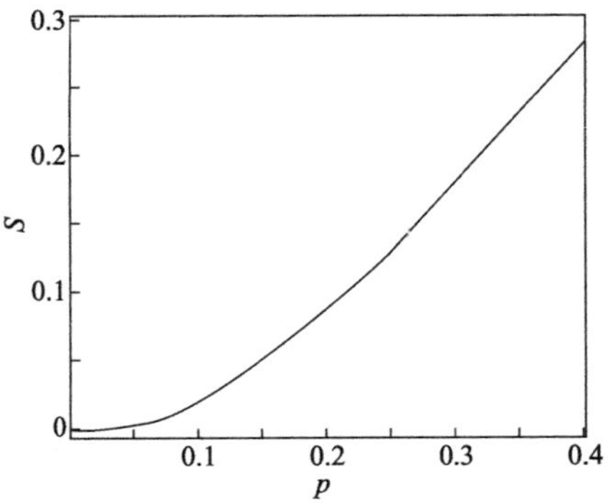

（b）东部社团自行车借出网络

图 12-3 最大连通集团 S 与 p 的函数关系

对于不同日期下的南京市公共自行车系统，可以发现其借出行为形成的借出网络的度分布均满足幂律分布，而当网络遭受随机攻击后，在临界点附近，网络的最大连通集团与攻击比例呈现标度关系。就整个公共自行车系统而言，我们所分的这两个社团并不是独立存在的，相互之间存在一定的关联作用。在 12.2.2 中将讨论当这两个社团相互影响时，车桩的故障或不可用对这个系统造成的影响。

12.2.2　社团作用下的阈值变化

由于整个南京市公共自行车系统的整体性，我们所分的两个社团间必然存在一定的相互关系，通过对两个社团增加随机连边来刻画这一关系。当路径过长或所需时间过长时，用户一般不会选择骑自行车。故而，对于两部分的自行车仅有部分车桩之间存在连边，即两个社团间仅有 r 的节点相互连接。假设 r 部分节点有 M_{inter} 条随机相互连接边，用来模拟社团间的相互作用。假设 M_{inter}=200 000。根据图 12-4 可以发现，在相同攻击程度下，不同相互连接节点的比例不同，整个系统中最大连通集团的大小也不同。随着相互连接节点比例的增大，网络的鲁棒性也逐步增强，即在相同条件下最大连通集团的比例越大。对于公共自行车系统而言，不同社团间自行车借出返还越频繁，整个自行车系统越稳定。在现有的固定自行车车桩的条件下，我们所要研究的是在临界点附近整个网络的变化情况。

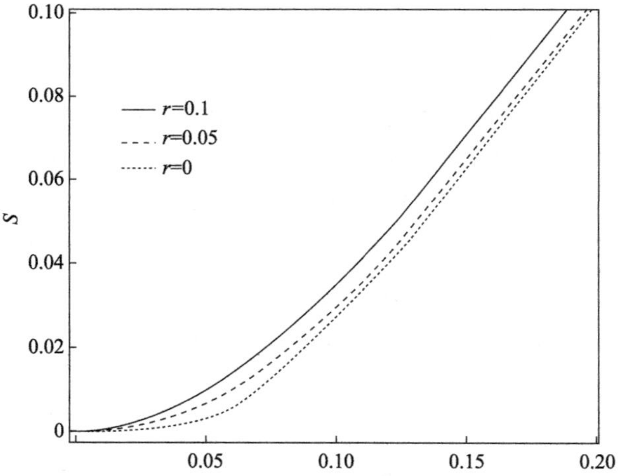

图 12-4　不同连接节点比例下最大连通集团 S 与 p 的函数关系

从 12.2.1 节中已知，对于部分自行车系统，其借出网络的度分布满足幂律分布，故而在临界点附近最大连通集团的大小与节点失效比例呈标度关系。这里对于整个系统我们也进行相类似的处理，即讨论在单个社团的临界点 p_{c1} 和 p_{c2} 处，在加入了相互连接边后整个系统中的最大连通集团。从图 12-5 可以发现，在两个不同的社团临界点处，整个系统的最大连通集团与相互连接节点的比例 r 存在标度关系，即 $S(r,p_c) \sim r^{1/\delta}$，同时这两个标度指数一致，均为 1/1.03，故而对于相互连接的两个社团而言，其最大连通集团在单个社团的临界点处仅与相互连接节点的比例相关。同时，随着连接节点比例的增加，整个网络最大连通集团的大小也随之增加，与图 12-4 中的结论相一致。对于不同日期下的自行车借出也可以得到相类似的结果。

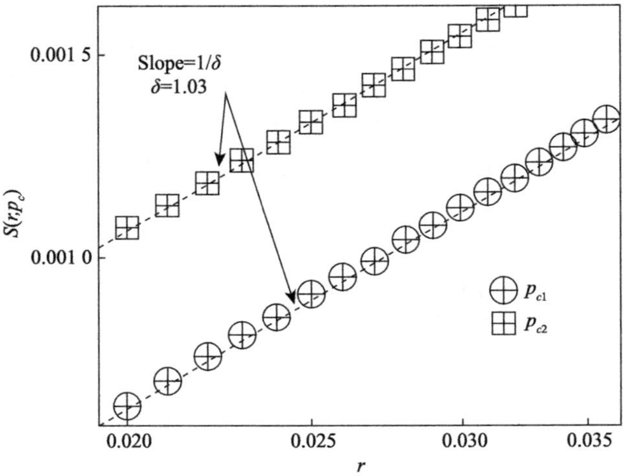

图 12-5　最大连通集团 $S(r,p_c)$ 与 r 的函数关系

与单个社团中最大连通集团与阈值点的标度关系相类比，研究相互连接的两个社团在不同临界点附近最大连通集团的变化。对比单个网络中的最大连通集团，我们也将 $S \leqslant 0.0005$ 设为网络崩塌的条件。选取其中一个 r 值，当 $r=0.02$ 时，研究在 2%的节点相互作用的条件下，随机攻击后整个系统的变化。从图 12-6 中可以发现，在两个不同的临界点附近，最大连通集团 $S(r,p)$ 的变化率随自行车车桩或不可用的比例增大而减小，且变化越来越明显。同时，两个 S 变化率切线的斜率相互平行，即 $\left.\frac{\partial S(r,p)}{\partial r}\right|_r$ 与 $|p-p_c|$ 呈现相同的标度关系，标度指数都是 $-\gamma$，$\gamma=0.15$。当 p 越接近 p_c 值时，其最大连通集团 $S(r,p)$ 与单个社团的最大连通集团 $S(p)$ 的差值越大，且差值增大的幅度也越大。也就是说，在 $1-p_c$ 的失效比例下，单个自行车借出系统已经崩塌，而这时具有社团相互作用

的自行车借出网络依旧保持较好的连通性，而随着失效比例的增加，网络的稳定性逐渐减弱，同时减弱的幅度越来越小。

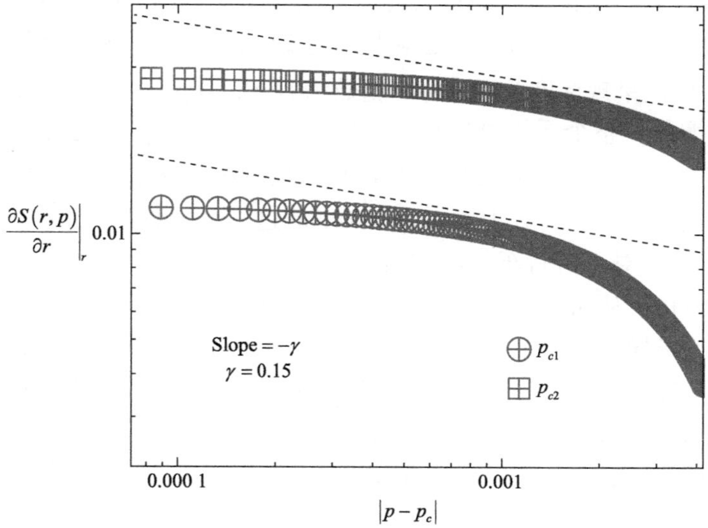

图 12-6　$\left.\frac{\partial S(r,p)}{\partial r}\right|_r$ 和 $|p-p_c|$ 的函数关系

基于上述研究，可以发现这三个标度指数 δ、β 和 γ 满足 Widom 普适律 $\delta-1=\beta/\gamma$，这一结果与文献[23]中的结论相一致。通过这三个比例关系，可以预测在不同日期下，自行车借出系统的变化情况，有效控制自行车车桩的可用比率。通过单个社团自行车借出网络在临界阈值处最大连通集团的变化及其借出系统的度分布，可以有效预测整个自行车借出系统的临界阈值点，从而进行及时的调控，保障公共自行车的可用数目，即自行车车桩的无故障并有可借车辆。

12.3　本 章 小 结

在这一章中，我们根据南京市公共自行车数据以自行车车桩为节点、每次借车还车行为为连边构建自行车借出网络。利用经度将自行车借出系统划分为两个社团，可以发现这两个社团得到度分布均满足幂律指数为 2.8 的幂率分布。将显示中自行车车桩的损坏或无可用自行车看作网络中的随机攻击，当借出网络的最大连通集团趋于 0 时，整个系统崩塌。此时对应的车桩失效比例记为单个社团的临界阈值点 p_c。在其临界点处，根据现有的研究可以发现 $S(p)$ 与 $|p-p_c|$ 存在标

度关系，标度指数$\beta=5$。由于两个社团间的非独立性，我们利用社团间部分节点的随机连边来刻画社团的相互作用对整个网络得到影响。在对两个社团间随机加入M_{inter}条边后，讨论网络的最大连通集团在单个社团的临界点附近的变化。可以发现，在单个社团的临界点处最大连通集团$S(r,p_c)$与两个社团间相互连接的节点的比例r呈现标度关系，标度指数为$1/\delta$，$\delta=1.03$。同时随着相互连接节点比例的增加，整个系统也反映出更好的稳定性。在p_c附近处具有两个社团的借出网络$S(r,p)$的变化率随着p值的增大而减小，且这一变化率与$|p-p_c|$也呈现出标度关系，标度指数为$-\gamma$，$\gamma=0.15$。这三个指数δ、β和γ满足普遍规律，$\delta-1=\beta/\gamma$。对于自行车借出网络而言，基于这一普适性关系，可以根据某一社团的临界指数从而预测整个自行车借出网络的临界阈值点，为自行车的调配问题提供理论指导。

在政府主导下公共自行车主要面临站点规划、运营效率、财政压力等问题，因此必须在保障公众利益的前提下，结合城市实际和运营模式完善顶层设计，提高运营效率和造血能力，确保每日有效的自行车车桩可用以及车桩无自行车时的及时调配。根据自行车借出网络的不同标度指数间的普适性关系，可以及时地预测每日的自行车借出临界点，从而有效控制自行车车桩及其车辆的可用性。

参 考 文 献

[1] DeMaio P. Bicycle-sharing：history，impacts，models of provision，and future. Journal of Public Transportation，2009，12（4）：41-56.

[2] Andersen L B，Schnohr P，Schroll M，et al. All-cause mortality associated with physical activity during leisure time，work，sports，and cycling to work. Archives of Internal Medicine，2010，160（11）：1621-1628.

[3] Jensen P，Rouquier J B，Ovtracht N，et al. Characterizing the speed and paths of shared bicycle use in Lyon. Transportation research part D：Transport and Environment，2010，15（8）：522-524.

[4] SmartBike D C. Survey Results. District of Columbia Department of Transportation. https://www.metrobike.net. Accessed August 21，2021.

[5] Bührmann S. New Seamless Mobility Services：Public Bicycles Policy Notes. http://www.scribd.com/document/392213/Public-Bicycles-Policy-Notes. Accessed February 21，2021.

[6] Raviv T，Kolka O. Optimal inventory management of a bike-sharing station. IIE Trans. 2013，45（10）：1077-1093.

[7] Schuijbroek J，Hampshire R，van Hoeve W-J. Inventory rebalancing and vehicle routing in bike sharing systems. European Journal of Operational Research，2013，257（3）：992-1004.

[8] Vogel P，Saavedra B A N，Mattfeld D C. A hybrid metaheuristic to solve the resource allocation problem in bike sharing systems//Blesa M J，Blum C，Raidl G，et al. Hybrid Metaheuristics. New York：Springer International Publishing，2014：16-29.

[9] Nair R，Miller-Hooks E. Fleet management for vehicle sharing operations. Transportation Science. 2011，45（4）：524-540.

[10] Angeloudis P，Hu J，Bell M G H. A strategic repositioning algorithm for bicycle-sharing schemes//Transportation Research Board 91st Annual Meeting Compendium of Papers，2012.

[11] Benchimol M，Benchimol P，Chappert B，et al. Balancing the stations of a self-service "bike hire" system. RAIRO Operations Research，2011，45：37-61.

[12] Contardo C，Morency C，Rousseau L M. Balancing a dynamic public bike sharing system，2012.

[13] Kloimüllner C，Papazek P，Hu B，et al. Balancing bicycle sharing systems：an approach for the dynamic case//Blum C，Ochoa G. Evolutionary Computation in Combinatorial Optimization. New York：Springer，2014：73-84.

[14] Pessach D，Raviv T，Tzur M. Dynamic repositioning in a bike sharing system. Working Paper，Tel-Aviv University，2014.

[15] Lin J R，Yang T H. Strategic design of public bicycle sharing systems with service level constraints. Transportation Research. Part E：Logistics and Transportation Review，2011，47（2）：284-294.

[16] Lin J R，Yang T H，Chang Y C. A hub location inventory model for bicycle sharing system design：formulation and solution. Computer and Industrial Engineering，2013，65（1）：77-86.

[17] Stinson M A，Bhat C R. An analysis of commuter bicyclist route choice using a stated preference survey. Washington，D C：Transportation Research Board，2003.

[18] Parkin J，Rotheram J. Design speeds and acceleration characteristics of bicycle traffic for use in planning，design and appraisal. Transport Policy，2010，17：335-341.

[19] Sener I N，Eluru N，Bhat C R. An analysis of bicycle route choice preferences in Texas，US. Transportation Research Board，2009，36（5）：511-539.

[20] Dill J，Carr T. Bicycle commuting and facilities in major U.S. cities：if you build them，commuters will use them-another look. Transportation Research Board，2003，1828：116-123.

[21] Broach J，Gliebe J，Dill J. Development of a multi-class bicyclist route choice model using

revealed preference data. 12 International Conference on Travel Behavior Research，2009.
[22] Cohen R，Havlin S. Scale-free networks are ultrasmall. Physical Review Letters，2003，90（5）：4.
[23] Dong G，Fan J，Shekhtman L M，et al. Resilience of networks with community structure behaves as if under an external field. Proceedings of the National Academy of Sciences，2018，115（27）：6911-6915.

第 13 章　碳价格下市场联动的光伏发电项目投资决策及联动 NPV 的演化分析①

本章运用实物期权理论构建中国光伏发电的投资与市场联动发展的决策分析模型，在充分考虑光伏发电的发电成本、上网电价、CO_2 价格及光伏发电的政府补贴等影响因素的基础上，从光伏发电盈利角度出发引入市场联动特征系数，并将 NPV 扩展为联动 NPV。通过蒙特卡罗最小二乘法对于项目期权价值（real option analysis，ROA）进行路径情景模拟，以此得到项目的实际投资价值，并全面分析投资成本、上网电价、CO_2 及政府补贴对项目投资价值的影响。模拟结果显示，在中国现有的光伏发电投资环境下，企业投资光伏发电的实际投资价值（原翻译中有）为负。如果投资成本下降、碳价格上涨或政府补贴有一定幅度增加，则实际投资价值将变为正值，即企业选择投资光伏发电。

13.1　投资决策分析

能源紧缺是当今世界各国面临的一项重大问题。众所周知，新能源的开发与利用成为解决这个问题的有效途径。相比于传统的化石能源，风能、地热、太阳能、生物质能等可再生能源，具有资源丰富、排放量少等特点。据《BP 世界能源统计年鉴 2015》统计，2014 年全球石油和煤炭的消费量分别为 4 211.1 百万吨和 3 881.8 百万吨油当量，中国消费量为 520.3 百万吨和 1 962.4 百万吨油当量，

---

① 第 13 章主要内容出处：Tian L X，Pan J L，Du R J，et al. The valuation of photovoltaic power generation under carbon market linkage based on real options. Applied Energy，2017，201：354-362.

分别占全球消费的 12.4%和 50.6%。全球可再生能源（风能、地热、太阳能、生物质能等）的消费量为316.9百万吨油当量，相比2013年增长了12%，中国可再生能源消费量为53.1百万吨油当量，相比2013年增长了15.1%。在未来能源结构中，可再生能源的比例不断增加，正逐渐取代煤炭和石油，成为世界的主要能源[1]。

太阳能作为一种储量丰富的可再生能源，已受到世界各国的高度重视，美国及欧盟一些发达国家把 2030 年后的能源供应重点放在太阳能等可再生能源上，预计到2030年，太阳能发电将占世界电力供应的15%以上，到2050年甚至会达到25%。与绝大多数国家相比，中国地域宽阔，太阳能资源比较充分。中国光伏发电产业起步较晚，起步于20世纪70年代，在90年代中期才开始稳定发展，截至2012年底，我国的太阳能光伏发电装机容量已达到1 700万千瓦。

气候变暖是国际社会面临的另一挑战，大量温室气体排放造成全球气候变暖。为了应对这一挑战，各国政府（特别是发展中国家）均在节能减排上加大投资。碳排放交易是在应对节能减排的一项重要产物，碳排放交易市场并没有形成统一，主要包括：京都议定书下的排放交易、欧盟排放交易体系和美国区域性温室气体协议，多数中国企业直接参与并参与较多的是京都议定书下的清洁发展机制，目前中国也在发展碳排放交易市场。目前已在7个省市进行试点，且取得了不错的成果，正计划将碳市场推广到全国。

传统的投资决策分析主要为净现值方法，从项目现金的流出、流入状况方面评估项目的经济合理性，通过计算项目 NPV，根据得到的 NPV 进行投资决策。对于一般投资项目可以简单采取 NPV 方法进行评估决策，但是对于一些易受市场或者其他因素影响，并且波动不固定、风险不固定的投资项目，NPV 方法在项目的实际评估中就会有很大的不足。此类易受市场因素影响的项目是一个动态的过程，而传统的 NPV 方法忽略了市场的作用，忽略了市场波动的影响，实物期权方法却能弥补 NPV 方法在这方面的缺陷，使用实物期权方法能有效地解决 NPV 方法的不足，将市场中不确定因素加以考虑，项目实际价值则从 NPV 发展为扩展净现值（extend net present value，ENPV）：$V_{\mathrm{ENPV}} = V_{\mathrm{NPV}} + V_{\mathrm{ROA}}$，即 ENPV为NPV与实物期权值的和。本章研究又将市场联动性加以考虑，项目的实际价值从 ENPV 转变成联动 NPV：$V_{\mathrm{ENPV}} = V_{\mathrm{NPV}} + V_{\mathrm{ROA}}\left(\sum_{k=1}^{N}\gamma_k dq_k\right)$，其中，$\sum_{k=1}^{N}\gamma_k dq_k$ 表示投资的市场联动性。本章将据联动NPV进行决策分析，更能体现投资的真实性，有助于企业做出更好、更准确的投资决策。

13.2 能源投资与碳排放的相关动态分析

目前，众多学者对能源投资相关领域进行了较多的研究。例如，Lund[2]对海上石油项目进行了评估，对于项目中的不确定性，通过随机动态模型进行描述，并利用实物期权方法对项目进行评估。通过此类方法，Venetsanos 等[3]对风能发电中的不确定因素进行分析，并进行项目价值评估。Davis 和 Owens[4]分析了可再生电力研发支出的最优化问题。Schwartz[5]对发电排放和企业 R&D 投入进行了分析。Suslick 和 Schiozer[6]对石油勘探和生产的风险分析进行了研究。Armstrong 等[7]对不可逆投资项目进行了评估。Lin 等[8]对与环境污染有关的投资进行决策分析。Matsuhashi 等[9]评估了清洁发展机制项目价值。Naito 等[10]对解除管制的电力市场下的核电站进行评估。Lee 和 Shih[11]对我国台湾地区风能项目进行了研究评估。Huang 等[12]研究了发电公司在碳排放交易下的发电投资成本。E. M. Kim 和 M. S. Kim[13]对 RPS 下太阳能发电系统的经济可行性进行了评估。Lin 和 Wesseh[14]对中国太阳能发电上网电价项目进行了评估分析。Eckhause 和 Herold[15]研究了欧盟 CCS 项目的最优融资策略。Wang 等[16]评估了在政策受益情况下的中国生物质发电投资项目。Zhang 等[17]对在可再生能源政策下的太阳能光伏发电项目进行评估决策。Biondi 和 Moretto[18]对意大利光伏发电项目进行分析，研究了上网电价对项目投资决策的影响及最优投资时间等相关问题。Bai 等[19]对石油储备的政策进行了分析，研究提出了一个马尔可夫决策过程模型，这个模型也是随机模型，可见随机模型在能源相关研究中应用较为广泛。另外，采用复杂网络的思想对能源研究是近些年来的热点。例如，Wang 和 Tian[20]根据复杂网络思想，基于能源价格、能源供应和经济增长的相互关系构建网络进行分析。Wang 等[21]从复杂网络的视角对国际原油的波动行为进行了分析。

此外，近些年来对碳排放相关领域进行的研究也有很多。例如，Tian 和 Jin[22]、Gu 等[23]对碳排放的动态演化系统方面进行了深入的研究。Fang 等[24，25]对碳税对能源强度的影响进行了研究，并且研究在碳税约束下新型节能和减排系统及其应用。Wang 等[26]对中国城市的能源消费和碳排放进行了研究。Tsai 等[27]利用生态模型对美国的化石能源消费、碳排放及低碳能源进行了研究。本章主要是对光伏发电投资项目进行评估决策，将能源投资分析与碳排放分析综合考虑。对于光伏发电投资项目中的不确定因素，利用几何布朗运动进行描述，并采用实物期权方法对光伏发电投资项目建模分析。与以往研究不同，对于不确定因素中的投资成本问题，考虑投资成本的市场联动性，将光伏发电投资成本与市场联动，考虑联动情况下的光伏发电投资成本情况，联动机制下的光伏发电更贴近实际，研究企业在联动机制下项目投资决策具有更实际的意义。本章将光伏发电项目作为期权进行分析，在情景分析部分，通过蒙特卡罗最小二乘法对 ROA 进行模拟，得到项目的实际投资价值。随后，研究了各不确定因素对光伏发电投资价值的具体影响，为企业提供了更为准确、更为灵活的评估方法。

13.3 光伏发电评估决策模型

13.3.1 模型框架

本章研究主要采用的是实物期权方法对光伏发电项目进行评估决策，从光伏发电的投资和收益方面对项目进行评估。在模型中考虑投资成本、CO_2 价格、上网电价和政府补贴这些不确定因素。特别的考虑投资成本的市场联动性，更加贴近实际投资情况。研究流程图如图 13-1 所示。

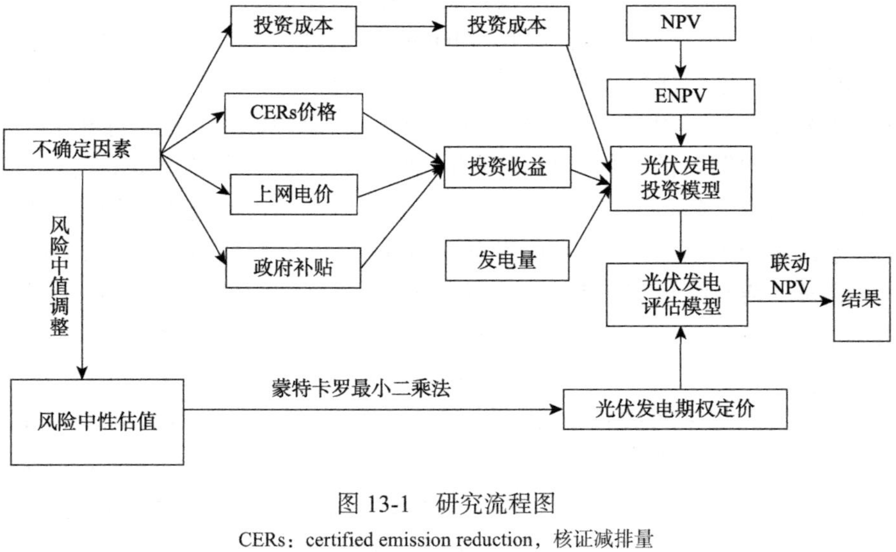

图 13-1 研究流程图

CERs：certified emission reduction，核证减排量

如图 13-1 所示，本章首先将不确定因素进行分类，指出不确定因素包括投资成本和投资收益两类，其中 CERs 价格、上网电价及政府补贴为投资收益。在发电量确定的前提下，投资成本和投资收益共同决定光伏发电投资是否具备盈利的可能。其次本章在综合蒙特卡罗最小二乘法和实物期权模型构建思路基础上，

构建光伏发电评估模型。最后通过不同 NPV 方法模拟在甘肃省敦煌市投资光伏发电所得结论，对比论证联动 NPV 的科学合理性以及分析光伏发电实现盈利的条件。

13.3.2　光伏发电投资模型

太阳能光伏发电成本指光伏发电系统平均单位千瓦时的发电成本，主要包括建设成本及运营成本。光伏电站的建设成本称为固定成本，运营成本称为可变成本。其中，光伏发电站的建设材料主要为太阳能电池板、逆变器、支架等；运营成本主要为设备维护、更新等。根据 Boomsma 等[28]的研究，光伏发电的投资成本与装机容量η有关，装机容量大小影响光伏发电的投资成本。假设 t 时刻的固定成本为$S_1(t)$，可变成本为$A(t)$，投资年份为 h 年，投资成本$I\left(S_1(t),A(t);\eta\right)$满足假设 13.1：

假设 13.1：

$$I\left(S_1(t),A(t);\eta\right)=\left(k_1\eta+b_1\right)S_1(t)+\sum_{t=1}^{h}\left(k_2\eta+b_2\right)A(t),k_1,k_2,b_1,b_2>0 \quad (13\text{-}1)$$

其中，$I\left(S_1(t),A(t);\eta\right)$表示光伏发电项目的总投资成本；$k_i\eta+b_i\,(i=1,2)$表示装机容量的一个线性函数；$\left(k_1\eta+b_1\right)S_1(t)$表示装机容量$\eta$下固定成本与装机容量是线性关系；$\sum_{t=1}^{h}\left(k_2\eta+b_2\right)A(t)$表示项目的可变成本是关于装机容量$\eta$的一个线性函数，并且不管固定成本还是可变成本都随着装机容量的增加而增加。

光伏发电的收益主要来源于电力出售，而电力出售的效益主要是根据电价情况及政府补贴情况，除此之外，如果发电企业申报 CDM 项目的话，将会获得额外的碳收益。这里用$\Pi\left(S_2(t);S_3(t);S_4(t);\eta\right)$表示发电收益，其中，$S_2(t)$、$S_3(t)$、$S_4(t)$分别表示年平均电价、政府补贴和碳价格。假定发电收益满足假设 13.2：

假设 13.2：

$$\Pi\left(S_2(t),S_3(t);S_4(t);\eta\right)=Q(\eta)\left(S_2(t)+S_3(t)\right)+\lambda S_4(t) \quad (13\text{-}2)$$

其中，$Q(\eta)$表示装机容量η下的每年发电总量；$Q(\eta)\left(S_2(t)+S_3(t)\right)$表示由售电和政府补贴的收益；$\lambda$表示项目的 CERs；$\lambda S_4(t)$表示通过 CDM 项目获得的额外碳排放收益。假设 13.2 表示光伏发电项目的收益是上网电价、政府补贴和碳价格关于年发电量的一个线性组合。对于项目装机容量$Q(\eta)$有假设 13.3：

假设 13.3：

$$Q(\eta)=ab\eta,a>0,0<b<1 \quad (13\text{-}3)$$

其中，a 表示全年有效日照小时数；b 表示发电系统效率。假设 13.3 表示年发电量是装机容量、有效日照小时数与系统效率的乘积。

13.3.3 光伏发电的不确定因素

光伏发电项目的特点之一就是具有较多不确定因素，在本章中，考虑的不确定因素主要为投资成本、上网电价、碳价格及政府补贴。由于涉及投资成本、上网电价、碳价格及政府补贴的不确定性。为了简单起见，先做如下假设，不考虑投资成本、上网电价、碳价格及政府补贴之间的相关性。

投资成本主要由太阳能光伏组件、输电设备等构成，原材料的价格直接影响投资成本。例如，太阳能电池板主要是由晶体硅构成的，而晶体硅市场价格不是一个固定的量，易受到国内外市场的联动作用，在一定时间内产生波动。因此光伏发电项目投资成本也应是与市场联动的，国内外光伏发电原材料的变化会影响投资成本。由于市场联动性的作用，市场联动下的投资成本已不适合用几何布朗运动表示，故假设投资成本服从具有马尔可夫性质的跳跃–扩散过程：

$$\mathrm{d}I=I(t)\mu_I{}^P\mathrm{d}t+I(t)\sigma_I\mathrm{d}z_I{}^P(t)+\sum_{k=1}^{N}\gamma_k\mathrm{d}q_k \quad (13\text{-}4)$$

其中，$\mathrm{d}I$ 表示投资成本的微分形式；I 表示投资成本，单位为万元；$I(t)$ 表示投资成本 I 是关于投资时间 t 的一个函数；$\mathrm{d}t$ 表示时间变化；$\mathrm{d}z_I{}^P(t)$ 表示维纳过程里的一独立增量；$\mu_I{}^P$ 表示在测度 P 下投资成本的漂移；σ_I 表示投资成本的方差参数；$I(t)\mu_I{}^P\mathrm{d}t$ 表示投资成本 I 相对时间 t 的变动率；$I(t)\sigma_I\mathrm{d}z_I{}^P(t)$ 表示投资成本 I 的变化波动量；$\sum_{k=1}^{N}\gamma_k\mathrm{d}q_k$ 表示光伏发电投资成本的市场联动性，N 表示跳跃的个数；γ_k 表示第 k 个跳跃的幅值；$\mathrm{d}q_k$ 表示下列泊松分布：

$$\mathrm{d}q_k=\begin{cases}0,1-\varepsilon_k(S_N,t)\mathrm{d}t\\1,\varepsilon_k(S_N,t)\mathrm{d}t\end{cases} \quad (13\text{-}5)$$

其中，$\varepsilon_k(S_N,t)\mathrm{d}t$ 表示一个极小概率。

由于光伏发电投资成本具有市场联动性，故跳跃–扩散过程更适合描述投资成本。另外假定上网电价、碳价格及政府补贴遵循如下。

$$\mathrm{d}S_2=S_2(t)\mu_2{}^P\mathrm{d}t+S_2(t)\sigma_2\mathrm{d}z_2{}^P(t) \quad (13\text{-}6)$$

其中，$\mathrm{d}S_2$ 表示上网电价的微分形式；S_2 表示上网电价，单位为元/千瓦时；

$S_2(t)$表示上网电价S_2关于时间t的一个函数；dt表示时间变化；$\mathrm{d}z_2^P(t)$表示维纳过程里一独立增量；μ_2^P表示在测度P下上网电价的漂移；σ_2表示上网电价的方差；$S_2(t)\mu_2^P\mathrm{d}t$表示上网电价S_2相对时间t的变动率；$S_2(t)\sigma_2\mathrm{d}z_2^P(t)$表示上网电价$S_2$的变化波动量。

本章将碳排放收益加入光伏发电项目收益之中。本章所考虑的碳交易价格为 CERs 价格。在国际碳交易市场中 CERs 价格会受到其他因素的影响产生波动，影响 CERs 价格波动的主要因素有各国之间的政治斗争、国际经济发展形势和气候的变化等。图 13-2 为伦敦洲际交易所 2008 年 3 月 14 日~2014 年 6 月 9 日的欧盟排放配额和 CERs 的期货结算价。

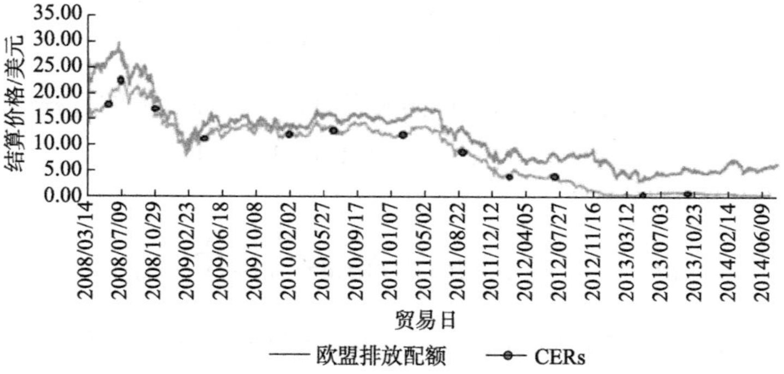

图 13-2　欧盟排放配额和 CERs 的期货结算价

资料来源：Wind 资讯

对于变动的碳价格机制，使用随机过程来表示碳价格的变动会更具准确。假设碳价格服从下面的随机过程：

$$\mathrm{d}S_3 = S_3(t)\mu_3^P\mathrm{d}t + S_3(t)\sigma_3\mathrm{d}z_3^P(t) \tag{13-7}$$

其中，$\mathrm{d}S_3$表示 CO_2 价格的微分形式；S_3表示碳价，碳价的单位为元/吨；$S_3(t)$表示碳价格S_3是关于时间 t 的一个函数；dt表示时间变化；$\mathrm{d}z_3^P(t)$表示维纳过程里一独立增量；μ_3^P表示在测度P下 CO_2 价格的漂移；σ_3表示 CO_2 价格的方差参数；$S_3(t)\mu_3^P\mathrm{d}t$表示 CO_2 价格S_3关于时间t的变动率；$S_3(t)\sigma_3\mathrm{d}z_3^P(t)$表示 CO_2 价格S_3关于时间t变化的波动量。

$$\mathrm{d}S_4 = S_4(t)\mu_4^P\,\mathrm{d}t + S_4(t)\sigma_4\mathrm{d}z_4^P(t) \tag{13-8}$$

其中，$\mathrm{d}S_4$表示政府补贴价格的微分形式；S_4表示政府补贴价格，单位为元/千瓦时；$S_4(t)$表示政府补贴价格S_4是关于时间 t 的一个函数；dt表示时间变化；$\mathrm{d}z_4^P(t)$表示维纳过程里一独立增量；μ_4^P表示在测度P下政府补贴价格的漂移；σ_4表示政府补贴价格的方差参数；$S_4(t)\mu_4^P\mathrm{d}t$表示政府补贴价格S_4关于时间t的变动率；$S_4(t)\sigma_4 dz_4^P(t)$ 表示政府补贴价格 S_4 关于时间 t 变化的波动量。

13.3.4 风险中性估值

考虑在风险中性世界下的市场模型，在无套利的情况下，存在一个等价鞅测度，在这个鞅测度下可以进行风险中性估值。

1. 在风险中性估值中的不确定因素

在风险中性估值中设市场价格风险为 θ_j，$j=1,2,3,4$，并设市场价格风险为

$$\theta_i = \frac{\mu_i^P + \delta_i - r}{\sigma_i}, i=1,2,3,4 \quad (13\text{-}9)$$

其中，r 表示无风险利率；δ_i 表示市场的股息收益率。在估值的过程中，我们令：

$$dz_i^Q(t) = dz_i^P(t) + \theta_i dt, i=1,2,3,4 \quad (13\text{-}10)$$

则有

$$dI = I(t)(r-\delta_I)dt + I(t)\sigma_I dz_I^Q(t) + \sum_{k=1}^{N}\gamma_k dq_k \quad (13\text{-}11)$$

其中，dI 表示在风险中性估值中投资成本的微分形式；I 表示投资成本，单位为万元；$I(t)$ 表示投资成本 I 是随时间 t 的一个函数；dt 表示时间变化；$dz_I^Q(t)$ 表示维纳过程里一独立增量；$r-\delta_I$ 表示在测度 Q 下经风险调整后的投资成本的漂移，以及 σ_I 表示经风险调整后的投资成本的方差参数；$I(t)(r-\delta_I)$ 表示经风险调整后投资成本 I 相对时间 t 的变动率；$I(t)\sigma_I dz_I^Q(t)$ 表示经风险调整后投资成本 I 的变化波动量；$\sum_{k=1}^{N}\gamma_k dq_k$ 表示光伏发电投资成本的市场联动性，N 表示跳跃的个数；γ_k 表示第 k 个跳跃的幅值。

$$dS_2 = S_2(t)(r-\delta_2)dt + S_2(t)\sigma_2 dz_2^Q(t) \quad (13\text{-}12)$$

其中，dS_2 表示在风险中性估值中上网电价的微分形式；S_2 表示上网电价，单位为元/千瓦时；$S_2(t)$ 表示上网电价 S_2 是关于时间 t 的一个函数；dt 表示时间变化；$dz_2^Q(t)$ 表示维纳过程里一独立增量；$r-\delta_2$ 表示测度 Q 下风险中性估值中固定成本的漂移；σ_2 表示测度 Q 下风险中性估值中上网电价的方差参数；$S_2(t)(r-\delta_2)$ 表示经风险调整后上网电价 S_2 相对时间 t 的变动率；$S_2(t)\sigma_2 dz_2^Q(t)$ 表示经风险调整后的固定成本 S_2 的变化波动量。

$$dS_3 = S_3(t)(r-\delta_3)dt + S_3(t)\sigma_3 dz_3^Q(t) \quad (13\text{-}13)$$

其中，dS_3 表示在风险中性估值中 CO_2 价格的微分形式；S_3 表示 CO_2 价格，价格

的单位是元/吨；$S_3(t)$表示 CO_2 价格S_3是关于时间 t 的一个函数；dt 表示时间变化；$dz_3^Q(t)$表示维纳过程里一独立增量；$r-\delta_3$表示测度 Q 下风险中性估值中 CO_2 价格的漂移；σ_3表示测度 Q 下风险中性估值中 CO_2 价格的方差参数；$S_3(t)(r-\delta_3)dt$表示经风险调整后碳价格S_3关于时间 t 的变动率；$S_3(t)\sigma_3 dz_3^Q(t)$表示经风险调整后的碳价格S_3关于时间 t 变化的波动量。

$$dS_4 = S_4(t)(r-\delta_4)dt + S_4(t)\sigma_4 dz_4^Q(t) \tag{13-14}$$

其中，dS_4表示风险中性估值中的政府补贴价格的微分形式，S_4表示政府补贴价格，单位为元/千瓦时；$S_4(t)$表示政府补贴价格S_4是随时间 t 的一个函数；dt 表示时间变化；$dz_4^Q(t)$表示维纳过程里一独立增量；$r-\delta_4$表示测度 Q 下风险中性估值中政府补贴价格额漂移；σ_4表示方差参数；$S_4(t)(r-\delta_4)dt$表示经风险调整后政府补贴价格S_4相对时间 t 的变化率；$S_4(t)\sigma_4 dz_4^Q(t)$表示经风险调整后政府补贴价格S_4的波动量。

2. 经马尔可夫调整的政府补贴

光伏发电项目补贴主要为政府补贴，政府补贴又为不确定因素，会随着外界环境的改变，并进行相应调整。假设政策发生改变是随机的，对离散的政策变化可通过马尔可夫转化，假设政策在一定的情况下转变，补贴金的漂移和波动会进行相应调整，通过一个连续的马尔可夫过程$X(t)$在有限范围$\{1,2,\cdots,K\}$中进行调整，相应的速率矩阵$P=(p_{kl})_{K\times K}$。dt 时间内由情况 k 到情况 l 转变的概率为$p_{kl}dt(k\neq l)$。假设马尔可夫过程也是满足几何布朗运动的，得到在测度P下，经马尔可夫调整的政府补贴金为

$$dS_4 = S_4(t-)\mu_4^P(X(t-))dt + S_4(t-)\sigma_4(X(t-))dz_4^P(t) \tag{13-15}$$

其中，dS_4表示在测度 P 下政府补贴的微分形式；S_4表示政府补贴金，单位为元/千瓦时；$S_4(t-)$表示政府补贴金S_4关于时间 t 的一个函数；而$t-$表示 t 的左极限，$X(t-)$表示$t-$的一个马尔可夫过程；dt 表示时间的变化；$dz_4^P(t)$表示维纳过程里一独立增量；$\mu_4^P(X(t-))$表示在测度 P 下经马尔可夫调整后的政府补贴金的漂移；$\sigma_4(X(t-))$表示经马尔可夫调整后的政府补贴金的方差参数；$S_4(t-)\mu_4^P(X(t-))dt$表示经马尔可夫调整后的政府补贴金S_4相对时间 t 的变动率；$S_4(t-)\sigma_4(X(t-))dz_4^P(t)$表示经马尔可夫调整后的政府补贴金$S_4$的变化波动量。

假设市场价格转换风险为 0 或者接近于 0，在情况 k 下的市场价格风险为

$$\theta_4(k)=\frac{\mu_4^{P}(k)+\delta_3(k)-r}{\sigma_3(k)},k=1,2,\cdots,K \tag{13-16}$$

假设 Q 为 P 的等价鞅测度，其中

$$L=\frac{\mathrm{d}P}{\mathrm{d}Q},\mathrm{d}L(t)=L(t)\sum_{i=1}^{4}\theta_i\left(X(t-)\right)\mathrm{d}z_j^{P}(t) \tag{13-17}$$

类似的，得到在 P 的等价鞅测度 Q 下经马尔可夫调整的几何布朗运动：

$$\mathrm{d}S_4=S_4(t-)\left(r-\delta_4(k)\right)\mathrm{d}t+S_4(t-)\sigma_4\left(X(t-)\right)\mathrm{d}z_4^{Q}(t) \tag{13-18}$$

其中，$\mathrm{d}S_4$ 表示测度 Q 下经马尔可夫调整的风险中性估值中政府补贴金的微分形式；S_4 表示政府补贴金，单位为元/千瓦时；$S_4(t)$ 表示政府补贴金 S_4 是随时间 t 的一个函数；$t-$ 表示 t 的左极限；$\mathrm{d}t$ 表示时间变化；$\mathrm{d}z_4^{Q}(t)$ 表示维纳过程里一独立增量；$\left(r-\delta_4(k)\right)$ 和 $\sigma_4\left(X(t-)\right)$ 分别表示在概率测度 Q 下经马尔可夫变换调整后的风险中性估值中的政府补贴金 S_4 的漂移和方差参数；$S_4(t-)\left(r-\delta_4(k)\right)\mathrm{d}t$ 表示经马尔可夫调整后政府补贴金 S_4 相对时间 t 的变动率；$S_4(t-)\sigma_4\left(X(t-)\right)\mathrm{d}z_4^{Q}(t)$ 表示经马尔可夫调整的政府补贴金 S_4 的变化波动量。

13.3.5 最小二乘蒙特卡罗模拟与期权定价

通过几何布朗运动对投资成本、上网电价、碳价格及政府补贴进行表示，并且通过经马尔可夫调整的几何布朗运动对政府补贴重新进行表示。接下来运用最小二乘蒙特卡罗模拟期权定价，主要通过以下三步：首先，对标的资产价格进行随机模拟，模拟可以得到多条路径。其次，运用逆向求解，在到期时刻开始逆向求解，将内在价值和持有价值进行比较，从而确定各个时刻的期权价值以及每条路径上的最优停止时间。最后，把所有路径上的期权价值通过无风险利率进行贴现，并求出算术平均值，该值就是期权通过模拟得到的估计值。将光伏发电项目作为一实物期权，通过最小二乘蒙特卡罗模拟对期权定价[29]。

首先，随机生成多条有关标的资产价格的样本路径，分别对式（13-11）、式（13-12）、式（13-13）和式（13-15）离散化，将投资时间 $[0,T]$ 做分割 $0=t_1\leqslant\cdots\leqslant t_l=T$，区间平均分为 N 个子区间，时间间隔 $\Delta t=[t_1,t_l]$，得到式（13-11）、式（13-12）、式（13-13）的离散形式：

$$I_i(t_{l+1})=I_1(t_l)+I_1(t_l)\mu_1^{Q}\Delta t+I_1(t_l)\sigma_1e_1(t_{l+1})\sqrt{\Delta t} \tag{13-19}$$

$$S_2(t_{l+1})=S_2(t_l)+S_2(t_l)\mu_2^{Q}\Delta t+S_2(t_l)\sigma_2e_2(t_{l+1})\sqrt{\Delta t} \tag{13-20}$$

$$S_3(t_{l+1})=S_3(t_l)+S_3(t_l)\mu_3^{Q}\Delta t+S_3(t_l)\sigma_3e_3(t_{l+1})\sqrt{\Delta t} \tag{13-21}$$

其中，$\mu_i^Q = r - \delta_i, i = 1,2,3$ 和 $e_i(t_1),\cdots,e_i(t_L), i = 1,2,3$ 表示两个彼此间相独立的标准正态随机变量。类似的，得到式（13-15）的离散形式：

$$S_4(t_{l+1}) = S_4(t_l) + S_4(t_l)\mu_4^Q(X(t_l))\Delta t + S_4(t_l)\sigma_4(X(t_l))e_4(t_{l+1})\sqrt{\Delta t} \tag{13-22}$$

其中，$\mu_4^Q(X(t_l)) = r - \delta_4(X(t_l))$。

其次，得到各路径上最优停时以及最优停时的期权价值，根据式（13-19）~式（13-22），通过模拟得到 M 条路径，而在每条路径 ω 上，都存在最优停时 $t_l(l = 1,2,\cdots,T)$，记 $S_i(t,\omega)$ 为第 ω 条模拟路径在 t 时刻的价值[为了便于标记，这里 $I(t,\omega)$ 可以记为 $S_1(t,\omega)$，但实际上并不是]。一般最优停时的确定是通过逆向求解得到的，从 t_l 开始逆向求解，并在每个时刻估计期权价值。投资者将根据期权是否为实值决定执行期权还是放弃期权，在 t_l 时刻，投资者将期权的当期执行收益与连续价值进行比较，根据结果确定最优的执行策略。若执行收益的值与连续价值的值相等，或者大于连续价值，此时执行期权；若执行收益的值比连续价值的值小，则放弃期权。此时将继续求解，直到最优停时确定为止[30]。

得到最优停时 t_l 当期执行收益：

$$\begin{aligned} &P(I(t_l),S_2(t_l);S_3(t_l);S_4(t_l);t_l,t_L) \\ &= \max_{\eta \geqslant 0}\left\{V(S_2(t_l),S_3(t_l);S_4(t_l);\eta) - I(S_1(t_l),A(t_l);\eta),0\right\} \end{aligned} \tag{13-23}$$

其中，$P(I(t_l),S_2(t_l);S_3(t_l);S_4(t_l);t_l,t_L)$ 表示期权最优停时的当期执行收益；$V(S_2(t_l),S_3(t_l);S_4(t_l);\eta)$ 表示项目的收益值；$I(S_1(t_l),A(t_l);\eta)$ 表示项目的投资成本。

当风险中性测度为 Q 时，最优停时 t_l 的期权连续价值为

$$\Phi(I(t_l),S_2(t_l),S_3(t_l),S_4(t_l)) = E_{t_l}^Q\left[\sum_{t=t_{l+1}}^{t_L} \mathrm{e}^{-r(t-t_l)}P(I(t_l),S_2(t_l),S_3(t_l),S_4(t_l);t_l,t_L)\right] \tag{13-24}$$

其中，$\Phi(I(t_l),S_2(t_l),S_3(t_l),S_4(t_l))$ 表示在最优停时 t_l 时刻的期权的连续价值；$\mathrm{e}^{-r(t-t_l)}P(I(t_l),S_2(t_l),S_3(t_l),S_4(t_l);t_l,t_L)$ 表示最优停时执行收益的贴现；$E_{t_l}^Q[\bullet]$ 表示在测度 Q 下的最优停时 t_l 期望值，即连续价值等于执行收益在测度 Q 下的期望值。

选取幂函数作为基函数，通过最小二乘回归获得期权连续价值的估计值：

$$\widehat{\Phi}\left(I\left(t_l\right), S_2\left(t_l\right), S_3\left(t_l\right), S_4\left(t_l\right)\right)=\hat{\alpha}_0+\left(\hat{\alpha}_{11} I\left(t_l\right)+\sum_{i=1}^3 \hat{\alpha}_{1i} S_i\left(t_l\right)\right)+\left(\hat{\alpha}_{211} I^2\left(t_l\right)+\sum_{i, j=1}^3 \hat{\alpha}_{2ij} S_i\left(t_l\right) S_j\left(t_l\right)\right) \tag{13-25}$$

其中，$\alpha_0,\alpha_{11},\cdots,\alpha_{13},\alpha_{211},\cdots,\alpha_{233}$ 表示回归系数。

最后，将各路径上的得出的期权价值进行贴现，贴现后再求得均值，对其进行 M 次模拟，便获得最优停时及期权价值：$C\left(t_l,S_i\left(t_l\right),\omega\right)=\mathrm{e}^{-rt_l}P\left(t,\left(S_i\left(t_l\right),\omega\right)\right)$，$i=1,2,3,4$，每条路径上的贴现是不一样的，因此分别对每条路径上进行贴现并求均值，得到实物期权在风险中性调整下的估计值为

$$\hat{C}\left(t_l,S_i\left(t_l\right),\omega\right)=\frac{1}{M}\left[\sum_{\omega=1}^{M}\mathrm{e}^{-rt_l}P\left(t,\left(S_i\left(t_l\right),\omega\right)\right)\right],i=1,2,3,4 \tag{13-26}$$

期权价值确定后，根据 ENPV 理论，将项目的 NPV 扩展为

$$V_{\mathrm{ENPV}}=\begin{cases}V_{\mathrm{NPV}}+C\left(S_i\left(t_i\right)\right) & \text{非市场联动}\\ V_{\mathrm{NPV}}+C\left(S_i\left(t_i\right),\sum_{k=1}^{N}\gamma_k\mathrm{d}q_k\right) & \text{市场联动}\end{cases} \tag{13-27}$$

其中，V_{NPV} 表示净现值；$C\left(S_i\left(t_i\right)\right)$ 和 $C\left(S_i\left(t_i\right),\sum_{k=1}^{N}\gamma_k\mathrm{d}q_k\right)$ 表示期权价值；V_{ENPV} 表示项目的扩展净现值。当 $V_{\mathrm{ENPV}}>0$ 时投资此项目；当 $V_{\mathrm{ENPV}}<0$ 时放弃投资。

本节的主要内容是对光伏发电项目建模。首先，根据光伏发电产业现状从光伏发电投资成本和项目收益角度建立光伏发电投资模型。在模型中假定发电项目中的不确定因素遵循几何布朗运动，其中对于发电成本将市场联动性也加入考虑。其次，考虑进行风险中性估值，分别考虑各个因素在风险中性世界下的情况。最后，将光伏发电项目视作一实物期权，通过最小二乘蒙特卡罗模拟方法对该期权项目进行定价，并得到项目的投资价值。

13.4 案例分析——以某企业投资敦煌 10MW 光伏电站为例

根据第 13.3 节所建立的光伏发电项目实物期权评估模型，本节以某企业投资敦煌 10MW 光伏电站为例，根据实物期权评估模型进行决策分析，获取不确

定因素，研究各不确定因素对企业制定实际决策的具体影响。

13.4.1　敦煌 10MW 光伏电站投资背景介绍

目前光伏发电项目主要为 10MW 级别的，甘肃省具有丰富的太阳能资源，每年的太阳能辐射量为 4 800~6 400MJ/m^2，理论上每年的储存量可达 67 万亿千瓦时。每年地表所吸收到的太阳能资源大致相当于 824 亿吨的标准煤，可见对太阳能资源进行开发及利用的前景非常广阔。敦煌市全年的日照小时数可达 3 246.7 小时，日辐射量为 163.87KJ/cm^2。企业拟在敦煌某地建设一 10MW 级别的光伏并网发电站。

13.4.2　光伏发电投资项目 NPV 方法分析

NPV 方法主要是从资金的流入与流出方面对项目进行评估，下面我们利用 NPV 评估方法对该 10MW 光伏并网发电站项目进行评估。通过传统现金流折现法分析，计算项目运营周期内的现金流入与流出，得到该光伏发电项目的 NPV 为−7 974.05 万元。由于 NPV 为负，如图 13-3 所示，企业放弃投资该项目（相关参考数据见表 13-1）。

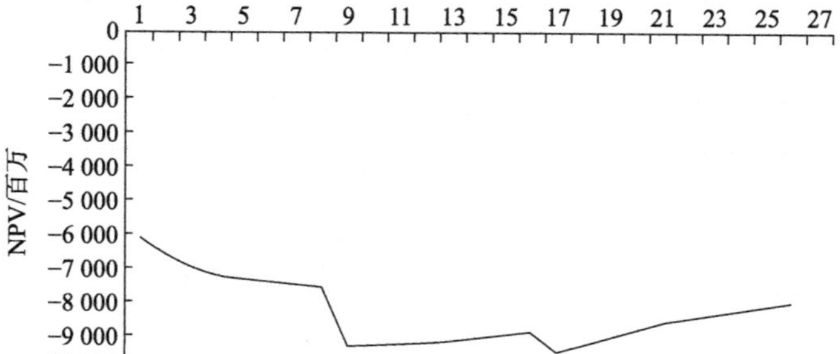

图 13-3　光伏电站发电的 NPV

表 13-1　光伏发电的模型参数

参数标识	参数名称	参数数值	备注
I	光伏电站起始投资成本	20 300 万元	中广核敦煌 10MW 光伏并网发电项目①
μ_I	起始投资成本漂移参数	−0.08	根据研究设定[31]
σ_I	起始投资成本波动参数	0.04	根据研究设定[31]

① 资料来源：Dunhuang 10 MW photovoltaic grid power project。

续表

参数标识	参数名称	参数数值	备注
A	年运行管理费 设备大修（10 年一次） 年债务本金	259.22 万元 3 248.00 万元 947.3 万元	根据项目参考值本章设定 根据项目参考值本章设定 根据项目参考值本章设定
η	年发电量	1 800 万千瓦时	根据相关项目参考值本章设定
S_3 μ_3 σ_3	CER 价格 CER 价格漂移参数 CER 价格波动参数	1.92 元/吨 0.02/年 11.5%/年	ICE2013-2014 均价 根据相关参考值本章设定[32] 根据相关参考值本章设定[33]
S_2 μ_2 σ_2	上网电价 脱硫上网电价 脱硫上网电价漂移参数 脱硫上网电价波动参数	0.9 元/千瓦时 0.328 9 元/千瓦时 0.036 0.075	根据参考值本章设定 根据参考值本章设定 根据研究设定[31] 根据研究设定[31]
T	项目周期	25 年	一般光伏电站项目周期为 20~25 年，本章取 25 年
S_4	光伏发电政府补贴	0.1 元/千瓦时 0.2 元/千瓦时 0.3 元/千瓦时 0.4 元/千瓦时 0.5 元/千瓦时	根据相关参考值本章设定
r	无风险利率	5%	根据参考值本章设定
n	模拟路径数	2000	模拟路径一般在 1 000 条以上情况下开始收敛，本章设定为 2 000 条
	企业所得税	25%	根据参考值本章设定
	销售税金	8.5%	根据参考值本章设定
	折现率	8%	根据参考值本章设定
	清洁发展机制 CERs	16 565 吨	中广核敦煌 10MW 光伏并网发电项目①

注：债务的还款期为 15 年，各年的利息为 $20\ 300 \times 10^4 \times 70\% \times 6.15\% \times [16-t]/15$

13.4.3 光伏发电投资项目实物期权方法评估

光伏发电项目是一个不确定的投资项目，在投资过程中受多个不确定因素影响。如果采用传统的 NPV 评估方法评估此类具有不确定性的项目，会忽略市场风险变动给项目带来的影响，导致评估的结果不准确。采取实物期权方法对此进行评估，所得结果会比 NPV 方法更为准确。

下面利用实物期权方法对项目进行分析，将光伏发电投资项目看作一实物期权。在风险中性测度下，利用最小二乘蒙特卡罗模拟方法对项目进行模拟（其中模拟路径数取 2 000，步长 $\Delta t = 1$ ）。图 13-4 和图 13-5 分别为项目期望现金流现

① 资料来源：Dunhuang 10 MW photovoltaic grid power project。

值模拟和项目期权最优停时模拟，图 13-5 显示了每条模拟路径上的最优停时，根据蒙特卡罗期权定价模型，得到在每个最优停时的期权价格，对各路径贴现求均值得期权估计值为 3 760.7，以及项目 ENPV 为−4 216.36，即项目实际投资价值为负，企业为了避免损失，应放弃投资该光伏发电项目，或者企业可推迟投资该光伏发电项目，等到条件成熟时再进行投资。

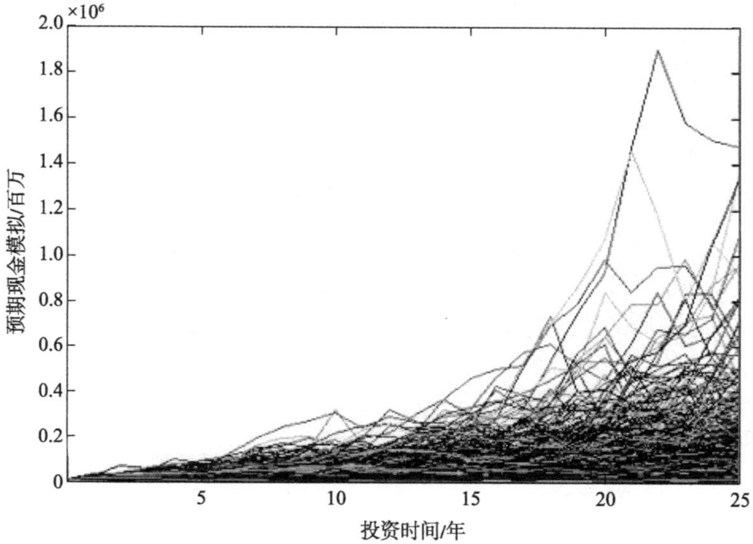

图 13-4　项目期望现金流现值模拟（2 000 条路径）

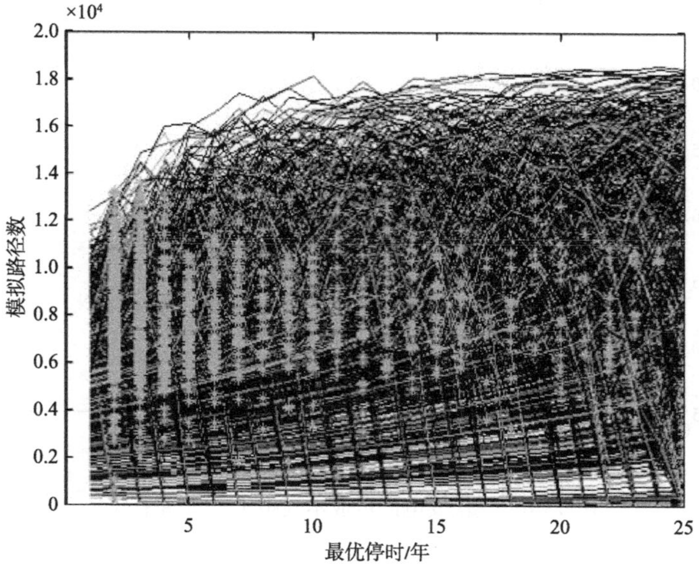

图 13-5　项目期权最优停时模拟（2 000 条路径）

13.4.4 光伏发电投资项目不确定因素分析

13.4.3 通过实物期权理论对该 10MW 光伏发电站项目进行了价值评估，结果表明该项目的投资价值为负，不适宜企业投资。在本节中，将进一步考虑投资中的各个不确定因素对项目价值的影响，分析各个不确定因素是否会影响项目的投资价值？如果有影响，那么具体的影响会是什么？

情景 1：固定成本

光伏发电采用把太阳能变为电能的发电模式，而太阳能资源丰富，发电站可以就地取材，因此光伏发电的原料无须支付费用。光伏发电中的固定成本主要为发电站的发电设备，包括太阳能电池板、控制器和逆变器等。

研究中考虑了投资成本的市场联动性，并通过几何布朗运动来描述市场联动性的投资成本，对投资成本进行随机路径模拟。图 13-6 和图 13-7 分别为在市场联动情况下光伏发电固定成本在 25 条模拟路径和 200 条模拟路径下的模拟结果。

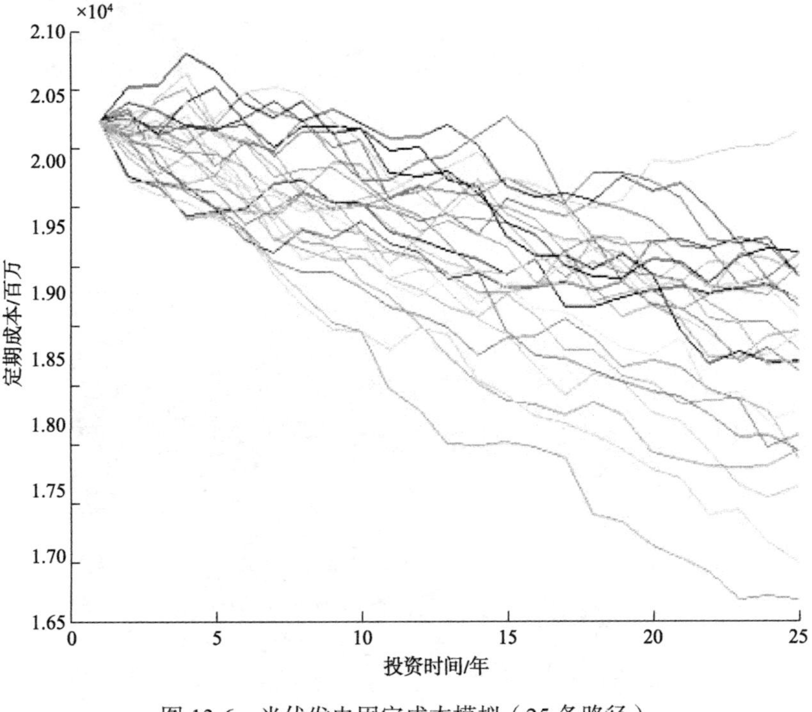

图 13-6 光伏发电固定成本模拟（25 条路径）

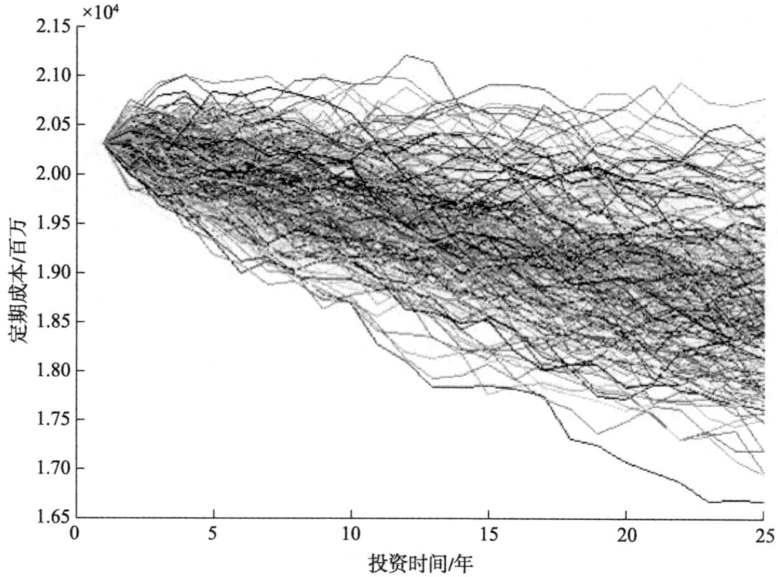

图 13-7　光伏发电固定成本模拟（200 条路径）

为了更好地证明市场联动对光伏发电投资成本的影响，下面对市场联动和非市场联动下的固定成本进行比较。

图 13-8 为固定成本在单一路径下的模拟情况，非市场联动情况下的投资成本曲线比较平缓，没有明显的起伏，投资成本的价格波动是在正常的市场情况下所产生的合理的波动。相反地，市场联动情况下的投资成本却出现了多个较为明显的跳跃点，在这些跳跃点上投资成本会出现瞬间跳跃。这是由于受到市场联动的作用，外界的市场波动直接影响着光伏投资成本，并且这些跳跃是随机出现的。

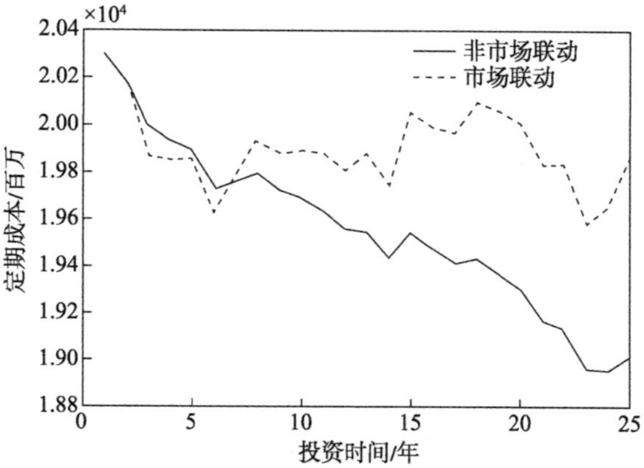

图 13-8　市场联动与非市场联动下光伏发电固定成本模拟（单一路径下）

图 13-9 为 ROA 和 NPV 随固定成本变化情况，从图 13-9 中的曲线发现，ROA 会随着固定成本的增加而增大，呈现出上升的趋势。NPV 的变化不是单一的，在不同的区间变化情况也不同。当固定成本控制在 1 亿元以内，NPV 为正值，并且当固定成本为 0.5 亿元时，此时的 NPV 达到最大。0.5 亿元成为分界点，在 0.5 亿元之前呈上升趋势，在 0.5 亿元之后开始下降。并且当固定成本超出 1 亿元之后，NPV 从正值转为负值。

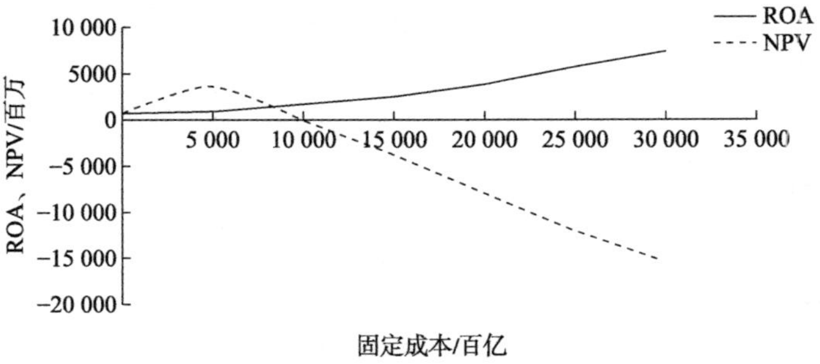

图 13-9 光伏发电 ROA 和 NPV（情景 1）

图 13-10 为项目实际投资价值（ENPV）随固定成本变化情况，从图 13-10 中发现 ENPV 随固定成本的变化情况与 NPV 的情况类似，也是呈区间变化。企业若将固定成本控制在 1.25 亿元以内，在此范围内 ENPV 为正，此时企业可以对该光伏发电进行投资，并且当固定成本为 0.5 亿元时，ENPV 为最大值，此时项目的投资价值为最大值。当固定成本超出 1.25 亿元之后，ENPV 便变为负值，项目无营利性，企业将放弃投资。发电企业可以通过改进技术和技术创新的等方式来降低投资成本。

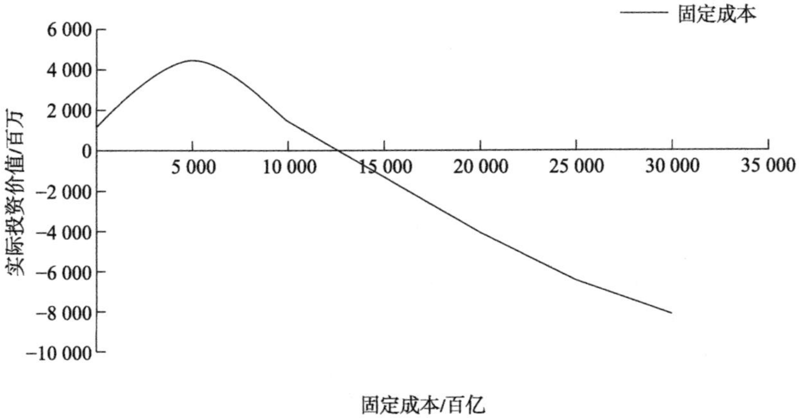

图 13-10 光伏发电项目的 ENPV（情景 1）

情景 2：可变成本

光伏发电投资成本包括固定成本和可变成本，光伏发电项目中的可变成本主要指的是电站的运营成本及维修维护成本等。相比于光伏发电的固定成本，可变成本在总投资成本中所占的份额不多。在 13.4.3 我们对固定成本对项目投资价值的影响情况进行了分析。那么可变成本是否也会对光伏发电项目投资价值产生影响？如果会有影响，那么会产生怎样的影响？是否跟固定成本的情况相同？

图 13-11 为 ROA 和 NPV 随可变成本的变化情况，由图 13-11 可知项目的 ROA 与可变成本呈正相关，ROA 随着可变成本的增加而不断增大。NPV 的情况正好与 ROA 的情形相反，我们发现 NPV 与可变成本呈负相关，即项目的 NPV 会随着可变成本的增加而减小，同时值得注意的是，无论可变成本增加到多少，NPV 一直处于负值状态。

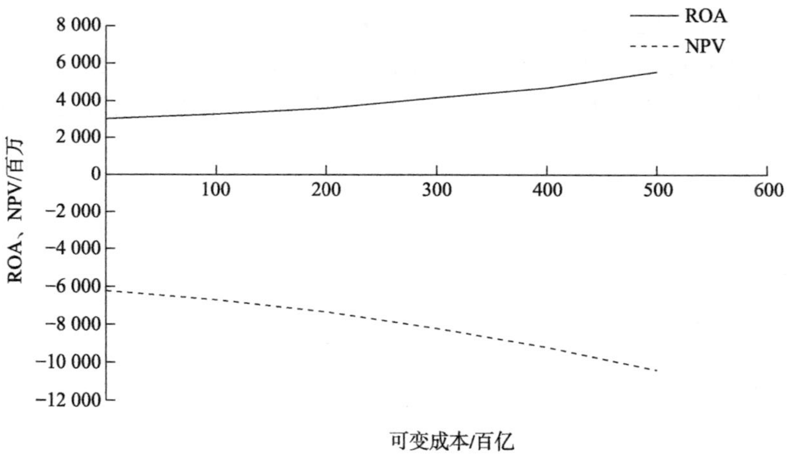

图 13-11　光伏发电 ROA 和 NPV（情景 2）

图 13-12 为项目实际投资价值（ENPV）随可变成本的变化情况。从图中我们发现 ENPV 随可变成本的变化趋势与 NPV 的变化情况类似，同样也是随着可变成本的增加而减小，并且一直为负值。随着可变成本的增加，虽然 ROA 是正值并且不断增加，但是 NPV 却不断减小，并且 NPV 下降的幅度大于 ROA 上升的幅度，最终导致项目的 ENPV 一直为负值并且不断减小。ENPV 的变化趋势说明可变成本对投资成本的影响很小，因为可变成本的变化相对于固定成本的变化是极小的。

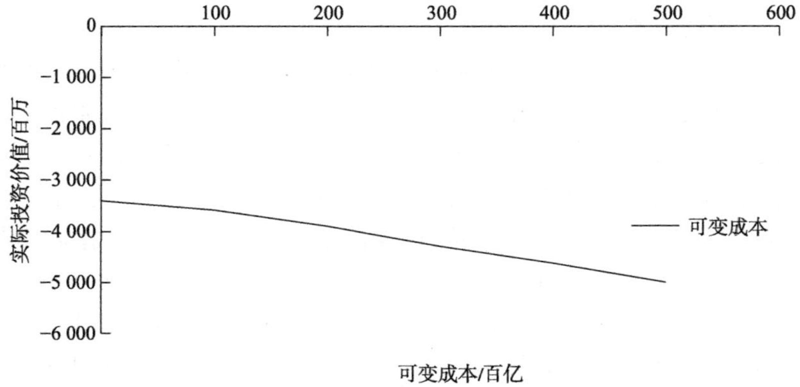

图 13-12 光伏发电项目的 ENPV（情景 2）

情景 3：碳价格（CERs 价格）

火力发电在发电中会产生碳排放，光伏发电的碳排放量为 0。企业可通过碳排放交易市场获得额外收益，而碳价格是受市场影响的。本章通过几何布朗运动对其进行描述，并对碳价格进行随机路径模拟，具体的模拟结果见图 13-13 和图 13-14。

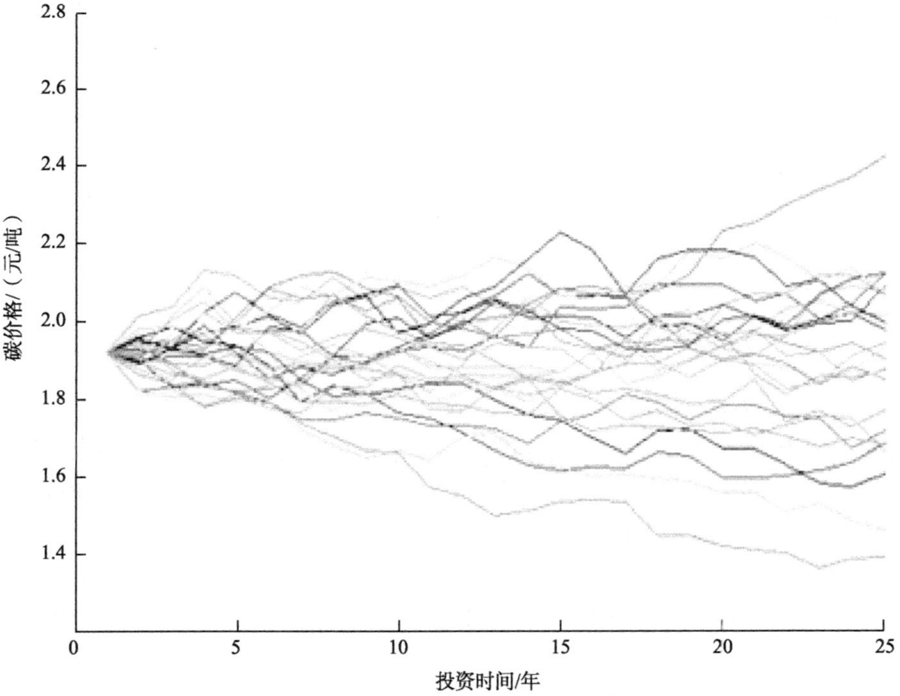

图 13-13 CERs 价格路径模拟（25 条路径）

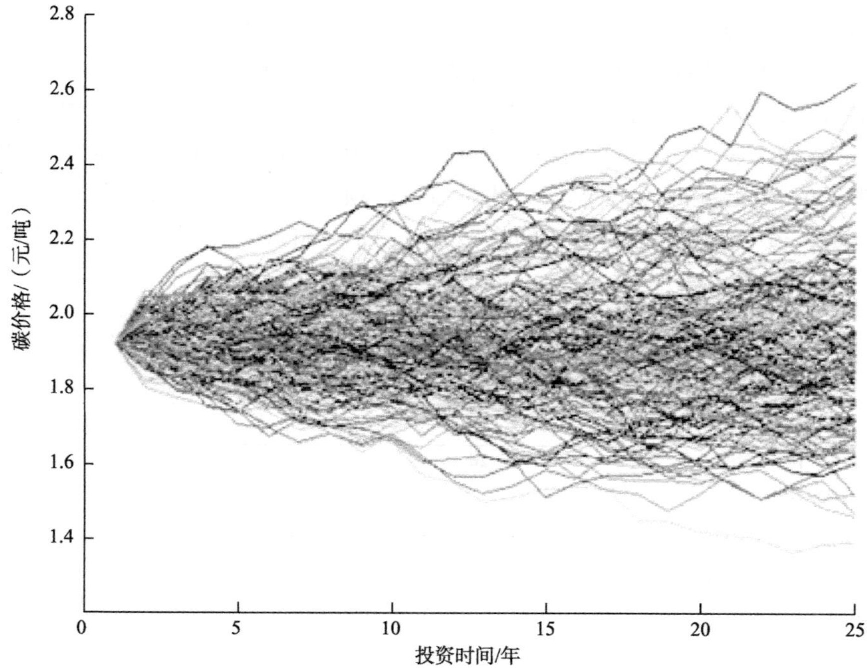

图 13-14　CERs 价格路径模拟（200 条路径）

图 13-15 为 ROA 和 NPV 在不同 CERs 价格下的变化情况，在这里我们选取 CERs 价格的变化区间为[0，40]。我们发现，在此区间内项目的 ROA 随着 CERs 价格增加而减小，从 4 093.8 逐渐下降至 2 078.7。NPV 总体为上升趋势，从−8 010.9 增加到 51.31，但 NPV 在绝大部分区间内为负值。

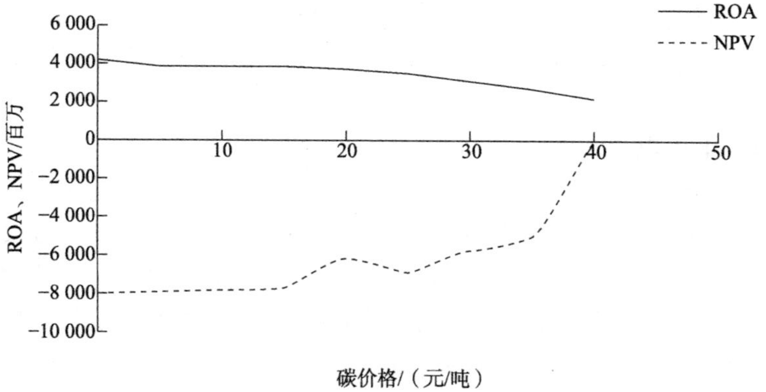

图 13-15　光伏发电 ROA 和 NPV（情景 3）

图 13-16 为项目实际投资价值（ENPV）随 CERs 价格的变化情况，从图 13-16 中发现，项目 ENPV 的变化曲线与 NPV 的变化曲线有些相似，也是呈现过程中有起伏，但总体上仍为上升的状态，并且 EPNV 值从负值变为正值。当 CERs 价格约为 38 元/吨时，ENPV 为 0；当 CERs 价格大于 38 元/吨后，ENPV 开始变为正值，38 元/吨为临界点。此时该发电项目具有一定的投资价值，企业可进行投资，若 CERs 价格没有达到临界点时，企业将放弃投资。

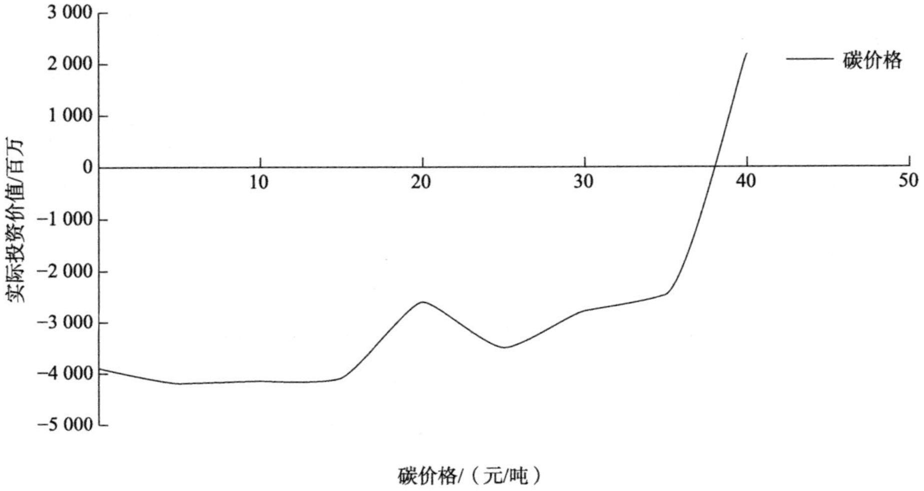

图 13-16　光伏发电项目的 ENPV（情景 3）

结果表明，CERs 价格将会影响到企业的投资决策，随着 CERs 价格的增大，项目投资价值也会增大。实际上，目前国际 CERs 价格处于低价状态，很难提升到研究结果所提出的 38 元/千瓦时这一程度，这一碳价格在实际情况中无法实现。中国的碳交易市场目前处于部分试点阶段，在不久的未来将会实现全国推广，建立正式的碳排放交易市场，或许在此情况下碳价格能达到这一程度。

情景 4：上网电价

光伏发电项目收益主要来自出售电力，光伏电站通过出售电站所产电力获取利润，可见上网电价对光伏发电企业的收益的影响是巨大的。与投资成本和 CERs 价格相同，也采用几何布朗运动对上网电价进行描述，并对上网电价（脱硫上网电价）进行随机路径模拟，得到上网电价（脱硫上网电价）的随机路径图。图 13-17 和图 13-18 分别为上网电价（脱硫上网电价）在 25 条和 200 条路径下的模拟情况。

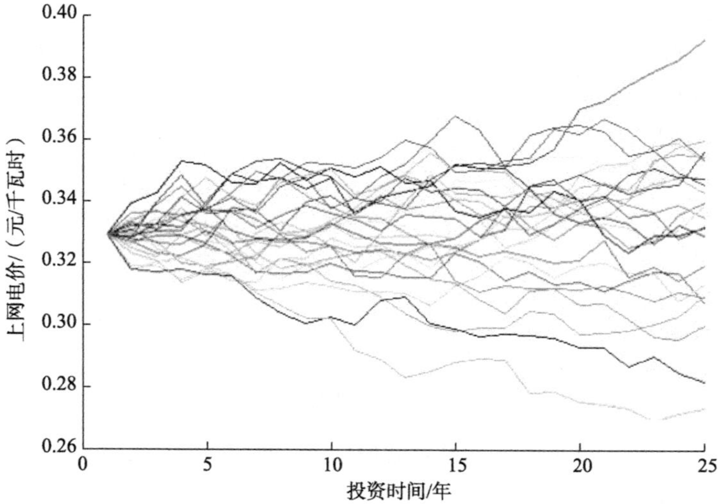

图 13-17 上网电价路径模拟（25 条路径）

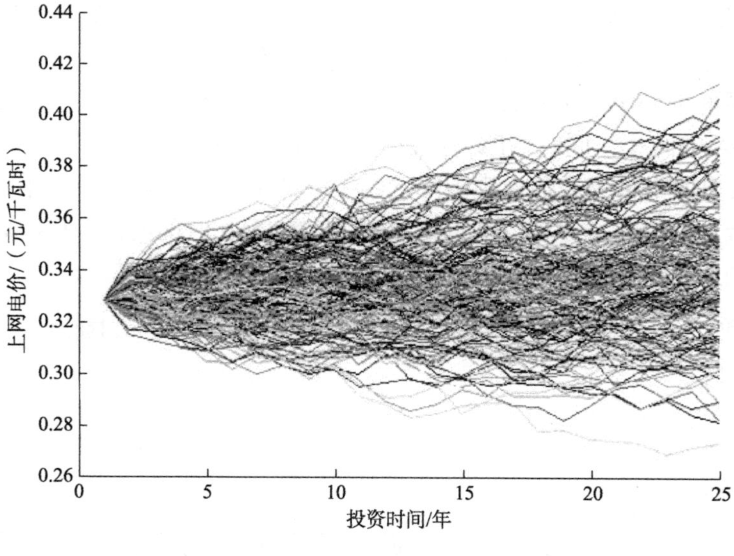

图 13-18 上网电价路径模拟（200 条路径）

图 13-19 为 ROA 和 NPV 随上网电价的变化情况。这里将上网电价的变化区间设定为[0,2]，研究期权价值和 NPV 在此区间内的变化趋势。从图 13-19 中我们发现，随着上网电价的增加，ROA 在不断下降，在初始的时候即上网电价为 0 元/千瓦时，ROA 为 16 859 万元，而上网电价增加到 2 元/千瓦时，ROA 下降到 1 665.9 万元，下降的幅度达到 10 倍多。与此相反，NPV 虽然在部分区间有所下降，但在总体上仍为上升的趋势，并从初始的负值逐渐变为正值。

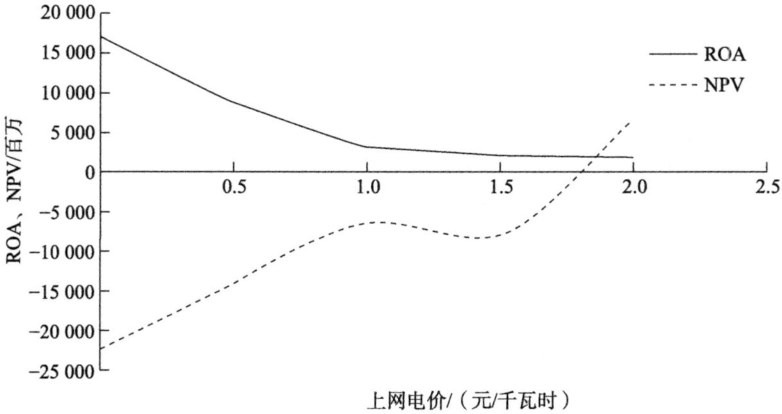

图 13-19 光伏发电 ROA 和 NPV（情景 4）

图 13-20 为项目实际投资价值（ENPV）随上网电价的变化情况，观察变化曲线，易知其与 NPV 的变化曲线有相似之处。项目的投资价值在某些区间内有起伏，但总体呈上升的趋势。项目价值在 0~1 元/千瓦时内随着上网电价的增加，曲线逐渐上升，ENPV 逐渐增大，但仍为负值，在此阶段企业不投资发电项目。在上网电价处于 1~1.4 元/千瓦时时，项目的 ENPV 减小，主要由于在此阶段项目的 ROA 的减小，同时 NPV 也减小，ROA 和 NPV 的共同作用造成在此阶段 ENPV 随着上网电价上升而出现下降的结果。从上网电价自 1.4 元/千瓦时之后，ENPV 重新开始增大，并当上网电价超过 1.7 元/千瓦时的时候，ENPV 开始为正值，此时企业将选择投资项目。

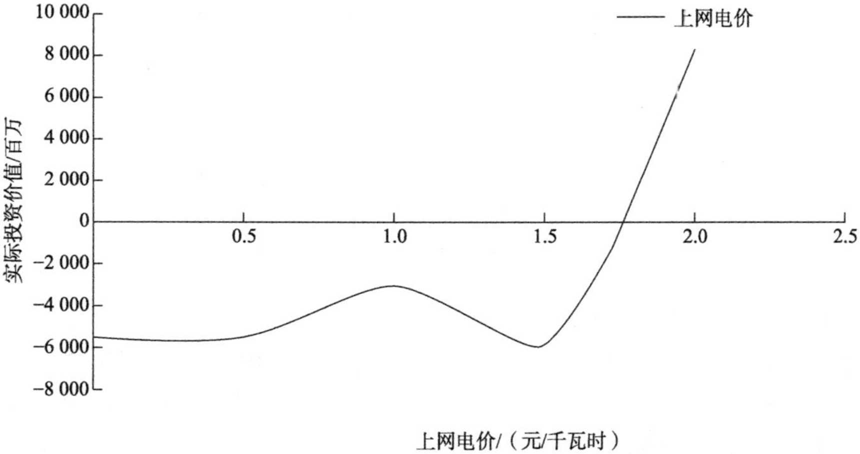

图 13-20 光伏发电项目的 ENPV（情景 4）

通过分析发现，上网电价对项目投资价值的影响是明显的，项目的投资价值会随着上网电价的提高而增大，这是自然的，发电企业当然希望看到上网电价变高，上网电价越高，出售同等电量的收益也将越大。在实际情况中，上网电价由政府统一制定，目前光伏发电的上网电价还达不到如此高的程度，在未来也不太可能。因此，在企业想要投资该光伏发电项目时，只有等到其他条件成熟才能进行投资。

情景 5：政府补贴

光伏发电的投资成本相对传统的火力发电高出了很多，同时投资的风险也高。为了吸引企业参与光伏发电项目投资，政府会给予发电企业一定的补贴。除了国家采用标杆上网电价，在上网电价上直接补贴外，各地政府也会根据当地情况给予发电企业一定的补贴。现在许多省份对光伏电站都会给予一定的补贴，例如，浙江省给予光伏电站 0.1 元/千瓦时的补贴；江西省对光伏发电项目给予 0.2 元/千瓦时的补贴；上海市对光伏电站给予 0.3 元/千瓦时的政策补贴。通过额外补贴的形式，鼓励和吸引更多企业参与光伏发电项目。本章也将政府补贴加入考虑。研究政府补贴对光伏发电项目的影响。

与前面的情景相同，分别研究 ROA、NPV 和投资价值（ENPV）在不同的政府补贴下的变化情况。图 13-21 为 ROA 和 NPV 随政府补贴的变化情况，从图 13-21 中发现，ROA 会随着政府补贴的增加而减小，NPV 的情况刚好与 ROA 的情况相反，NPV 会随着政府补贴的增加而增大，并且从原先的负值逐渐变为正值。

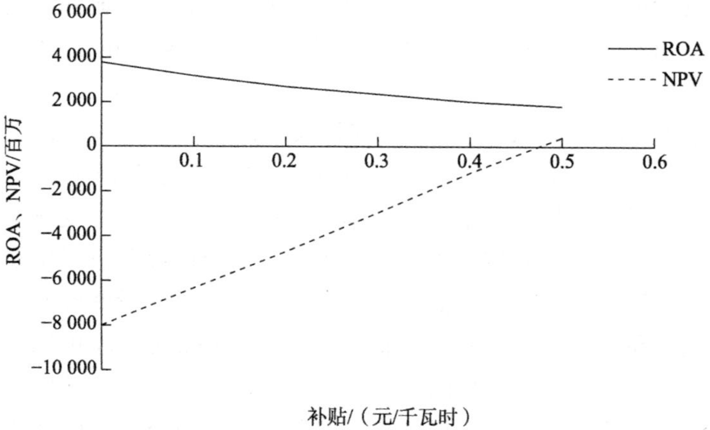

图 13-21　光伏发电 ROA 和 NPV（情景 5）

图 13-22 为项目实际投资价值（ENPV）随政府补贴的变化情况，ENPV 的变化曲线与 NPV 的变化曲线相似，都与政府补贴正相关，当政府补贴增大的时候，ENPV 值也增大。在补贴价在 0.35 元/千瓦时之前时，ENPV 为负值，当补贴

价为 0.35 元/千瓦时时，ENPV 为 0。从 0.35 元/千瓦时之后，ENPV 开始变为正值并不断增大。

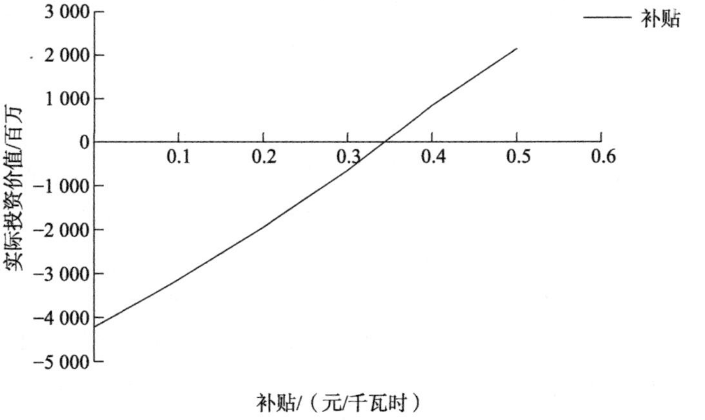

图 13-22　光伏发电项目的 ENPV（情景 5）

通过分析发现政府补贴能够提升光伏发电的项目价值。在现有的情况下，在其他条件不变的情况下，如果给予发电企业 0.35 元/千瓦时以上的额外补贴，该项目便具有投资价值。在此情况下，企业才会考虑投资该发电项目。

本节首先进行了实例分析，对敦煌某地 10MW 光伏发电项目进行分析。通过实物期权方法对该发电项目进行评估，结果表明，在现有的情况下，该光伏发电项目的投资价值为负，企业不应进行投资，或者等到条件成熟再投资。

其次，对 ROA、NPV 和投资价值在各不确定因素下的变化情况进行了研究。研究结果表明：

（1）光伏发电项目的固定成本对项目投资价值会产生影响，将固定成本降低至一定金额内，项目的投资价值才为正值，企业才会对该项目进行投资。另外，相对于光伏发电项目的固定投资成本，光伏发电项目的可变成本对项目投资价值的影响是非常小的，基本上可以忽略不计。企业可以改进光伏发电的技术，或者是将技术进行创新，进而降低投资成本，提高项目的投资价值。

（2）CERs 价格会对项目投资价值产生影响，提高 CERs 价格会增大项目的投资价值。不过对于 CERs 价格的分析是根据国际碳交易市场的情况，而中国的碳交易市场并没有全面推广，市场尚未成熟和成形。政府部门应加快建设和完善碳交易市场，为企业提供更好的碳交易服务。

（3）上网电价对投资价值也会有影响，提高上网电价能提高项目投资价值。目前光伏发电上网电价采用的是全国的上网标杆电价，根据国家发展和改革委员会的相关政策，2015 年的电价为 0.9~1 元/千瓦时，随后在 2016 年调整为

0.85~0.98 元/千瓦时。上网电价将逐渐降低直至达到电网的销售电价程度，因而提高上网电价来增加项目价值在理论上可行，但在实际情况中不可行。

（4）政府补贴对光伏发电项目的投资价值有明显的影响。分析发现增加政府补贴金能增加项目的投资价值，如果政府的补贴金越高，那么项目的实际投资价值也会随着提高。政府补贴是不确定的，会根据实际情况有所变化。在目前情况下，政府应当增加补贴金吸引企业参与光伏发电项目的投资。不过随着国内碳交易市场的逐渐完善，当碳交易市场正式建立并开放的时候，光伏发电项目可以通过碳交易市场获得额外收益，此时政府会相应地降低补贴金，对于企业而言，由于碳排放价值得以实现，综合考虑下来也可以接受。

13.5 本章小结

本章基于实物期权方法，对光伏发电项目的投资价值进行评估分析。与传统的 NPV 评估方法不同，实物期权方法考虑了投资成本、碳价格、上网电价及政府补贴这些在发电项目中存在的不确定因素。该方法解决了 NPV 方法在不确定因素考虑上的弊端。在研究中，选用几何布朗运动对不确定因素进行描述，还将光伏发电投资成本与市场联动性结合，考虑在市场联动下的光伏发电投资成本。在本章研究中，将光伏发电项目看作一实物期权，从期权角度建立评估模型。采取实物期权方法对模型进行评估，通过最小二乘蒙特卡罗模拟方法得到 ROA，进而得到项目的实际投资价值，企业将根据实际投资价值决定投资光伏发电项目还是推迟或者放弃投资。在不确定因素情景分析中，分别对项目中各不确定因素对项目投资价值的具体影响进行分析。通过情景分析，对项目中各不确定因素进行分析，进一步研究了影响光伏发电项目的具体因素。

本章所采用的实物期权方法弥补了 NPV 方法无法准确评估具有不确定性项目的缺陷，为企业评估光伏发电项目的经济效益和投资价值提供了一个更为准确、更为灵活的分析方法。

参考文献

[1] BP 世界能源统计年鉴 2015. http://www.bp.com/content/dam/bp/country-sites/zh-cn/china/home/reports/statistical-review-of-word-enery/2015/statistical-review-of-world-energy-2015-cn.

pdf，2015.

[2] Lund M W. Valuing flexibility in offshore petroleum projects. Annals of Operations Research，2000，99（1/4）：325-349.

[3] Venetsanos K，Angelopoulou P，Tsoutsos T. Renewable energy sources project appraisal under uncertainty：the case of wind energy exploitation within a changing energy market environment. Energy Policy，2002，30（4）：293-307.

[4] Davis G A，Owens B. Optimizing the level of renewable electric R&D expenditures using real options analysis. Energy Policy，2003，31（15）：1589-1608.

[5] Schwartz E S. Patents and R&D as real options. Economic Notes，2004，33：23-54.

[6] Suslick S B，Schiozer D J. Risk analysis applied to petroleum exploration and production：an overview. Journal of Petroleum Science and Engineering，2004，44（1/2）：1-9.

[7] Armstrong M，Galli A，Bailey W，et al. Incorporating technical uncertainty in real option valuation of oil projects. Journal of Petroleum Science and Engineering，2004，44（1/2）：67-82.

[8] Lin T T，Ko C C，Yeh H N. Applying real options in investment decisions relating to environmental pollution. Energy Policy，2007，35（4）：2426-2432.

[9] Matsuhashi R，Shinozaki H，Yoshida Y. A study on measures to activate CDM taking project risks into consideration. Journal of Environmental Informatics，2009，14（2）：110-116.

[10] Naito Y，Takashima R，Kimura H，et al. Evaluating replacement project of nuclear power plants under uncertainty. Energy Policy，2010，38（3）：1321-1329.

[11] Lee S C，Shih L H. Enhancing renewable and sustainable energy development based on an options-based policy evaluation framework：case study of wind energy technology in Taiwan. Renewable and Sustainable Energy Reviews，2011，15（5）：2185-2198.

[12] Huang C，Li Y，Lai X H，et al. Optimal cleaning power generation investment strategy in a carbon tax and CO_2 emission trading framework. Advanced Materials Research，2011，347-353：2805-2810.

[13] Kim E M，Kim M S. Evaluating economic feasibility of solar power generation under the rps system using the real option pricing method：comparison between regulated and non-regulated power providers. Journal of the Korean Institute of Electrical and Electronic Material Engineers，2013，26（9）：690-700.

[14] Lin B，Wesseh P K，Jr. Valuing Chinese feed-in tariffs program for solar power generation：a real options analysis. Renewable and Sustainable Energy Reviews，2013，28：474-482.

[15] Eckhause J，Herold J. Using real options to determine optimal funding strategies for CO_2 capture，transport and storage projects in the European Union. Energy Policy，2014，66：115-134.

[16] Wang X W，Cai Y P，Dai C. Evaluating China's biomass power production investment based on a policy benefit real options model. Energy，2014，73：751-761.

[17] Zhang M M，Zhou D Q，Zhou P. A real option model for renewable energy policy evaluation with application to solar PV power generation in China. Renewable and Sustainable Energy Reviews，2014，40：944-955.

[18] Biondi T，Moretto M. Solar grid parity dynamics in Italy：a real option approach. Energy，2015，80：293-302.

[19] Bai Y，Zhou P，Tian L X，et al. Desirable strategic petroleum reserves policies in response to supply uncertainty：a stochastic analysis. Applied Energy，2016，162：1523-1529.

[20] Wang M G，Tian L X. Regulating effect of the energy market—theoretical and empirical analysis based on a novel energy prices-energy supply-economic growth dynamic system. Applied Energy，2015，155：526-546.

[21] Wang M G，Chen Y，Tian L X，et al. Fluctuation behavior analysis of international crude oil and gasoline price based on complex network perspective. Applied Energy，2016，175：109-127.

[22] Tian L X，Jin R L. Theoretical exploration of carbon emissions dynamic evolutionary system and evolutionary scenario analysis. Energy，2012，40：376-386.

[23] Gu X M，Li W C，Jiang S M，et al. Evolutionpeak based evolutionary control and analysis on carbon emission system of the United States. Energy Procedia，2015，75：2460-2465.

[24] Fang G C，Tian L X，Fu M，et al. The impacts of carbon tax on energy intensity and economic growth-a dynamic evolution analysis on the case of China. Applied Energy，2013，110：17-28.

[25] Fang G C，Tian L X，Fu M，et al. Investigating carbon tax pilot in YRD urban agglomerations—analysis of a novel ESER system with carbon tax constraints and its application. Applied Energy，2017，194：635-647.

[26] Wang S J，Fang C L，Guan X L，et al. Urbanisation，energy consumption，and carbon dioxide emissions in China：a panel data analysis of China's provinces. Applied Energy，2014，136：738-749.

[27] Tsai B H，Chang C J，Chang C H. Elucidating the consumption and CO_2 emissions of fossil fuels and low-carbon energy in the United States using Lotka-Volterra models. Energy，2016，100：416-424.

[28] Boomsma T K，Meade N，Fleten S E. Renewable energy investments under different support schemes：a real options approach. European Journal of Operational Research，2012，220（1）：225-237.

[29] Longstaff F A，Schwartz E S. Valuing American options by simulation：a simple least-squares

approach. The Review of Financial Studies，2001，14（1）：113-147.
[30] 张晓黎. 项目投资评估的实物期权定价方法研究. 重庆大学硕士学位论文，2008.
[31] 张明明，周德群，周鹏. 基于实物期权的中国光伏发电项目投资评价. 北京理工大学学报（社会科学版），2014，16（6）：26-33.
[32] Zhu L，Fan Y. A real options-based CCS investment evaluation model：case study of China's power generation sector. Applied Energy，2011，88（12）：4320-4333.
[33] Zhu L，Fan Y. Optimization of China's generating portfolio and policy implications based on portfolio theory. Energy，2010，35：1391-1402.